现代经济与管理类系列教材

现代物流管理概论

（第 3 版）

主　编　王欣兰
副主编　孙　丹　李相林
主　审　胡云峰

清华大学出版社
北京交通大学出版社
·北京·

内 容 简 介

本书系统地阐述了现代物流管理的基本理论与方法。其内容和体例安排的特点是：在阐明物流与供应链管理基本理论的基础上，系统地阐述了物流运作功能与过程管理的基本理论与方法，并介绍了国际物流与现代物流发展趋势。本书在体例设计上力求探索教学改革，每章设有导语、学习目标、复习思考题和案例分析。全书共12章，具体内容为：物流管理概述，供应链管理，运输管理，仓储和库存管理，装卸搬运、包装与流通加工，物流配送管理，物流信息管理，物流组织与人力资源管理，物流战略管理，物流成本管理，物流服务管理，国际物流。

本书可作为高等学校物流管理类专业的教科书，也可供管理学其他各类专业使用，还可供物流管理人员在职培训和应试参考使用。

本书封面贴有清华大学出版社防伪标签，无标签者不得销售。
版权所有，侵权必究。侵权举报电话：010-62782989　13501256678　13801310933

图书在版编目（CIP）数据

现代物流管理概论／王欣兰主编. —3版. —北京：北京交通大学出版社：清华大学出版社，2018.7（2021.9重印）
ISBN 978-7-5121-3568-0

Ⅰ.①现… Ⅱ.①王… Ⅲ.①物流管理-高等学校-教材 Ⅳ.①F252

中国版本图书馆CIP数据核字（2018）第118482号

现代物流管理概论
XIANDAI WULIU GUANLI GAILUN

策划编辑：吴嫦娥　　责任编辑：许啸东	
出版发行：清华大学出版社　　邮编：100084　　电话：010-62776969　　http://www.tup.com.cn	
北京交通大学出版社　邮编：100044　　电话：010-51686414　　http://www.bjtup.com.cn	
印　刷　者：北京时代华都印刷有限公司	
经　　销：全国新华书店	
开　　本：185 mm×260 mm　　印张：17.75　　字数：450千字	
版 印 次：2018年7月第3版　2021年9月第2次印刷	
书　　号：ISBN 978-7-5121-3568-0／F·1773	
定　　价：46.00元	

本书如有质量问题，请向北京交通大学出版社质监组反映。对您的意见和批评，我们表示欢迎和感谢。
投诉电话：010-51686043，51686008；传真：010-62225406；E-mail：press@bjtu.edu.cn。

第3版前言

物流业是支撑国民经济发展的基础性、战略性产业。加快发展现代物流业，对于促进产业结构调整、转变发展方式、提高国民经济竞争力和建设生态文明具有重要意义。目前，我国物流业已步入转型升级的新阶段。但是，物流业总体发展水平还不高，发展方式比较粗放。面对物流需求的快速增长，资源环境约束的日益加强，物流管理水平的提升就显得尤为迫切。过去的几年里，我们不断收到老师的反馈，希望本教材不仅能够培养学生们坚实的理论基础，而且能够更符合学生实践能力提升的期望。本教材的修订更加注重贯彻专业基础教育与创新能力培养相结合的教学要求，旨在帮助今天的学生，即未来的物流管理者，将所学理论知识转化为自身的技能。

《现代物流管理概论》教材自 2007 年出版并投放市场以来，已进行再版，并得到市场的良好反响，出版社进行了多次印刷，印数已达近 3 万册。使用过该教材的读者对该教材给予了较高评价。普遍认为该教材利用率高，理论与实践兼顾，内容丰富系统，体例设计合理，可读性强。采用本教材的任课教师普遍反映该教材不仅强调理论方面的知识，而且着重介绍实践方法。鉴于此，在出版社和广大读者的支持下，作者着手该书的第 3 版修订工作。

本书第 3 版较第 2 版在内容上进行了完善，集实用性、理论性和资料性于一体。比较适合于高校物流管理及相关专业开设物流管理课程的教材使用，也可作为相关从业人员的参考用书和相关培训机构的参考教材。

本书第 3 版修订由王欣兰总策划，具体编写与再版修订人员及分工如下：王欣兰（第1、10 章），李相林（第 2 章），孙丹（第 3、11、12 章），张丽婷（第 4、5 章），逄艳波（第 6、8 章），李晶蕾（第 7、9 章）。全书由王欣兰统稿并任主编，孙丹、李相林任副主编，胡云峰负责主审。

在修订过程中，北京交通大学出版社的吴嫦娥、许啸东编辑给予了大力支持，不少热心读者，尤其是使用过本教材前两版的高校教师们对教材修改提出了良好的修改建议，在此由衷表示感谢。

在本教材的编写过程中，我们在体例和内容的安排上作了很大的努力，但囿于作者的水平和编写时间较紧，难免会存在一定错误和疏漏之处。在此，恳请广大读者批评指正。

王欣兰

2018 年 1 月

第2版前言

随着世界经济一体化进程的加快和科学技术突飞猛进的发展,物流产业作为国民经济中一个新兴的产业部门和新的经济增长点,日益受到国家和社会的重视。但物流学在我国还是一门新兴学科,现代物流科学理论和技术在我国应用上的普及程度还很低。因此,研究物流管理的理论与方法,对于提高我国企业的物流管理水平和竞争能力,具有十分重要的意义。本书在阐明物流与供应链管理基本理论的基础上,系统地阐述了物流运作功能与过程管理的基本理论与方法,并介绍了国际物流与现代物流发展趋势。本书可作为高等学校现代经济与管理类专业的教科书,也可供管理学其他各类专业使用,还可供物流管理人员在职培训和应试参考使用。

本书第1版自2007年出版至今,得到许多高校教师的认可,先后印刷6次,销量近2万册。

本次再版在修订过程中力求突出以下特点。

(1) 内容和体系安排的系统性。在阐明物流与供应链管理基本理论的基础上,系统阐述了物流运作功能与过程管理的基本理论与方法,并介绍了国际物流与现代物流发展趋势。

(2) 理论与实践相结合。本书在进行理论阐述的同时,注意将基本理论与基本方法和基本技能有机融合在一起。目的在于使读者在学习现代物流管理理论的同时,提高对物流管理理论的感悟和对理论的综合应用。另外,本书注重吸取最新研究成果,"物流成本管理"一章以国家标准《企业物流成本构成与计算》(GB/T 20523—2006)为基本依据,阐述了企业物流成本的构成和计算方法。

(3) 积极探索教学改革。全书在体例设计上积极探索教学改革,每章开篇引用一段引人入胜的名人之语,引起读者对该章内容的重视,并激发读者的学习兴趣;每章开篇设有本章结构图、学习目标,概括出学完本章后应该达到的目标和应掌握的重点内容;每章末尾有复习思考题和案例分析,强化对重点内容的理解,并使读者将所学理论知识与企业实战有机融合在一起。

本书由王欣兰担任主编,孙丹、胡云峰担任副主编,逄艳波、王欣欣、杨静、高芳、李相林、宋继华参加编写。编写分工为:王欣兰编写第1、10章;王欣欣编写第2章;孙丹编写第3、8章;胡云峰编写第4、5章;宋继华编写第6章;杨静编写第7章;逄艳波编写第9章;高芳编写第11章;李相林编写第12章。全书由李维刚担任主审。

本书在写作过程中参阅了大量的国内外文献,使我们得以"站在巨人的肩膀上"成长,在此对这些卓越的研究者表示深深的敬意和真诚的感谢。在本书出版之际,我们还要感谢北京交通大学出版社的吴嫦娥编辑,她为本书的出版付出了大量的时间和精力,在此真诚致谢！另外，本书的修订得到了佳木斯大学教学研究项目的资助，本书的部分内容也是作者主持的"物流管理专业多学科交叉与融合柔性培养机制和创新型培养模式研究与实践"项目（JYA 2011—023）的阶段性成果。

  由于作者的水平有限，本书难免有疏漏和不当之处，恳请专家和读者在使用本书后，对本书从内容到形式提出宝贵意见，以便修改完善。

王欣兰

2012 年 8 月

目　录

第1章　物流管理概述 ………………………………………………………………… 1
 1.1　物流概念的界定 …………………………………………………………………… 2
 1.2　物流系统 …………………………………………………………………………… 13
 1.3　物流管理的概念、内容和特征 …………………………………………………… 19
 1.4　现代物流管理的发展与未来趋势 ………………………………………………… 23
 ◇　复习思考题 ………………………………………………………………………… 28
 ◇　案例分析 …………………………………………………………………………… 28

第2章　供应链管理 …………………………………………………………………… 31
 2.1　供应链的产生与价值 ……………………………………………………………… 32
 2.2　供应链管理的内容与基本原则 …………………………………………………… 35
 2.3　供应链管理方法 …………………………………………………………………… 40
 2.4　供应链企业协作 …………………………………………………………………… 49
 ◇　复习思考题 ………………………………………………………………………… 61
 ◇　案例分析 …………………………………………………………………………… 61

第3章　运输管理 ……………………………………………………………………… 65
 3.1　运输管理概述 ……………………………………………………………………… 66
 3.2　运输方式的选择 …………………………………………………………………… 67
 3.3　运输合理化管理 …………………………………………………………………… 73
 3.4　运输线路管理 ……………………………………………………………………… 77
 3.5　运输过程管理 ……………………………………………………………………… 82
 ◇　复习思考题 ………………………………………………………………………… 86
 ◇　案例分析 …………………………………………………………………………… 88

第4章　仓储和库存管理 ……………………………………………………………… 92
 4.1　仓储概述 …………………………………………………………………………… 93
 4.2　仓库的选址 ………………………………………………………………………… 97
 4.3　仓库作业管理 ……………………………………………………………………… 99
 4.4　自动化立体仓库 …………………………………………………………………… 104
 4.5　库存管理 …………………………………………………………………………… 106
 ◇　复习思考题 ………………………………………………………………………… 112
 ◇　案例分析 …………………………………………………………………………… 113

第 5 章 装卸搬运、包装与流通加工 …… 118
- 5.1 装卸搬运作业概述 …… 119
- 5.2 装卸搬运作业组织 …… 121
- 5.3 商品包装 …… 124
- 5.4 包装材料与包装技术 …… 125
- 5.5 流通加工管理 …… 131
- ◇ 复习思考题 …… 134
- ◇ 案例分析 …… 134

第 6 章 物流配送管理 …… 137
- 6.1 配送的概述 …… 138
- 6.2 配送中心基础 …… 141
- 6.3 配送合理化管理 …… 143
- 6.4 配送中心的规划与设计 …… 146
- 6.5 配送中心的作业管理 …… 149
- ◇ 复习思考题 …… 155
- ◇ 案例分析 …… 155

第 7 章 物流信息管理 …… 158
- 7.1 物流信息概述 …… 159
- 7.2 物流信息系统 …… 162
- 7.3 物流信息系统主要技术 …… 165
- 7.4 物流信息技术开发与设计 …… 171
- ◇ 复习思考题 …… 175
- ◇ 案例分析 …… 176

第 8 章 物流组织与人力资源管理 …… 178
- 8.1 物流组织的产生与发展 …… 179
- 8.2 物流组织设计 …… 180
- 8.3 物流作业人员的能力开发与绩效管理 …… 181
- 8.4 物流管理人员的能力开发 …… 183
- ◇ 复习思考题 …… 185
- ◇ 案例分析 …… 185

第 9 章 物流战略管理 …… 189
- 9.1 物流战略管理概述 …… 190
- 9.2 物流战略管理的环境分析 …… 193
- 9.3 物流战略的规划、实施和控制 …… 197
- ◇ 复习思考题 …… 205
- ◇ 案例分析 …… 205

第 10 章 物流成本管理 …… 207
- 10.1 物流成本管理概述 …… 208
- 10.2 物流成本管理的内容与管理方法 …… 217

10.3 影响物流成本的因素和降低物流成本的途径 …………………………………… 222
　◇ 复习思考题 …………………………………………………………………………… 225
　◇ 案例分析 ……………………………………………………………………………… 225
第 11 章　物流服务管理 …………………………………………………………………… 228
11.1 物流服务内容与组成要素 …………………………………………………………… 229
11.2 物流服务管理决策 …………………………………………………………………… 235
11.3 物流服务绩效评价 …………………………………………………………………… 240
　◇ 复习思考题 …………………………………………………………………………… 247
　◇ 案例分析 ……………………………………………………………………………… 249
第 12 章　国际物流 ………………………………………………………………………… 252
12.1 国际物流概述 ………………………………………………………………………… 253
12.2 国际物流的基本流程与业务 ………………………………………………………… 258
12.3 国际物流的主要形式 ………………………………………………………………… 262
　◇ 复习思考题 …………………………………………………………………………… 270
　◇ 案例分析 ……………………………………………………………………………… 270
参考文献 …………………………………………………………………………………… 272

第1章 物流管理概述

【本章结构图】

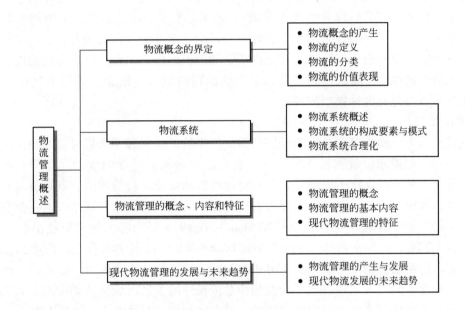

【学习目标】

通过本章的学习，你将能够：

1. 掌握物流的定义及其产生动因；
2. 掌握物流的分类及其价值表现；
3. 掌握物流系统的构成要素及模式；
4. 掌握物流系统合理化的原则；
5. 掌握物流管理的概念、内容和特征；
6. 了解现代物流管理的发展与未来趋势。

1.1 物流概念的界定

1.1.1 物流概念的产生

人类社会自有经济活动开始就有了物流现象，只是当时人们没有对此下准确的文字定义。公元前27世纪建成的金字塔可以说明古代埃及人朦胧的物流思想，因为他们完全用人工将230多万块平均每块重约2.5吨的大石块从远处的高山上采掘下来，搬运到工地，最后将它们提升100多米高并按照设计要求将巨石垒起来，如果没有系统的组织和管理，没有科学、合理的物流作业方法，即使是用再多的人、花再长的时间，也是不可想象的。类似的例子还有很多，但是这些只能称为物流"意识"，还不是明确的物流概念。美国物流管理委员会创始人及第二任主席唐纳德·鲍尔索克斯（Donald J. Bowersox）教授指出，在20世纪50年代以前，物流企业所进行的纯粹是建立在功能基础上的后勤工作，对所存在的综合物流根本没有什么概念或理论。那么，到底是谁最先认识到物流这一概念并提出了物流这个名词的？物流学术界对此有两种典型的观点。

1. 经济动因

这种观点认为，物流概念是因为经济原因而产生的，即起源于人们对协调经济活动中物流及其相关活动的追求。就物流本身而言，它是由许多相关活动组成的，主要有运输、储存、包装等，在物流概念产生以前，企业是将这些活动单独进行管理的；就物流与相关活动的关系而言，物流与生产、营销环节都有着非常紧密的联系，但这些联系以前并没有得到实现。美国市场营销学者阿奇·萧（Arch W. Shaw）在1915年哈佛大学出版社出版的《市场流通中的若干问题》（Some Problems in Market Distribution）一书中明确地将企业的流通活动分为创造需求的活动和物流（the physical distribution of goods）。他认为，物流是与创造需求不同的一个概念，但二者之间存在平衡性和相互依赖性的关系，流通活动中的重大失误大都是因为创造需求与物流之间缺乏协调造成的。书中提到的"平衡性""相互依赖性"和"协调"等观点正是现代物流理论与实践的基础。英国克兰菲尔德物流与运输中心（Cranfield Centre for Logistics and Transportation，CCLT）主任、资深物流与市场营销专家马丁·克里斯托弗（Martin Christopher）教授认为，阿奇·萧是最早提出物流（physical distribution）概念并进行实际探讨的学者，他在1994年出版的《物流与供应链管理》（Logistics and Supply Chain Management）一书中指出，自从阿奇·萧的物流概念提出以后，人们又经过了70年左右的时间才对物流管理的基本原则有了明确的定义。

2. 军事动因

这种观点是以学者詹姆斯·约翰逊（James C. Johnson）和唐纳德·伍德（Donald F. Wood）为首提出的，他们认为，物流概念是因为军事原因而产生的。第二次世界大战之后是物流发展的重要阶段，这一时期物流发展的大背景是美国为了解决军需品的供应问题，运用运筹学与电子计算机技术对供应费用、运输路线与武器使用、库存量进行科学的规划，形成了系统的军事供应和保障活动，并称之为"后勤物流"（logistics）。1905年，美国少校昌西·贝克（Chauncey Baker）在其所著的《军队与军需品运输》一书中所称的"那个与军备的移动和供应相关的战争艺术的分支"实际上就是"物流"（logistics）。第二次世界大战期间积累的大量军事后勤保障理论、经验，形成和丰富了"运筹学"（operations research）的理论与方法，并且这些理论与方法在战后被很多国家运用到了民用领域，促进了20世纪60—70年代世界经济的发展，也促使现代"物流学"（logistics）理论的形成与发展。

以上两种观点中所说的物流，在文献原文中使用了不同的表达。阿奇·萧所指的物流活动在文献中用的是 physical distribution of goods，指的是流通领域中的实物供应（physical supply），即与创造需求不同的一类活动，创造需求的活动包括市场营销、推销等活动，而实物供应活动包括运输、储存、包装等活动。显然，这里的实物供应就是今天人们说的物流。军事动因观点所说的物流是 logistics，在西方最早的字典中它的意思是后勤，这个词本身还有"兵站""联合后勤补给基地、设施"的意思。虽然以上两种观点讲的都是物流，但是从物流学科发展的角度来看，两者是有区别的。美国物流管理协会（Council of Logistics Management）认为 logistics 比 physical distribution 包括的范围及涉及的活动更为广泛。Logistics 将研究视角定位在整个供应链上，现已成为物流的标准用语，并被广泛接受。从 physical distribution 向 logistics 的过渡表明，物流理论实现了从一个狭小的应用领域（具体的流通领域或者军事领域）向一个更加广阔的空间（一般的供应链）的飞跃，这对完善物流系统理论是十分重要的。关于 physical distribution 和 logistics 的比较见表1-1。

表1-1 physical distribution 和 logistics 的比较

	physical distribution	logistics
概念最先出现的时间	1915年阿奇·萧出版的著作《市场流通中的若干问题》	作为一个英文单词，源自古拉丁语，1905年美国少校昌西·贝克在其所著的《军队与军需品运输》一书中首次提出并解释了"物流"一词，一般认为该概念在第二次世界大战期间才得以广泛使用
最先使用的领域	流通领域	军事领域
目前使用的领域	流通领域	整个供应链（包括生产、流通、消费、军事等各个领域）
概念的外延关系	包含在 logistics 中	包含 physical distribution
概念的内涵	制造业和商业有效地将商品由生产末端转移到消费终端的过程，或者指原材料由供应地转移到生产线前端的各种活动。这些活动包括运输、保管、装卸、包装、库存管理、工厂或仓库选址、订发货管理、需求预测、顾客服务等	对货物、服务及相关信息从起源地到消费地的有效率、有效益的流动和储存进行计划、执行和控制，以满足顾客要求的过程。该过程包括输入、输出、内部和外部的移动及以环境保护为目的的物料回收
美国物流管理协会使用的名词	从1963年成立到1985年下半年使用 physical distribution，1985年下半年以后用 logistics 取代了 physical distribution	

尽管以上两种观点代表了人们对物流概念溯源的不同认识，但无论是何动因促使物流概念的产生，都反映了人们在实践中对系统、合理地组织和管理物流活动的一致追求。

1.1.2 物流的定义

物流概念产生以后，物流问题在西方引起了广泛关注，许多国家加强了对有关物流问题的研究，美国、日本、欧洲等纷纷成立国家或区域性物流协会或学会，一些跨国公司成立物流部，统一协调和管理公司物流活动。在学术研究、物流实践不断深入的过程中，人们认识到，为了便于进行物流学术交流、促进物流行业发展，必须规范物流定义，以统一对物流的认识。因此，自20世纪60年代以来，有关物流的各种定义层出不穷。不同的机构从自身需要出发给出了物流的定义，但在所包含的内容及所涵盖的范围上有不小的差别。这也反映了学术界和企业界对物流的理解还有差别，物流本身还需进一步完善。到目前为止，世界上对物流的定义还远未统一。但发达国家成立比较早的物流组织给出的物流定义较有影响力。尤其是美国物流管理协会的定义较有权威性，以致加拿大物流管理协会（Canadian Association of Logistics Management）基本上采纳了该定义。

目前主要有以下3个方面的物流定义。

（1）各国物流协会的定义。如美国物流管理协会、欧洲物流协会、日本日通综合研究所、加拿大物流管理协会、中国物资流通协会等国家物流协会都对物流进行了定义。

（2）行业的物流定义。如美国的军事行业给出了物流定义。

（3）大企业的物流定义。如美国EXEL物流公司等企业也对物流进行了定义。

现将一些比较有代表性的物流定义介绍如下。

1. 美国物流管理协会的物流定义

成立于1963年的美国物流管理协会作为世界上比较有影响的物流协会，在1985年将其名称从National Council of Physical Distribution Management（NCPDM）更名为Council of Logistics Management（CLM），2005年再次更名为美国供应链管理专业协会，英文全称为Council of Supply Chain Management Professionals，简称CSCMP。该协会是全美有关物流管理方面的专业化组织，其成员既包括物流企业，也包括众多的工商业企业，自成立以来对美国物流概念的传播、实践经验的推广及理论研究的深化都产生了重大的影响。

1976年美国物流管理协会对物流的定义是：对原材料、半成品、成品由发生地到消费地的有效移动进行的计划、执行、控制等各种活动的集合。这些活动包括但不局限于为用户服务、需求预测、销售情报、库存控制、物料搬运、订货销售、零配件供应、工厂及仓库选址、物资采购、包装、退货处理、废物利用及处置、运输及仓储等。

1985年美国物流管理协会将物流定义为：为迎合顾客需求而对原材料、半成品、产成品及相关信息从产地到消费地的高效、低成本流动和储存而进行的规划、实施与控制过程。

1992年美国物流管理协会将物流定义更新为：为迎合顾客需要而对商品、服务及相关信息从起源地到消费地的高效、低成本流动和储存而进行的规划、实施和控制过程。

1998年美国物流管理协会又对物流进行了重新定义：物流是供应链流程的一部分，是对货物、服务及相关信息从起源地到消费地的有效率、有效益的流动和储存进行计划、执行和控制，以满足顾客要求。

2002年美国物流管理协会进一步修订了物流定义，只在1998年定义中加上了"反向"一词。修订后的定义为：物流是供应链流程的一部分，是对货物、服务及相关信息从起源地到消费地的有效率、有效益的正向和反向流动和储存进行计划、执行和控制，以满足顾客要求。

2. 欧洲物流协会的物流定义

欧洲物流协会（European Logistics Association，ELA）1994年发表的《物流术语》（Terminology in Logistics）中将物流定义为：物流是在一个系统内对人员及（或）商品的运输、安排及与此相关的支持活动的计划、执行与控制，以达到特定的目的。欧洲物流协会将物流定义为两维矩阵：第一维是物料流，由采购、物料管理和实物配送三个业务功能组成；第二维是工作顺序，由顾客服务、运输、仓储/物料搬运、物料计划与控制、信息系统与支持及管理等6个学科构成（见图1-1）。欧洲物流协会的这个术语标准已经成为欧洲标准化委员会（The European Normalization Committee）的物流定义。值得注意的是，欧洲物流协会在物流定义中把人员作为物流的对象。

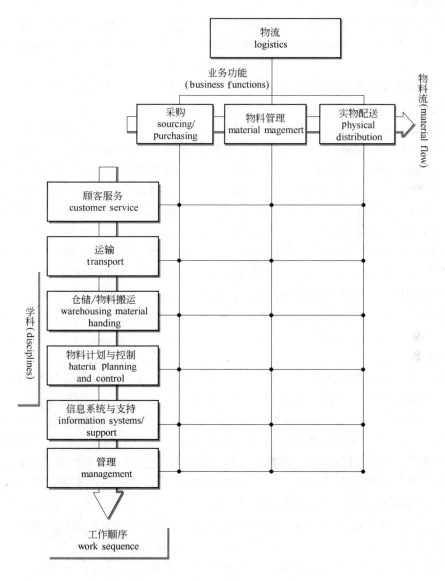

图1-1 欧洲物流协会的物流模型

3. 日本的物流定义

日本的物流定义，可以追溯到1956年日本向美国派出的"流通技术专业考察团"。该考察团在美国发现，美国人讲的"physical distribution"涉及大量的流通技术，对提高流通的劳动生产率很有好处，于是在考察报告中对其进行了介绍。随后，这一概念引起了日本产业界的重视，日本人就把 physical distribution 译成日文"物の流"，1965年更进一步简化为"物流"。

日本日通综合研究所1981年在《物流手册》上对物流的定义是：物流是物质资料从供给者向需要者的物理性移动，是创造时间性、场所性价值的经济活动。从物流的范畴来看，包括包装、装卸、保管、库存管理、流通加工、运输、配送等各种活动。如果不经过这些过程，物就不能移动。

日本早稻田大学教授西泽修在定义物流时说，物流是指"包装、输送、保管、装卸工作，主要以有形物资为中心，所以称之为物资流通。在物资流通中加进情报流通，于是称之为物流"。

日本另一位物流专家汤浅和夫则认为，物流是一个包含"整体观点"的概念，是指产品从工厂生产出来到送达顾客手中这一过程的"结构"。

日本的物流概念产生以后，出现了一些物流研究机构，比较有名的是日本物流管理协议会（Japan Logistics Management Association，JLMA）和日本物流管理协会（Japanese Council of Logistics Management，JCLM）。面对物流的发展，为了提高物流效率、促进物流发展，两协会于1992年6月2日合并成立日本后勤系统协会（Japan Institute of Logistics Systems，JILS），将物流改称后勤，并且该协会名称中的"后勤系统"几个字并没有翻译成日文汉字，而是直接用片假名，协会的日文名称为："社团法人日本ロジスティクスシステム协会"，该协会的专务理事稻束原树1997年在《这就是"后勤"》一文中对"后勤"下了定义："后勤"是一种对于原材料、半成品和成品的有效率流动进行规划、实施和管理的思路，它同时协调供应、生产和销售各部门的个别利益，最终达到满足顾客的需求。换言之，"后勤"意味着以满足顾客的需要作为基本目标，按要求的数量、以最低的成本送达到要求的地点。

4. 中国的物流定义

在我国，物流是一个外来词，是在20世纪70年代末从日本引进的。1979年6月，中国物资经济学会派代表团参加在日本举行的第三届国际物流会议，把物流的概念介绍到了国内。此后，有关部门及专家、学者展开了对物流的研究，具有代表性的物流定义如下。

1987年，王嘉霖、张蕾丽教授在《物流系统工程》一书中指出，物流泛指物资实体的场所（或位置）转移和时间占用，即物资实体的物理移动过程（有形的与无形的）。狭义地讲，物流包括从生产企业内部原材料、协作件的采购开始，经过生产制造过程中的半成品的存放、装卸、搬运和成品包装，到流通部门或直达客户后的入库验收、分类、储存、保管、配送，最后送达顾客手中的全过程，以及贯穿于物流全过程的信息传递和顾客服务工作的各种机能的整合。

1995年，王之泰教授在《现代物流学》一书中，将物流定义为：按用户（商品的购买者、需求方、下一道工序、货主等）要求，将物的实体（商品、货物、原材料、零配件、半成品等）从供给地向需要地转移的过程。这个过程涉及运输、储存、保管、搬运、装卸、货物处置和拣选、包装、流通加工、信息处理等许多相关活动。

1997年，何明珂教授在《现代物流与配送中心》一书中，将物流定义为：物质实体从供应者向需要者的物理性移动，它由一系列创造时间和空间效用的经济活动组成，包括运输（配送）、保管、包装、装卸、流通加工及物流信息处理等多项基本活动及其这些活动的统一。

2000年，宋华博士等在《现代物流与供应链管理》一书中，将物流定义为：为了实现顾客满意，连接供给主体和需求主体，克服空间和时间阻碍的有效、快速的商品、服务流动经济活动过程。

2001年4月，中国物资流通协会牵头组织，由专家、学者编写的中华人民共和国国家标准《物流术语》（GB/T 18354—2001）正式颁布。在充分吸收国内外物流研究成果的基础上，将物流定义为：物流是指物品从供应地向接收地的实体流动中，根据实际需要，将运输、储存、装卸、搬运、包装、流通加工、配送、信息处理等功能有机结合来实现用户要求的过程。这个定义除了对概念准确性进行斟酌之外，还考虑了中国文化及与国外现代物流理念的接轨。2006年修订的《物流术语》（GB/T 18354—2006）将物流定义为：物品从供应地向接收地的实体流动过程。根据实际需要，将运输、储存、装卸、搬运、包装、流通加工、配送、信息处理等基本功能实施有机结合。

从以上这些物流定义来看，物流的实质是通过产品与服务及其相关信息在供给点与消费点之间的加工、运输与交换等活动，以低成本提供用户满意的服务，从而实现价值，是密切市场经济中供求关系的网络组织。它主要涵盖了以下4个方面的内容。

（1）物流的对象既包括有形的"物"（即传统上认知的一般性物品，如农、畜、渔、原材料、在制品、零部件、产成品、邮件、包裹、废弃物等），也包括无形的信息和服务等传统上不能被认知的特殊性物品，如电力、信用卡、物流服务和废弃物清理服务等。

（2）物流过程是一个由许多物流作业环节组成的复杂系统。比如物流过程包括运输、储存、包装、装卸、流通加工、信息处理等环节，其中的运输环节，又包括组配、装车、驾驶、卸货等具体作业，每一项作业还可以划分为若干具体的动作，如组配作业动作。要使物流过程的结果符合要求，必须对物流过程进行系统化的设计与管理。

（3）物流功能并不是物流各组成要素功能的简单加总。物流作为一个系统，它除了包含储存、运输、包装、流通加工、配送、信息处理等这些纵向的具体要素功能，更强调各要素功能之间的横向协调、配合与集成。在物流活动中虽然这些具体的要素功能依然独立存在，但是它们是以行使物流系统的特定使命而存在的，是经过集成的要素功能，比以前单独存在的要素功能具有更大的价值。

（4）物流活动大多是由商品贸易、服务贸易和物流服务等多种方式，通过许多的人员、地点、行为和信息的组合、搭配及协调才能够完成的。这个过程涉及顾客服务、运输、仓储、信息处理等多项作业，还要涉及公司的策略选择与企业具体作业的联系，但最终的目标都是利用供应链中的资源，使物流活动在成本和收益的约束条件下达到顾客的满意。

1.1.3 物流的分类

社会经济领域中物流活动无处不在，许多领域都有自己独特特征的物流活动。为了全面认识物流，有必要对存在于各个领域的不同层次、不同表现形式的物流进行分类，这也是进行物流研究的基本前提。通常可以从物流在社会再生产中的作用、物流系统的性质、物流活动的空间范围等不同角度将物流分为不同的类别。

1. 按物流在社会再生产中的作用分类

按照物流在社会再生产中的作用不同，可以将物流分为宏观物流和微观物流两类。

1) 宏观物流

宏观物流是指社会再生产总体的物流活动，是从国民经济整体的角度来观察的物流活动，研究国民经济运行中的物流合理化问题。

宏观物流是从总体看物流，而不是从物流的某一个构成环节来看物流。宏观物流研究的主要特点是综合性和全局性。其主要研究的内容包括物流总体构成、物流与社会的关系、物流在社会中的地位、物流与经济发展的关系、社会物流系统和国际物流系统的建立与运作等。因此，在我们常提及的物流活动中，社会物流、国民经济物流、国际物流都属于宏观物流的范畴。

2) 微观物流

微观物流是指消费者、生产者、流通企业所从事的实际的、具体的物流活动。其具体表现为在整个物流活动中的一个局部、一个环节的具体物流活动，在一个小地域空间发生的具体的物流活动或针对某一种具体产品所进行的物流活动等。

微观物流主要包括企业物流、生产物流、供应物流、销售物流、回收物流、废弃物物流等，微观物流研究的特点是具体性和局部性。

2. 按照物流系统的性质分类

物流是一个系统工程，按照物流系统所涉及范围，可将物流分为社会物流、行业物流和企业物流三类。

1) 社会物流

社会物流也称大物流，是指企业外部的全社会物流活动的总称，即指超越一家一户的以一个社会为范畴的物流。社会物流是由专门的物流服务供应商承担的。

社会物流是物流科学研究的重点之一。因为社会物流网络分布是否合理、渠道是否畅通关系到国民经济的健康有序运行，必须进行科学管理和有效控制，采用先进的技术手段，才能保证高效能、低运行成本的社会物流系统带来巨大的经济效益和社会效益。社会物流研究再生产过程中随之发生的物流活动，研究国民经济中的物流活动，研究如何形成服务于社会、面向社会又在社会环境中运行的物流，研究社会中物流体系的结构和运行规律，因此带有综观性和广泛性的特征。

2) 行业物流

同一行业中所有企业的物流称为行业物流。同一行业中的企业往往是市场上的竞争对手，但在物流领域却往往是行业中的企业互相协作，共同促进行业物流系统的合理化。

例如，日本的建筑机械行业提出了行业物流系统化的具体内容，包括各种运输手段的有效利用，建设共同的机械零部件仓库，实行共同集约化配送，建立新旧建筑设备及机械零部件的共用物流中心，建立技术中心以共同培训操作人员和维修人员，统一建筑机械的规格等。目前，我国许多行业协会根据本行业的特点提出了或即将出台自己的行业物流系统化标准。如 2007 年国家烟草专卖局发布的《烟草行业物流标准体系》；由国家标准化管理委员会批准、全国物流标准化技术委员会提出并归口，中国物流与采购联合会钢铁物流专业委员会等单位共同起草的《钢铁物流包装标识规范》（项目编号：20120493-T-469）、《钢铁物流验货操作规范》（项目编号：20120495-T-469）、《钢铁物流作业规范》（项目编号：20120496-T-469）三项国家标准已经完成了标准的征求意见稿的编制。

3) 企业物流

企业物流是指在企业范围内进行相关的物流活动的总称。企业物流涉及企业日常生产经营的各环节，包括原材料的购进、产成品的销售、商品的配送等。

根据企业物流活动发生的先后次序，从水平方向上可以将企业的物流活动划分为供应物流、生产物流、销售物流、回收物流和废弃物物流（见图1-2）。

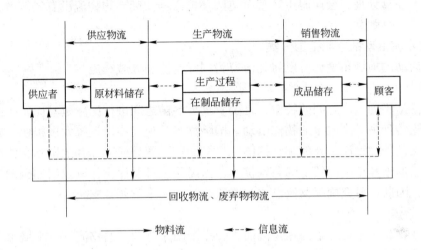

图1-2 企业物流的水平结构

（1）供应物流。所谓供应物流，是指为生产企业提供原材料、零部件或其他物品时，物品在提供者与需求者之间的实体流动。企业供应物流的关键在于如何降低供应物流的成本并保证供应，这是企业物流的最大难点。为此，企业供应物流就必须解决有效的供应网络问题、供应方式问题、零库存问题等。

（2）生产物流。所谓生产物流，是指在生产过程中，原材料、在制品、半成品、产成品等在企业内部的实体流动。生产物流是制造型企业所特有的物流过程，它和生产加工的工艺流程同步。生产物流合理化对工厂的生产秩序、生产成本有很大的影响。生产物流均衡稳定，可以保证在制品的顺畅流转、压缩在制品库存、缩短生产周期、设备负荷均衡。

（3）销售物流。所谓销售物流，是指生产企业、流通企业出售商品时，物品在供方与需方之间的实体流动。在现代社会中，市场是一个完全的买方市场，销售物流带有极强的服务性，以满足买方的需求，最终实现销售。在这种市场前提下，企业销售物流就需要研究送货方式、包装水平、运输路线等并采取各种诸如少批量、多批次、定时、定量配送等特殊的物流方式达到目的，因而，其研究领域是很宽泛的。销售物流的效果直接关系到企业的存在价值是否被市场消费者认可，销售物流所发生的成本会在产品或商品的最终价格中得以体现，因此，在市场经济中为了增强企业的竞争能力，销售物流的合理化改进可以立即收到明显的市场效果。

（4）回收物流。所谓回收物流，是指不合格物品的返修、退货及周转使用的包装容器从需方返回到供方所形成的物品实体流动。如作为包装容器的纸箱、塑料框、酒瓶等，又如生产过程中产生的边角余料和废料。在一个企业中，回收物品处理不当，往往会影响整个生产环境，甚至影响产品质量，也占用很大空间，造成浪费。回收物流品种繁多，流通渠道也不规则，且多有变化，因此管理和控制的难度较大。

(5) 废弃物物流。所谓废弃物物流，是指将经济活动中失去原有使用价值的物品，根据实际需要进行收集、分类、加工、包装、搬运、储存，并分送到专门处理场所时所形成的物品实体流动。如开采矿山时产生的土石、炼钢生产中的钢渣、工业废水等，已没有利用价值，但如果不妥善处理，会妨碍生产甚至造成环境污染。废弃物物流没有经济效益，但是具有不可忽视的社会效益。

3. 按照物流活动的空间范围分类

从物流活动的地域角度，可以将物流分为国际物流和区域物流。

1) 国际物流

国际物流是不同国家之间的物流，是随着世界各国之间进行国际贸易而发生的商品实体从一个国家流转到另一个国家的物流活动。国际物流是现代物流系统发展很快、规模很大的一个物流领域，国际物流是伴随和支撑国际经济交往、贸易活动和其他国际交流所发生的物流活动。由于近十几年国际贸易的急剧扩大，国际分工日益深化，以及诸如欧洲等地一体化速度的加快，因此，研究国际物流已成为物流研究的一个重要分支。

2) 区域物流

所谓区域物流，是相对于国际物流而言，一个国家范围内的物流、一个城市范围内的物流或一个经济区域内的物流活动。

区域物流都处于同一法律、规章、制度之下，都受相同文化及社会因素影响，都处于基本相同的科技水平和装备水平之中。研究各个国家的物流，找出其区别及差异所在，找出其联结点和共同因素，这是研究国际物流的重要基础。物流有共性，但不同国家有其特性，例如日本的物流，海运是其非常突出的特点，日本国土狭小，覆盖全国的配送系统也很有特点；而美国物流中，大型汽车的作用非常突出。区域物流研究的一个重点是城市物流，世界各国的发展、城市经济区域的发展有赖于物流系统的建立和运行。

4. 按照物流研究的着眼点分类

按照物流研究的着眼点，可将物流分为一般物流和特殊物流。

1) 一般物流

所谓一般物流，是指物流活动的共同点和一般性，物流活动的一个重要特征是涉及全社会及所有企业单位。因此，物流系统的建立、物流活动的开展必须有普遍的适用性。物流系统的基础点也在于此；否则，物流活动对国民经济和社会产生的作用便大大受到限制。一般物流研究的着眼点在于物流的一般规律，建立普遍适用的物流标准化系统，研究物流的共同功能要素，研究物流与其他系统的结合、衔接，研究物流信息系统及管理体制等。

2) 特殊物流

所谓特殊物流，是指专门范围、专门领域、特殊行业的物流。在遵循一般物流规律基础上，带有特殊制约因素、特殊应用领域、特殊管理方式、特殊劳动对象、特殊机械装备特点的物流，皆属于特殊物流范围。特殊物流活动的产生是社会分工深化、物流活动合理化和精细化的产物。在保持通用的、一般的物流活动规律前提下，能够有自身特点且能形成规模经济效益的物流，便会形成独特的物流活动和物流方式。特殊物流的研究对推动现代物流发展的作用是巨大的。特殊物流还可进一步细分：如按劳动对象的特殊性，可分为水泥物流、石油及油品物流、煤炭物流、腐蚀性化学物品物流、危险品物流等；按数量及形体不同有多品种、少批量、多批次产品物流，超大、超长型物品物流等；按服务方式及服务水平不同有"门到门"的一贯式物流、配送等；按装备及技术不同有集装箱物流、托盘物流等；对于特殊的领域有军事物流、废弃物物流等。

1.1.4 物流的价值表现

物流活动也是一把"双刃剑"，既是增值性的经济活动，也是增加成本、增加环境负担的经济活动。对物流双重性的认识是研究物流的一个基本点。物流活动与制造加工活动不同，它不创造"物"的形式价值，但是它克服了供方与需方在空间维与时间维上的距离，创造了空间价值和时间价值，由此在社会经济活动中起着不可或缺的作用。物流活动是实物从供方向需方的转移过程，这种转移既要通过运输或搬运来完成实物的空间位置变化，又要通过储存保管来调节供需双方在时间节奏方面的差异，还有可能通过流通加工来改变实物的物理或化学性质。

1. 物流的时间价值

物从供方到需方之间有一段时间差，由于改变这一时间差距而创造的价值称为物流的时间价值，也叫物流的时间效用。例如，大米的种植和收获是季节性的，多数地区每年只能收获一次。但是对消费者而言，作为食品，每天都要食用，大米也只有在供人们食用的过程中才能实现其使用价值。所以，必须对大米进行保管以满足食用者经常性的需要。大米的这种使用价值是通过保管克服了季节性生产和经常性消耗的时间距离后才得以实现的，这就是物流的时间价值。

物流获得时间价值的形式有以下3种。

1) 缩短时间，创造价值

缩短物流时间可获得多方面的好处，如减少物流损失、降低物流消耗、加速物品的周转、节约资金等。物流周期的结束是资本周转的前提条件，这个时间越短，资本周转越快，表现出资本的较高增值速度。从全社会物流的总体来看，加速物流周转，缩短物流时间，是物流必须遵循的一条经济规律。目前，物流着重研究的一个课题就是如何采取技术的、管理的、系统的方法来尽量缩短物流的宏观时间和有针对性地缩短微观物流时间，从而取得较高的时间价值。

2) 弥补时间，创造价值

供给与需求之间存在着时间差，可以说这是一种普通的客观存在，正是有了这个时间差，商品才能取得自身的最高价值。但是商品本身是不会自动弥合这个时间差的，如果没有有效的方法，那么集中生产出的粮食除了当时的少量消耗外，就会损坏掉，腐烂掉，而在非产出时间，人们就会找不到粮食吃。物流便是以科学、系统的方法弥补和改变这一时间差，以实现其时间价值。

3) 延长时间，差创造价值

总体上说，物流遵循"加速物流速度，缩短物流时间"这一规律。但是，在某些具体物流活动中也存在人为地、能动地延长物流时间来创造价值的现象。例如，秋季集中产出的粮食、棉花等农作物，通过物流的储存、储备活动，有意识地延长物流的时间，从而均衡人们的需求；再如，配合待机销售的囤积性营销活动的物流便是一种有意识地延长物流时间、有意识增加时间差来创造价值的情况。

2. 物流的空间价值

空间价值是指"物"从供方到需方之间有一段空间距离，改变这一场所的差别创造的价值称作空间价值，也叫空间效用。例如，煤炭埋藏在地表之下，与普通的泥土石块一样，没有任何使用价值，只有经过采掘，然后输送到需要煤的地方才能用作发电或取暖的燃料，成为一种重要的物资。它的使用价值是通过运输克服了空间距离才得以实现的，这就是物流的空间效应，也称为场所效用。

物流的空间价值是由现代社会产业结构、社会分工所决定的，主要原因是供给和需求之间的空间差，商品在不同地理位置有不同的价值，通过物流将商品由低价值区转到高价值区，便可获得价值差，即"空间价值"。空间价值的实现主要有以下3种具体方式。

（1）从集中生产场所流入分散需求场所创造价值。现代化大生产往往是通过集中的、大批量的生产方式以提高劳动生产率，降低单位成本。在一个小范围集中生产的产品可以覆盖大面积的需求地区，有时甚至可覆盖一个国家乃至若干个国家。通过物流将产品从集中生产的低价位区转移到分散在各处的高价位区，可以获得丰厚的利益。物流的"空间效用"也依此产生。

（2）从分散生产场所流入集中需求场所创造价值。这种情况在现代社会生活中也很常见。例如，农副产品品种众多，又是在距离城市远近不等的不同的农业生产基地生产出来的，而一个大城市的需求却相对大规模集中；再如，一个汽车厂不同的零配件生产相对分散，但却集中在一个大厂中装配，这也形成了分散生产和集中需求，物流便依此取得了空间价值。

（3）在低价值地生产流入高价值地需求创造场所价值。现代社会中供应与需求的空间差十分普遍，除了大生产原因之外，还有不少是由于自然地理和社会发展因素所决定的。例如，农村生产粮食、蔬菜而异地于城市消费，南方生产荔枝而异地于各地消费，北方生产高粱而异地于各地消费等。现代人每日消费的物品几乎都是相距一定距离甚至十分遥远的地方生产的。这么复杂交错的供给与需求的空间差都是靠物流来弥合的，物流也从中创造了空间效用。在经济全球化的浪潮中，国际分工和全球供应链的构筑，一个基本的选择就是在成本最低的地区进行生产，通过有效的物流系统和全球供应链，在价值最高的地区销售，信息技术和现代物流技术为此创造了条件，使物流得以创造价值。

3. 物流的加工附加值

在加工过程中，由于物化劳动和活劳动的不断注入，增加了"物"的成本，同时增加了它的价值。在流通过程中，可以通过流通加工的特殊生产形式，使处于流通过程中的"物"通过特定方式的加工而增加附加值，这就是物流创造加工附加值的活动。

需要指出的是，物流创造加工附加价值是有局限性的。它不能取代正常的生产活动，而只能是根据现代物流的优势，在流通领域从事的一种完善性和补充性加工活动。但是，物流过程的增值功能往往通过流通加工得到很大的体现。所以，根据物流对象的特性，按照用户的要求进行流通加工活动，可以对整个物流系统的完善起到重大作用。尤其在网络经济时代，物流作为针对用户的服务方式，依托信息传递的及时和准确，得以有效组织这种加工活动，因此它的增值作用是不可忽视的。

1.2 物流系统

物流系统是由物流要素所构成的具有特殊功能的有机整体。在物流系统中，由于各功能要素之间存在效益背反关系，因此部分最优不能等同于物流系统整体最优。研究物流系统对发挥物流功能、提高物流效益、降低物流费用、满足各种需求具有重要意义。

1.2.1 物流系统概述

1. 物流系统的概念和特征

所谓物流系统，是指由两个或两个以上互相区别又互相联系的物流单元（子系统）组成，以达到物流总体功能合理化的有机统一体。

最基本的物流系统由包装、装卸、运输、储存、加工及信息处理等子系统中的一个或几个有机地结合而成。每个子系统又可以往下分成更小的子系统。物流系统本身又处在更大的系统之中。物流系统主要有以下4方面的特征。

（1）物流系统构成的多单元性。物流系统由多个单元组成，这些单元又称为子系统，基本的单元包括运输、储存、包装、加工及信息等。它们之间相互区别，发挥各自的专长，同时又相互联系，发挥系统协调整合的优势。

（2）物流系统环境的动态性。生产系统按固定的产品生产方式生产，系统环境的稳定性较强。与之相比的物流系统，涉及的企业、产品非常多，市场需求、价格、供应等外部环境因素的变化难以预测，加之系统内各要素及系统本身内环境的变化，使得物流系统处于一个动态环境之中。这就要求物流系统具有较强的柔性、灵活性，相应地，这也会增加管理的难度。

（3）物流系统的跨越性。物流系统的跨越性反映在两个方面。一是地域跨越性。随着专业化分工向国际化、纵深化方向发展，市场空间范围随之扩大，物流系统的跨度也随之扩大。二是时间跨越性。时间跨越性带来的主要问题是管理难度加大，对信息的依赖程度高。

（4）物流系统内的效益背反现象。"效益背反"是物流领域中很普遍的现象，是物流系统中内部矛盾的反映和表现。效益背反指的是物流的若干功能要素之间存在损益的矛盾，即某一个功能要素的优化和利益发生的同时，必然会存在另一个或另几个功能要素的利益损失，反之也如此。效益背反处理不当，会使物流系统整体功能恶化。因此，不能只考虑局部利益，应从物流系统整体出发，发挥物流系统的整体优势。

2. 物流系统的目标

要充分发挥物流系统的最优效果，就必须认真研究物流系统中的每一个问题，把从生产到消费过程中的"物"作为一贯流动性的物流量来看待，依靠优化物流线路、现代化的物流手段和合理化的物流作业，降低物流成本，提高物流效益。关于物流系统的目标，可以归纳为以下6个方面，简称"6S"。

（1）服务（service）目标。在为用户服务方面要求做到无缺货、无货损、无货差等现象，且费用低廉。近几年出现的准时供货方式、柔性供货方式等都是物流服务目标的体现。

(2) 快捷（speed）目标。要求把货物按照用户指定的地点和时间迅速送到。诸如直达物流、联合一贯运输，把物流设施建在供给地区附近，或者利用有效的运输工具和合理的配送计划等手段，都是快捷目标的体现。

(3) 节约（saving）目标。节约目标指有效地利用土地面积和空间的目标。节约是经济领域取得效益的重要途径，特别是对城市市区土地面积的有效利用必须加以充分考虑。应逐步发展立体化设施和有关物流机械，求得空间的有效利用。

(4) 规模优化（scale optimization）目标。要求合理利用自动化和机械化的设备，合理安排物流设施的集中与分散。以物流规模优化作为物流系统的目标，可以实现规模效益。

(5) 库存控制（stock control）目标。库存过多则需要更多的保管场所，而且会产生库存资金的积压，造成浪费。因此，必须按照生产与流通的需求变化对库存进行控制，这也是宏观调控的需要。在物流系统中，正确确定库存管理方式、库存数量、库存结构、库存分布等就是这一目标的体现。

(6) 安全（safety）目标。安全目标要求尽量保证货物在运输途中的安全，在装卸、搬运过程中的安全和仓储阶段的安全，避免客户订货的断档。

1.2.2 物流系统的构成要素与模式

1. 物流系统的构成要素

物流系统与其他的任何系统都一样，是由人、财、物等相关要素构成的。在物流系统构成的基本要素中，人员是核心要素。提高人员的素质是建立一个高效化、合理化物流系统的根本条件。资金要素也十分重要，没有有力的资金支持，则无法保障物流过程的有效实现，同时物流服务本身也需要以货币为媒介。物的要素是物流系统目标实现的基础条件，是指与物流活动相关的设施、设备与工具等。以上3个要素是构成物流系统的基本因素，它们是维系物流活动得以运行的基本条件。

在物流系统基础要素的基础上，与物流有关的各种作业（功能）活动构成了物流系统的子系统，这些子系统是物流系统中相互联系、相互作用的各个环节。按照它们功能的不同，可以划分为以下7个子系统。

(1) 运输（transport）。

运输是利用设备和工具，在不同地域范围内，完成以改变人和物的空间位移为目的的物流活动，运输是物流的基本活动要素。运输子系统通过运输功能解决物品在生产地点与消费地点之间的空间差问题，创造商品的空间效用。

运输子系统在物流系统中是一个极为重要的环节，应根据它同其他子系统的协调关系，注意以下3个方面的问题：

① 选择最佳的运输方式和最优化的运输途径，配备适当运输工具，缩短运输时间，提高运输效率；

② 制订有效的运输计划，减少运输环节，保证运输作业的连续性，节约运输费用；

③ 提高服务水平，保证运输安全与运输质量。

(2) 储存（storing）。

储存是在保证物品的品质和数量的前提下，依据一定的管理规则，在一定期间内把物品存放在一定的场所的活动。在物流系统中，储存起着缓冲、调节和平衡的作用。储存子系统是通过实现物流的储存功能，通过仓储解决供应与需求在时间上的差异，以创造物流的时间效用。

储存子系统是物流系统的一个中心环节，应根据仓库所在的地理位置、周围环境、进出库频率等因素，充分考虑以下7个问题：

① 仓库建设与布局要合理，以有利于储存和运输；
② 最大限度地利用仓库的容积，降低单位仓储成本；
③ 货物码放、保存一定要科学合理，既充分利用空间，又确保储存期间的物品的养护，保证质量不受损害；
④ 进出库尽量方便，以缩短出、入库的作业时间，提高工作效率；
⑤ 加强入库的验收和出库的审核工作，以保证出、入库物品的质量和数量；
⑥ 加强库存管理，防止缺货和积压；
⑦ 降低仓储费用，保证仓库安全。

（3）包装（packaging）。

包装是指在物流过程中为保护产品、方便运输、促进销售，按一定的技术方法采用容器、材料及辅助物等将物品包封并予以适当的装封标志的工作的总称。在社会再生产过程中，包装处于生产过程的终点和物流过程的始点。但包装与物流的关系，比之与生产的关系要密切得多，其作为物流始点的意义比之作为生产终点的意义要大得多。

包装子系统应根据不同的包装机械、包装技术和包装方法，注意考虑以下3方面的问题：

① 选择适用的包装机械，提高包装质量，使包装做到方便顾客使用；
② 加强包装技术的研究与开发，改进包装方法，使包装标准化、系列化；
③ 节约包装材料，降低包装费用，提高包装效益。

（4）装卸（loading and unloading）。

所谓装卸，是指在物流过程中对物品的装运卸货、搬运移送、堆垛拆垛、旋转取出、分拣配货等作业活动。装卸子系统本身并不能创造价值，但装卸作业质量的好坏和效率的高低直接影响着运输空间价值的创造和储存时间价值的创造，并对节省物流费用造成很大的影响。所以，装卸子系统是物流系统中一个不可缺少的环节。

装卸子系统应根据作业场所、使用机具及货物量，注意考虑以下3个方面的问题：

① 选择最适用的装卸搬运机械器具，以保证装卸搬运的效率与质量；
② 努力提高装卸搬运的机械化程度，减小劳动强度，使装卸搬运能更安全、更省时省力；
③ 制定装卸搬运作业程序，协调与其他子系统的作业配合，节省费用。

（5）流通加工（distribution processing）。

流通加工是指在流通阶段进行的不以改变商品的物理、化学性能为目的的简单加工、组装、剪切、贴签、分装、打孔等作业活动。流通加工子系统通过加工这一物流功能，使物品更加符合消费者和使用者的需求，能起到促进销售的作用。

流通加工子系统应根据加工物品、销售和运输作业的要求，注意考虑以下4方面的问题：

① 选定加工场所，配备相应的加工机械；
② 制定加工作业流程，提高加工质量，降低加工成本费用；
③ 加强对加工技术的研究、开发，提高加工技术水平；
④ 及时注意加工产品适销情况的反馈，及时调整加工策略与加工作业中的问题。

（6）配送（delivery）。

配送是指在经济合理区域范围内，根据用户要求，对物品进行拣选、加工、包装、分割、组配等作业，并按时送达指定地点的物流活动。配送子系统处在物流系统的末端，是现代物流的一个重要构成要素。现代意义上的配送不同于一般意义上的运送与运输，它是建立在备货和配货基础上的满足客户个性化需求的送货活动。

配送子系统应根据其配送的区域范围、服务对象及物流量的大小，注意考虑以下4个方面的问题：

① 选择最佳的配送中心地址，配送中心的作业区要布置合理，有利于收货验货、货物仓储、加工包装、分拣选货和备货配送；

② 配置各类需要的配送车辆、装卸搬运机械及辅助器具；

③ 规划出最优的配送路线，以提高服务水平和配送的及时性；

④ 判定合理化配送作业流程，使配送作业更合理化，提高工作效率。

（7）信息（information）。

物流信息是物流活动的内容、形式、过程及发展变化的反映。物流信息是实现物流管理的基础，只有掌握信息，才能进行有效的物流活动。物流信息子系统是物流系统总体的灵魂，没有物流信息子系统的有效运用，就谈不上物流的现代化。

物流信息子系统在物流系统中与其他的子系统有所不同，它既是一个独立的子系统，又是一个为物流系统整体服务的一个辅助系统。其功能贯穿于物流各个子系统业务活动之中，物流系统的各子系统都需要物流信息子系统支持其各项业务活动，都必须靠信息系统的各项信息来联系和引导，以达到协调一致，保证整个物流系统的高效运转，获得最佳的经济效益。物流信息子系统还可从其作用上分出若干分支子系统，如运输信息子系统、储存信息子系统、配送信息子系统等。

2. 物流系统的模式

系统是相对外部环境而言的，并且和外部环境的界限往往是模糊的，所以严格地说系统是一个模糊集合。外部环境向系统提供劳动力、手段、资源、能量、信息，称为"输入"；系统以自身所具有的特定功能，将"输入"进行必要的转化处理，使之成为有用的产成品供外部环境使用，这称之为系统的"输出"。输入、处理、输出是系统的三要素。外部环境因资源有限、需求波动、技术进步及其他各种变化因素的影响，对系统加以约束或影响，称为环境对系统的限制或干扰。此外，输出的成果不一定是理想的，可能偏离预期目标，因此，要将输出结果的信息返回给输入，以便调整和修正系统的活动，这称为反馈。

物流系统与一般系统一样，具有输入、输出、系统处理、约束与干扰、反馈等功能。其模式如图1-3所示。

（1）输入。物流系统的输入是指环境通过对物流系统提供资源、设备、资金、合同、劳动力、信息等对物流系统发生作用，它是物流系统处理的对象。

（2）输出。物流系统的输出是物流系统对环境的直接输出，输出的内容有各种物品的场所转移、信息报表的传递、合同的履行、物流服务等，它是物流系统处理的结果。

（3）系统处理（转化）。物流系统的处理或转化是指把输入的物品或信息转化成输出的物品或信息的过程。具体包括各种生产设备、设施的建设；物流企业的各种物流业务活动

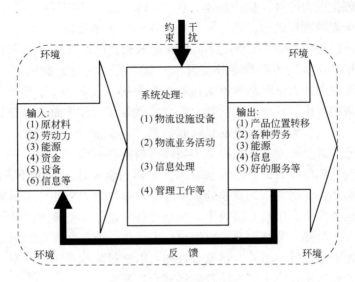

图 1-3 物流系统模式

(运输、储存、包装、装卸搬运等);物流信息的数据处理;各项物流管理工作等。

(4)约束与干扰。约束是环境对物流系统间接的输入,包括物品、信息、经济、文化、气候、地理等软件和硬件条件,是系统必须接受的外部条件,是对系统具有约束和限制的条件。干扰是一种偶然的约束,包括能源限制、资金力量、价格影响、市场调节、需求变化、政策性变动等。

(5)反馈。物流系统的反馈主要是信息反馈,存在于系统的各个过程中。反馈的内容有物流活动分析、统计报表和数据、工作总结、市场行情信息、国际物流动态等。由于物流系统受外部环境的影响,使系统的输出不能达到预期的目标,因此,要把输出的结果及时返回给输入,以便调整未来的输入。即使系统的输出达到了预期的目标,也要把信息返回,以便对物流系统的工作做出评价。

1.2.3 物流系统合理化

1. 物流系统合理化的意义

物流是保证商流顺畅进行,实现商品价值和使用价值的物质基础。在市场经济条件下,物流伴随着商流而产生,但它又是商流的物质内容和物质基础。商流的目的在于变换商品的所有权,而物流才是商品交换过程及社会物质变换过程的具体体现。商流实现的是商品所有权证书的转移,而真正实现商品流通的是物流。因而,没有物流过程,也就无法真正完成商品流通过程,包含在商品中的价值和使用价值就不能实现。物流能力的大小,包括运输、包装、装卸、储存、流通加工等能力的大小,直接决定着商品流通的规模和速度。如果物流能力过小,整个商品流通就不会顺畅,流通过程就不能适应社会主义市场经济发展的客观要求,就会大大影响国民经济的协调、稳定、持续增长。

物流合理化是提高微观经济效益和宏观经济效益的重要源泉。这不仅由于物流组织得好坏直接决定着生产过程是否能够顺畅进行,决定着商品的价值和使用价值是否得以顺利实现,而且由于物流费用已成为生产成本和流通成本的重要组成部分。国外已把开发物流领域，实现物流合理化视为继降低生产成本、扩大销售之后的第三利润源泉。1979年英国物料搬运中心，对全英国物料搬运费进行了一次调查研究，结果是在从原材料获取到把产品运至用户的整个流通过程中，63%的费用都消耗在运输和仓储环节上。在我国，商品在流通过程中，其流通费用的40%发生在商业物流环节。据不完全统计，我国由于包装不善、野蛮装卸和运输不当等原因，大量商品在流通过程中损失掉，仅此一项，每年损失达上百亿元。所以，采取合理组织运输、减少装卸次数、提高装载效率、改进商品包装和运输工具来减少商品损耗等措施，可以大大提高企业的经营利润和商品流通的经济效益。实现物流合理化，无论对于提高企业微观经济效益还是提高宏观经济效益都有重大作用。

通过提高物流效率可以节约商品流通时间，加速资金周转。市场经济从某种意义上讲，是时间经济和效率经济。随着市场竞争的加剧，企业对物流效率的要求越来越高，如要求多批次，小批量，勤进快出，快节奏高效率。通过提高物流效率如缩短商品待运期，减少商品在途时间，提高商品装卸、分拣作业效率等可以大大缩短商品在流通领域里的停留时间，减少资金占用，加速资金周转。另外，物流合理还可以通过降低车辆空驶率，充分发挥运具的效能以改善环境，通过实现货畅其流使资源得到合理配置。

2. 物流系统合理化的原则

实现物流的合理化即实现物流时间最省、服务最好、投入量最少、产出量最多的物流整体功效。物流活动是一个完整的系统，它包括运输、储存、包装、装卸、配送、流通加工及信息等子系统。通常，各子系统的效能越高，物流系统的效能也越高，但是物流系统的效能并不等于各子系统效能的简单相加。所以必须把物流的包装、装卸、运输、配送、储存、流通加工及信息这七大功能作为一个系统来研究、组织和管理，以谋求物流系统整体的最优化。例如，日本通运东京物流中心，把商品的包装、装卸、运输、保管、物流情报等几个环节有机地结合在一起，从商品入库，在库分类、包装，一直到分拣、检验、出库等都实现了高度的机械化、自动化和电子化，为客户提供高效优质的服务。物流系统中子系统的优化未必就是系统整体的优化。例如，在商品包装环节上强调节省包装材料和包装费用，可能会因运输或装卸搬运过程中发生货物破损而招致更大的损失；又如，为降低存储费用，片面降低库存量，可能带来因缺货而造成销售机会的损失。可见，物流系统的各个环节既是独立的，又是相互联系、相互制约的，努力使各个环节之间相互匹配协调，使物流整体系统取得最佳的效益正是物流系统化的真正目的。对物流系统合理化的构筑或改造物流系统，应遵循以下6个原则。

（1）计划化。计划化是通过有计划地组织物流活动达到物流合理化的目的，如按事先计划的路线和时间从事配送活动。计划化是实现物流合理化的先决条件，也是提高物流服务质量的一个重要标志。

（2）大量化。大量化是通过一次性处理大量货物，提高设备设施的使用效率和劳动生产率，以达到降低物流成本的目的，如配送中心集中进货配送、库存集中化等。大量化有利于采用先进的作业技术，实现自动化和省力化。

（3）短距离化。短距离化就是在物流作业中，以有效的配送尽量减少中间环节，特别是注意减少在物流系统中的流程环节，以最短的路线完成商品的空间转移。

（4）共同化。共同化是通过物流业务的合作，提高单个企业的物流效率，如共同配送中心内的共同作业、共同配送活动等。通过加强企业之间的协作，实施共同物流是中小企业实现物流合理化的重要途径。

(5) 标准化。标准化包括作业标准化、信息标准化、工具标准化等,如运输中集装箱的标准化,装卸搬运中的托盘标准化等。标准化是物流系统中各个环节相互衔接、相互配合的基础条件。实现标准化是有效开展物流活动、实现物流高效率的不可缺少的重要环节。

(6) 信息化。信息化是运用现代计算机技术、信息网络技术和数字通信技术,构筑起能够对物流活动相关信息进行高效率的搜集、处理和传输的物流信息系统,通过信息的顺畅流动,将物流系统与采购、生产、销售系统密切联系起来,以便有效控制物流作业活动。

1.3 物流管理的概念、内容和特征

1.3.1 物流管理的概念

根据《物流术语》(GB/T 18354—2006) 中的定义,物流管理 (logistics management) 是指为达到既定的目标,对物流的全过程进行计划、组织、协调与控制。

物流管理成功的关键在于对物流活动进行全面的和整体的规划,制定合理的物流发展战略,合理安排资源配置,从而降低成本、提高对顾客的服务水平。理解物流管理的概念应把握以下3个方面的要点。

(1) 对物流活动进行计划、组织、协调和控制是物流管理的职能。物流管理不仅仅是对单个物流功能要素的管理,而是一个动态、全要素、全过程的管理。

(2) 由于物流各要素之间存在冲突性,如多批次的交货能够降低客户的储存压力,但却会增加企业的运输成本,物流管理就是要通过有效的计划、组织、协调和控制等手段,合理地组织各种要素的集成,实现整体最优。

(3) 物流管理的目标是实现成本合理化的同时确保物流服务质量达到用户满意。这就决定了物流管理的重点在于物流成本和服务的管理。

1.3.2 物流管理的基本内容

物流活动是由各种基础要素(人、财、物)和活动要素(运输、储存、装卸、包装、流通加工、配送、物流信息)构成的系统,物流管理就是对各种物流构成要素进行的系统管理。具体来说,物流管理的基本内容主要包括物流作业管理、物流战略管理、物流组织与人力资源管理、物流成本管理、物流服务管理等。

1. 物流作业管理

物流作业管理是指对物流活动或功能要素的管理,主要包括运输管理、储存管理、装卸搬运管理、包装管理、流通加工管理、配送管理、物流信息管理等。

(1) 运输管理。主要内容包括运输方式的选择、运输路线的选择、车辆调度与组织等。运输管理要综合权衡运输费用、运输时间、运输环节、运输频度、运输能力、货物安全性和到货准时性等因素。

(2) 储存管理。主要内容包括订货、接货、理货、保管、发货等业务管理。随着经济的

发展，储存并不一定是企业的必然选择，企业可以实施供应链管理，变革企业物流作业流程，采取虚拟库存和虚拟仓库等方式努力实现"零库存"。

（3）装卸搬运管理。主要内容包括装卸搬运系统的设计、设备规划与配置和作业组织等。装卸和搬运在物流运作上占用的时间和成本较多，并且由于装卸和搬运往往需要接触货物，如不慎很容易造成物品破损、散失、损耗、混淆等。所以，装卸搬运管理是在加强物品保护和防损的前提下运用高效的机具加快物流速度，使得装卸搬运作为衔接性的物流作业活动充分发挥其机能。

（4）包装管理。主要内容包括容器和包装材料的选择与研究、包装技术与方法的改进、包装标准化等。包装管理应该适应企业物流作业、商品保护、形象展示和促进销售的需要，用科学的方法确定最优包装组合，实现包装的机械化、大型化和集装化，开发新型包装材料和包装器具，尽量使用可回收或绿色环保的包装材料等。

（5）流通加工管理。主要包括加工场所的选定、加工机械的配置、加工技术与方法的研究与改进、加工作业流程的制定与优化等。流通加工的管理应注重加强与运输、储存、装卸搬运、配送等物流作业环节的作业整合问题。

（6）配送管理。主要内容包括配送中心选址及优化布局、配送机械的合理配置与调度、配送作业流程的制定与优化等。

（7）物流信息管理。物流信息管理就是对物流信息的收集、整理、储存传播和利用的过程，也就是将物流信息从分散到集中，从无序到有序，从产生、传播到利用的过程，以及对涉及物流信息活动的各种要素，包括人员、技术、工具等进行的管理。在现代物流管理中，物流信息管理日益重要，是衡量物流管理水平高低的重要标志。

2. 物流战略管理

物流活动的有效开展，不仅取决于对日常物流活动的有效组织与管理，更取决于对物流活动的总体性规划。因此，物流战略管理引起了我国理论界和实业界的广泛关注。

物流战略管理是对企业的物流活动实行的总体性管理，是企业制定、实施、控制和评价物流战略的一系列管理决策与行动，其核心问题是使企业的物流活动与环境相适应，以实现物流的长期、可持续发展。物流战略管理是一个动态的管理过程，其实施的关键是对企业外部环境的变化进行分析，对企业物流资源、条件进行审核，并以此为前提确定企业的物流战略目标，使三者达成动态平衡。

3. 物流组织与人力资源管理

物流组织是指专门从事物流经营和管理活动的组织机构，既包括企业内部的物流管理和运作部门、企业间的物流联盟组织，也包括从事物流及其中介服务的部门、企业及政府物流管理机构。

随着物流业的发展，企业的物流组织形式也不断革新，从没有明确而集中的物流部门到专业物流部门的出现，从纵向一体化的物流组织到横向一体化的物流组织，企业物流组织呈现出越来越多的类型。从实际情况来看，目前主要存在两大类型的物流组织，即传统物流组织和现代物流组织。传统物流组织主要指以职能管理为核心的纵向一体化组织，主要包括职能型组织和事业部型组织；现代物流组织主要指以过程管理为核心的横向一体化组织，主要包括矩阵型组织、网络结构、委员会结构和任务小组。

面对越来越激烈的市场竞争，企业的物流运作水平已经成为企业获得竞争优势的重要手段。因此，加强企业物流人力资源管理，开发与培养物流从业人员的素质，提升物流人员的工作业绩，是企业提高物流管理水平的关键。

4. 物流成本管理

根据《企业物流成本构成与计算》（GB/T 20523—2006）中物流成本的定义，物流成本是指企业物流活动中所消耗的物化劳动和活劳动的货币表现，包括货物在运输、储存、包装、装卸搬运、流通加工、物流信息、物流管理等过程中所耗费的人力、物力和财力的总和以及与存货有关的流动资金占用成本、存货风险成本和存货保险成本。从全社会角度来看，物流成本是国民经济总成本的重要组成部分，对国民经济的运行绩效有着重要的影响。

物流成本管理是指以物流成本信息的产生和利用为基础，按照物流成本最优化的要求，有组织地进行预测、决策、计划、控制、分析和考核等一系列的科学管理活动。物流成本管理是现代物流管理的重要组成部分。从微观层面上来看，物流成本的高低直接关系到企业向社会提供产品或服务的质量和价格，从而影响到企业对客户的价值贡献，进而影响到企业的经济效益和竞争力。物流成本是衡量企业物流有效性的重要标准之一，企业提供的物流服务只有在成本上是可接受的，其提供的物流服务才是有效的。因此，加强物流成本管理对企业有效组织物流活动、提高物流效率具有重要意义。

5. 物流服务管理

物流服务是衡量物流系统为某种商品或服务创造时间效用和空间效用的好坏的尺度，是指从接受顾客订单开始直到商品送到顾客手中为止，为满足顾客需求，有效地完成商品供应、减轻顾客的物流作业负荷所进行的所有服务活动。

现代物流强调服务功能，物流服务的本质就是满足顾客的需求。物流服务对于提高企业的经营绩效有着十分重要的意义。物流服务管理的目标是加强成本管理的同时，明确相应的物流服务水平，强化物流服务管理，保证成本与服务之间的均衡关系。

1.3.3 现代物流管理的特征

随着现代物流的发展，物流管理表现出许多特征，这些特征集中表现在以下 8 个方面。

1. 系统化

现代物流已将传统上的社会物流和企业物流有机地结合在一起，即从采购物流开始，经过生产物流再进入销售领域，要经过包装、运输、装卸搬运、仓储、流通加工、配送，最终到达用户手中，最后还有回收物流。可以说，现代物流包含了产品的整个物理性流通过程，即通过统筹协调、合理规划、控制整个商品的流动，以达到效益最大和成本最小，同时满足用户不断变化的客观需求。这样，可以适应经济全球化、物流无国界的发展趋势。物流的系统化可以形成一个高效、通畅、可调控的流通体系，可以减少流通环节，节约流通费用，实现科学的物流管理，提高流通的效率和效益。

2. 信息化

电子数据交换技术和国际互联网的应用，使物流质量、效率和效益的提高更多地取决于信息化管理技术。物流的信息化是指商品代码和数据库的建立、运输网络合理化、销售网络合理化、物流中心管理电子化、电子商务和物品条码技术的应用等。物流信息化可实现供应链节点企业间信息共享，使信息的传递更加方便、快捷、准确，进而提高整个物流系统的经济效益。

3. 网络化

随着市场竞争的加剧，越来越多的生产企业显现出集中化趋势。一方面，企业生产规模越来越大，其产品要经过各种通道送达全国乃至国外客户手中，需要网络化的物流企业作为其分销网络的组成部分，帮助其销售和拓展市场；另一方面，竞争导致产品本身成本的压缩空间减小，希望通过物流企业的规模效益和综合服务降低物流的总成本，从而提高市场竞争力。因此，构筑网络化和信息化特征的综合物流体系就成为历史发展的必然。物流网络化有两层含义：一是指物流配送中心与供应商、制造商及下游顾客之间的联系，实现计算机网络化；二是指组织的网络化，包括企业内部组织的网络化和企业之间的网络化。

4. 自动化

物流自动化可以扩大物流作业的能力，提高劳动生产率，减少物流作业的差错等。自动化的基础是信息化，核心是机电一体化。目前，物流自动化的设施非常多，如条码/射频自动识别技术与系统、自动分拣系统、自动存取系统、自动导向车、货物自动跟踪系统等。

5. 智能化

智能化是物流自动化、信息化的一种高层次应用。物流作业过程中大量的运筹和决策，如库存水平的确定、运输（搬运）路径的选择、自动导向车的运行轨迹和作业控制、自动分拣机的运行、物流配送中心经营管理的决策支持等问题都需要借助于智能化专家系统才能解决。物流的智能化已成为新经济时代物流发展的一个新趋势。

6. 柔性化

柔性化本身是为实现以顾客为中心的经营理念而在生产领域提出的，但要真正做到柔性化，即真正能够根据消费者需求的变化来灵活调节生产工艺，没有配套的柔性化物流系统是不可能达到目的的。20 世纪 90 年代，国际生产领域纷纷推出柔性制造系统、计算机集成制造系统、敏捷制造、企业资源计划、大量定制化及供应链管理的概念和技术。这些概念和技术的实质是将生产、流通进行集成，根据需求端的需求组织生产，安排物流活动。因此，柔性化的物流正是适应生产、流通与消费的需求而发展起来的一种新型物流模式。这就要求物流配送中心要根据消费需求多品种、小批量、多批次、短周期的特点，灵活组织和实施物流作业。

7. 标准化

随着全球经济一体化的不断发展，各个国家都很重视本国物流与国际物流相衔接，这就要求本国物流标准与国际物流标准化体系必须一致。物流的标准化指的是以物流为一个大系统，制定系统内部设施、机械装备、专用工具等各个分系统的技术标准；制定系统内分领域，如包装、装卸、运输等方面的工作标准；以系统为出发点，研究各分系统与分领域中技术标准与工作标准的配合性，按配合性要求统一整个物流系统的标准；研究物流系统与其他相关系统的配合性，进一步谋求物流大系统的标准统一。

8. 社会化

随着市场经济的发展，专业化分工越来越细，一个生产企业生产某种产品，除了一些核心部件由自己生产外，其他零部件大多外购。生产企业与零售商所需的原材料、中间产品、最终产品大部分由专门的第三方物流企业提供，以实现低库存或零库存。这种第三方物流企业不仅可以进行集约化物流，在一定半径之内实现合理化物流，大量节约物流费用，而且可以节约大量的社会流动资金，实现资金流动的合理化，既提高了经济效益，又提高了社会效益。显然，完善和发展第三方物流是流通社会化的必然趋势。

1.4 现代物流管理的发展与未来趋势

1.4.1 物流管理的产生与发展

了解物流管理的发展，必然首先涉及美国的物流管理，这是因为对物流活动和物流管理的认识初始于美国，而美国物流的管理研究和实践最为先进、最为完善，并成为其他国家学习和仿效的榜样。美国物流管理的发展历史大致可以分为以下4个阶段。

1. 物流观念的启蒙与产生阶段（1901—1949年）

物流观念在理论上最初产生于1901年，约翰·格鲁威尔（John F. Growell）在美国政府报告《农产品流通产业委员会报告》中第一次论述了对农产品流通产生影响的各种因素和费用。1915年，阿奇·萧在《经营问题的对策》一书中，初次论述物流在流通战略中的作用。同年，威尔德（Weld）指出市场营销能产生三种效用，即所有权效用、空间效用和时间效用，与此同时，他还提出了流通渠道的概念，应该说这是早期对物流活动较全面的一种认识。

将物流活动真正上升到理论高度加以研究和分析的当数著名营销专家弗莱德·克拉克（Fred E. Clark），他于1929年在所著的《市场营销的原则》一书中，将市场营销定义为商品所有权转移所发生的各种活动及包含物流在内的各种活动，从而将物流纳入到了市场经营行为的研究范畴之中。1927年拉尔夫·布索迪（Ralph Borsodi）在《流通时代》一书中，初次用logistics来称呼物流，为物流的概念化奠定了基础。总的来看，这一时期对物流的认识特点表现为：尽管物流已经开始得到人们的普遍重视，但是在地位上，物流仍然被作为流通的附属机能看待，也就是说，物流是流通机能的一部分，例如，克拉克将流通机能划分为"交换机能""物流机能""辅助机能"3部分。

从实践发展的角度看，第二次世界大战期间，1941年到1945年美国军事兵站后勤活动的开展为人们对综合物流的认识和发展提供了重要的实证依据，而且也推动了战后对物流活动的研究及实业界对物流活动的重视。这表现在1945年，美国正式形成了一个戴尔塔和阿尔法输送组织，这是一个对输送管理知识教育给予奖励，并为进一步推广而在全美范围内结成的团体组织。此后，1946年在美国正式成立了全美输送物流协会（AST&L），该组织的主要职能是对专业输送者进行考试，并颁发证书，从而将物流活动的培训纳入到正规化的轨道。

2. 物流理论体系的形成与实践推广阶段（1950—1978年）

这一时期是物流理论体系的形成与实践推广阶段。进入20世纪50年代以后，对物流的重视程度和研究得到了飞跃性的发展，其背景是现代市场营销观念的形成，彻底改变了企业经营管理的行为，使企业意识到顾客满意是实现企业利润的唯一手段，因而顾客服务成为经营管理的核心要素，随着这种经营要素的发展，物流活动被认为担当了提供顾客服务的作用。

在美国波士顿工商会议所召开的第 26 次波士顿流通会议上，鲍尔·康柏斯发表了题为"市场营销的另一半"的演讲，他指出无论是学术界还是实业界都应该重视研究市场营销学中的物流，真正从战略的高度来管理，发展物流。应该讲，这是物流管理发展的一个里程碑，它不仅对物流的研究认识起到了推动的作用，而且对物流管理学的形成产生了直接的影响。此后在《物流中航空货运的作用》一书中，论述了航空货运尽管运费比较高，但是由于它能直接向顾客进行商品配送，因而节约了货物的在库维持费和仓库管理费，因此应当从物流费用总体上来评价运输手段的优缺点。霍华德等学者的研究第一次在物流管理中导入了整体成本的分析概念，深化了物流活动分析的内容，紧接着，世界上第一本介绍物流管理的教科书——《物流管理》出版，详细论述了物流系统及整体成本的概念，为物流管理成为一门学科奠定了基础。20 世纪 60 年代初期，密西根州立大学及俄亥俄州立大学分别在大学部和研究生院开设了物流课程，成为世界上最早把物流管理教育纳入大学学科体系中的学校。

3. 物流理论的成熟与物流管理的现代化阶段（1978—1985 年）

这一时期是物流理论的成熟与物流管理现代化阶段。20 世纪 70 年代以来，物流活动的经营环境发生了巨大的变化，这表现在一系列规制的缓和为物流的迅速发展提供了广阔的前景。

首先是《航空规制缓和法》的制定拉开了规制缓和的序幕，加速了航空产业的竞争，从而对货主和运输产业产生了巨大影响。随后，通过了汽车运输法案和铁路法案，根据这两项法案，运输公司可以灵活决定运费和服务。此后不久，随着海运法案的通过，运输市场已全面实现了自由化。这一系列规制缓和不仅带来了运输业的激烈竞争，而且由于运费的自由决定、运输路线、运送计划制定等自由度的增加，使物流业者能够真正满足顾客需求，并实现与其他公司在物流服务上的差别化。对于货主来讲，随着运输业者、运输工具选择自由度的增加，一方面，接受服务的水准得到提高，物流的效率性得以实现；另一方面，可以从发货地到目的地之间自由选择、组合交通工具，实现联合运输。在物流管理理论上，随着 MRP、MRP Ⅱ、MRP Ⅲ、DRP、DRP Ⅱ、看板制及 Just-in-time 等先进管理方法的开发和在物流管理中的运作，使人们逐渐认识到需要从流通生产的全过程来把握物流管理，而计算机等现代化科技的发展，为物流全面管理提供了物质基础和手段。

4. 物流理论、实践的纵深化发展阶段（20 世纪 80 年代中期以后）

随着人们对物流管理认识的提高，经济环境、产业结构和科学技术迅速发展，物流理论和实践开始向纵深发展。

在理论上，人们越来越清楚地认识到物流与经营、生产紧密相连，它已成为支撑企业竞争力的三大支柱之一。20 世纪 80 年代中期，威廉姆·哈里斯和斯托克·吉姆斯指出从历史上看，物流近代化的标志之一是商物的分离，但是随着 20 世纪 60 年代中期以西蒙为代表的顾客服务研究的兴起，在近 20 年的顾客服务研究中，人们逐渐从理论和实证上认识到现代物流活动对于创造需求具有相当大的作用，因此，在这一认识条件下，如果再像原来那样在制定营销组合特别是产品、价格、促销等战略过程中，仍然将物流排除在外，显然不适应时代的发展。因此，非常有必要强调营销与物流的再结合。这一理论对现代物流的本质给予了高度总结，也推动了物流顾客服务战略及供应链管理战略的研究。

从实践来看，电子计算机技术和物流软件的发展日益加快，进而更加推动了现代物流实践发展，这其中的代表是 EDI 的运用与专家系统的利用。EDI 是计算机之间不需要任何书面信息媒介或人力的介入，是一种构造化、标准化的信息传递方法。这种信息传递不仅提高了传递效率和信息的正确性，而且带来了交易方式的变革，为物流纵深化发展带来了契机。此外，专家系统的推广也为物流管理提高了整体效果，现代物流为了保障效率和效果，一方面，通过 POS 系统、条形码、EDI 等收集、传递信息；另一方面，利用专家系统使物流战略决策实现最优化，从而共同实现商品附加价值。

1.4.2 现代物流发展的共同趋势

从美国、欧洲、日本的情况来看，现代物流发展的趋势具有以下 6 个特征。

1. 物流技术高速发展，物流管理水平不断提高

目前已经形成以信息技术为核心，以信息技术、运输技术、配送技术、装卸搬运技术、自动化仓储技术、库存控制技术、包装技术等专业技术为支撑的现代化物流装备技术格局。其发展趋势表现为以下 4 个方面。

（1）信息化。信息化趋势主要表现在广泛采用无线互联网技术、卫星定位技术（GPS）、地理信息系统（GIS）、射频标识技术（RF）、条形码技术等。

（2）自动化。主要表现在自动引导小车（AGV）技术、搬运机器人（robot system）技术等。

（3）智能化。主要表现在电子识别和电子跟踪技术，智能交通与运输系统（ITS）。

（4）集成化。集信息化、机械化、自动化和智能化于一体。

2. 专业物流形成规模，共同配送成为主导

国外专业物流企业是伴随制造商经营取向的变革应运而生的。由于制造厂商为迎合消费者日益精细化、个性化的产品需求，而采取多样、少量的生产方式，因而高频度、小批量的配送需求也随之产生。目前，在美国、日本和欧洲等经济发达国家和地区，专业物流服务已形成规模，它有利于制造商降低流通成本，提高运营效率，并将有限的资源和精力集中于自身的核心业务上。

共同配送是经长期的发展和探索优化出的一种追求合理化配送的配送形式，也是美国、日本等一些发达国家采用较广泛、影响面较大的一种先进的物流方式，它对提高物流动作效率、降低物流成本具有重要意义。从整个社会的角度来讲，实现共同配送主要有以下一些好处：减少社会车流总量，减少闹市卸货妨碍交通的现象，改善交通运输状况；通过集中化处理，有效提高车辆的装载率，节省物流处理空间和人力资源，提升商业物流环境进而改善整体社会生活品质。总而言之，共同配送可以最大限度地提高人员、物资、金钱、时间等物流资源的使用效率（即降低成本），取得最大效益（即提高服务），还可以去除多余的交错运输，并取得缓解交通、保护环境等社会效益。

共同配送是物流配送发展的总体趋势。当然，共同配送涉及很多具体的细节问题，在实施过程中难免会出现一些困难点。首先，各业主经营的商品不同，有日用百货、食品、酒类饮料、药品、服装乃至厨房用品、卫生洁具等，林林总总，不一而足。不同的商品特点不同，对配送的要求也不一样，因此共同配送存在一定的难度。其次，各企业的规模、商圈、客户、经营意识等方面也存在差距，往往很难协调一致。此外，还有费用的分摊、泄露商业机密的担忧，等等。

3. 物流企业向集约化、协同化、全球化方向发展

国外物流企业向集约化、协同化方向发展主要表现在两个方面：一是大力建设物流园区；二是物流企业兼并与合作。

物流园区是多种物流设施和不同类型的物流企业在空间上集中布局的场所，是具有一定规模和综合服务功能的物流集结点。日本是最早建立物流园区的国家，至今已建立20多个大规模的物流园区，平均占地面积约74万平方米。物流园区的建设有利于实现物流企业的专业化和规模化，有利于发挥它们的整体优势和互补优势。

由于世界上各行业大型企业之间的并购浪潮和网上贸易的迅速发展，使国际贸易的货物流动加速向全球化方向前进。为适应这一发展趋势，欧美的一些大型物流企业进行跨越国境并购，大力拓展国际物流市场，以争取更大的市场份额。如德国国营邮政出资11.4亿美元收购了美国大型的陆上运输企业AEI。AEI公司1998年的销售额达15亿美元，是美国国内排列前10位的大型物流运输公司。德国邮政公司的这一举动，目的是把自己的航空运输网与AEI在美国的运输物流网合并统一，增强竞争力，以与美国UPS和联邦快递相抗衡。美国的UPS则并购了总部设在迈阿密的航空货运公司——挑战航空公司。该公司与南美18个国家签订了领空自由通航协议，它与这18个国家的空运物流量在美国同行中居第一。UPS计划将自己在美国的最大物流运输网与挑战航空公司在南美洲的物流网相结合，从而实现南北美洲两个大陆一体化的整体物流网络。

美国联邦快递公司投资2亿美元，在法国的戴高乐机场建设小件货物仓储运输设施，目的是将欧洲38个城市的空中物流和陆地物流连为一体，发展38个城市间的空中和陆地一体化快递服务，使欧洲主要城市间的邮递物流业面貌一新，因为欧洲整个邮政市场将分阶段地逐步实现完全自由化。

据不完全统计，1999年美国物流运输企业间的并购数已达23家，并购总金额达6.25亿美元。德国邮政公司并购欧洲地区物流企业达11家，现在它已发展成为年销售额达290亿美元的欧洲巨型物流企业。并购的一个新特点是国营企业并购民营企业。美国国营邮政公司并购了德国大型民营物流企业PARCE，法国邮政收购了德国的民营敦克豪斯公司。德国、英国和法国的邮政公司为争夺欧洲物流市场，竞相收购民营大型物流运输企业。专家们认为，世界上各行业企业间的国际联合与并购，必然带动物流产业加速向全球化方向发展，而物流全球化的发展走势，又必然推动和促进各国物流企业的联合和并购活动。新组成的物流联合企业、跨国公司将充分发挥互联网的优势及时准确地掌握全球的物流动态信息，调动自己在世界各地的物流网点，构筑起全球一体化的物流网络，节省时间和费用，将空载率压缩到最低限度，战胜竞争对手，为货主提供优质服务。除此之外，另一种集约化方式是物流企业之间的合作与建立战略联盟。

4. 电子物流需求强劲，快递业"冲锋陷阵"

基于互联网络的电子商务的迅速发展，促使了电子物流（e-logistics）的兴起。企业通过互联网加强了企业内部、企业与供应商、企业与消费者、企业与政府部门的联系沟通、相互协调、相互合作。消费者可以直接在网上获取有关产品或服务信息，实现网上购物。这种网上的"直通方式"是企业能迅速、准确、全面地了解需求信息，实现基于客户订货的生产模式（build to order，BTO）和物流服务。此外，电子物流可以在线跟踪发出的货物，联机地实现投递路线的规划、物流调度及货品检查等。可以说电子物流已成为21世纪国外物流发展的大趋势。一方面，电子物流的兴起，刺激了传统邮政快递业的需求和发展；另一方面，新兴的快递业发展迅猛，触角伸向全球各地。

长期以来，由于世界许多经济发达国家的经济萧条，使全球传统邮政业都不景气。而在电子商务快速发展的背景下，有专家预测，短期内邮政业的一些传统功能可能会很快消失，但作为因特网时代的一个必不可少的通信工具，邮政业的功能将以其他的方式很快重现出来。因为通过因特网所进行的电子商务通常都是交易双方的距离比较遥远，比如通过电话销售、电视直销等方式促成的交易，这就为包裹邮寄和快递业务提供了巨大的发展机遇。正如在经过彩页促销、电话营销、直销及电视直销和互联网展示后，产品最终要以邮寄方式送达用户手中。因此，电子商务刺激了传统邮政业向电子物流方向的发展。

除了传统邮政业将自己的业务向电子物流方向拓展外，一些国际著名的快递企业在电子物流中充当着前锋。如美国联邦快递、UPS等已将自己的触角延伸到世界各国，大有抢占电子物流市场先机之势。一些新兴的物流企业也因此将视角瞄准电子商务这一新的物流需求市场而迅速崛起。

5. 绿色物流将成为新增长点

物流虽然促进了经济的发展，但是物流的发展同时也会给城市环境带来负面的影响，如运输工具的噪声、污染排放、对交通的阻塞等，以及生产和生活中废弃物的不当处理所造成的对环境的影响。为此，21世纪对物流提出了新的要求，即绿色物流。

绿色物流主要包含两个方面。一方面是对物流系统污染进行控制，即在物流系统和物流活动的规划与决策中尽量采用对环境污染小的方案，如采用排污量小的货车车型，近距离配送，夜间运货（以减少交通阻塞，节省燃料和降低排放）等。发达国家政府倡导绿色物流的对策是在污染发生源、交通量、交通流等三个方面制定了相关政策。绿色物流的另一方面就是建立工业和生活废料处理的物流系统。

6. 物流专业人才需求增长，教育培训体系日趋完善

在物流人才需求的推动下，一些经济发达国家已经形成了较为合理的物流人才教育培训体系。如在美国，已建立了多层次的物流专业教育，包括研究生、本科生和职业教育等。许多著名的高等院校都设置物流管理专业，并为工商管理及相关专业的学生开设物流课程，像美国的西北大学、密执根州立大学、奥尔良州立大学、威斯康星州立大学等，或设立了独立的物流管理专业，或附属于运输、营销和生产制造等其他专业。乔治亚技术学院广泛开展物流职业教育，培养物流管理专业的专科生。其中部分高等院校设置了物流方向的研究生课程和学位教育，形成了一定规模的研究生教育系统。美国商船学院的全球物流与运输中心和乔治亚技术学院的物流所开展物流方面的科学研究。除去正规教育外在美国物流管理委员会（American Council of Logistics Management）的组织和倡导下，还建立了美国物流业的职业资格认证制度，例如仓储工程师、配送工程师等职位。所有物流从业人员必须接受职业教育，经过考试获得上述工程师资格认证后，才能从事物流工作。

复习思考题

1. 什么是物流？结合实际分析现代物流在企业经营中的地位和作用。
2. 试述物流管理的内容框架。
3. 比较中国物流概念和外国物流概念的异同。
4. 物流活动是一把"双刃剑"，对这句话如何理解？
5. 物流系统合理化的原则是什么？
6. 现代物流管理的特征有哪些？
7. 现代物流发展的共同趋势是什么？

案例分析

戴尔的敏捷物流管理模式[①]

戴尔计算机公司从1984年创办至今，营业额每年以两位数的速度增长，近年来更是稳坐全球个人电脑销售额的头把交椅。在截至2005年10月29日结束的2005财年第三财季，戴尔公司营业额达到125亿美元，较上年同期攀升了18%；毛利率为18.5%，超过了上年同期的18.2%；净利润同比增长了25%，远远超过同行业的平均水平。戴尔的成功引起了学术界和企业界的普遍关注，大多数人认为是直销模式促成了戴尔骄人的业绩。笔者认为，虽然直销模式是戴尔取得竞争优势的一个方面，但最重要的是戴尔选择了被约瑟夫·派恩等学者认为是"竞争的新前沿"的生产组织模式——大规模定制，而支撑戴尔成功实现大规模定制的关键是其敏捷的物流管理模式。

1. 戴尔敏捷物流模式的构建和实施

（1）供应物流。戴尔公司的供应物流主要是指公司的物料采购运作，涉及商务计划和物料采购等环节，其目标是在保证物料供应的基础上库存最小。深谙外包精髓的戴尔公司没有在零部件生产上花精力，而是将这些工作交由Intel等硬件生产厂家完成，因此，供应物流能否敏捷响应直接影响戴尔的后续乃至整体生产运营。戴尔的供应物流采用第三方物流模式，其实施关键是供应商管理库存（VMI）和信息共享。戴尔先和供应商签订合同，要求每个供应商都必须按照它的生产计划，按照8~10天的用量将物料放在由第三方物流企业管理的VMI仓库里（其第三方物流企业是伯灵顿全球有限公司）。戴尔确认客户订单后，系统会自动生成一个采购订单给伯灵顿，伯灵顿在90分钟内迅速将零部件运送到戴尔的装配厂（戴尔称之为客户服务中心），最后由供应商根据伯灵顿提供的送货单与戴尔结账。为了使自己和供应商的库存都尽可能降到最低，告诉供应商真实的需求，所有交易数据都在互联网上不断往返，实现"以信息代替库存"。通过敏捷的供应物流，戴尔的零部件库存周期一直维持在4天以内，远低于行业30~40天的平均水平。零部件库存的减少是戴尔增加利润的一个重要来源，也是规避因IT行业零部件和产成品更新加快而贬值风险的一种重要手段。

[①] 李燕，刘志学. 戴尔的敏捷物流管理模式. 中国物流与采购，2006（6）：54-55.

(2) 生产物流。由于戴尔生产的是定制产品，每一台计算机可能就是一种规格要求，要求不同的零部件和组装方式，弹性很强，因此，戴尔必须选择与此匹配的装配生产方式和物流运作方式。戴尔的客户订单确立后，系统在传递物料采购信息的同时，迅速将顾客订单安排到具体的生产线上。零部件通过第三方物流企业的车厢卸到戴尔客户服务中心之后，通过以下四个步骤完成生产运作和生产物流的过程。一是配料。就像药剂师根据医生的药方配药一样，戴尔的敏捷物流管理模式下工人根据客户下的订单连同规格要求组配好各种零件放入一个盒子中，然后送往具体的生产线。二是组装生产。每个生产线上的组装工人根据规格要求，从盒子中取出零件进行装配，一个人完成整机的装配工作。三是对整机进行硬件和软件配制的测试。通过专有软件进行 2~10 小时的自动测试，如果发现问题，返回到组装生产线上进行修正。四是包装。包装好的机器从生产线下来后，运送到特定区域分区配送。从整个流程来看，零部件从送进戴尔的客户服务中心到产成品运出，通常只需要 4~6 小时。

(3) 销售物流。由于自营物流具有分散资源、送货不经济、物流成本增加等缺点，戴尔的销售物流也采用外包形式。目前，在全球承担戴尔销售物流的有联邦快递、伯灵顿和敦豪等企业。在销售物流环节，其敏捷性体现在产品是直接从戴尔的客户服务中心运送到客户手中，省掉了中转环节，极大地缩短了产品送达的时间，降低了物流成本。第三方物流企业早在戴尔的客户订单确立时，就已被告知货物流要求，提前制定配送计划、运输路线、车辆调度及人员配备等，使戴尔产品可以立即送往客户处。在整个物流过程中，戴尔可以通过第三方物流企业的信息管理系统实施跟踪，监控销售物流的质量和效率。

2. 戴尔敏捷物流的启示

通过分析戴尔敏捷物流模式的构建和运作，可以得到以下启示。

(1) 快速获取和聚集客户订单。戴尔的敏捷物流首先表现在能够快速获取和聚集客户的订单。与竞争对手依靠经销商反馈客户需求信息不同，戴尔是通过网络或电话与客户直接联系，获取第一手信息，极大地缩短了获取需求信息的时间，并保证了其准确性。戴尔通过网络形成客户订单的时间一般只有几分钟。客户订单生成后经戴尔的数据处理系统自动进行聚集分类，形成各种零部件需求单传送给上游供应商，戴尔通过"虚拟整合"的方式，以客户订单为核心打造了一条由零部件供应商、戴尔客户服务中心、第三方物流服务提供商和客户组成的快速、高效的供应链，实现其物流的敏捷运作和管理。

(2) 与供应商建立战略伙伴关系。对于唇齿相依的供应商，戴尔十分注重与其建立双赢的战略伙伴关系，其国际采购事务处的主要职能就是对供应商进行指导、协调与管理，并将自己在供应链设计、规划和实施等方面的经验传授给供应商，共同探讨技术、设计和生产过程等多方面的细节，帮助供应商共同成长，实现提高最终客户满意度及忠诚度的目的。具体实施时通过信息共享来帮助供应商降低库存。如果缺乏某种零部件，戴尔的销售部门会及时与顾客联系，将供应商现有的替代品以优惠价格推荐给顾客，帮助供应商减少库存。正是这种双赢的战略思想，保证了戴尔供应物流的敏捷高效。

(3) 信息高度共享。戴尔敏捷物流模式成功的重要保障是戴尔与供应商、顾客和第三方物流企业间信息的高度共享。通过互联网和电子数据系统，戴尔实时将客户订单信息传递给供应商和第三方物流企业，从而保证了生产运营和管理工作的并行，不仅减少了库存，而且大大缩短了生产组织和响应时间，提高了整个系统物流运作的效率和效益。

（4）充分重视和运用第三方物流。第三方物流是目前企业物流运作的重要方式，不仅可以保证戴尔全力专注于自己的核心业务，而且通过管理理念先进、功能齐全、网络分布广的第三方物流服务提供商，极大地降低了戴尔的物流运作成本，缩短了戴尔响应客户需求的总时间，实现了戴尔低成本、快速满足客户独特需求的目标。

思考题

(1) 戴尔敏捷物流模式是如何构建和实施的？

(2) 戴尔敏捷物流模式成功的关键是什么？

第 2 章 供应链管理

【本章结构图】

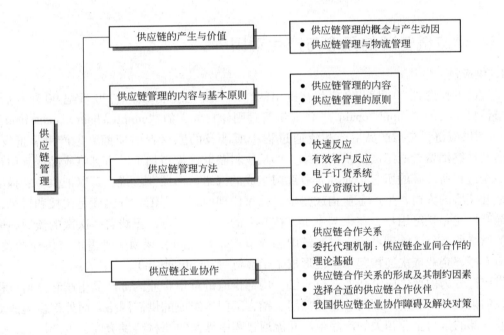

【学习目标】

通过本章的学习,你将能够:

1. 全面掌握供应链管理的具体内容与基本原则;
2. 熟悉供应链管理的方法;
3. 准确理解供应链管理的概念;
4. 掌握供应链管理与物流管理的关系;
5. 了解供应链管理产生的历史背景及现实意义;
6. 了解供应链企业协作需解决的关键问题。

随着经济全球化和知识经济时代的到来,无国界化企业经营的趋势越来越明显,整个市场竞争呈现出明显的国际化和一体化,市场竞争已不再是企业间在某一时间、某一地点、某一局部市场的竞争,已经转变为供应链之间跨时间、跨空间的多方位竞争。为了获取优势,企业将非核心业务外包给相应的供应商,同时将重点放在核心业务上。当今制造商对供应商的依赖性增强,企业之间的竞争转化为供应链之间的竞争。企业要想在市场上取得成功,就必须和供应商、客户建立紧密的伙伴关系,通过供应链的整体协作,增强各节点企业的核心竞争力,从而加快市场的反应速度,在更好地满足市场需求的同时降低成本,提高竞争力。

2.1 供应链的产生与价值

2.1.1 供应链管理的概念与产生动因

1. 供应链

供应链的概念是20世纪80年代初提出的,但其真正发展却是在20世纪90年代后期。供应链译自英文的"supply chain",供应链管理则译自英文的"supply chain management"。

所谓供应链,是指产品生产和流通过程中所涉及的原材料供应商、生产商、批发商、零售商及最终消费者所组成的供需网络,即从物料获取、物料加工,直到将成品送到用户手中这一全过程所涉及的所有企业和企业部门组成的网络。形象一点说,可以把供应链描绘成一棵枝叶茂盛的大树,生产企业构成树根,独家代理商则是主干,分销商是树枝和树梢,满树的绿叶红花是最终用户,在根与主干、枝与干的一个个节点,蕴藏着一次次的流通,遍体相通的脉络便是信息管理系统。供应链中相邻节点企业之间表现为一种需求与供应的关系,当把所有相邻企业依次连接起来,便形成了供应链(supply chain)。

供应链分为内部供应链和外部供应链。内部供应链是指企业内部产品生产和流通过程中所涉及的采购部门、生产部门、仓储部门、销售部门等组成的供需网络;而外部供应链则是指企业外部的、与企业相关的产品生产和流通过程中涉及的原材料供应商、生产厂商、储运商、零售商及最终消费者组成的供需网络。内部供应链和外部供应链共同组成了企业产品从原材料到成品到消费者的供应链。可以说,内部供应链是外部供应链的缩小化。如对于制造厂商,其采购部门就可以看作是外部供应链中的供应商。它们的区别就在于外部供应链范围大,涉及企业众多,企业间的协调更困难。

供应链上的节点企业必须达到同步、协调运行,才有可能使链上的所有企业都能受益,于是便产生了供应链管理(supply chain management,SCM)这一新的经营与运作模式。

2. 供应链管理

供应链管理是在现代科技发达及产品极其丰富的条件下发展起来的管理理念,它涉及企业及企业管理的方方面面,是一种跨行业的管理活动。供应链中的企业之间作为贸易伙伴,为追求共同经济利益最大化而共同努力,因此企业之间的合作尤为重要,必须加强供应链的管理。供应链管理是指人们在认识和掌握供应链内在环节和相互联系的基础上，利用计划、组织、指挥、协调、控制和激励等管理职能，对产品生产和流通中各个环节所涉及的物流、信息流、资金流、价值流及业务流所进行的合理调控，以期达到最佳组合，发挥最大的效率，以最小的成本为客户提供最大的附加值。供应链管理要以客户为中心，充分运用现代信息技术，实现供应链整体最优化目标。要实现这一目标，必须缩短从生产到消费的周期，缩短从供给市场到消费市场的距离，降低物流成本及物流费用水平，使物、货在整个供应链中的库存下降，并且通过供应链中各项资源运作效率的提升，赋予经营者更大的能力来适应市场的变化并作出及时反应，从而做到物尽其用、货畅其流。

总之，所谓供应链管理就是利用计算机网络技术全面规划供应链中的商流、物流、信息流、资金流等，并对供应链进行计划、组织、指挥、协调与控制。

3. 供应链管理思想的产生

进入20世纪90年代以来，由于科学技术不断进步和经济的飞速发展，全球化信息网络和全球化市场形成及技术变革的加速，围绕新产品的市场竞争也日趋激烈。技术进步和需求多样化使得产品生命周期不断缩短，企业面临着缩短交货期、提高产品质量、降低成本和改进服务的压力。所有这些都要求企业能对不断变化的市场作出快速反应，源源不断地开发出满足用户需求的"个性化产品"去占领市场以赢得竞争。市场竞争也主要围绕新产品的竞争而展开。在这种形势下，传统的"纵向一体化"（vertical integration）模式暴露出增加企业投资负担，使企业承担丧失市场时机的风险，迫使企业从事不擅长的业务活动和在每个业务领域都直接面临众多竞争对手等种种缺陷。

鉴于"纵向一体化"管理模式的种种弊端，从20世纪80年代后期开始，国际上越来越多的企业放弃了这种经营模式，随之"横向一体化"（horizontal integration）思想广泛兴起，即利用企业外部资源快速响应市场需求，本企业只抓最核心的东西，即产品方向和市场。至于生产环节，只抓关键零部件的制造，甚至全部委托其他企业加工。例如，福特汽车公司的Festiva车由美国人设计，发动机的生产在日本的马自达，其他零件的生产和装配则在韩国的制造厂，最后再运回到美国市场上销售。制造商把零部件生产和整车装配都放在了企业外部，这样做的目的是利用其他企业的资源促使产品快速上线，避免自己投资带来的基建周期长等问题，进而赢得产品在低成本、高质量、早上市诸方面的竞争优势。"横向一体化"形成了一条从供应商到制造商再到分销商的贯穿所有企业的"链"。

归纳起来，供应链管理思想的产生主要有以下4方面原因。

（1）竞争环境与消费需求的变化。在短缺经济时代，数量供给不足是主要矛盾，所以企业的管理模式主要以提高效率、最大限度地从数量上满足用户的需求为主要特征。而随着科技的进步和生产力的提高，人们的个性化、多样化需求对企业管理的影响越来越大。品种的增加必然会增大管理的难度和资源获取的难度，同时使得企业的机会成本增加。

（2）传统管理模式不适应新环境的要求。传统管理模式是以规模化需求和区域性的卖方市场为决策背景，通过规模效应降低成本，获得效益，在此模式下采用的是大批量、少品种的生产方式。虽然这种生产方式可以最大限度地提高效率，取得良好的经济效益，但这种生产方式适应品种变化的能力很差。另外，其组织结构是一种多级递阶控制，即管理的跨度小，层次多，且采用集权式管理，这将导致企业不能快速响应用户的要求。

(3) 交易成本变动形成的动力。在20世纪90年代，由于全球性制造的出现导致全球竞争日益加剧，同时用户需求呈现多样化、变化频繁的趋势，因而企业面临着前所未有的竞争环境。企业要想生存和发展，必须采用以尽可能快的速度、尽可能低的成本、尽可能多的产品品种为特征的主要战略，同时尽可能地利用外部资源，将主要精力集中于其核心竞争力上。利用外部资源毫无疑问将带来大量的交易成本，这就需要企业间建立长期的合作关系，协同运作，以减少成本。

(4) 纵向一体化的压力。纵向一体化增加了企业的投资负担。当企业在发现一个新的市场机会时，企业必须自己筹集资金进行建设。而要进行扩建或改建，必然将延长企业响应市场的时间。同时，企业还要承担丧失市场机会的风险。"纵向一体化"还迫使企业去从事自己并不擅长的业务。这样的管理体制显然不适应瞬息万变的市场需求。在这样的外部压力下，企业寻求彼此间的合作，以整合各自的核心竞争力，供应链管理思想便应运而生。

分析供应链管理思想的产生过程，可以清楚地看到，供应链就是企业群在特定市场环境下的积极应变，如图2-1所示。

图 2-1　供应链组织的产生原理

2.1.2　供应链管理与物流管理

1. 传统物流管理存在的问题

传统物流管理存在许多缺陷，主要包括：库存太大，环节过多；市场配销渠道松散，再订货过程脱节，对需求反应太慢；处理产品的方式单一，不能满足顾客的多样化需求，致使库存与需求流向不一致。

传统物流管理模式下，仓库主要用于储存和处理货物，货物的周转和循环很慢。例如，一个卡车运来一车货物到配送中心，配送中心收货并进行实物存储。过了一段时间，当产品被记入公司的库存系统之后，如果有订购，货物就会被装到出库的卡车上运出。整个过程可能需要几天甚至几个星期。在供应链管理模式下，通过相关信息系统的使用，当产品在运输途中时，配送中心就可以接到关于货物到达的具体时间的电子通知，这可使需求方对该货物进行征订。当货物到达时，工人可将产品卸下并通过扫描输入系统，此时库存记录会随之变更。计算机根据征订结果，通知工人将某种产品取下来并与同时需求的其他被选产品打包，装入出库的卡车上运交客户。这样，货物可不在仓库中停留，进出库几乎是同时的。

2. 供应链管理中的物流管理

供应链管理与物流管理有十分密切的关系，供应链管理是从物流管理发展而来的，但是供应链管理又超出了物流管理的范围。关于供应链管理的演化可以分为4个阶段：第一阶段是仓储与运输；第二阶段是总成本管理；第三阶段是物流一体化管理；第四阶段是供应链管理。物流一体化管理将企业内部的物流活动和战略同供应链上贸易伙伴的物流活动和战略进行集成,以增进整个渠道的顾客服务和降低总成本。而供应链管理的核心是通过供应链上贸易伙伴的密切合作来获得潜在的竞争优势。物流是为满足顾客需求,对来源点到使用点的货物、服务及相关信息的有效率、有效益的活动和储存,进行计划、执行与控制的供应链过程的一部分。可见,物流管理的战略导向是客户需求,物流是供应链过程的一部分。物流一体化是将物流视为获取最大的内部战略优势的资源,而供应链管理则以物流运作的一体化为基础,来创建"虚拟组织",它超越渠道界限,将所有的核心竞争能力联结在一起,以便通过所有的供应渠道来探求实现竞争优势的未知领域。

3. 供应链管理与传统物流管理的区别

从供应链管理的演化发展可以看出,供应链管理与传统物流管理有着明显的区别,主要体现在以下 4 个方面。

(1) 供应链管理是物流管理的新战略。"供应"是整个供应链中节点企业共享的一个概念(任何两个节点企业之间都是供应与需求的关系),同时它又是一个有着重要战略意义的概念,因为它决定了整个供应链的成本和市场占有份额。供应链管理的关键要素在于它的战略方面。供应链扩展企业的外部定位和网络能力,使企业建立一个共同市场和竞争视野,构造一个变革性渠道联盟,以寻找产品和服务方面的重大突破;并且管理复杂的渠道关系,使企业能主导市场方向,产生有关的新业务,探索关键性的新机会。

(2) 供应链管理把供应链中所有节点企业看作一个整体,是物流一体化管理的延伸。供应链管理涵盖整个链上从供应商到最终用户的采购、制造、分销、零售等职能领域全过程,吸收企业外部存在的竞争优势,关注外部集成,通过重塑与合作伙伴的关系来寻找生产率的提高和竞争空间的扩大。企业与合作伙伴通过信息技术和通信技术的应用联结到一起,共同组成扩展企业,从而形成一种创造市场价值的全新方法。

(3) 供应链管理是物流运作管理的扩展。这不仅仅是节点企业、技术方法等资源简单的联结,最关键的是需要采用集成的思想和方法实现供应链整体的最优化。供应链管理要求企业从仅关注物流活动优化,转到关注优化所有的企业职能,包括需求管理、市场营销和销售、制造、财务和物流,将这些活动紧密地集成起来,以实现在产品设计、制造、分销、顾客服务、成本管理及增值服务等方面的重大突破。

(4) 供应链管理具有更高的目标,即通过管理库存和合作关系去达到高水平的服务,而不仅是为实现一定的市场目标。

2.2 供应链管理的内容与基本原则

2.2.1 供应链管理的内容

供应链管理涉及 4 个主要领域,包括供应(supply)、生产计划(schedule plan)、物流(logistics)和需求(demand)。如图 2-2 所示,供应链管理是以同步化、集成化特征的生产计划为指导,以各种技术为支持,尤其以 Internet/Intranet 为依托,围绕供应、生产作业、物流(主要指制造过程)、满足需求来实施的。供应链管理的目标在于提高用户服务水平和降低总的交易成本,并且寻求两个目标之间的平衡(这两个目标

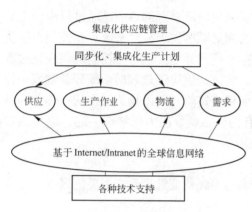

图 2-2　供应链管理涉及的领域

往往有冲突）。

在以上 4 个领域的基础上，可以将供应链管理细分为职能领域和辅助领域。职能领域主要包括产品工程、产品技术保证、采购、生产控制、库存控制、仓储管理、分销管理；而辅助领域主要包括客户服务、制造、设计工程、会计核算、人力资源、市场营销。

由此可见，供应链管理关心的并不仅仅是物料实体在供应链中的流动。除了企业内部与企业之间的运输和实物分销活动以外，供应链管理还包括以下主要内容。

1. 战略性合作伙伴关系管理

建立战略性合作伙伴关系是供应链战略管理的重点，也是供应链管理的核心。供应链管理的关键就在于供应链各节点企业间的联结与合作，以及相互之间在设计、生产、竞争策略等方面良好的协调。当企业以动态联盟的形式加入供应链时，即展开了战略合作的过程，企业之间通过协商机制谋求双赢的目标。形成战略性合作伙伴关系通常是为了降低供应链总成本，降低库存水平，增强信息共享水平，改善相互之间的交流，保持战略伙伴相互之间操作的一贯性，产生更大的竞争优势，以实现供应链节点企业的财务状况、质量、产量、交货期、用户满意度和业绩的改善和提高。因此，战略性供应商和用户合作伙伴关系管理更强调合作和信任。

20 世纪 90 年代以来，随着全球制造、敏捷制造、虚拟制造等先进制造模式的出现，产生了以动态联盟为特征的新的企业组织形式，使原有的企业生产组织和资源配置方式发生了质的变化。市场的竞争不再是单一企业的竞争，而是联盟之间的竞争，即供应链之间的竞争。因此，原来那种单枪匹马的企业竞争策略已不适应世界经济的发展，企业需要掌握如何与其他企业进行合作的策略与技巧。同时，在企业与其他企业进行竞争而加入某一供应链联盟的过程中，又需要竞争的优势与策略，这就是供应链结盟过程中的合作-竞争模式。这种竞争模式是核心能力的竞争。美国的派拉哈勒德（C. K. Prahalad）和哈默（Gray Hamel）认为核心能力是一组先进技术的和谐组合，这种技术不仅仅是科学技术，还包括生产与组织管理，如产品开发技术、制造技术、成本控制技术、营销技能和售后服务、市场反应能力等。因此，供应链管理作为一种全新的管理思想，它强调企业如何打造自己的核心能力去和其他企业建立战略合作关系，而每一个企业都集中精力去巩固和发展自己的核心能力和核心业务，利用自己的资源优势，通过技术程序的重新设计和业务流程的快速重组，做好本企业能创造特殊价值、实现长期控制并且比竞争对手更擅长的关键业务，这就是供应链合作模式的最终目的，即双赢的目的。

供应链管理研究和实践表明，增加供应链节点企业间的联系与合作，提高信息共享程度，用覆盖整个供应链的决策系统代替缺乏柔性和集成度差的决策体系，使整个供应链各个环节都能清楚地观察物流、资金流、信息流和工作流，以便更好地协调，降低供应链成本，降低各个环节的延迟时间，消除信息扭曲的放大效应，是实施供应链管理的关键。

战略性合作伙伴关系管理的具体内容包括：
① 合作伙伴的评价选择（是供应链合作伙伴关系运行的基础）；
② 合作伙伴间信任机制的建立；
③ 供应链企业间的合作对策及委托实现机制；
④ 战略伙伴关系企业间质量保证体系的建设；
⑤ 战略伙伴关系企业间的技术扩散与服务协作关系管理；
⑥ 合作过程中交易成本的管理。

2. 供应链产品需求预测和计划

供应链需求计划在整个供应链系统中处于核心位置，是连接企业内部制造系统与外部市场供销的枢纽，是供应链管理中最关键的要素之一。供应链是一个跨越多企业、多厂家、多部门的网络化组织，一个有效的供应链企业计划系统必须保证企业能够快速响应市场需求。有效的供应链计划系统集成企业所有的计划和决策业务，包括需求预测、库存计划、资源配置、设备管理、渠道优化、生产作业计划、物料需求与采购计划等。供应链计划系统旨在使正确的产品在正确的时间和正确的地点交货，该系统便于订单执行及从客户那里收集信息。此外，还可以使信息沿着整个供应链，即从最初的原材料采购到最终的消费者平滑地流动。这要求深入了解客户需求，包括客户需要什么，何时何地需要等，这是成功管理供应链的根本所在。例如，利用在零售终端采集到的销售点数据，使客户需求信息在供应链中传递，从零售商到分销商、制造商、原材料供应商和运输商，实现信息共享。

供应链计划系统包括需求预测和补货。客户需求引发订单沿着供应链传递直至原材料供应商，然后导致产品沿着供应链反向流回到零售商那里。制造业根据需求信息制定生产计划并进行原材料采购，只有当整个供应链以客户的购买为动力时，才能消除商品在流通中产生的库存。在此，计划系统需要有效地收集客户需求信息，适应需求变动，并且使需求信息服务于包括安全库存、库存周转和补货频率在内的库存投资。

供应链产品需求预测和计划的具体内容包括：
① 定义供应链，选择供应链计划的方法与工具；
② 规划供应链，包括供应链的承诺能力、多组织物流计划、分销需求计划、集中与分散规划和缩短周期时间；
③ 制订具体实施计划，包括需求和预测管理、主生产时间表、混合式制造支持、减少库存投资、联机交互规划、图形化供应链需求反查功能、项目制造支持等。

供应链计划发出指令，整个供应链按照它的指令运行。它优化整个供应链，设计从原材料资源获取直到产成品交货及发送到最终顾客的全过程。

3. 供应链的设计

为了提高供应链管理的绩效，除了必须有一个高效的运行机制外，建立一个高效精简的供应链及其管理系统也是极为重要的。供应链管理系统设计要解决的主要问题就是怎样将制造商、供应商和分销商有机地集成起来，使之成为相互关联的整体。供应链管理扩大了原有企业生产系统设计范畴，把影响生产系统运行的因素延伸到了企业外部，与供应链上所有企业联系起来，因而供应链管理系统设计成为构造企业系统一个重要的方面。

供应链的设计内容具体包括：
① 全球节点企业、资源、设备等的评价、选择和定位；

② 供应链各节点企业的关系；
③ 供应链整体结构设计；
④ 供应链对外部环境的适应性设计；
⑤ 供应链内企业部门的动态性规划；
⑥ 节点企业业务流程重构。

4. 物料供应与需求管理

物料供应与需求管理是供应链企业之间在生产合作方面的具体实施者，是在制造商与供应商之间架起的一座桥梁，它沟通生产需求与物料之间的联系。站在制造的角度上看，采购管理是供应链流入物流的起始点，是保证生产物流和客户订单交货期的关键环节。为了使供应链系统能够实现无缝连接，并提高供应链企业的同步化运作效率，就必须加强对物料供应与需求的管理。

物料供应与需求管理的具体内容包括：
① 需求的确定或重新估计；
② 定义和评估用户需求；
③ 自制与外购决策；
④ 确定采购的类型，包括直接按过去采购、修正采购和全新采购3种；
⑤ 进行市场分析；
⑥ 确定所有可能的供应商，并对所有可能的资源进行初步评估；
⑦ 供应商的选择；
⑧ 服务质量评估。

5. 客户服务管理

供应链管理的产生就是为了应对当今社会高新技术迅猛发展、市场竞争日益激烈、产品生命周期缩短、产品结构越来越复杂、用户需求的不确定性和个性化增加的复杂环境，因此供应链管理必须以客户服务为导向。

为了提高"客户满意度"，企业应当将潜在客户和现有客户作为管理的中心，将企业的运营围绕着客户来进行，企业必须要完整掌握客户信息，准确把握客户需求，快速响应个性化需求，提供便捷的购买渠道、良好的售后服务与经常性的客户关怀等。

6. 库存与运输管理

供应链管理环境下的库存控制问题是供应链管理的重要内容之一。供应链中的库存功能，是通过维持一定量的库存来克服市场需求的变化和风险带给供应链的影响。供应链管理的主要目的是保证物流和信息流的有效流动。但在企业的实践活动中，经常由于各种不确定性问题而导致物流和信息流的流动出现障碍，如原材料延迟到达、机器故障、交货延期、订单取消等。这些不确定因素致使企业管理者被迫增加库存。管理者试图通过建立一定容量的物料、工件和最终产品的库存来克服这种不确定性。由此，库存成为抗击不确定性的一种保险措施。企业为了达到服务客户的目的，常常要维持足够的库存量，这样，即使上游企业出现问题也不至于影响服务。然而，库存的增大必然带来成本的提高，削弱供应链的竞争力。

供应链的库存管理不是简单的需求预测与补给，而是要通过库存管理获得用户服务与利润的优化。其主要内容包括：采用先进的商业建模技术来评价库存策略、提前期和运输变化的准确效果；决定经济订货量时考虑供应链企业各方面的影响；在充分了解库存状态的前提下确定适当的服务水平。

运输是把供应链中的库存从一点移到另一点。运输可以采取多种模式和途径的组合形式，每一种形式都有自己的性能特点。运输的一个基本决策就是要在运送指定产品的成本和速度之间做出选择。运输管理对供应链来讲是十分重要的，这种关键作用体现在对供应链成本、响应速度一致性的影响上。运输的功能是通过供应链物理链路——物流网络，借助于运输工具把产品、物料高速送到客户手中，如果供应链物理链路出现中断，那么整个供应链系统将会发生瘫痪，根本无法运作。因此，保证供应链物理链路运输状况良好是供应链运行的关键。

7. 供应链的绩效评价与激励

供应链的绩效评价与激励是供应链管理中的一项综合性活动，涉及供应链的各个方面。供应链绩效评价的目的主要有两个：一是判断各方案是否达到了各项预定的性能指标，能否在满足各种内外约束条件下实现系统的预定目标；二是按照预定的评价指标体系评出参评方案的优劣，做好决策支持，为进行最优决策、选择系统实施方案服务。供应链激励的目标主要是通过某些激励手段，调动委托人和代理人的积极性，兼顾合作双方的共同利益，消除由于信息不对称和败德行为带来的风险，使供应链的运作更加顺畅，实现供应链企业共赢的目标。

通过建立供应链绩效评价与激励机制，围绕供应链管理的目标对供应链整体、各环节运营状况及各环节之间的营运关系等进行事前、事中和事后的分析评价。如果供应链绩效评价与激励机制设置不当，那么会造成系统无法正确判断供应链运行状况，以及不利于各成员合作关系的协调。

8. 供应链信息流管理

信息流是供应链计划发出的指令和其他关键要素相互之间传递的数据流，包含了整个供应链中有关库存、运输、绩效评价与激励、风险防范、合作关系、设施和顾客的所有数据和分析。信息流的管理为供应链企业取得响应更快、效率更高提供了保证。信息作为供应链各组织之间的连接，允许各组织协同运作，往往对整个供应链的运作发挥着引导和优化作用，从而获得最大的供应链竞争优势。

供应链管理注重对总的物流成本与用户服务水平之间的权衡，为此要把供应链各个职能部门有机地结合在一起，从而最大限度地发挥出供应链整体的力量，达到供应链企业群体获益的目的。

2.2.2 供应链管理的原则

随着供应链管理研究及实践的不断深入，供应链管理应该遵循以下原则，才能获得预期效果。

① 供应链管理必须站在一个战略的高度来对供应链中的核心能力和资源进行集成；

② 供应链管理必须以客户为中心，使整个供应链成为一个具有高度竞争力，能为消费者提供最大价值的源泉；

③ 强调供应链中贸易伙伴之间的密切合作，利益共享，风险共担；

④ 应用现代信息技术和通信技术，如条码技术、电子数据交换等；

⑤ 遵从共同的标准和规范，将它们应用于原材料、产品、服务、运输单元和位置的标识至关重要。

2.3 供应链管理方法

供应链管理理论的产生远远落后于具体的技术与方法，供应链管理最早是以一些具体的方法出现的。下面讨论4种最常见的供应链管理方法，包括快速反应（QR）、有效客户反应（ECR）、电子订货系统（EOS）和企业资源计划系统（ERP）。

2.3.1 快速反应

1. QR的含义和产生背景

1）定义

快速反应（quick response，QR）是指物流企业面对多品种、小批量的买方市场，不是储备了"产品"，而是准备了各种"要素"，在用户提出要求时，能以最快速度抽取"要素"，及时"组装"，提供所需服务或产品。目的是减少原材料到销售点的时间和整个供应链上的库存，最大限度地提高供应链的运作效率。QR的基本出发点是通过建立战略联盟，实现利益共享。

该定义的要点主要包括：以交易企业间的"战略联盟"为基础，建立"适当的商品、在适当的时期、以适当的价格、并在适当的场所供给的系统"；在最少的供货周期和最小的风险下，构筑最大的竞争力。

2）背景

从20世纪70年代后期开始，美国纺织服装的进口急剧增加，到20世纪80年代初期，进口商品大约占到纺织服装行业总销量的40%。针对这种情况，美国纺织服装企业一方面要求政府和国会采取措施阻止纺织品的大量进口；另一方面进行设备投资来提高企业的生产率。但是，即使这样，价廉进口纺织品的市场占有率仍在不断上升，而本地生产的纺织品市场占有率却在连续下降。为此，一些主要的经销商成立了"用国货为荣委员会"，一方面，通过媒体宣传国产纺织品的优点，采取共同的销售促进活动；另一方面，委托零售业咨询公司从事提高竞争力的调查。咨询公司在经过了大量充分的调查后指出，尽管系统的各个部分具有高运作效率，但整个系统的效率却十分低。为此，咨询公司建议零售业者和纺织服装生产厂家合作，共享信息资源，建立一个快速反应系统来实现销售额增长。

2. 实施QR的阶段

在快速反应的实施中，零售商和制造商必须紧密协调零售库存的分布和管理。实施QR一般可以分为以下3个阶段。

（1）对所有的商品单元条码化，即对商品消费单元用EAN/UPC条码标识，对商品贸易单元用ITF-14条码标识，而对物流单元则用UCC/EAN-128条码标识。利用EDI传输订购单报文和发票报文。

（2）在第一阶段的基础上增加与内部业务处理有关的策略。如自动补货与商品即时出售等，并采用EDI传输更多的报文，如发货通知报文、收货通知报文等。

（3）与贸易伙伴密切合作，采用更高级的QR策略，以对客户的需求作出快速反应。一一般来说，企业内部业务的优化较为容易，但在贸易伙伴间进行合作时，往往会遇到诸多障碍。此时，每个企业必须把自己当成集成供应链系统的一个组成部分，以保证整个供应链的整体效益。

3. QR 的成功条件

美国是 QR 的发源地，有许多企业已经开始实施 QR，并取得了成功。Black Burn 在对美国纺织服装业研究的基础上，认为 QR 成功的 5 项条件是：

① 必须改变传统的经营方式，革新企业的经营意识和组织；
② 必须开发和应用现代信息处理技术，这是成功进行 QR 活动的前提条件；
③ 必须与供应链各方建立战略伙伴关系；
④ 必须改变传统的对企业商业信息保密的做法；
⑤ 供应方必须缩短生产周期，降低商品库存。

4. 实施 QR 的收益

对于零售商来说，大概需要销售额 1.5%～2% 的投入以支持条码、POS 系统和 EDI 的正常运行，但实施 QR 的收益是巨大的，远远超过其投入。它可以节约销售费用的 5%，这些节省不仅包括商品价格的降低，也包括管理、分销及库存等费用的大幅度减少。根据研究结果显示，实施 QR 的效果如表 2-1 所示。

表 2-1 实施 QR 的效果

对象商品	实施 QR 的企业	零售业的 QR 效果
休闲裤	零售商：沃尔玛　服装生产厂家：塞米诺尔厂	销售额：增加 31%　商品周转率：提高 30%
衬衫	零售商：J.C. 朋尼 服装生产厂家：牛津 面料生产厂家：伯灵顿	销售额：增加 59% 商品周转率：提高 90% 需求预测误差：减少 50%

资料来源：Blackburn（1991）。

研究结果显示，零售商在应用 QR 系统后，销售额大幅度增加，商品周转率大幅度提高，需求预测误差大幅度下降。

5. QR 的作用

快速反应关系到一个厂商是否能及时满足顾客的服务需求的能力。信息技术提高了在最近的可能时间内完成物流作业和尽快地交付所需存货的能力。这样就可减少传统上按预期的顾客需求过度地储备存货的情况。快速反应的能力把作业的重点从根据预测和对存货储备的预期，转移到以从装运到装运的方式对顾客需求作出反应方面上来。不过，由于在还不知道货主需求和尚未承担任务之前，存货实际上并没有发生移动，因此必须仔细安排作业，不能存在任何缺陷。

这里需要指出的是，虽然应用 QR 的初衷是为了对抗进口商品，但是实际上并没有出现这样的结果。相反，随着竞争的全球化和企业经营业的全球化，QR 系统管理迅速在各国企业界扩展。航空运输为国际间的快速供应提供了保证。现在，QR 方法已成为零售商实现竞争优势的工具；同时随着零售商和供应商结成战略联盟，竞争方式也从企业与企业间的竞争转变为战略联盟与战略联盟之间的竞争。

2.3.2 有效客户反应

1. ECR 的定义和特征

1) ECR 的定义

所谓有效顾客反应（efficient customer response，ECR），是以满足顾客要求和最大限度降低物流过程费用为原则，能及时作出准确反应，使提供的物品供应或服务流程最佳化的一种供应链管理战略。ECR 是一个生产厂家、批发商和零售商等供应链组成各方相互协调和合作，更好、更快并以更低的成本满足消费者需要为目的的供应链管理系统。

2) ECR 的特征

ECR 的特征表现在以下 3 个方面。

（1）管理意识的创新。传统的产销双方的交易关系是一种此消彼长的对立型关系，是一种输赢关系（win-lose）。ECR 要求产销双方的交易关系是一种合作型关系，即交易各方通过相互协调合作，实现以低成本向消费者提供更高价值服务的目标，在此基础上追求双方利益，是一种双赢关系（win-win）。

（2）供应链整体协调。传统的流通活动缺乏效率的主要原因在于厂家、批发商和零售商之间存在企业间联系的非效率性和企业内采购、生产、销售和物流等部门或职能之间存在部门间联系的非效率性。ECR 要求消除各部门、职能及企业之间的隔阂，进行跨部门、跨职能和跨企业的管理和协调，使商品流和信息流在企业内和供应链内顺畅地流动。

（3）涉及范围广。ECR 要求对供应链整体进行管理和协调，其所涉及的范围必然包括零售业、批发业和制造业等相关多个行业。为了最大限度发挥 ECR 的优势，必须对关联的行业进行分析研究，对促成供应链的各类企业进行管理和协调。

2. ECR 的应用原则

ECR 的应用原则包括以下 5 个方面。

（1）ECR 的目的是以低成本向消费者提供高价值的服务，表现在更好的商品功能、更高的商品质量、品种齐全及更好的便利性。

（2）ECR 要求供需双方关系必须从传统的赢输型交易关系向双赢型联盟伙伴关系转化。企业主管必须对其组织文化和经营习惯进行改革，使供需双方的关系转化为双赢型联盟伙伴关系成为可能。

（3）必须利用准确、适时的信息以支持有效的市场、生产及物流决策。这些信息将以 EDI 的方式在贸易伙伴间自由流动，在企业内部将通过计算机系统得到最充分、高效的利用。

（4）ECR 要求从生产线末端的包装作业开始到消费者获得商品为止的整个商品移动过程产生最大的附加价值，使消费者能及时获得所需要的商品。

（5）必须采用共同、一致的工作业绩考核和奖励机制。它着眼于系统整体的效益（即通过减少开支、降低库存及更好的资产利用来创造更高的价值），明确地确定可能的收益并且公平地分配这些收益。

3. 实施 ECR 的效益和 ECR 系统的构建

1) 实施 ECR 的效益

根据欧洲供应链委员会的调查报告，接受调查的 392 家公司，其中制造商实施 ECR 后，预期销售额增加 5.3%，制造费用减少 2.3%，销售费用减少 1.1%，仓储费用减少 1.3% 及总盈利增加 5.5%；而批发商及零售商也有相应的收益：销售额增加 5.4%，毛利增加 3.4%，仓储费用减少 5.9%，货仓存货量减少 13.1% 及每平方米的销售额增加 5.3%。由于在流通环节中减少了不必要的成本，零售商和批发商之间的价格差异也随之降低，这些节约了的成本最终将使消费者受益，各贸易商也将在激烈的市场竞争中赢得一定的市场份额。

2) ECR 系统的构建

ECR 作为一个供应链管理系统需要把市场营销、物流管理、信息技术和组织革新技术有机结合起来作为一个整体使用，以实现 ECR 目标。构筑 ECR 系统的具体目标，是实现低成本的流通、基础关联设施建设、消除组织间的隔阂、协调合作满足消费者的需要。组成 ECR 系统的技术要素主要有信息技术、物流技术、营销技术和组织革新技术，如图 2-3 所示。

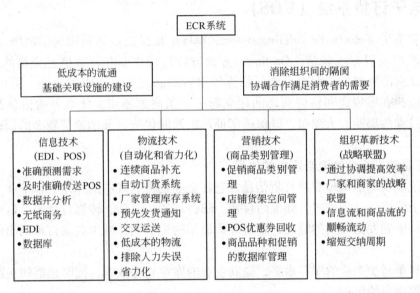

图 2-3　ECR 系统技术构成

4. QR 和 ECR 的比较

ECR 主要以食品行业为对象，其主要目标是降低供应链各环节的成本，提高效率；而 QR 主要集中在一般商品和纺织行业，其主要目标是对客户的需求作出快速反应，并快速补货。这是因为食品杂货业与纺织服装行业经营的产品的特点不同：杂货业经营的产品多数是一些功能型产品（生鲜食品除外），每一种产品的生命周期相对较长，因此，订购数量的过多或过少的损失相对较小。纺织服装业经营的产品多属创新型产品，每一种产品的生命周期相对较短，因此，订购数量过多或过少造成的损失相对较大，如表 2-2 所示。

表 2-2　QR 与 ECR 的比较

	服装类（QR）	食品类（ECR）
零售商形式	百货店/专业商店	超　市
每家店铺的单品数量	高（500 万～2 000 万）	低（25 万～30 万）
每家店铺的单品年均销售额	低（500～1 000）	高（4 000～5 000）
库存周转次数	低（2～5）	高（10～25）
单位重量/体积的价值	高	低

续表

	服装类（QR）	食品类（ECR）
削价	高	低
毛利	高	低
产品生命周期	短	长
季节性	强	弱
产品的可替代性	低	高
购买频率	低	高

资料来源：http：//www.sjtvu.com/wskt200503_fen/kecheng.

2.3.3 电子订货系统（EOS）

电子订货系统（electronic ordering system，EOS）是指企业间利用通信网络（VAN或互联网）和终端设备以在线联结（On-line）方式进行订货作业和订货信息交换的系统。EOS能够处理从新商品资料的说明直到会计结算等所有商品交易过程中的作业。可以说EOS涵盖了整个商流，在零售商和供应商之间建立起了一条高速通道，使双方的信息及时得到沟通，使订货过程的周期大大缩短，既保障了商品的及时供应，又加速了资金的周转，实现了零库存战略。

1. EOS系统在企业物流管理中的作用

EOS系统能及时准确地交换订货信息，它在企业物流管理中的作用有以下4个。

（1）对于传统的订货方式，如上门订货，邮寄订货，电话、传真订货等，EOS系统可以缩短从接到订单到发出订货的时间，缩短订货商品的交货期，减少商品订单的出错率，节省人工费。

（2）有利于减少企业的库存水平，提高企业的库存管理效率，同时也能防止商品特别是畅销商品缺货现象的出现。

（3）对于生产厂家和批发商来说，通过分析零售商的商品订货信息，能准确判断畅销商品和滞销商品，有利于企业调整商品生产和销售计划。

（4）有利于提高企业物流信息系统的效率，使各个业务信息子系统之间的数据交换更加便利和迅速，丰富企业的经营信息。

2. 电子订货系统规划

导入电子订货系统首先要对本企业的情况及社会配套条件等方面的问题进行全面的分析，如果决定导入，再考虑以下规划内容。

（1）选择加入的社会配套信息管理系统。根据拟导入的电子订货系统的类型，以及服务功能、价格、同业参加状况，选择最合适的社会配套信息管理系统。

（2）与交易对象共同建立EOS运作规范。如新商品加入、促销特价处理、适用商品扩大、变更登录、标签发行、例外状况处理等都应建立规范的运作办法。

（3）建立标准的商品代号与企业代号。EOS作业不仅要利用统一的商品条码，还必须对商品分类码、企业代码、店内码等标准化。

（4）建立商品订货簿和货架卡。订货簿和货架卡至少应标示的项目包括商品代号、商品条码、商品名称、售价。

（5）建立标准的订货模式。一是订货方式，如利用货架卡、订货簿或采用安全存量订货法；二是订货时间，如固定式或不定式；三是订货周期，如每日、隔日、每周两次等；四是订货人员，可选择专业订货人员、商品群负责人或店长；五是电子订货系统终端机台数，根据订货作业量来确定；六是设备操作，应制作标准的作业手册。

（6）建立商品交易档案，即根据商品目录，建立或提供交易对象目录，以便有关方面进行分单处理和数据分析。

（7）货架卡定位。货架卡是 EOS 作业的必备条件，通常由连锁总部（或供应商、增值网络中心）制作发行，门店得到货架卡后应放置到指定的货架上，并随时注意其位置的变动。

（8）建立统一的传票。使用统一的传票有利于交易各方交换信息，这也是 EOS 作业的基础。

（9）作业人员教育训练。导入电子订货系统需要有关部门和人员的理解和支持，这就必须在导入前对其进行必要教育，以建立共识，同时应对直接相关的人员针对维护、操作、例外处理等问题进行训练指导。

（10）导入测试。正式导入之前，除了系统本身及通信线路的测试外，还应在门店对货架卡、订货簿、终端机等进行实地测试。测试无误后，才能选定日期正式导入。

3. 企业应用 EOS 系统的基础条件

（1）订货业务作业的标准化。这是有效利用 EOS 系统的前提条件。

（2）商品代码的设计。在零售行业的单品管理方式中，每一个商品品种对应一个独立的商品代码，商品代码一般采用国家统一规定的标准。对于统一标准中没有规定的商品则采用本企业自己规定的商品代码。商品代码的设计是应用 EOS 系统的基础条件。

（3）订货商品目录账册（order book）的制作和更新。订货商品目录账册的设计和运用是 EOS 系统成功的重要保证。

（4）计算机及订货信息输入和输出终端设备的添置和 EOS 系统设计是应用 EOS 系统的基础条件。

4. EOS 的效益

EOS 系统的效益可以从给零售业和批发业带来的好处中明显看出。EOS 系统给零售业带来的好处有以下 4 个方面。

（1）压低库存量。零售业可以通过 EOS 系统将商店所陈列的商品数量缩小到最低限度，以便使有限的空间能陈列更多种类的商品。即使是销量较大的商品也无须很大的库房存放，可压低库存量，甚至做到零库存。商店工作人员在固定时间去巡视陈列架，将需补足的商品以最小的数量订购，在当天或隔天即可到货，不必一次订购很多。

（2）减少交货失误。EOS 系统根据通用商品条码订货，可做到准确无误。批发商将详细的订购资料用计算机处理，可以减少交货失误，迅速补充库存。若能避免交错商品或数量不足，那么，可取的方法是把商品的检验让交货者来完成，零售商店只作抽样检验即可。

（3）改善订货业务。由于实施 EOS 系统，操作十分方便，无论任何人都可正确迅速地完成订货业务，并根据 EOS 系统获得大量的有用信息。如订购的控制、批发订购的趋势、紧俏商品的趋势和其他信息等。若能将订货业务管理规范化，再根据 EOS 系统就可更加迅速准确地完成订货业务。

（4）建立商店综合管理系统。以 EOS 系统为中心确立商店的商品文件、商品货架系统管理、商品货架位置管理、进货价格管理等，便可实施商店综合管理系统。

EOS 系统给批发业带来的好处主要有以下 4 个方面。

（1）提高服务质量。EOS 系统可以满足顾客对某种商品少量、多次的要求，缩短交货时间，能迅速、准确和廉价地出货、交货。EOS 系统提供准确无误的订货，因此减少了交错商品，减少了退货。计算机的库存管理系统可以正确、及时地将订单输入，并因出货资料的输入而达到正确的管理从而减少缺货现象，增加商品品种，为顾客提供商品咨询，共同使用 EOS 系统，使得零售业和批发业建立良好的关系，做到业务上相互支持，相辅相成。

（2）建立高效的物流体系。EOS 系统的责任制避免了退货、缺货现象，缩短了交货时的检验时间，可大幅度提高送货派车的效率，降低物流的成本；同时，可使批发业内部的各种管理系统化、规范化，大幅度降低批发业的成本。

（3）提高工作效率。实施 EOS 系统可以减轻体力劳动，减少事务性工作，减少以前专门派人去收订购单，登记、汇总等繁杂的手工劳动，提高了工作效率。

（4）销售管理系统化。EOS 系统使得销售管理系统化、一体化，使销售信息的处理更加快捷，及时补货到位，保证了销售市场的稳定，大大提高了企业的经济效益。

2.3.4 企业资源计划

企业资源计划（enterprise resource planning，ERP）是指建立在信息技术基础上，通过前馈的物流及反馈的物流和资金流，把客户需求和企业内部生产活动，以及供应商的制造资源结合在一起，体现完全按用户需求制造的一种供应链管理思想的功能网链结构模式。ERP 是以系统化的管理思想，为企业决策层及员工提供决策运行手段的管理平台。ERP 系统集信息技术与先进的管理思想于一身，成为现代企业的运行模式，反映时代对企业合理调配资源、最大化地创造社会财富的要求，成为企业在信息时代生存、发展的基石。

1. ERP 的核心管理思想

ERP 是从 MRP（物料资源计划）发展而来的新一代集成化管理信息系统。它扩展了 MRP 的功能，其核心思想是供应链管理；它跳出了传统企业边界，从供应链范围去优化企业的资源，是基于网络经济时代的新一代信息系统；它对于改善企业业务流程、提高企业核心竞争力的作用是显而易见的。ERP 是在 20 世纪 80 年代初开始出现的，从 20 世纪 90 年代开始，以 SAP、Oracle 为代表的国际著名 ERP 产品进入中国，并迅速扩展，国内也相继出现了一些早期 ERP 产品，例如开思 ERP、利玛 ERP、和佳 ERP 及博科 ERP 等。

ERP 系统的核心管理思想就是实现对整个供应链的有效管理，主要体现在以下 3 个方面。

1）体现对整个供应链资源进行管理的思想

在网络时代仅靠企业自身的资源不可能有效地参与市场的竞争，还必须把经营过程中的有关各方如供应商、制造工厂、分销网络、客户等纳入一个紧密的供应链中，才能有效地安排企业的产、供、销活动，满足企业利用全社会一切资源快速高效地进行生产经营的需求，以期进一步提高效率和在市场上获得竞争的优势。ERP 系统实现了对整个企业供应链的管理，适应了企业在电子商务时代市场竞争的需要。

2) 体现精益生产、敏捷制造和同步工程的思想

ERP 系统支持对混合型生产方式的管理，其管理思想的核心，一是"精益生产"（lean production，LP）思想，它是由美国麻省理工学院提出的一种企业经营战略体系，即企业按照大批量生产方式组织生产时，把客户、销售代理商、供应商、协作单位纳入生产体系，企业同其销售代理、客户和供应商的关系，已不再是简单的业务往来关系，而是利益共享的合作伙伴关系，这种合作伙伴关系组成了企业的一个供应链，这是"精益生产"的核心思想。二是"敏捷制造"（agile manufacturing）思想。当市场发生变化，企业遇到特定的市场和产品需求时，企业的基本合作伙伴不一定能满足新产品开发生产的要求，这时，企业就会组织一个由特定的供应商和销售渠道组成的短期的或一次性供应链，形成"虚拟工厂"，把供应和协作单位看成是企业的一个组成部分，运用"同步工程"（simultaneous engineering，SE）组织生产，用最短的时间将新产品打入市场，时刻保持产品的高质量、多样化和灵活性，这就是"敏捷制造"的核心思想。

3) 体现事先计划与事中控制的思想

一方面，ERP 系统中的计划体系主要包括主生产计划、物料需求计划、能力计划、采购计划、销售执行计划、利润计划、财务预算和人力资源计划等，且这些计划功能与价值控制功能已完全集成到整个供应链系统当中。

另一方面，ERP 系统通过定义事物处理（transaction）相关的会计核算科目与核算方式，以便在事物处理发生时同时自动生成会计核算分录，保证了资金流与物流的同步处理和数据的一致性。从而实现了根据财务资金现状，可以追溯资金的来龙去脉，并可以进一步追溯所发生的相关业务活动，改变了资金信息滞后于物料信息的状况，便于实现事中控制和实时作出决策。

此外，计划、事物处理、控制与决策功能都在整个供应链的业务处理过程中实现，要求在每个业务流程处理过程中最大限度地发挥每个人的工作潜力与责任心，流程与流程之间则强调人与人之间的合作精神，以便在组织中充分发挥个人的主观能动性与潜能，实现企业管理从"金字塔式"组织结构向"扁平式"结构的转变，提高企业对市场动态变化的反应速度。

总之，ERP 所包含的管理思想是非常广泛和深刻的，这些先进的管理思想之所以能够实现，又同信息技术的发展和应用分不开。ERP 不仅面向供应链，体现精益生产、敏捷制造、同步工程的精神，而且必然要结合全面质量管理（TQM）以保证质量和客户满意度；结合准时制生产（JIT）以消除一切无效劳动与浪费现象，降低库存和缩短交货期；它还要结合约束理论（theory of constraint，TOC，是优化生产技术 OPT 的发展）来定义供应链上的瓶颈环节，消除制约因素来扩大企业供应链的有效产出。

ERP 系统的特点及核心内容包括企业内部管理所需的业务应用系统，主要是指物流、财务、人力资源等核心模块。物流管理系统采用了制造业的 MRP 管理思想；财务管理信息系统有效地实现了预算管理、业务评估、管理会计、ABC 成本归集方法等现代基本财务管理方法；人力资源管理系统在组织机构设计、岗位管理、薪酬体系及人力资源开发等方面同样集成了先进的理念。ERP 系统是一个在全公司范围内应用的、高度集成的系统。数据在各业务系统之间高度共享，所有源数据只需在某一个系统中输入一次，保证了数据的一致性。同时，对公司内部业务流程和管理过程进行了优化，主要的业务流程实现了自动化。并且采

用了计算机最新的主流技术和体系结构：B/S、Internet 体系结构、Windows 界面。在能通信的地方都可以方便地接入到系统中来。ERP 系统的主要特点是集成性、先进性、统一性、完整性和开放性。

2. ERP 的发展历程

厂房、生产线、加工设备、检测设备、运输工具等都是企业的硬件资源，人力、管理、信誉、融资能力、组织结构、员工的劳动热情等是企业的软件资源。企业运行发展中，这些资源相互作用，形成企业进行生产活动、完成客户订单、创造社会财富、实现企业价值的基础，反映企业在竞争发展中的地位。ERP 系统的管理对象便是上述各种资源及生产要素通过 ERP 的使用，使企业的生产过程能及时、高效地完成客户的订单，最大限度地发挥这些资源的作用，并根据客户订单及生产状况作出调整资源的决策。

企业发展的重要标志便是合理调整和运用上述资源，在没有 ERP 这样的现代化管理工具时，企业资源状况及调整方向不清楚，要做调整安排是相当困难的，调整过程会相当漫长，企业的组织结构只能是金字塔形的，部门间的协作交流相对较弱，资源的运行难于把握，因此难以作出有效的调整。信息技术的发展，特别是针对企业资源进行管理而设计的 ERP 系统正是针对这些问题设计的，成功推行的结果必然使企业能更好地运用资源。

随着信息技术的发展，ERP 系统现已形成建立在全球 Internet 基础上的跨国家、跨企业的运行体系，其发展演进的历程大致可分为以下 5 个阶段。

（1）MIS 系统阶段（management information system）。企业的信息管理系统主要是记录大量原始数据、支持查询、汇总等方面的工作。

（2）MRP 阶段（material require planning）。MRP 是生产企业用来制定物料需求计划、进行生产管理的一种方法。其借助计算机的运算能力及系统对客户订单、在库物料、产品构成的管理能力，实现依据客户订单，按照产品结构清单展开并计算物料需求计划。实现减少库存、优化库存的管理目标。

（3）MRP II 阶段（manufacture resource planning）。在 MRP 管理系统的基础上，系统增加了对企业生产中心、加工工时、生产能力等方面的管理，以实现计算机进行生产排程的功能，同时也将财务的功能囊括进来，在企业中形成以计算机为核心的闭环管理系统，这种管理系统已能动态监察到产、供、销的全部生产过程。

（4）ERP 阶段（enterprise resource planning）。进入 ERP 阶段后，以计算机为核心的企业级的管理系统更为成熟，系统又增加了包括财务预测、生产能力、全面质量管理和生产资源调度管理等方面的功能，成为企业进行生产管理及决策的平台工具。

（5）电子商务时代的 ERP。互联网技术的成熟为企业信息管理系统增加了与客户或供应商实现信息共享和直接数据交换的能力，从而强化了企业间的联系，使跨企业的联合作战成为可能。

由此可见，ERP 的应用的确可以有效地促进现有企业管理的现代化、科学化，适应竞争日益激烈的市场要求，它的导入已经成为大势所趋。

3. ERP 具备的功能标准

Gartner Group 提出 ERP 具备的功能标准应包括 4 个方面。

（1）超越 MRP II 范围的集成功能，包括：质量管理、试验室管理、流程作业管理、配方管理、产品数据管理、维护管理、管制报告和仓库管理。

（2）支持混合方式的制造环境，包括：既可支持离散又可支持流程的制造环境；按照面向对象的业务模型组合业务过程的能力和国际范围内的应用。

（3）支持能动的监控能力，提高业务绩效，包括：在整个企业内采用控制和工程方法、模拟功能、决策支持和用于生产及分析的图形能力。

（4）支持开放的客户机/服务器计算环境，包括：客户机/服务器体系结构；图形用户界面（GUI）；计算机辅助设计工程（CASE），面向对象技术；使用结构化查询语言 SQL 对关系数据库查询；内部集成的工程系统、商业系统、数据采集和外部集成（EDI）。

ERP 是对 MRP Ⅱ 的超越，从本质上看，ERP 仍然是以 MRP Ⅱ 为核心，但在功能和技术上却超越了传统的 MRP Ⅱ，它是以顾客驱动的、基于时间的、面向整个供应链管理的企业资源计划。

2.4　供应链企业协作

现今，企业面临的竞争环境发生了巨大的变化。许多企业（特别是汽车行业企业）都采用 JIT 方法进行管理，这种方法要求企业加快对用户需求变化的反应速度，同时加强与合作伙伴的关系。全球竞争中先进制造技术的发展要求企业将自身业务与合作伙伴业务集成在一起，缩短相互之间的距离，从整个供应链的角度考虑增值，所以许多成功的企业都将与合作伙伴的附属关系转向建立联盟或战略合作关系。

2.4.1　供应链合作关系

1. 供应链合作关系的概念

供应链合作关系（supply chain partnership，SCP），也就是供应商-制造商（supplier-manufacturer）关系，或者称为卖主/供应商-买主（vendor/supplier-buyer）关系、供应商合作伙伴关系（supplier partnership）。供应链合作关系可以定义为供应商与制造商之间，在一定时期内的共享信息、共担风险、共同获利的协议关系。

这样一种战略合作关系形成于集成化供应链管理环境下，形成于供应链中为了特定的目标和利益的企业之间。形成的原因通常是为了降低供应链总成本、降低库存水平、增强信息共享、改善相互之间的交流、保持战略伙伴相互之间操作的一贯性、产生更大的竞争优势，以实现供应链节点企业的财务状况、质量、产量、交货期、用户满意度和业绩的改善和提高。显然，战略合作关系必然要求强调合作和信任。

实施供应链合作关系就意味着新产品/新技术的共同开发、数据和信息的交换、市场机会共享和风险共担。在供应链合作关系环境下，制造商选择供应商不再是只考虑价格，而是更注重选择能在优质服务、技术革新、产品设计等方面进行良好合作的供应商。供应商为制造企业的生产和经营供应各种生产要素（原材料、能源、机器设备、零部件、工具、技术和劳务服务等）。供应者所提供要素的数量、价格，直接影响到制造企业生产的好坏、成本的高低和产品质量的优劣。因此，制造商与供应商的合作关系应着眼于以下 3 个方面。

（1）让供应商了解企业的生产程序和生产能力，使供应商能够清楚地知道企业需要产品或原材料的期限、质量和数量。

（2）向供应商提供自己的经营计划、经营策略及其相应的措施，使供应商明确企业的期望，以使自己能随时达到企业要求的目标。

（3）企业与供应商要明确双方的责任，并各自向对方负责，使双方明确共同的利益所在，并为此而团结一致，以达到双赢的目的。

供应链合作关系发展的主要特征就是从以产品/物流为核心转向以集成/合作为核心。在集成/合作逻辑思想指导下，供应商和制造商把他们相互的需求和技术集成在一起，以实现为制造商提供最有用产品的共同目标。因此，供应商与制造商的交换不仅仅是物质上的交换，还包括一系列可见和不可见的服务（R&D、设计、信息、物流等）。

供应商要具备创新和良好的设计能力，以保证交货的可靠性和时间的准确性。这就要求供应商采用先进的管理技术（如JIT、TQM等），管理和控制中间供应商网络。而对制造商来说，要提供的活动和服务包括：控制供应市场，管理和控制供应网络，提供培训和技术支持，为供应商提供财务服务等。

2. 供应链战略合作伙伴关系的产生

从国内外学者研究文献中，我们可以清楚地看到，对供应链管理模式的认识，人们强调得最多的就是企业间的战略伙伴关系，把基于这种新型企业关系和传统企业关系的管理模式区别开来，就形成了供应链管理模式，这是近年来企业关系发展的新动向。从历史上看，企业关系大致经历了三个发展阶段，即传统的企业关系、物流关系、合作伙伴关系。

从传统的企业关系过渡到创新的合作企业关系模式，经历了从以生产物流相结合为特征的物流关系（20世纪70年代到80年代），到以战略协作为特征的合作伙伴关系这样的过程（20世纪90年代）。在传统的观念中，供应管理就是物流管理，企业关系主要是买卖关系。基于这种企业关系，企业的管理理念是以生产为中心的，供销处于次要的、附属的地位。企业间很少沟通与合作，更谈不上企业间的战略联盟与协作。

从传统的以生产为中心的企业关系模式向物流关系模式转化，JIT和TQM等管理思想起着催化剂的作用。为了达到生产的均衡化和物流同步化，必须加强部门间、企业间的合作与沟通。但是，基于简单物流关系的企业合作关系，可以认为是一种处于作业层和技术层的合作。在信息共享（透明性）、服务支持（协作性）、并行工程（同步性）、群体决策（集智性）、柔性与敏捷性等方面都不能很好地适应越来越剧烈的市场竞争的需要，企业需要更高层次的合作与集成，于是产生了基于战略伙伴关系的企业模型。

具有战略合作伙伴关系的企业体现了企业内外资源集成与优化利用的思想。基于这种企业运作环境的产品制造过程，从产品的研究开发到投放市场，周期大大地缩短了，而且顾客导向化（customization）程度更高，模块化、简单化产品、标准化组件的生产模式使企业在多变的市场中柔性和敏捷性显著增强，虚拟制造与动态联盟加强了业务外包这种策略的利用。企业集成即从原来的中低层次的内部业务流程重组（BPR）上升到企业间的协作，这是一种最高级别的企业集成模式。在这种企业关系中，市场竞争的策略最明显的变化就是基于时间的竞争（time-based）和价值链（value chain）的价值让渡系统管理，或基于价值的供应链管理。

3. 供应链合作关系的重要意义

从供应链合作关系在缩短供应链总周期中的地位可以看出，它对于供应链管理企业的重要意义，如图2-4所示。

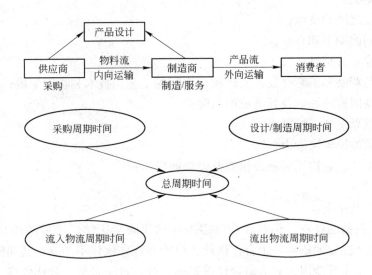

图 2-4　供应链总周期时间

速度是企业赢得竞争的关键所在,供应链中制造商要求供应商加快生产运作速度,通过缩短供应链总周期时间,达到降低成本和提高质量的目的。从图 2-4 中可以看出,要缩短总周期,主要依靠缩短采购时间、内向(inbound)运输时间、外向(outbound)运输时间和设计制造时间(制造商与供应商共同参与)来实现,显然建立良好稳定的供应链合作关系对于供应链整体速度的提升意义重大。

通过建立供应商与制造商之间的战略合作关系,可以达到以下目标。

(1) 对于制造商/买主。

① 降低成本(降低合同成本);
② 实现数量折扣、稳定而有竞争力的价格;
③ 提高产品质量和降低库存水平;
④ 改善时间管理;
⑤ 交货提前期的缩短和可靠性的提高;
⑥ 提高面向工艺的企业规划;
⑦ 更好的产品设计和对产品变化更快的反应速度;
⑧ 强化数据信息的获取和管理控制。

(2) 对于供应商/卖主。

① 保证有稳定的市场需求;
② 对用户需求更好地了解/理解;
③ 提高运作质量;
④ 提高零部件生产质量;
⑤ 降低生产成本;
⑥ 提高对买主交货期改变的反应速度和柔性;
⑦ 获得更高的(比非战略合作关系的供应商)利润。

(3) 对于双方。
① 改善相互之间的交流；
② 实现共同的期望和目标；
③ 共担风险和共享利益；
④ 共同参与产品和工艺开发，实现相互之间的工艺、技术和物理集成；
⑤ 减少外在因素的影响及其造成的风险；
⑥ 降低投机思想和投机概率；
⑦ 增强矛盾冲突解决能力；
⑧ 订单、生产、运输上实现规模效益以降低成本；
⑨ 减少管理成本；
⑩ 提高资产利用率。

虽然有这些利益的存在，仍然存在许多潜在的风险会影响供应链战略合作关系的参与者。最重要的是，过分地依赖一个合作伙伴，可能在合作伙伴不能满足其期望要求时造成惨重损失。同时，企业可能因为对战略合作关系的失控、过于自信、合作伙伴过于专业化等方面原因而降低竞争力。而且，企业可能过高估计供应链战略合作关系的利益而忽视了其潜在的缺陷。所以，企业必须对传统合作关系和战略合作关系策略作出正确对比后，再作出最后的决策。

2.4.2 委托代理机制：供应链企业间合作的理论基础

供应链集成的最高层次是企业间的战略协作问题，当企业以动态联盟的形式加入供应链时，即展开了合作对策的过程，企业之间通过一种协商机制，谋求一种双赢的目标。从 20 世纪 60 年代恰克（Chark）研究多级库存以来，诸多学者集中精力致力于多级库存的优化问题的求解，但从供应链的战略高度去研究供应链的协调性问题的人较少。在营销学和产业组织理论研究中，人们较早注意到这个问题，并主要从价格协商与资源分配的角度进行研究。正如我们前面所指出的那样，集成化供应链管理和传统的基于物流的单一企业的供应链管理是不同的，它更强调企业间的合作与协调机制，特别是动态联盟的供应链。在加盟某个供应链时，企业都会从各自的自身利益出发，展开合作对策研究，在委托与承包企业间形成一个合作协商机制和委托代理机制。

供应链管理研究和实践表明：增加供应链节点企业间的联系与合作，提高信息共享程度，用覆盖整个供应链的决策系统代替缺乏柔性和集成度差的决策体系，使整个供应链各个环节都能清楚地观察物流、资金流、信息流和工作流，以更好地协调，降低供应链成本，降低各个环节的延迟时间，消除信息扭曲的放大效应，是实施供应链管理的关键。通过建立面向供应链的基于 Internet/Intranet 的 MRP Ⅱ（或 ERP）敏捷供应链系统，为企业供应链的运行提供基础保证。目前，关于供应链管理（集成化、敏捷化供应链）的研究，基本上遵循了一条既有侧重点又有一般性的研究思路：将集成供应链管理系统的内在机制视为由相互协作的智能代理模块组成的网络，每个代理模块实现供应链的一项或几项功能，每个代理模块又与其他代理模块协调运作。

从经济学、营销学的角度看，进入 20 世纪 90 年代以来，企业经营策略由原来的敌对性竞争发展转变为合作性竞争这一全球竞争趋势。合作性对策（cooperative game）是目前对策论中的一个热点问题，它是以团队（group team）和自我管理团队（self-managing team）为形式的新的企业管理对象，合作性（cooperation）、竞争性（competition）和独立性（independence）已成为未来企业管理者面临的新课题。在这种管理模式下，建设性对话（constructive controversy）和群体协商（group negotiation）将发挥有力的作用。在供应链管理中，如何有效发挥群体协商机制的作用，目前有以下3个问题亟待解决。

（1）企业联盟中信任问题（confidence）。索勒理（thoreli）以强调可靠性预期为标准，强调合作伙伴的可靠诚实、遵守承诺，认为信任与不信任的真正差别在于双方信心的飞跃。彼此相信对方关心自己的利益，在没有考虑彼此的影响之前谁也不会行动，这实际上强调了合作协商的重要意义。

（2）沟通（communication）。尽管通过Internet/Intranet供应链联盟成员获得了相互有用的信息资源，为信息交流提供了保证，但也会有为个体利益而隐瞒私有信息，因此信息不对称性问题是协商理论又一个棘手难题。

（3）交易成本问题。交易成本包括达成双方满意的协议的成本、使协议适应预测不到的突发事件的成本、实施协议条件的成本和中止协议的成本。供应链管理的最终目的是要降低用户成本（customer cost），如何在合作伙伴间合理分担交易费用，降低用户成本是供应链合作对策中需要解决的问题。

有一种委托加工式的供应链，即核心企业委托经过挑选的企业来完成一部分业务，自己则集中力量完成市场调查、产品设计、销售及服务和本企业的生产管理。但由于企业都是独立的利益主体，相互之间缺乏信任，导致供应链运行成本较高。在委托-代理（principle-agent）关系中，存在两种必须面对的代理问题：一是信息非对称性带来的逆向选择（adverse selection）（对委托人而言）；另一是败德行为（moral hazard）（对代理人而言）。这些问题要通过建立代理人激励机制和企业间的信任机制加以解决，以减少其对供应链整体效益的影响。

2.4.3 供应链合作关系的形成及其制约因素

1. 建立供应链合作关系的步骤

在一个企业能从实施供应链战略合作关系获益之前，首先必须认识到这是一个复杂的过程，供应链合作关系的建立不仅是企业结构上的变化，而且在观念上也必须有相应的改变。所以，必须一丝不苟地选择供应商，以确保真正实现供应链合作关系的利益。

建立供应链合作关系大致要经历以下4个步骤：
① 建立供应链战略合作关系的需求分析；
② 确定标准，选择供应商，选择合作伙伴；
③ 正式建立合作关系；
④ 实施和加强战略合作关系。

建立战略合作关系首先必须明确战略关系对于企业的必要性，企业必须评估潜在的利益与风险；然后确立选择供应商的标准和初步评估可选的合作伙伴。一旦供应商或合作伙伴选定后，必须让每一个合作伙伴都认识到相互参与、合作的重要性，真正建立合作关系。合作关系建立起来后，还必须不断加强合作关系，或者解除无益的合作关系。

2. 建立供应链合作关系的制约因素

良好的供应链合作关系必须得到最高管理层的支持和协商，并且企业之间要保持良好的沟通，建立相互信任的关系。在战略分析阶段需要了解相互的企业结构和文化，解决社会、文化和态度之间的障碍，并适当地改变企业的结构和文化，同时在企业之间建立统一的运作模式或体制，解决业务流程和结构上存在的障碍。

在供应商评价和选择阶段，总成本和利润的分配、文化兼容性、财务稳定性、合作伙伴的能力和定位（自然地理位置分布）、管理的兼容性等将影响合作关系的建立。必须增加与主要供应商和用户的联系，增进相互之间的了解（对产品、工艺、组织、企业文化等），使相互之间保持一致性。

到了供应链战略合作关系建立的实质阶段，需要进行期望和需求分析，相互之间需要紧密合作，加强信息共享、相互进行技术交流和提供设计支持。在实施阶段，相互之间的信任最为重要，良好的愿望、柔性、解决矛盾冲突的技能、业绩评价（评估）、有效的技术方法和资源支持等都很重要。

3. 处理好供应链企业合作关系的若干问题

供应链的良好运作是以供应链成员企业相互间充分信任和相互合作为基础的。供应链上的企业甚至可以了解到另一个合作企业的生产作业计划，企业相互间是相当信任和合作的。缺乏这种信任和强烈的合作愿望，供应链的有序运作是不可能实现的。但是，供应链不可能永远是一团和气。供应链中的企业都是独立的利益个体，虽然相互间存在战略伙伴关系但却同时存在自身的利益，而这些企业加入供应链的最根本的想法也就是为了获得更多的利益。由于存在利益的分配问题，不免存在异议、矛盾，甚至冲突。要保证供应链良好的信任和合作，就必须意识到这些问题的客观存在和找到相应的解决办法。

目前，供应链中企业间的连接手段主要是合同，并由核心企业充当事实上的链管中心。这种运作方式虽然表现得很好，但是在实际运作中仍然存在许多问题。首先是在法律上存在许多问题使得供应链的信任和合作缺乏有力的保障；其次是由于对信任和合作没有良好的保障，不免损失了供应链的功效。具体地讲，供应链企业间合作关系中存在以下 5 个方面的问题。

1）合同问题

供应链企业间的合同有两种：一种为长期合同，即原则性合同，确立两企业间的长期合作；另一种是短期合同，如订货合同，这种合同几乎每天都会发生。这两种合同从根本上规范了供应链企业间的行为。但是，由于这两种合同仍然存在一些设计上的缺陷，所以有时会让合作双方都对对方不满，而同时双方又都感到很委屈。这是需要进一步研究解决的问题。

2）知识产权问题

由于供应链和知识产权各自的特点，知识产权问题是供应链中所涉及的一个重要法律问题。供应链中的知识产权包括商标权的使用、专利权的使用、专属知识产权等。在供应链上，当一项专利被分解成产品在几个企业之间生产时，如何保护专利所有人的利益？因为一个企业使用某专利的一部分进行生产的产品不仅仅只提供给一家企业，而是也同时提供给许多家企业。这种利用某部分专利的专利使用费如何分担总的专利使用费？如果不考虑以上这种情况，单纯的一个生产流的几个共同使用某专利的企业也存在如何分割专利使用费的问题。除了专利使用费问题外，一些企业也存在没有申报专利的核心技术（如可口可乐的配方至今没有申请专利）在供应链中使用的问题。在这种情况下，核心技术需要严格保密。在保护机密时，如何做到信息充分共享而不致损害合作关系、降低供应链的功效？

商标共用现象在供应链中普遍存在。产品到用户手中时只会有一个商标品牌。这个品牌在名义上属于整个供应链，需要所有参与生产该产品的企业共同去维护。这样就会有谁应当真正承担起商标的保护责任及如何承担的问题。当外侵出现时，对商标的保护比较容易——一致对外，但当出现内扰时如何控制？特别在保护策略不同时、如果商标具体属于某个企业时，如何去要求其他企业共同维护这一资源？

在如今的电子产品、软件产品中，企业往往拥有自己的专属知识产权。专属知识产权在这些企业中相当于核心能力。但是由于要和其他企业实现信息共享，专属知识产权必须在供应链企业间公开，特别在电子产品、软件产品的制造与开发中，该如何保护？如果企业间不了解信息、共享不充分将有损合作，降低供应链的功效。

3）利益协调问题

供应链上合作企业之间的产品传递时必须有一个合理的价格。目前商品定价有两种原则：一是成本价，即以成本为基础制定价格；二是市场价，即依市场竞争结果而形成价格。供应链从根本上说也是一个市场，供应链上产品传递价格理应以市场价为准。但供应链上产品成本构成清晰，交易双方相互间极为了解，隐藏成本价也常常被使用。然而，成本定价对一些优势企业是极为不利的，特别是掌握了某些稀缺资源（核心技术）的企业，想获得一些超额利润很可能不被供应链上其他合作伙伴所认可。

供应链定价反映共同利润在企业间的合理分配。在供应链环境下，各个企业在战略上是相互合作关系，但是各个企业的利益不能被忽视。供应链获得一个总的利润需要在供应链中各个企业间进行合理的分配，这种合理的分配主要体现在价格上。产品传递价格的高低实质上反映企业分配利润的多少，这个原则是什么？

在供应链上，有时会出现以下两种情况：第一，为了积极配合，一个企业总是为另一个企业提供无偿服务，总是付出而得不到任何回报；第二，因供应链优化的需要使得某些企业承担额外支出，而另一些企业得到额外收益。例如，物流优化时将本应放在 B 仓库的产品放在 A 仓库较为有利，这种优化的结果使 B 节省了库存费用而 A 却额外支出。如果实际情况只是如此简单的话，将 B 节省的费用补给 A 即可解决问题。但实际所发生的情况比这个要复杂得多，首先一般涉及多个企业，其次支出与收益的对象、数量均不易辨别。这两种情况实质反映供应链在运行过程中出现利益需要进一步协调的问题。

在涉及相互间利益协调问题时，相互间利益如何界分？由谁或何机构去界分？虽然法律是社会规范，但法律不总是被欢迎。例如，对于足球联赛中出现的纠纷，足协就明确要求先在足协内了结，而且尽可能在足协了结而不去法庭。事实上，也有一些问题确实不在法律调解范围。这给我们的提示是：供应链调解利益时是否需要类似足协这样的机构？

4）供应链自身的定位问题

供应链在认识上是作为一种生产组织模式，或者是一种管理方式，但在运作时却表现出很多的如同一个企业的实体特性，比如作为一个整体与其他供应链竞争、有统一的计划、与外界的边界等。

在一个法制社会，任何活动没有法律的规范是不可想象的。但是到如今仍然没有关于供应链的法律。在解决供应链的问题时更多的是借用关于企业的法律，或是将企业法延伸至供应链层次。但是这种做法毕竟有许多它的局限性。因此，必须解决供应链的法律定位问题，并使供应链得到法律的认可。

5）供应链在不同国家法域的协调问题

供应链的全球化已经是客观事实，供应链的运作涉及许多国家，跨越众多法域。不同国家的政策、法律也不尽相同。每个国家都有自己的海关，都有自己的关税政策。供应链是众多企业一体化的产物，不能因为国界的阻隔和法域的障碍而固守自闭。供应链的正常运行必须面对这些现实问题。

前些年，一些国际集团利用某些发展中国家对保税区的特殊政策进行合法逃税。这些集团先在某国的保税区设立一个企业，然后以母公司无利润的极低价格将产品卖给这家企业进行交易，再以一个非常高的价格买回这些产品或加工后的产品。这样，母公司根本不盈利，只需交纳非常少的税或者根本不交纳任何税；而保税区的企业盈利极高，但由于有保税区免税政策不用交税，从而达到逃税的目的。

按照供应链的优化成本和资源原则，美国所有的商用卫星都应当在中国发射，因为中国卫星发射成本最低。但是，美国政府多次阻止了美国的卫星或者美国为其他国家制造的卫星在中国发射，因为美国怕中国得到它的某些核心技术。

2.4.4 选择合适的供应链合作伙伴

合作伙伴的评价选择是供应链合作关系运行的基础。合作伙伴的业绩在今天对制造企业的影响越来越大，在交货、产品质量、提前期、库存水平、产品设计等方面都影响着制造商的成功与否。传统的供应关系已不再适应激烈的全球竞争和产品需求日新月异的环境，为了实现低成本、高质量、柔性生产、快速反应的目标，企业的业务重构就必须包括对供应商的评价选择。合作伙伴的评价、选择对于企业来说是多目标的，包含许多可见和不可见的多层次因素。

合作伙伴的综合评价选择可以归纳为以下 7 个步骤，企业必须确定各个步骤的开始时间，每一个步骤对企业来说都是动态的（企业可自行决定先后顺序和开始时间），并且每一个步骤对于企业来说都是一次改善业务的过程。

1. 步骤1——分析市场竞争环境

市场需求是企业一切活动的驱动源。建立基于信任、合作、开放性交流的供应链长期合作关系，必须首先分析市场竞争环境。目的在于找到针对哪些产品市场开发供应链合作关系才有效，必须知道现在的产品需求是什么，产品的类型和特征是什么，以确认用户的需求，确认是否有建立供应链合作关系的必要，如果已建立供应链合作关系，则根据需求的变化确认供应链合作关系变化的必要性，从而确认合作伙伴评价选择的必要性。同时分析现有合作伙伴的现状，分析、总结企业存在的问题。

2. 步骤2——确立合作伙伴选择目标

企业必须确定合作伙伴评价程序如何实施、信息流程如何运作及谁负责等，而且必须建立实质性、实际的目标。其中，降低成本是主要目标之一，合作伙伴评价、选择不仅仅只是一个简单的评价、选择过程，它本身也是企业自身和企业与企业之间的一次业务流程重构过程,实施得好,可带来一系列的利益。

3. 步骤3——制定合作伙伴评价标准

合作伙伴综合评价的指标体系是企业对合作伙伴进行综合评价的依据和标准,是反映企业本身和环境所构成的复杂系统不同属性的指标,按隶属关系、层次结构有序组成的集合。根据系统全面性、简明科学性、稳定可比性、灵活可操作性的原则,建立集成化供应链管理环境下合作伙伴的综合评价指标体系。不同行业、不同企业、不同产品需求、不同环境下的合作伙伴评价应是不一样的,但不外乎都涉及合作伙伴的业绩、设备管理、人力资源开发、质量控制、成本控制、技术开发、用户满意度、交货协议等可能影响供应链合作关系的方面。

4. 步骤4——成立评价小组

企业必须建立一个小组以控制和实施合作伙伴评价。组员以来自采购、质量、生产、工程等与供应链合作关系密切的部门为主,组员必须有团队合作精神、具有一定的专业技能。评价小组必须同时得到制造商企业和合作伙伴企业最高领导层的支持。

5. 步骤5——合作伙伴参与

企业一旦决定进行合作伙伴评价,评价小组必须与初步选定的合作伙伴取得联系,以确认他们是否愿意与企业建立供应链合作关系,是否有获得更高业绩水平的愿望。企业应尽可能早地让合作伙伴参与到评价的设计过程中来。由于企业的力量和资源是有限的,企业只能与少数的、关键的合作伙伴保持紧密合作,所以参与的合作伙伴不能太多。

6. 步骤6——评价合作伙伴

评价合作伙伴的一个主要工作是调查、收集有关合作伙伴的生产运作等全方位的信息。在收集合作伙伴信息的基础上,就可以利用一定的工具和技术方法对合作伙伴进行评价。

在评价结束后,可以根据一定的技术方法选择合作伙伴,如果选择成功,则可开始实施供应链合作关系,如果没有适合的合作伙伴可选,则返回步骤2重新开始评价选择。

7. 步骤7——实施供应链合作关系

在实施供应链合作关系的过程中,市场需求将不断变化,可以根据实际情况的需要及时修改合作伙伴评价标准,或重新开始合作伙伴评价选择。在重新选择合作伙伴时,应给予旧合作伙伴以足够的时间适应变化。

2.4.5 我国供应链企业协作障碍及解决对策

1. 我国供应链企业协作障碍

我国供应链企业协作障碍主要表现在以下5个方面。

(1) 管理体制的制约。管理体制是我国供应链企业协作障碍的主要因素之一。我国长期以来形成的"行业分割、条块分割"的管理体制,使各部门、各地区之间"各自为政",本位主义、地方保护主义盛行,各部门、各地区之间很难做到取长补短、协调发展,不利于建设跨地区、跨行业的现代物流体系。这与供应链发展的一体化、网络化、规模化要求格格不入。

(2) 资金流极不畅通。供应链本身还是一条增值链,除了物流以外,还必然伴随着资金流。但我国供应链合作企业间的资金流极不畅通,主要表现在相互拖欠货款、以物抵款。资金流不畅,直接影响了物流的均衡。影响企业间资金流畅的主要因素有:零部件的质量、制造商的应收款项、制造商的合作态度和制造商的产品的市场需求。

(3) 信息流管理刚刚起步。我国企业在信息流管理方面与国外企业相比存在很大的差距,主要体现在既缺乏有关信息沟通的硬件,又缺乏相应的人员与软件;在选择合作企业时,缺乏有关供应商与经销商的相关信息,在合作过程中缺乏及时的供需信息。信息流管理的落后,使企业之间难以保持协调一致,无法共同面对竞争激烈、变化迅速、不确定性增多的市场环境。

(4) 新产品的开发缺乏合作。传统的观念认为,新产品的开发是制造商的事情,供应商只是在开发完成以后,才接触到相应部分的内容。而实施供应链合作,就意味着新产品/新技术的共同开发和共同投资。由于供应链企业在产品开发方面缺乏协调与合作,致使供应链中的各企业很难从供应链的全局考虑问题,因而产生了片面性,延长了开发时间,影响了整个供应链对市场需求的响应速度。

(5) 风险分担与利益共享意识不够。风险分担与利益共享是供应链企业间合作的基础。能否做到风险分担与利益共享,将直接地影响企业间合作质量的好坏与合作期限的长短。由于眼光不长远等原因,我国企业特别是国有企业,在供应链合作关系中处处追求眼前利益,基本上没能做到风险分担与利益共享。

2. 产生问题的原因

1) 经营者的人事任免制度的弊端

目前,我国企业都采用厂长、经理责任制。名义上,这些厂长、经理是供应链企业关系中的委托人或代理人。但严格地说,我国国有企业的经营者并不是完整意义上的经理人。这是因为我国国有企业的经营者基本是上级主管部门任命,任期一般为4~5年。首先,他们没有产权约束,当然,也就不具有剩余控制权和剩余索取权;其次,他们的经营目标具有多重性,包括经济目标、社会目标、政治目标等。

经济目标只是他们的目标之一,而不是唯一目标,甚至不是主要目标。因此种种原因导致他们在合作关系中的行为短期化,大多只考虑自己任期内的利益,没有长远观念。同时,国有企业经营的重大决策权并不在企业,而在上级主管部门。决策的权利与经营的获利相分离,这就不可避免地造成很多决策失误。这些原因无一例外地导致我国企业在供应链中处于被动地位,企业间的合作缺乏良好的协调。

2) 有关法律法规尚待完善

法律法规有欠完善,也是导致供应链中合作关系不协调的重要原因。有关供应链的法律法规主要包括两个方面,即对合同执行情况的约束和对供应链中有关供应采购人员腐败行为的惩治。

在我国,有关经营合同的履约率是很低的。其原因是有关合同法律法规的不完善,执行不严,执行的时间长等。如果法律法规完善,且执行严格,那么实现的违约成本(如罚款)将高于履约成本,企业就不会选择违约了。正是由于法律法规有欠完善与执行不严,当企业在履约有一定难度时,就选择违约。因为即使合作方告到法院,调查取证的时间很长,罚款也不多,最终往往因原告拖不起而告终。

在决定供应商时,供应采购人员收受来自供应商的贿赂,以牺牲企业利益换取个人钱物的腐败现象屡见不鲜,但有关的法律法规在这方面的漏洞依然很多。

3) 信息不充分

由于信息通信设施差、信息交流意识淡薄，以及合作双方的信任危机等，导致供应链企业间的信息交流极不充分。这些信息不对称造成了供应链企业间的逆向选择和道德风险。逆向选择如制造商在挑选供应商时，由于不了解其流动资金、市场份额、信誉高低等情况，在过分强调价格的谈判中，往往选中了报价较低的企业，而将一些整体水平较好的企业排除在外。

当信息的非对称性发生在当事人签约之后，道德风险就随之产生，如由于在签约之后对经销商的行为和市场信息缺乏了解或监督不够，对供应商实际行动（资金流向、其他合同签订等）的了解不够及时充分等，常常导致制造商的货款收不回，在市场需求发生变化时处于被动地位。总之，由于供应链企业间的信息不充分，不可避免地影响了各个供应链企业决策的正确性，同时导致双方的信任危机，妨碍了相互之间合作关系的存在与发展。

4) 企业内部管理水平低下

纵观供应链企业间合作关系的发展，我们认为，企业内部严格科学的管理是实现供应链管理的前提。在调查中了解到，我国企业（主要是国有企业）的内部管理水平相当落后，其表现在：管理层次繁多，组织机构庞杂，人员间、部门间严重缺乏沟通，更谈不上通力合作；管理思想仍然以生产为中心，对顾客了解很少，柔性与敏捷性差；至今仍沿用20世纪60年代的生产方式，库存水平高，产品缺陷率高，浪费严重，产品的成本高；管理体制松散，在生产与服务中发现的问题长时间得不到解决，大量的制度得不到落实。这种落后的管理水平严重地影响了企业间合作关系的进一步发展。

3. 应采取的对策

大量的事实表明，我国国有企业在供应链中的合作关系，还处于传统的企业关系与物流关系之间的阶段，没能达到战略性合作伙伴的层次，企业间还谈不上战略联盟。

要想提高我国供应链企业间合作的水平，可以从以下6个方面入手。

1) 加强对代理人的激励

委托-代理理论认为，给定委托人不能观测到代理人的行为和自然状态，在任何的激励合同下，代理人总是选择使自己的期望效用达到最大化的行动，因此，任何委托人希望的行动都只能通过代理人的效用最大化行为实现。从供应链的角度来看，显性激励措施可以从以下方面考虑：如价格的确定、新技术/新产品的开发、长期稳定的合作关系等。

当代理人的努力选择是多维（如兼顾质量、成本、交货期等）时，他们在不同工作之间的分配精力上是有冲突的，而委托人对不同工作的监督能力又是不同的。例如，在质量上的努力比在成本上可能更难监督。对于后者的过度激励会诱使代理人将过多的努力花在成本上，而忽视了质量，从而导致资源配置的扭曲。因此，委托人在确定价格时，应充分体现对代理人的激励机制。参照供应链管理比较成功的企业的做法是成本加激励法，即在供应商的成本基础上，明确地给予获利余地，体现对其的激励。

新产品/新技术的共同开发与投资也是一种激励机制，它可以传递有关信息给供应商，让供应商全面掌握新产品的开发信息，这样做一方面有利于新技术在供应链企业中的扩散，另一方面可以开拓与稳定供应商的市场。因此，制造商应在新产品/新技术的开发过程中尽可能让供应商与经销商参加。

减少供应商的数量，并与主要的供应商和经销商保持长期稳定的合作关系，也是制造商可采取的激励措施。因为长期的合作关系能促使供应商放弃短期行为，着眼于长期利益，从而有利于供应链企业间合作关系的保持和发展。

2）重视对代理人的监督

现实中，委托人很难观测到代理人的行动和外生变量。因此，必须重视对代理人的监督。因为监督可以提供更多的有关代理人行动选择的信息，从而可以减少代理人的风险成本。当然，监督本身的成本也必须考虑进去。如果监督成本过高，即使它可以提供更多的信息，这种监督也是没有意义的。在供应链企业间的这种委托-代理关系中，必须从两方面提高合作关系。一是实施对供应商零部件质量的监督，即质量控制点。参照外国企业的做法，将质量控制点放在供应商处更能保证物流的畅通。二是对经销商行为进行监督，以充分了解市场信息与资金流动，保证货款的回收与资金流的畅通。

3）提高企业内部的管理水平

我国企业内部管理水平低下，是影响企业间合作关系进一步发展的首要原因。提高企业内部的管理水平可从以下几个方面入手：① 改革企业机构设置，实现组织结构的扁平化，以加强企业内部人员之间、部门之间的相互沟通，做到协力合作；② 变计划推动式生产为需求式生产，加强对顾客的了解与市场信息的收集，在生产中应用模块化、简单化、标准化等管理方法，以提高企业在多变市场中的柔性与敏捷性；③ 贯彻 JIT 和 TQM 等管理思想，尽可能地减少企业的库存水平，充分利用现有的资源，并采用虚拟制造和动态联盟方式，以加强企业的资源外用（outsourcing）。

4）提高企业的信息化水平

供应链管理应以高度的信息化集成为背景。为提高我国企业的信息化水平，必须从以下两方面入手：提高各节点企业自身的信息管理水平，各企业必须具备一定水平的信息管理人员与设备；提高供应链企业间的信息交流水平。要充分利用 Internet、Intranet、Extranet、EDI 等现代手段，实现企业间信息交流的网络化、横向化、制度化、规范化、灵活化和安全化，使各节点企业能够得到及时、灵活、可操作的信息资源，充分掌握有关供应链企业间的合作信息、产品的市场信息及其他企业的决策信息，使各企业能从供应链的全局出发来安排生产与服务，并有效地防止合作过程中的逆向选择和败德行为。

5）积极培育经理人市场

积极培育经理人市场，就是要打破经营者由政府任命的制度，让企业通过市场挑选经营者，并通过市场对其进行监督、约束与激励；具备经营才能的经理人也通过市场选择企业，对企业的长期与短期利益负责。只有使我国企业的经营者成为真正的代理人，企业才真正有动力与压力加强内部管理，实现企业组织与流程再造，从而成为供应链中重要的一环，才能提高我国供应链企业间的合作关系。

6）完善有关的法律法规的制定与执行机制

针对我国企业间合作过程中履约率不高的现状，首先，必须加强有关供应链企业间合作关系，以及对企业内部采购供应人员进行约束的立法工作，真正做到有法可依；其次，必须严格法律的执行机制，提高法律的执行效率，目前，尤其应采取有效措施解决法律执行难的问题，以严惩企业合作中的非法行为，实现违约成本，给违约企业以威慑作用，提高我国企业的履约率。

复习思考题

1. 企业实施供应链管理的必要性是什么？
2. 供应链管理的具体内容是什么？
3. 现阶段我国企业合作模式中存在的问题是什么？
4. 供应链管理的方法有哪些？试述各种供应链管理方法的实施要点及带来的效益。
5. 简述供应链管理的基本原则。
6. 简述 QR 和 ECR 的区别。
7. 简述供应链合作伙伴选择步骤。

案例分析

上海贝尔公司供应链管理战略[①]

1. 上海贝尔公司面临的供应链管理问题

上海贝尔股份有限公司是一家外商投资的股份制企业。

中比合资的上海贝尔有限公司成立于1984年，是中国现代通信产业的支柱企业，曾连续多年名列全国最大外商投资企业和电子信息百强前茅。至2000年底，累计实现销售收入500余亿元，上缴税金86亿元，出口合同总额4亿美元，出口创汇1.5亿美元。

2002年5月28日，上海贝尔阿尔卡特股份有限公司成立，它是中国通信行业第一家外商投资的股份制有限公司。它是由原上海贝尔公司转股制后，与原阿尔卡特（阿尔卡特是法国电信设备公司，于2007年收购美国朗讯公司）在华主要业务合并而成，阿尔卡特拥有50%加1股股份，中方拥有其余股份，没有在国内发行股票，只在美国和欧洲发行ALU股票。现今，公司总注册资本1.2亿美元，拥有10 000多名员工，其中研发人员4 000多名。

2009年1月8日，公司正式更名为"上海贝尔股份有限公司"，简称"上海贝尔"。

上海贝尔拥有国家级企业技术中心，在交换网络、移动网络、数据网络、传输网络、网络应用和多媒体终端等领域具有国际先进水平。公司为运营商、企业和行业客户提供端到端的信息通信解决方案和高质量的服务，其产品覆盖有线和无线方案、光接入方案、端到端LTE方案、光网络、IP网络、网络核心及应用、网络管理及服务等诸多领域。上海贝尔拥有贝尔实验室中国研究中心和数个重要的全球研发中心，可全面进入阿尔卡特朗讯全球技术库，开发服务于中国和阿尔卡特朗讯全球客户的独创技术，并且在多项新技术开发中居于主导地位。公司拥有技术先进、制造能力达到世界一流水平的生产制造平台，公司销售服务网络遍及全国和海外50多个国家。2012年，上海贝尔顺利完成收购安弗施（RFS）无线射频系统业务，迈入拓展全球化业务的新纪元。今天，上海贝尔已成为集研发、产业化供应链和信息技术服务中心于一体的阿尔卡特朗讯在全球的旗舰公司。

公司的产品结构主要由两部分构成。

(1) 传统产品。指S12程控交换机系列。

---

① 资料来源：物流考试网/物流案例. http://www.examw.com/wuliu/anli/indexA6.html.

（2）新产品。相对S12产品而言，由移动、数据、接入和终端产品构成；产值比例约为8：2。

上海贝尔企业内部的供应链建设状况尚可，例如，有良好的内部信息基础设施、ERP系统，流程和职责相对明晰。但上海贝尔与外部供应链资源的集成状况不佳，很大程度上依然是传统的运作管理模式，而并没真正面向整个系统开展供应链管理。从1999年始，全球IT产品市场需求出现爆发性增长，但基础的元器件材料供应没及时跟上，众多IT行业厂商纷纷争夺材料资源，同时出现设备交货延迟等现象。由于上海贝尔在供应链管理的快速反应、柔性化调整和系统内外响应力度上有所不够，一些材料不成套，材料库存积压，许多产品的合同履约率极低，如2000年上半年普遍履约率低于70%，有的产品如ISDN终端产品履约率不超过50%。客观现状的不理想迫使公司对供应链管理进行改革。

2. 上海贝尔的电子商务供应链管理战略

电子商务是企业提高国际竞争力和拓展市场的一种有效方式，同时，它也为传统的供应链管理理论与方法带来了新的挑战。供应链管理与电子商务相结合，产生了电子商务供应链管理，其核心是高效率地管理企业的信息，帮助企业创建一条畅通于客户、企业内部和供应商之间的信息流。

上海贝尔的电子商务供应链管理战略的重点分别是供应商关系管理的E化、生产任务外包的E化、库存管理战略的E化、需求预测和响应的E化。

（1）供应商关系管理的E化。对上海贝尔而言，其现有供应商关系管理模式是影响开展良好供应链管理的重大障碍，需要在以下几个方面做E化的调整。

① 供应商的遴选标准。首先，依据企业/供应商关系管理模型对上海贝尔的需求产品和候选供应商进行彼此关系界定。其次，明确对供应商的信息化标准要求和双方信息沟通的标准，特别关注关键性材料资源供应商的信息化设施和平台情况。传统的供应商遴选标准和分类信息标准是E化供应商关系管理的基础。

② 供应商的遴选方式和范围。上海贝尔作为IT厂商，其供应商呈现全球化的倾向，故供应商的选择应以全球为遴选范围，而充分利用电子商务手段进行遴选、评价，如运用网上供应商招标或商务招标，一方面，可以突破原有信息的局限；另一方面，可以实现公平竞争。

（2）生产任务外包的E化。目前，IT企业核心竞争优势不外乎技术和服务，上海贝尔未来的发展方向是提供完善的信息、通信解决方案和优良的客户服务，生产任务的逐步外包是必然选择。未来外包业务量的增大势必会加大管理和协调的难度和复杂度，需要采用电子商务技术管理和协调外包业务。

① 外包厂商的选择。除原有的产能、质量、交货等条件外，增添对其生产计划管理系统和信息基础建设的选择标准，保证日后便于开展E化运行和监控，如上海无线电35厂一直是公司的外包厂商，但其信息基础设施相对薄弱，一旦外包任务量大增，市场需求信息频繁变动，落后的信息基础设施和迟缓的信息响应，会严重影响供应链的效率。

② 外包生产计划的实时响应。上海贝尔现拥有Intranet和ERP系统，外包厂商可借助Internet或专线远程接入ERP管理系统的生产计划功能延伸模块，与上海贝尔实现同步化生产计划，即时响应市场、需求的变动。

(3) 库存管理战略的 E 化。近几年，由于全球性的电子元器件资源紧缺，同时上海贝尔的原有库存管理体系抗风险能力差，导致库存问题成为上海贝尔的焦点问题之一。面向供应链管理的库存管理模式有多种，根据上海贝尔的库存管理种类和生产制造模式，采用如下库存管理模式。

① 材料库存和半成品库存管理。在上海贝尔，材料和半成品库存管理基本上是对应于订单生产模式的，市场需求的不确定性迫使企业备有一定的安全库存，这样就产生了库存的管理问题。根据近年遇到的实际情况，对关键性材料资源，考虑采用联合库存管理策略。通过供应商和上海贝尔协商，联合管理库存，在考虑市场需求的同时，也顾及供应商的产能，在电子商务手段的支持下，双方实现信息、资源共享、风险共担的良性库存管理模式。

② 成品库存管理。由于上海贝尔公司的产品结构和近期市场需求旺盛两方面的原因，近年来基本无严重的成品库存管理问题，但是因市场需求波动造成的缺货压力偏大。上海贝尔较终端产品的渠道和分销商信息 IT 系统及基础设施比较完善，能有力地支持库存管理，同时企业实力、存储交货能力也较强，2000 年公司已开始尝试运用总体框架协议、分批实施、动态补偿，同时实行即时的相关信息交换，采用供应商管理客户库存模式来实现终端成品库存管理。

(4) 需求预测和响应的 E 化。上海贝尔要发展成为世界级的电信基础设施供应商，必然要面对全球化的市场、客户和竞争，势必对市场研究、需求预测和响应作相应的变革。

① E 化的市场研究和需求预测。上海贝尔的库存风险来自两方面：其一是库存管理模式，其二是市场预测的偏差大。强化市场研究、减少需求预测偏差势在必行。电子商务技术的应用可从研究范围、信息来源、反馈时间、成本费用等提高市场预测的水平。上海贝尔可以在公司原有 Intranet 的基础上，与各分公司、分销商专门建立需求预测网络体系，实时、动态地跟踪需求趋势、收集市场数据，随时提供最新市场预测，使上海贝尔的供应链系统能真正围绕市场运作。

② E 化的市场和客户响应。现在，上海贝尔各大分公司通过专递合同文本至总公司审查确认，然后进入 ERP 运行，周期平均为 7～10 天，而现有的合同交货周期大量集中在 20～30 天，生产的平均周期为 10～15 天，运输周期为 3～5 天，如此操作，极易造成交货延迟，ERP 系统在物理上的延伸的确能较大地改善需求和合同响应效率。

近期，上海贝尔可通过骨干网专线或 Internet 的延伸，建立公司内部 ERP 系统与分公司、专业分销商之间的电子联结，同时将有关产品销售或服务合同的审查职能下放至各大分公司，使市场需求在合同确认时即能参与企业 ERP 运行，同时在需求或合同改变时企业 ERP 系统及时响应，调整整个供应链的相关信息。

从中长期而言，通过逐步发展上海贝尔的 B2B 电子商务，建立网上产品目录和解决方案、网上客户化定制和订购、在线技术支持和服务，使上海贝尔的目标客户更直接、方便、及时地与上海贝尔形成内核响应。

3. 电子商务供应链管理的要素和应用的关键切入点

(1) 电子商务与供应链管理的集成。供应链管理模式要求突破传统的计划、采购、生产、分销的范畴和障碍，把企业内部及供应链节点企业间的各种业务看作一个整体功能过程，通过有效协调供应链中的信息流、物流、资金流，将企业内部的供应链与企业外部的供应链有机地集成，以适应新竞争环境下市场对企业生产和管理运作提出的高质量、高柔性和低成本的要求。基于电子商务的供应链管理的主要内容涉及订单处理、生产组织、采购管理、配送与运输管理、库存管理、客户服务、支付管理等几个方面。

电子商务的应用促进了供应链的发展，也弥补了传统供应链的不足。从基础设施的角度看，传统的供应链管理一般是建立在私有专用网络上，需要投入大量资金，只有一些大型的企业才有能力进行自己的供应链建设，并且这种供应链缺乏柔性；而电子商务使供应链可以共享全球化网络，使中小型企业以较低的成本加入到全球化供应链中。

从通信的角度看，通过先进的电子商务技术和网络平台，可以灵活地建立起多种组织间的电子联结，从而改善商务伙伴间的通信方式，将供应链上企业各个业务环节孤岛联结在一起，使业务和信息实现集成和共享，使一些先进的供应链管理方法变得切实可行。

(2) 应用的切入点分析。企业的供应链管理是一个开放的、动态的系统，可将企业供应链管理的要素区分为两大类。

① 区域性因素。包含采购/供应、生产/计划、需求/分销三要素。

② 流动性因素。包含信息流、资金流和物流。根据供应链管理系统基本六元素的区域性和流动性，可形成供应链管理系统矩阵分析模型。

借助电子商务实现集成化供应链管理是未来供应链管理的发展趋势，管理者可以从供应链管理矩阵的角度，根据供应链管理系统的具体内容，系统地认识和分析电子商务应用的关键切入点，并充分发挥电子商务的战略作用。同时，电子商务应用将改变供应链的稳定性和影响范围，也改变了传统的供应链上信息逐级传递的方式，为企业创建广泛可靠的上游供应网关系、大幅降低采购成本提供了基础，也使许多企业能以较低的成本加入到供应链联盟中。上海贝尔的电子商务供应链管理实践表明，该战略的实施不仅可以提高供应链运营的效率，提高顾客的满意度，而且可以使供应链管理的组织模式和管理方法得以创新，并使得供应链具有更高的适应性。

思考题

(1) 试分析上海贝尔公司的供应链管理的特点。

(2) 上海贝尔公司供应链管理战略的主要内容有哪些？

第 3 章 运输管理

【本章结构图】

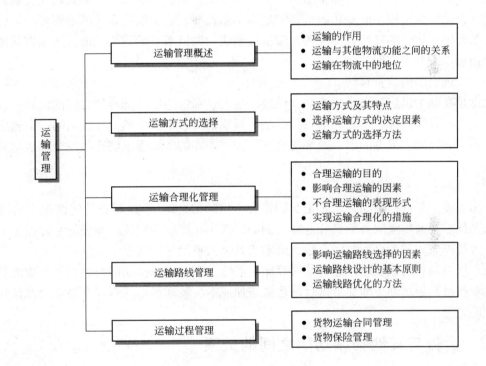

【学习目标】

通过本章的学习，你将能够：
1. 掌握影响运输方式选择的因素；
2. 掌握合理运输的基本条件；
3. 熟悉不合理运输的表现形式；
4. 了解运输合理化的主要手段；
5. 了解运输合同管理；
6. 了解保险管理。

3.1 运输管理概述

物流运输是对货物的载运和输送，是物体借助某种运输工具，在空间上产生的位置移动。我国国家标准《物流术语》（GB/T 18354—2006）对运输的定义为："用专用运输设备将物品从一个地点向另一地点运送。其中包括集货、分配、搬运、中转、装入、卸下、分散等一系列操作。"运输是物流系统的中心环节，在整个物流领域中占有举足轻重的地位。

3.1.1 运输的作用

交通运输在人类社会生产和生活中是不可缺少的。从简单的人工搬运到现代化的搬运系统的建立，运输为适应不断变化的市场需求而不断发展，成为流通系统的重要环节。随着现代物流的产生，运输的功能日臻完善，运输逐渐成为物流系统的核心功能。运输在物流系统中的作用有以下两个方面。

（1）实现产品的位置移转。

无论是在整个供应链条中，产品在供应、生产、销售的各外部环节之间的流转；还是在生产制造中，各个内部工序之间的物料移动，运输都是必不可少的。在此期间，运输主要目的是以最短的时间、最低的财务及环境成本，按照顾客的实际需求将产品安全地运达到指定地点。

（2）实现产品的临时储存。

利用运输工具进行存储，就是把车辆作为"流动的仓库"。这是在特定情况下实现物流成本的降低、提高物流服务的良好选择。例如，产品在库时间较短，频繁的装卸搬运会造成货物的大量损失；或者仓库空间有限，运输工具又大量闲置的情况下，就可以采用迂回运输的方式，适当延长运输线路，进行临时存储。当然，在实现该项功能时，必须从物流总成本的角度来衡量是否正确，即要考虑迂回运输增加成本、装卸搬运成本、存储能力及延长前置时间的能力等。

3.1.2 运输与其他物流功能之间的关系

1. 运输与包装的关系

包装的合理化及标准化不同程度地影响着运输的成本。对于物流包装的规格应当与运输车辆的内部轮廓相吻合，这对于提高车辆的装载率、促进物流运输的合理化有着重要的意义。

2. 运输与装卸的关系

装卸活动伴随运输的始终，是顺利完成运输活动的先决条件。装卸既是一般运输环节的开始和结束作业，又是不同运输方式之间的衔接手段。因此，装卸服务的优劣直接关系到运输工作的顺利进行。

3. 运输与仓储的关系

运输和仓储是物流系统中两大支柱性环节，是构成物流成本的主要来源。由于物流系统各环节之间存在"二律背反"的关系。所以，如果运输活动组织不善，就会延长货物在库的储存时间，从而扩大物流成本。

4. 运输与配送的关系

在物流功能中，运输一般是指大批量、长距离的货物输送，主要是在生产企业与批发商和物流中心之间进行的；而配送则是小批量、短距离的运送活动，主要是在配送中心与客户之间进行，是一种末端运输。另外，配送是一种综合性的物流活动，不仅有送货功能，还要应客户需求进行配货、拣选、加工等活动。

5. 运输与物流信息系统的关系

企业借助于现代的信息系统，使运输作业的计划更加合理；业务的处理能够更加准确；对于运输过程的控制更加及时、迅速，从而为提高运输服务质量、降低运营费用提供有效的帮助。

3.1.3 运输在物流中的地位

1. 运输是社会物质生产得以顺利进行的保障

现代物资生产呈现了社会化、规模化特点，然而，由于物质消费的国际化、全球化的趋势日渐明显，这就使物资的供应、生产及消费的地域性间隔的矛盾愈加突出。这种产需之间的矛盾可以通过运输活动来维系。因此，运输是生产过程在流通领域内的继续，是使得社会生产得以延续的关键，是加速和促进社会物质再生产连续不断进行的前提条件。

2. 运输是实现物流空间效用的动脉系统

对于使用价值相同的商品，由于消费地点的不同，会产生地区差价。利用适当的运输，把物资运送到空间效应最高的地区，从而可得到最大的利益。这对于产品占有市场及实现资源的优化配置起到了重要作用。

3. 运输是降低物流成本的中心环节

在整个物流成本中，运输成本的支出在物流各环节的支出中占有很大的比例。为了实现降低物流成本的目的，运输就成为具有重大挖掘潜力的物流领域。合理的组织运输是降低运输成本，实现物流"第三利润源"的重要环节。

4. 合理的运输是提高社会经济效益的重点所在

合理的运输能够最大限度地满足消费者对物资在时间、空间及数量上的需求，扩大了生产产品的销售领域，为加快企业资金周转速度、降低资金占用时间、提高物流经济效益和社会效益做出了重要贡献。

3.2 运输方式的选择

3.2.1 运输方式及其特点

根据现代物流活动的空间不同，现存的主要运输方式包括铁路运输、公路运输、水路运输、航空运输和管道运输。

1. 铁路运输

铁路运输是陆上货物长距离运输的主要方式，其运输的经济里程一般在200公里以上，是以内燃机车和电气机车牵引车辆用以实现物品位置移动的运输方式。铁路运输的优点如下。

（1）运量较大。铁路运输是长距离、大宗商品的主要运输方式，是以车皮为单位进行批量货物运输的。一列货车的装载量为 2 000～3 500 吨，重载货车的装载量为 20 000 吨，对于复线铁路，每年单方向的货运能力就可达 1 亿吨以上。

（2）适应能力强。由于铁路运输在固定轨道上行驶，自成系统，不受其他运输方式的干扰。另外，随着科学技术的不断发展，包括青藏高原等高山高原地区在内的很多地方都可以铺设铁路。它受地理和气候条件的限制较少，可以为用户提供准时、可靠、连续性服务。

（3）运行速度较快。常规铁路运输时速可达 80～120 公里，有些线路时速可达 140～160 公里。

（4）安全性能好。轨道运输运行平稳，安全性高。近十年来，我国广泛采用了电子计算机和自动控制技术，列车运行事故大幅减少。

（5）能耗小、污染少。铁路运输每千吨公里耗标准燃料为汽车运输的 1/15～1/11，为航空运输的 1/174。

（6）运输成本低。由于铁路运输的行驶阻力小，重载高速运行，从而使运费及劳务费用降低。一般来讲，铁路运输成本是仅次于内河运输的经济型运输方式。

但铁路运输也存在一定的缺点，主要表现为以下两个方面。

（1）机动性差。由于在专用线路上行驶，不能实现门到门的运输服务。因此常常需要用汽车进行转运，从而增加了装运次数，造成货损的概率增高。另外，由于铁路运输的时间性和计划性，很难对即时性的运输需求作出反应。

（2）固定成本高。铁路运输需要特殊的线路、机车及其他基础设备的投资，使得固定成本较高，变动成本相对较低，造成近距离较高的运输费用，因而将少量短线运输拒之门外。

2. 公路运输

公路运输主要是指汽车运输，具体是指汽车载运货物，沿着公路的某个方向做有目的的移动过程。自 20 世纪 70 年代以来，公路运输逐渐成为货物运输中的骨干运输方式之一。公路运输的优点主要有以下 4 个方面。

（1）机动灵活性高。公路运输可以选择不同的行车路线，灵活制定营运时间表，能提供最便捷的送达服务，实现门到门的运输。正是由于公路运输的灵活性特点，使它成为其他运输方式的衔接工具。

（2）速度快。公路运输可以根据客户的需求安排运行时间，其运行速度较快。

（3）安全性能好。公路运输实现的是门对门的运输，没有中转环节，货损的概率大大降低。随着公路网络的发展，公路等级不断提高，汽车的技术性能不断完善，汽车运行过程的货损货差率也在逐年降低。

（4）投资少、成本低。修建公路的材料和技术比较容易解决，容易在全社会广泛推广，投资较小。对于公路运输企业来说，无须自行建设道路，仅购置车辆即可运营。固定成本相对较低。

公路运输也存在一定的缺点，主要表现为以下 4 个方面。

（1）变动成本相对较高。公路的建设和维修费经常是以税和收费的形式向承运人征收的。加之公路运输的劳动效率低，使公路运输成本仅次于航空运输，是其他运输方式的10～45倍。

（2）运输能力较小。每辆普通载重汽车每次的载货量为5吨，仅相当于一列货车的1/700～1/400。由于受容积限制，使它不能像铁路运输一样运大量不同品种和大件的货物。

（3）能耗高，环境污染比其他运输方式严重得多。公路货运大量消耗能源是不可忽视的问题。与客车相比，其燃料的消耗量是巨大的。此外，卡车运输排出的氮氧化合物污染大气，二氧化碳使地球变暖，还造成交通拥挤等社会问题。

（4）劳动生产率低。公路运输的劳动生产率只有铁路运输的10.6%，是内河运输的7.5%，因此，不适于进行大宗、长距离货物的运输。

3. 水路运输

水路运输是指使用船舶等航运工具，在江河湖泊及海洋上进行货物运送的一种运输方式。水路运输通常有四种形式：沿海运输、近海运输、远洋运输和内河运输。水路运输的主要优点有以下5个方面。

（1）运输能力强。在五种主要运输方式中，水运的运载量是最大的。在内河运输中，长江干线的顶推驳船队的载运能力达3万吨，国外最大的顶推驳船队的载运能力超过5万～6万吨，相当于铁路运输的10倍以上。而在海洋运输中，超巨型油轮的载重量已经达到55万吨。

（2）通用性较强。对于越洋大宗货物，远洋运输是最理想的选择。特别是集装箱运输的发展，以及专用运输船舶的出现，使水路运输成为发展国际贸易的强大支柱。

（3）建设投资省。水路运输利用江河湖海等自然水利资源，除用于购置船舶、建造港口的投资外，河道开发几乎无须费用。虽然某些航道需要疏浚，但是这项投资也仅相当于铁路建设投资的1/5～1/3。

（4）运输成本低。水运能以最低的单位成本提供最大的货运量，尤其在大宗货物或散装货物运输时，采用专用的船舶可以取得更好的技术经济效果。据统计，我国沿海运输成本只有铁路的2/5，长江干线的运输成本只有铁路的1/4～1/3。

（5）劳动生产率高。水路运输因其运载量大、运输距离长、投资少等特点，使其劳动生产率较高。一艘20万吨的油轮人均运送货物达5 000吨，其劳动生产率是铁路运输的1.26～6.4倍。

水路运输的缺点主要有以下3个方面。

（1）受自然气象条件因素影响大。由于季节、气候、水位等的影响，水运受制的程度大，因而一年中中断运输的时间较长。另外，由于受制于天气和气候，航行风险大，安全性略差。

（2）运送速度慢，准时性差。水路运输适于运距长、运量大、时间要求不太高的大宗货物；同时，在途中的货物多、时间长，会增加货主的流动资金占有量，经营风险增大。

（3）增加其他物流环节的成本和费用。这是因为水路运输的运量大，所以导致了装卸作业量最大，从而导致了搬运成本与装卸费用的提高。

4. 航空运输

航空运输主要是指使用飞机进行货物运输的运输方式。航空货物运输主要分为定期和不定期的货运航班运输，有时也利用客运航班进行货物运输。航空运输的主要优点有以下4个方面。

（1）运输速度快。因为空中较少受自然地理条件的限制，航线一般取两点间的最短距离。高速度无疑是航空运输最明显的特征。一般的飞行时速可达800~900公里，是铁路运输的5~10倍，是班轮运输的20~25倍。

（2）机动性能好。航空运输不受地形地势的影响，可以到达其他运输方式难以到达的地域。特别能满足特殊情况下的特殊运输需求。

（3）安全性能高。现代民用飞机的飞行高度一般在1万米以上，不受低空气流的影响，飞行平稳，货物在运送途中受到的震动和撞击较少，货物的安全系数较高。随着科技进步，飞机不断地进行技术革新，使其安全性能得到进一步增强，事故发生率更低。

（4）包装要求低。因为空中航行的平稳性和自动着陆系统减少了货损的比率，所以可以降低包装要求。而且在避免货物散失和损坏方面还具有明显优势。

航空运输的缺点主要有以下4个方面。

（1）受气候条件的限制。恶劣的天气状况在一定程度上影响了运输的准确性和正常性。

（2）运输投资大，成本高。航空运输需要飞机和航空港设施建设，投资较大，而且设施维护费用也高。

（3）载运量小，能耗大。大型宽体飞机的最大业务载运量不足100吨，其能耗量却是铁路运输的170倍以上。

（4）技术要求高。在航空运输中，除作为运载工具飞机的建造、驾驶和维护需具有较高的技术性外，运输过程中的通信导航、气象、机场建设等无不涉及高科技领域。因此，对于物流人员包括飞行员和空勤人员的要求较高。

5. 管道运输

管道运输是靠物体在管道内顺着压力方向顺序移动实现的一种运输方式。它是近几十年发展起来的一种新型运输方式。和其他运输方式的主要区别在于管道设备是静止不动的。目前，全球的管道运输承担着很大比例的能源物质输送，包括原油、成品油、天然气、油田伴生气、煤浆等。其主要优点有以下4个方面。

（1）运输效率高。管道运输是自动化管理，不受气候条件的影响，可以实现全天候的连续输送，所以系统的运输效率较高。

（2）运量大、耗能少、成本低、效益好。以输煤管道为例，一条直径720毫米的管道，一年的输煤量为2 000万吨，相当于一条单线铁路的运营能力。其运行动力是电力，节能高效，运输成本低，并有利于实现物流的绿色化。

（3）建设周期短、占地少。管道一般埋于地下，不占用农田土地，节省社会资源。由于建设工程仅需铺设管线、修建泵站，工程量小，建设周期短，收效快。

（4）安全性能高。管道运输在地下进行，不会受恶劣多变的气候条件影响，运行稳定。而且实现封闭运输方式，货损货差小，安全可靠。

管道运输的缺点主要有以下3个方面。

（1）运输的适用范围有限。首先管道运输的对象，即承运的货物比较单一。仅适用于油、气及固体料浆的输送，而且只能提供由供向需的单向服务。

（2）机动性差。管道运输服务的地理区域及输送量是事先固定的，专用性较强。但是，不能根据市场需求的变化进行调整。

（3）运送速度较慢。

3.2.2 选择运输方式的决定因素

运输方式的选择是物流运输系统决策中的一个重要环节，是物流合理化的重要内容。选择运输方式的决定因素包括以下5个方面。

（1）运输货物的性质。

根据运输货物自身的特点选择相应的运输方式。

（2）运输速度的适用性。

物流运输速度是指从发货到送达收货人的全部时间，包括车辆运行时间、途中停留时间和始发、终到两端的作业时间。

（3）运输方式的经济性。

运输的经济性主要是指运输的费用问题。运输费用应包括投资建设费用、营运费用、作业费用等。另外，在衡量运费时还应考虑运输里程和运输批量的经济性。

（4）运输的安全准确性。

这是评价运输服务水平的最基本的标准。用户在选择运输方式时，首先考虑该种运输方式是否能将所需货物在指定的时间安全地送达到指定的地点。

（5）运输的机动便利性。

对货主来说，运输的安全性和准确性，费用的低廉性及送达的迅速性是最重要的因素。不同的产业，其侧重点则不同。如制造业重视运输费用的低廉性、批发性，零售业将安全、准确、迅速作为运输方式选择的首要因素。

3.2.3 运输方式的选择方法

1. 单一运输方式的选择

在选择运输方式时，我们通过对各种运输方式的经济和服务特征的比较，结合运输的货物品种、运输批量、运输的距离、时间及成本作出结论，如表3-1所示。

表3-1 单一运输方式的选择

铁路运输	公路运输	水路运输	航空运输	管道运输
① 大宗低值货物的中、长距离运输 ② 散装和罐装货物中、长距离运输	① 门对门的短途集散运输 ② 补充和衔接式运输 ③ 即时性运输	① 大批量集装箱货物运输 ② 原料、半成品等散货运输 ③ 国际货物运输。总体要求为远距离，运量大，不要求快速抵达	适于高附加值、高质量、小体积的物品的长距离快速运输	主要担负单向、定点、量大的流体状货物的运输

2. 复合运输方式的选择

运输方式选择不仅限于单一的运输方式，而且通过多种运输方式的合理组合实现物流运输的合理化，即"多式联运"。"复合运输"是指根据一个复合运输合同，采用两种或两种以上的运输方式，由复合运输经营人把货物从发货地运达收货地点的组合运输方式。组合运输可以在不同运输方式间自由变化运输工具，这是运输性质不断改变的一个反映，标志着物流管理者将两种或更多种运输方式的优势集中在一起，并天衣无缝地融入一种运输方式的能力，从而实现比单一方式为顾客提供更快、风险更小的服务。

1）复合运输的形式

复合运输可以分为两大类，一是运输部门之间的联运，是指由两种以上的运输方式或是同一种运输方式不同区段的联运；二是供产销之间的复合运输，目前已发展成为所谓的"一条龙运输"。

（1）水陆联运。这是水路运输与铁路运输相衔接的一种运输方式，按距离远近可以分为陆水、水陆两段联运；水陆水、陆水水三段联运；水陆水陆四段联运等形式。

（2）水上联运。这是指同一水系不同路线，或同一水运路线不同类型船舶之间的联合运输方式。具体形式有江海联运、河海联运。

（3）陆陆联运。即铁路与公路互相衔接的运输方式。这是在复合运输方式中最常见的形式。它有效利用了铁路运输的快捷廉价，又结合了陆运的方便。

（4）空陆联运。即公路与飞机相互衔接的运输形式，是高速及"门到门"服务的良好结合。

（5）"一条龙运输"。"一条龙运输"打破了一切路界、港界、厂界，把供、产、销之间的多种运输方式及运输企业各环节之间全面贯穿起来，它是供应链管理的体现形式之一。这种运输方式有很多优点：一是可以节约运力，减轻交通压力；二是由于采用了定船、定运量、定周期、定泊位，有利于增大运输能力；三是由于充分利用水运，可以节约运费；四是由于运用汽车运输，可以实现门到门服务，有利于及时供应市场。

2）复合运输的条件

复合运输的条件由以下内容构成。

（1）由复合运输经营人或其代理人就所承担的运输服务与托运人签订复合运输合同，而且，该合同至少规定有两种以上的运输方式可以完成全程运输。

（2）复合运输经营人对运输全程的负责。复合运输经营人从托运人那里接管货物时，签订一份多式联运单证，一旦发生运输纠纷都由复合运输经营人承担责任。因此，复合联运人必须是有能力对货物全程的运输担任完全法律责任的独立的经济实体。

（3）复合运输人应具备与联运相适应的专业能力，对自己签发的单证要确保流通性，并作为有价证券在经济上有令人信服的担保价值。

（4）采用一次托运、一次付费、一单到底、统一理赔的运作方式。

复合运输必须能实现运输的一体化，为货主简化货运的程序。在实践中，无论将货物交由哪种运输方式，也无论运输途中对货物经过多少次转换，所有一切运输事项均由复合运输经营人统一办理。同时，在运送过程中发生货物损毁灭失的责任也由复合运输人对托运人负责。而每一区段的承运人仅对运输区段的货物损害承担责任。

3）实现组合运输的意义

（1）有利于实现运输的合理化。联运把各个阶段的不同运输过程，联结成一个单一的整体运输过程，因此，减少物流过程的停滞，保证了货物流通过程的畅通，减少了货损，是物流合理化的有效方式。

（2）有利于实现货运的统一化、简单化。联运的程序简单，极大地方便托运人或货运人，对广大客户极为有利。

（3）提高运输效率，降低运输成本。多式联运充分发挥各种运输方式的优势，手续简化，从而加速了运输过程，缩短了运输时间，提高了运输质量。在提高运输效率的同时，大大降低了运输成本。因此，发展组合运输是充分发挥我国运输方式的优势，使之相互协调、配合，建立起合理运输体系的重要途径。

目前，大多数运输会涉及一种以上的运输方式，运输经营者面临的挑战就在于多种运输模式的均衡必须在整体物流系统的框架下完成。目前，企业对缩短运输时间、降低运输成本的要求越来越强烈，必然带来运输方式的改变。但是，缩短运输时间与降低运输成本是一种"效益背反"的关系。所以选择运输方式时，一定要有效地协调二者的关系，优化匹配运输方式，合理组织物品的运输。

3.3 运输合理化管理

3.3.1 合理运输的目的

运输是物流中最重要的功能要素之一，物流合理化在很大程度上依赖于运输合理化。实现合理运输要从物流系统的总体目标出发，运用系统理论和系统工程原理和方法，充分利用各种运输方式的优势，选择合理的运输路线和运输工具，以最短的路径、最少的环节、最快的速度和最少的劳动消耗，组织好物质产品的运输活动。这对于节约运输费用、降低物流成本、缩短运输时间、加快物流速度、缓解运力紧张等具有重大的现实意义。

3.3.2 影响合理运输的因素

运输合理化的影响因素很多，起决定性作用的有以下五个方面的因素。

（1）运输距离。

在运输过程中，运输时间、运输费用、运输货损、车辆或船舶周转等运输的若干技术经济指标，都与运距有一定比例关系，运距长短是衡量运输是否合理的一个最基本的因素。缩短运输距离无论在宏观方面还是微观方面都会带来好处。

（2）运输环节。

每增加一次运输，不但会增加起运的运费和总运费，而且必然要增加运输的附属活动，如装卸、包装等，各项技术经济指标也会因此下降。所以，减少运输环节，尤其是同类运输工具的环节，对合理运输有促进作用。

（3）运输工具。

各种运输工具都有其使用的优势领域，对运输工具进行优化选择，按运输工具特点进行装卸运输作业，最大限度地发挥所选运输工具优势，是运输合理化的重要一环。

（4）运输速度。

运输是物流过程中需要花费较多时间的环节，尤其是远程运输，在全部物流时间中，运输时间占绝大部分，所以运输速度的提高对整个流通时间的缩短有决定性的作用。此外，加快运输速度，有利于运输工具的加速周转，充分发挥运力的作用，有利于货主资金的周转，有利于运输线路通过能力的提高，对运输合理化有很大贡献。

（5）运输费用。

运费在全部物流费中占很大比例，运费高低在很大程度上决定着整个物流系统的竞争能力。实际上，运输费用的降低，无论对货主企业还是对物流经营企业来讲，都是运输合理化的一个重要目标。运费的判断，也是各种合理化实施是否行之有效的最终判断依据之一。

3.3.3 不合理运输的表现形式

不合理运输是指在现有条件下可以达到的运输水平而未达到，从而造成了运力浪费、运输时间增加、运费超支等问题的运输形式。目前，我国存在的不合理运输形式主要有以下8个方面。

（1）返程或启程空驶。

空车无货载行驶，可以说是不合理运输的最严重形式。在实际运输组织中，有时候必须调运空车，从管理上不能将其看成不合理运输。但是，因调运不当、货源计划不周、不采用运输社会化而形成的空驶，是不合理运输的表现。造成空驶的不合理运输主要有以下3种原因。

① 自备车送货提货，不能充分利用社会化的运输体系。这往往会出现单程重车、单程空驶的不合理运输。

② 由于工作失误或计划不周，造成货源不实，车辆空去空回，形成双程空驶。

③ 由于车辆过分专用，无法搭运回程货，只能单程实车、单程回空周转。

（2）对流运输。

亦称"相向运输""交错运输"，指同一种货物，或彼此间可以互相代用而又不影响管理、技术及效益的货物，在同一线路上或平行线路上做相对方向的运送，而与对方运程的全部或一部分发生重叠交错的运输称对流运输。已经制定了合理流向图的产品，一般必须按合理流向的方向运输；如果与合理流向图指定的方向相反，也属对流运输。

在判断对流运输时需注意的两个问题。首先，要注意隐性的对流运输。有的对流运输是不很明显的对流，例如，不同时间的相向运输，从发生运输的那个时间看，并未出现对流，从而导致出现错误的判断。其次，要注意对流运输发生的前提条件。如果同一种产品，商标不同，价格不同，所发生的对流，不能绝对地看成不合理，因为其中存在市场机制引导的竞争，优胜劣汰，如果强调因为表面的对流而不允许运输，就会起到保护落后、阻碍竞争甚至助长地区封锁的作用。

（3）迂回运输。

迂回运输是指物资不走最短距离的绕道运输。可以选取短距离进行运输，却选择路程较长路线进行运输的一种不合理形式。迂回运输有一定复杂性，不能简单处之，只有当计划不周、地理不熟、组织不当而发生的迂回，才属于不合理运输，如果最短距离有交通阻塞、道路情况不好或有对噪声、排气等特殊限制而不能使用时发生的迂回，不能称不合理运输。

（4）过远运输。

过远运输是指本可就地就近采购的物资而舍近求远的运输。近处有资源不调而从远处调运，这就造成可采取近程运输而未采取，拉长了货物运距的浪费现象。过远运输的弊端在于占用运力和资金时间长；运输工具、物资周转慢、占用时间长；远距离受自然条件影响大，易出现货损，增加了费用支出。

（5）运力选择不当。

运力选择不当是不正确地利用运输工具优势造成的不合理现象，常见的有以下若干形式。

① 弃水走陆。在同时可以利用水运及陆运时，不利用成本较低的水运或水陆联运，而选择成本较高的铁路运输或汽车运输，使水运优势不能发挥。

② 铁路、大型船舶的过近运输。这是指不是铁路及大型船舶的经济运行里程却利用这些运力进行运输的不合理做法。主要不合理之处在于火车及大型船舶起运及到达目的地的准备、装卸时间长，且机动灵活性不足，在过近距离中利用，发挥不了运输快的优势，反而会延长运输时间。另外，和小型运输设备比较，火车及大型船舶装卸难度大、费用也较高。

③ 运输工具承载能力选择不当。不根据承运货物数量及重量选择，而盲目决定运输工具，造成过分超载、损坏车辆及货物不满载、浪费运力的现象。尤其是"大马拉小车"现象发生较多。由于装货量小，单位货物运输成本必然增加。

（6）重复运输。

重复运输是指物资从起运地运到目的地，未经任何加工和必要的作业的再次运输。重复运输有两种形式：一是本来可以直接将货物运到目的地，但是在未达目的地之处或目的地之外的其他场所将货卸下，再重复装运送达目的地；二是同品种货物在同一地点一面运进，同时又一面向外运出。重复运输的最大缺陷是增加了非必要的中间环节，从而延缓了流通速度，增加了费用，增大了货损概率。

（7）倒流运输。

倒流运输是指货物从销售地或中转地向产地或起运地回流的一种运输现象。其不合理程度要甚于对流运输，因为它往返两程的运输都是不必要的，形成了双程的浪费。

（8）托运方式选择不当。

对于货主而言，在可以选择最好托运方式而未选择，从而造成运力浪费及费用支出加大的一种不合理运输。例如，应选择整车而未选择，反而采取零担托运，应当直达而选择了中转运输，应当中转运输而选择了直达运输等，这些都属于这一类型的不合理运输。

上述的各种不合理运输形式都是在特定条件下表现出来的，在进行判断时必须注意其不合理的前提条件，否则就容易出现判断的失误。再者，以上对不合理运输的描述，就形式本身而言，是主要从微观角度得出的结论。在实践中，必须将其放在物流系统中做综合判断，在不做系统分析和综合判断时，很可能出现"效益背反"现象。因此，应从物流系统角度，综合进行判断，才能有效避免"效益背反"现象，促进整个物流系统的优化。

3.3.4 实现运输合理化的措施

（1）选择合理的运输方式。

应当按照运输方式各自的特点来选择运输方式。

(2) 选择合格的运输服务商。

在市场竞争的条件下，托运人在确定了运输方式后，就需要对运输服务商作出选择。不同的用户会根据各自的决策标准和偏好作出选择。但一般而言，可以从运输质量和运输成本两方面来考虑。

① 运输质量标准。客户主要从以下几方面来考察运输的服务质量：所能提供的运输工具的新旧程度；在运输过程中必备的其他物流活动的质量，如包装及装卸搬运的质量；所聘用的工作人员的业务素质、责任心及经验；服务商对整个运输过程的控制程度；运输计划的准确性；发货的频率和时间间隔；提供单证的合法性及准确率；货物跟踪和信息查询的便利性；货运纠纷的顾客满意度；运输服务商的网点设置等。

② 运输价格标准。随着市场竞争的日趋激烈，服务商为了稳定自己的市场占有率，会不断地提高服务质量，从而使他们所提供的运营服务水平近乎相同，因此，运输价格就成为客户选择运输商的重要标准。

(3) 选择适宜的运输路线。

一般情况下，我们选择最短路线。但在综合考虑供需地之间的交通条件、路面状况、运送时间和输送及时等因素时，运输路线最短并不总是最优的选择。

(4) 选用直达运输方式。

在选择运输路径时，应尽量采用直达运输。直达运输是追求运输合理化的重要形式。其对合理化的追求要点是通过减少中转换载，从而提高运输速度，省却中间环节的装卸费用，降低货物的损耗。另外，通过直达，建立稳定的产销关系和运输系统，也有利于提高运输的计划水平，考虑用最有效的技术来实现稳定运输，从而大大提高运输效率。

特别值得一提的是，如同其他合理化措施一样，直达运输的合理性也是在一定条件下才会有所表现的，不能绝对认为直达一定优于中转，这要根据用户的要求，从物流总体出发做综合判断。直达的优势，在一次运输批量和用户一次需求量达到了一整车时表现最为突出；而当批量较小时，中转就是合理的。

(5) 发展社会化的运输体系。

运输社会化的含义是打破一家一户自成运输体系的状况，发展运输的规模化优势，实现专业分工。一家一户的运输，车辆自有，自我服务，不能形成规模，且一家一户运量需求有限，难于自我调剂，因而经常容易出现空驶、运力选择不当、不能满载等浪费现象。实现运输社会化，可以统一安排运输工具，避免对流、倒流、空驶、运力不当等多种不合理形式，不但可以追求组织效益，而且可以追求规模效益，所以，发展社会化运输体系是运输合理化的非常重要的措施。

运输的社会化可以通过组建运输物流集团的形式，形成辐射全国铁路、水运、公路联运的网络，在速度、成本、管理上占据竞争优势。

(6) 实现"精益运输"。

精益运输是指充分有效地运用营运车辆，尽可能提高车辆运用效率，以较小的人力、物力消耗完成尽可能多的运输任务。要实现"精益运输"，在运输生产管理中应注意以下几个问题：提高车辆的完好率，做好营运车辆的维护和修理工作；提高车辆的日行程，实行多班运输，人休车不休；提高车辆的吨位利用率和拖运率，节约运行耗费；提高载运能力，大幅度提高车辆生产率，从而降低成本。

3.4 运输线路管理

3.4.1 影响运输路线选择的因素

影响运输路线选择的因素有两类：成本因素和非成本因素。

（1）成本因素。

成本因素是指与成本有直接关系，可以用货币进行衡量的因素，具体包括线路建设成本、固定成本和运营成本。

① 线路建设成本。在运输道路建设时，由于对道路建设的要求和等级不同、所征用的土地价格不同将导致选择运行线路所需支付的成本存在差异。

② 固定成本。固定成本主要指运输线路的选择所需支出的设备费用，包括购置运输工具、线路维护、装卸机具、信息系统等成本。

③ 运营成本。运营成本是指在运输线路选择后所需花费的可变成本。主要包括所选路线的动力和能源成本、劳动力成本、利率、税费和保险费用、管理费用及运输工具和设备的维修维护费用等。

（2）非成本因素。

非成本因素是指那些与成本没有直接的关系，但是能够对企业成本产生影响的因素。

① 交通状况。在选择运输路线时，要充分考虑交通运输条件，即路况、繁忙程度及交通的便利性。如果所走行的运送线路过于繁忙，则会造成交通拥挤和阻塞，最终导致运送时间的延误；如果计划走行的路况较差，则造成货损货差的可能性较大。

② 政策法规。有时，相关部门出于改善交通状况、城市总体规划、环境保护等目的，会出台某些法律法规对某些运输路段作出限制性规定。这些规定是运输经营人在作出线路规划前，必须充分了解和掌握的。

③ 环境保护。在设计运输线路时，应当充分考虑运输车辆对环境造成的污染。如果线路设计不合理，造成交通阻塞，使汽车排放量过于集中，对当地环境造成的破坏性是极为严重的。

3.4.2 运输线路设计的基本原则

（1）成本最低原则。

运输成本是指从输出地到输入地，货物在途的全部费用，包括运输费用、运输企业的营运费用、在库维持费用、装卸搬运费用、收发货处理费用等。运输线路选择的成本随着运输线路选择的规模上升而增多，即运输线路选择的数量越多，规模越大，资金占用就越多，运输的投资费用就越大。因此，尽量缩短运输路线，减少运输的环节，消除不合理的运输现象，综合考虑运输过程中的整体最低费用。

（2）过程简化原则。

减少和消除不必要的作业流程和环节，这是减少运营企业物资消耗和提高运输生产率的最有效的方法之一。因此，在设计运输线路时，应充分考虑直达的必要性，尽量减少运输过程中的运输方式及工具的转换。

（3）机动灵活原则。

影响运输线路选择的因素是一系列的动态因素，会随着经济环境的发展不断地变化。例如，用户的数量、需求、经营的成本、价格、交通状况等。所以，在选择运输线路时应该以发展的目光考虑，尤其是对城市的发展规划应加以充分的调查与分析，设计出多种运输方案，从而灵活地选用最优的决策。运输线路的弹性化设计对于运营企业更好地适应未来环境的变化具有重要意义。

3.4.3 运输线路优化的方法

1. 最短路线法（short route method）

运输线路是一个网络系统，这个网络由节点和线路组成，各个节点代表需求地或运输停留地点，线路则代表点与点之间的距离或走行时间。最初，所有的节点都是未解的，即没有通过各个节点的明确路线；只有始发点是已解的，我们把它设为原点。

1）计算方法

（1）第 N 次迭代的目的。找出第 N 次最接近始发点的节点。重复 $N=1, 2, 3, \cdots$，直到最近的节点是终点为止。

（2）第 N 次迭代的输入值。在前面计算过程中求出的（$N-1$）个最近始发点的节点及其与始发点的最短距离。这些节点与始发点一起成为已解的节点，其余为未解的节点。

（3）第 N 个最近节点的候选点。每个已解的节点都直接与一个或一个以上的未解节点相连，从而选出一个距离最短的未解节点作为下一个候选的点。如果多条线路距离已解节点相同，则有多个候选的点。

（4）第 N 个最短节点的计算。将每个已解的节点与候选点之间的距离累加，然后再和该已解节点与始发点之间的最短距离相加，总距离最短的候选点就是所求的第 N 个最短节点。

2）注意事项

（1）最短路线法适用于分离的、单个始发站和终点的网络运输路线选择的问题。

（2）应充分考虑各条路线的运行质量。

（3）在实际运算中，应将运行时间和走行距离都设定权数，从而得出更具有实用价值的路线。

（4）应充分考虑运行区域的路政管理费与税收情况等。

（5）最短路径法适合于用计算机求解，迅速准确。

例题 图3-1是一张高速公路网示意图，A 是起点，J 是终点，B, C, D, E, F, G, H 和 I 是网络中的节点，节点与节点之间以线路连接，线路上标明了两个节点之间的距离，以运行时间（分）表示。要求确定一条从起点 A 到终点 J 的最短的运输线路。

解：为了解题方便，不妨画出一张表格（见表3-2），所有的运算都将在表中进行。

① 起始点 A 就是一个已解点，直接与 A 点连接的节点有 B、C 和 D 点。可以确定 B 点是与 A 点距离最近的节点，将 B 标记为"已解点"并记 A、B 之间的连接为"AB"。

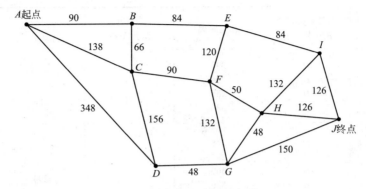

图 3-1 高速公路网示意图

② 找出距 A 点和 B 点最近的未解点。距各个已解点最近的连接点有 A—C，B—C。从起始点通过已解点到某一节点所需的时间应该等于到达这个已解点的最短时间加上已解点与未解点之间的时间，也就是说，从 A 点经过 B 点到达 C 的时间为 AB+BC = 156 min，而从 A 直达 C 的时间为 138 min，现在 C 也成了已解点。

③ 第三次迭代要找到与各已解点直接连接的最近的未解点，如图 3-1 所示，有 3 个候选点 D、E、F，从起点到这 3 个候选点所需的时间相应为 384 min，174 min 和 228 min，其中连接 B、E 的时间最短，为 174 min，因此 E 点就是第三次迭代的结果，即 E 也成了已解点。

④ 重复前述过程直到终点 J，即第八步。最短的路线时间是 384 min，最优路线为 A—B—E—I—J。

连线方法在表 3-2 中以 "*" 号标出。

表 3-2 起讫点不同的单一问题求解表

步骤	直接连接未解节点的已解节点	与其直接连接的未解节点	相应距离	第 n 个最近节点	最短距离	最新连接
1	A	B	90	B	90	AB*
2	A B	C C	138 156	C	138	AC
3	A B	D E	348 174	E	174	BE*
4	A C E	D F I	348 228 258	F	228	CF
5	A C E F	D D I H	348 294 258 288	I	258	EI*

续表

步骤	直接连接未解节点的已解节点	与其直接连接的未解节点	相应距离	第 n 个最近节点	最短距离	最新连接
6	A C F I	D D H J	348 294 288 384	H	288	FH
7	A C F H I	D D G G J	348 294 360 336 384	D	294	CD
8	H I	J J	414 384	J	384	IJ*

2. 节约里程法（saving algorithm）

运营企业为达到高效率的运送，做到时间最省、距离最短、成本最低，就必须选择最佳的运输路线和车辆的综合调度。节约里程法就是实现这些目标的良好选择。

1）节约里程法的基本原理

节约里程法的基本原理是根据几何学中三角形一边之长必定小于另外两边之和得来的，如图3-2所示。

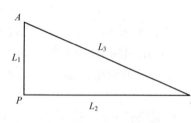

图 3-2 节约里程法

设 P 为生产企业或物流中心，分别向 A 和 B 两个用户运送货物，P 至 A 和 B 的直线距离分别是 L_1 和 L_2。如果用两辆汽车分别运送，则运输的总距离 L 为：

$$L = 2 \times (L_1 + L_2)$$

若改用一辆汽车巡回送货（考虑需求量与承载量的关系），则运输总距离 L 为：

$$L = L_1 + L_2 + L_3$$

从这两个方案可以明显地看出，第二种方案比第一种方案节约里程，节约的里程 ΔL 为：

$$\Delta L = L_1 + L_2 - L_3$$

2）节约里程法的计算过程

现通过举例说明节约里程法的计算步骤。

① 制作运输网络图，列出始发点及各节点的距离。

图3-3为一个配送网络图。P 为配送中心所在地，$A \sim J$ 为配送用户所在地。线路上的数字为两节点之间的距离，单位为 km。

该配送中心现有两种货车，其最大装载量为 2 t 和 4 t，并限制车辆的一次运行距离为 30 km 以内。各用户的配送量如表3-3所示。

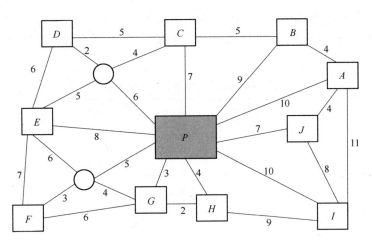

图 3-3 配送网络

表 3-3 用户配送量

用户	A	B	C	D	E	F	G	H	I	J
配送量/t	0.7	1.5	0.8	0.4	1.4	1.5	0.6	0.8	0.5	0.6

② 做出从始发点到各个用户及各用户之间的最短距离矩阵，如图3-4所示。

	P	A	B	C	D	E	F	G	H	I
A	10	A								
B	9	4	B							
C	7	9	5	C						
D	8	14	10	5	D					
E	8	18	14	9	6	E				
F	8	18	17	15	13	7	F			
G	3	13	12	10	11	10	6	G		
H	4	14	13	11	12	12	8	2	H	
I	10	11	15	17	18	18	17	11	9	I
J	7	4	8	13	15	15	15	10	11	8

图 3-4 最短配送路线距离矩阵

③ 根据最短距离矩阵计算各用户之间的节约里程，如图3-5所示。

	A	B	C	D	E	F	G	H	I
B	15	B							
C	8	11	C						
D	4	7	10	D					
E	0	3	3	10	E				
F	0	0	0	3	9	F			
G	0	0	0	0	1	5	G		
H	0	0	0	0	0	4	5	H	
I	9	4	0	0	0	1	2	5	I
J	13	8	1	0	0	0	0	0	9

图 3-5 节约里程矩阵

④ 将节约里程按照从大到小的顺序排列,如表3-4所示。
⑤ 按节约里程的大小顺序,考虑车辆的载重能力及各用户的实际配送量,见表3-3,组成运输线路。

表3-4 配送线路节约里程顺序表

用户节点	节约里程	用户节点	节约里程
A—B	15	F—G	5
A—J	13	G—H	5
B—C	11	H—I	5
C—D	10	A—D	4
D—E	10	B—I	4
A—I	9	F—H	4
E—F	9	B—E	3
I—J	9	D—F	3
A—C	8	G—I	2
B—J	8	C—J	1
B—D	7	E—G	1
C—E	6	F—I	1

⑥ 重复上述⑤的步骤,逐次替代,从而得出最优化的运输路线如下:
配送线路Ⅰ为 P—J—A—B—C—P。需要4 t车一辆,运载量为3.6 t,运行距离27 km;
配送线路Ⅱ为 P—D—E—F—G—P。需要4 t车一辆,运载量为3.9 t,运行距离30 km;
配送线路Ⅲ为 P—H—I—P。需要2 t车一辆,运载量为1.3 t,运行距离23 km。

3) 运用节约里程法的注意事项
① 节约里程法适用于客户需求比较稳定的运营企业的线路设计。
② 在使用节约里程法时,应结合车辆的载重量来考虑货物搭载问题。
③ 在使用节约里程法时,应充分考虑交通及路面路况。
④ 在使用节约里程法时,充分考虑在各个节点的停留时间。
⑤ 运营企业可以利用计算机系统来实现对线路的设计。

3.5 运输过程管理

3.5.1 货物运输合同管理

1. 货物运输合同的概念及特点

货物运输合同是指承运人将货物运送至指定地点,托运人向承运人支付运费的协议。货物运输合同可以根据运送工具的不同分为公路、铁路、航空、水运合同等;也可以根据运输方式分为单一和联运合同。货物运输合同是一种书面合同。无论何种货运合同都具有以下特点。

① 货运合同当事人是托运人、承运人和收货人。托运人和收货人有时是同一个人,有

时是不同的人。

② 货运合同是双务、有偿合同。

③ 货运合同一般是格式合同。特别是由国家提供基础平台的运输方式中，运输合同是有固定标准格式的合同。一些大型的运输企业在提供运输服务时，一般也使用明示的合同文本，如运输速度、运行路线、运输费用等都是单方面制定的。只有在与某些第三方物流运输企业订立合同时，由双方共同协商合同的条款。

2. 货运合同的内容

① 当事人。包括当事人的姓名或名称、住所及法定代表人。

② 标的。即运送的货物名称、数量、重量、体积和包装标准等。

③ 货物的起运地点和货物的到达地点。其中，包括收货人的名称和详细地址。

④ 运输质量及安全要求。

⑤ 货物装卸责任和方法。

⑥ 收货人领取货物和验收的方式及时间。

⑦ 运输费用的计算标准及结算方式。

⑧ 合同当事人的权利和义务。

⑨ 违约责任。

3. 合同各方当事人的权利和义务

1）托运人的权利和义务

托运人具备下述权利。

① 有权要求承运方按照合同规定的时间、地点，把货物运输到目的地。

② 货物托运后，托运方有变更到货地点或收货人的权利，或者承运方提出变更合同的内容或解除合同的权利。但是必须在货物未运到目的地之前通知承运方，并应按有关规定付给承运方所需费用。

托运人的义务包括以下内容。

① 按约定向承运方交付运杂费；否则，承运方有权停止运输，并要求对方支付违约金。

② 托运方对托运的货物，应按照规定的标准进行包装。

③ 按照合同中规定的时间和数量交付托运货物。

④ 遵守法律，办理相关手续的义务。如遵守有关危险品运输的规定。对于需要运输审批的货物，应由托运人完成审批手续或者委托承运人代办审批手续。

2）承运人的权利和义务

承运人具备下述权利。

① 向托运方、收货方收取运杂费用。

② 收货方不交或不按时交纳规定的各种运杂费用，承运方对其货物有留置权。

③ 收货人或收货人拒绝提取货物，承运方在规定期限内负责保管并有权收取保管费用。

④ 对于因收货人的原因无法交付的货物，承运方有权按有关规定提存，并从中取得应得费用。

承运人的义务包括以下内容。

① 按合同规定接受托运的货物，并向托运人提供合法有效单证的义务。

② 在合同规定的期限内，将货物运到指定的地点，按时向收货人发出货物到达通知的

义务。

③ 对托运的货物要负责安全，保证货物无短缺、无损坏、无人为的变质。如有上述问题，应承担赔偿义务。

④ 在货物到达以后，按规定的期限负责保管的义务。

3）收货人的权利和义务

收货人具备下述权利。

① 有及时获得到货通知的权利。

② 在货物运到指定地点后有以凭证领取货物的权利。

③ 必要时，收货人有权向到站或中途货物所在站提出变更到站或变更收货人的要求，签订变更协议。

收货人的义务包括以下内容。

① 按时提取货物，缴清应付费用的义务。超过规定提货时，应向承运人交付保管费。

② 收货人在约定期限内，有对运输质量进行检验和认定的义务。

4. 货物运输合同纠纷的解决

1）货物运输合同纠纷的类型

（1）单证纠纷。单证纠纷主要发生在承运人与托运人之间。包括因单证瑕疵引起的纠纷；因承运人签发单证时的失误引发的纠纷；因托运人未与收货人达成协议，即要求签发特殊单证（倒签或预借提单），而在承运人与托运人之间产生的纠纷。

（2）货物损毁、灭失的纠纷。该类纠纷一般发生在承运过程中。造成此类纠纷的原因很多，有可能是由于托运人自身的过失造成的，如包装不良、标志不清；也可能是承运人的过错造成的，如积载不当、操作失误、运具选择不当等。另外，还有因不可抗力造成的货物损毁、灭失，应根据风险分配原则分担风险。

（3）迟延交付纠纷。这是指因承运人在合同约定期限以后进行交付而发生的纠纷。发生的原因主要有：因承运货物发生交通事故；因载货能力而必须将货物进行延误发送；因过失造成中转滞留；因某种原因而绕行导致货物迟延。

（4）运杂费纠纷。这是因托运人或收货人的故意或过失，未能及时或全额缴纳运费，以及因在履行合同中所发生的其他费用而发生的纠纷。

（5）运输工具损害纠纷。因托运人的过失，造成对承运人的运输工具损害的纠纷。

2）承运人的责任期间

承运人的责任期间指承运人自接收货物时起至将货物交付收货人止，货物损毁灭失的风险由承运人来承担，除非能证明该风险是由其他人的原因造成的。

3）免责事由

免责事由包括基于"不可抗力"的免责和基于货主原因的免责。

（1）基于"不可抗力"的免责。"不可抗力"是指不可预见、不能避免、不能克服的客观情况。具体包括以下几种情况。

① 自然事件。如暴雨、火山爆发、地震等。

② 社会事件。如战争或武装冲突、工人罢工及社会暴乱等。

③ 政府或者主管部门的行为、检疫限制或司法扣押等。

④ 为救助他人而产生的责任。特别是在海上救助过程中发生的免责。

（2）基于货主原因的免责：
① 托运人、货物所有人或者他们的代理人的行为。
② 货物的自然属性或货物有瑕疵。
③ 货物包装不良或标志欠缺、不清。
4）争议解决的办法
在我国，解决运输纠纷主要有 4 种方式。
（1）当事人协商。这是当事人之间自行解决纠纷的一种方式。
（2）调解。它是指第三者依据一定的道德和法律规范，对发生纠纷的当事人摆事实、讲道理，促使双方在相互谅解和让步的基础上，达到最终解决纠纷的一种方式。
（3）仲裁。是指纠纷主体根据有关规定或双方协议，将争议提交一定的机构以第三者居中裁决的一种方式。
（4）诉讼。诉讼是由国家审判机关，在纠纷主体参加的情况下，处理特定社会纠纷的一种活动。这是一种最有权威和最有效的纠纷解决机制。

3.5.2 货运保险管理

货物运输保险是指被保险人将运输的货物向保险人按一定金额，投保一定的险别并缴纳保险费用，如果所保货物在运输过程中发生约定范围内的损失，保险人应按保单的规定给予被保险人经济上补偿的协议。

1. 保险种类

根据保险的责任范围将保险分为基本险和综合险。基本险是主要承担由自然灾害和意外事故所造成的损害赔偿责任的险种；综合险又称为一切险，除了承担基本险的责任外，还对由于外来原因所致的全部或部分损失承担保险责任的险种。

2. 保险责任

1）基本险的保险责任

基本险的保险责任主要包括以下内容。

① 被保险货物在运输途中遭受暴风、雷电、洪水、地震等自然灾害所造成的损失。
② 由于运输工具遭受碰撞、倾覆、出轨、隧道坍塌、崖崩或失火、爆炸等意外事故所造成的全部或部分损失。
③ 在驳运过程中因驳运工具遭受搁浅、触礁、沉没、碰撞等事故而造成的部分或全部损失。
④ 在装卸或转载过程中，因发生非因包装质量或装卸人员违反操作规程所造成的损失。
⑤ 在发生上述灾害或事故时，因混乱而造成的货物散失及为防止或减少货损而对货物采取抢救措施所支付的合理费用。
⑥ 按国家规定或一般惯例应分担的共同海损的费用。

2）综合险的保险责任

综合险的保险责任主要包括以下内容。

① 因受震动、碰撞、挤压而造成破碎、弯曲、凹瘪、折断、开裂或包装破裂使货物散失的损失。
② 液体货物因受震动、碰撞或挤压致使容器损坏而泄漏的损失，或用液体包藏的货物

因液体泄漏而造成货物腐败变质的损失。

③ 遭受盗窃或承运人责任造成的提货不着的损失。

④ 符合安全运输规定而遭受雨淋所致的损失。

3）除外责任

除外责任主要包括以下内容。

① 战争或军事行动。

② 核事件或核爆炸。

③ 被保险物本身的缺陷或自然耗损，以及因包装不善而造成的损失。

④ 由于被保险人的故意或过失行为所致的损失。

⑤ 其他不属于保险责任范围内的损失。

3. 保险期限

各种货运合同基本险一般都负"仓至仓"的保险责任，即自被保险货物运离保险单所载明的起运地仓库或储存处所开始运输时生效，直至该项货物运达保险单所载目的地收款人的最后仓库或储存处所或被保险人用作分配、分派的其他储存处所为止，其中包括正常运输过程中的陆上和与其有关的水上驳运在内的保险责任。

4. 索赔期限

保险索赔时效，是从被保险货物在最后目的地车站全部卸离车辆后计算，最多不超过两年。

复习思考题

1. 结合实例说明运输在物流系统中的地位和作用。
2. 现存几种运输方式？各自有什么特点？选择运输方式的影响因素和选择方法是什么？
3. 如何进行运输线路的选择？
4. 在运输保险中，保险当事人分别承担怎样的责任？
5. 运输合理化的影响因素有哪些？
6. 简述运输合理化的途径。
7. 参照以下货物运输合同的模板，自己拟定一份货物运输合同。

货物运输合同范式

订立合同双方：
  托运方：_____
  承运方：_____
  托运方详细地址：_____
  收货方详细地址：_____
  根据国家有关运输规定，经过双方充分协商，特订立本合同，以便双方共同遵守。
  第一条 货物名称、规格、数量、价款

货物编号	品名	规格	单位	单价	数量	金额/元

  第二条 包装要求：托运方必须按照国家主管机关规定的标准包装；没有统一规定包装标准的，应根据保证货物运输安全的原则进行包装，否则承运方有权拒绝承运。
  第三条 货物起运地点_____ 货物到达地点_____
  第四条 货物承运日期_____ 货物运到期限_____
  第五条 运输质量及安全要求_____
  第六条 货物装卸责任和方法_____
  第七条 收货人领取货物及验收办法_____
  第八条 运输费用、结算方式_____
  第九条 各方的权利义务
  一、托运方的权利义务
  二、承运方的权利义务
  三、收货人的权利义务
  第十条 违约责任
  一、托运方责任
  二、承运方责任
  本合同正本一式两份，合同双方各执一份；合同副本一式_____份，送××等单位各留一份。
  托运方：_____ 承运方：_____
  代表人：_____ 代表人：_____
  地 址：_____ 地 址：_____
  电 话：_____ 电 话：_____
  开户银行：_____ 开户银行：_____
  账 号：_____ 账 号：_____

                    _____年_____月_____日

案例分析

1. 家乐福物流运输案例分析

企业参与运输决策对于物流成本的控制、运输效率的提高都有重要的影响，有效的运输决策往往能提高企业效益，也能在最短时间完成客户需要的服务。因此，很多企业都极其注重对物流系统的运输决策，从最终效益的角度来说，"开源"与"节流"具有同样重要的意义，正确的运输决策节省的物流成本不见得比产品本身的获利要少。而一个企业物流系统运输决策往往通过运输网络设计，运输方式选择、装卸及配送水平高低等方面来实现。以下通过流通企业里的家乐福中国物流系统运输决策的案例来具体分析运输决策的各个方面。

成立于1959年的法国家乐福集团是大型超级市场概念的创始者，目前是欧洲第一大、全球第二大的跨国零售企业，也是全球国际化程度最高的零售企业。家乐福于1995年进入中国市场，最早在北京和上海开设了当时规模最大的大卖场。目前，家乐福在中国大陆地区拥有门店263家。家乐福中国公司经营的商品95%来自本地，因此家乐福的供货很及时，这也是家乐福在中国经营很成功的原因之一。家乐福实行"店长责任制"，给予各店长极大的权力，所以各个店之间并不受太多的制约，店长能灵活决定所管理的店内的货物来源和销售模式等。由于家乐福采用各生产商缴纳入场费，商品也主要由各零售商自己配送，家乐福中国总公司本身对调配的干涉力度不大，所以各分店能根据具体情况来灵活决定货物配送情况，事实证明这样做的效果目前很成功。

家乐福中国在运输网络设计方面主要体现为运输网络分散度高，一般流通企业都是自己建立仓库及其配送中心，而家乐福的供应商直送模式决定了它的大量仓库及配送中心事实上都是由供应商自己解决的，而受家乐福集中配送的货物占极少数。这样的经营模式不但可以节省大量的建设和管理仓库费用，商品运送也较集中配送来说更方便，而且能及时供应热销商品或下架滞销商品，不仅对家乐福的销售，对供货商了解商品的销售情况也是极有利的。在运输方式上，除了较少数需要进口或长途运送的货物使用集装箱挂车及大型货运卡车外，由于大量商品来自本地生产商，故较多采用送货车。这些送货车中有一部分是家乐福租的车，而绝大部分则是供应商自己长期为家乐福各店送货的车，家乐福自身需要车的数量不多，所以它并没有自己的运输车队，也省去了大量的运输费用，从而也能更好地提高效益。在配送方面，供应商直送的模式下，商品来自多条线路，而无论各供应商还是家乐福自己的车辆都采用了"轻重配载"的策略，有效利用了车辆的各级空间，使单位货物的运输成本得以降低，进而在价格上取得主动地位。而先进的信息管理系统也能让供应商在最短时间内掌握货架上其供销售的各种商品的货物数量及每天的销售情况，补货和退货因此而变得方便，也能让供应商与家乐福之间相互信任的建立长期的合作关系。

思考题

（1）通过此案例，试分析该案例中家乐福物流运输中的运输决策是怎样体现出"开源"与"节流"这一理念的。

（2）通过该案例，说一说家乐福的配送模式和运输模式有什么样的特点。

2. 中铁快运物流的发展战略

中铁物流集团（CRLG）成立于1993年3月，是涵盖电商服务、仓储、整车、零担、公路、铁路、金融、冷链、代理报关报检、贸易、国际快件等业务的大型现代综合物流企业。

集团旗下快运、快线、仓储园区、公路港等多条全国性实体网络，为打造多平台联动的产品服务提供了基础支撑，全力推动网络化、平台化、产品化战略布局。以物流整体解决方案为前提，根据不同属性客户的需求，通过分仓、专线、仓配、仓运、运配模块化组合方式，提供适配的仓配产品和解决方案。

截至2016年，全网营业网点5 320个，运营车辆11 280台，从业员工4.1万人，仓储管理面积超过4 000万平方米，在美国、英国、俄罗斯、韩国、日本、中国香港、尼泊尔、印度尼西亚8个国家和地区设有境外分支机构和多个海外仓，为全球客户提供方便、快捷、安全的物流综合服务。

物流已成为现代社会的一个标志，物流业则成为许多企业降低成本、追求利润最大化、实现经济效益增长的一个重要途径。尽管我国的物流发展还处于初级阶段，物流产业政策、物流技术标准和各项规章制度的制定也还不完善，但物流业的发展速度已是十分迅猛。

2005年，由国家发展和改革委员会牵头，包括铁道部在内的9大部委共同起草了《关于促进我国现代物流发展的意见》，拉开了中国发展现代物流业的序幕。提高企业运营质量、降低流通成本、增加经济效益和增强产品竞争力，已经成为各界对物流业的寄托和企盼。物流已经成为国家经济发展和政府高度关注的一个重要产业。

中铁快运股份有限公司前董事长、总经理徐海锋表示："面对国内物流业的方兴未艾，我们不能无动于衷、等闲视之，要按照市场规律看待物流的发展，分析物流发展会给我们的企业带来什么样的机遇，加快向现代物流企业发展的进程。"

1) 优势互补中的劣势

中铁行包公司作为原铁道部3个专业化运输公司之一，原铁道部赋予其行包运输资产管理和路网使用权，公司拥有2 448辆行李车和86个直管站行包房资产。原中铁快运公司经过十多年的发展，用辛勤的汗水精心打造了中铁快运的市场品牌。

新成立的中铁快运公司在用工和营销方面，形成了一套行之有效的市场化运作机制。原先两个公司都拥有对方所不具备的优势，新公司仔细分析了这两个公司的各自优势和原有运输产品，对公司未来的发展方向进行了认真思考。

原中铁快运公司在过去十多年中主打小件快递，占其总量的75%，其服务对象是运输高附加值、小批量货物和有较高时限要求的零散客户。以零散客户为主的门市经营模式，构成了原中铁快运公司的经营方式。而中铁行包公司的运输是以行包房为支点，为客户提供"站到站"服务，其70%以上的货源不是客户到行包房托运，而是掌握在中间商、代理商手里。不能直接掌握货源和客户，是行包房普遍面临的困境。

与此同时，国内快递市场向国外开放后，快递产业呈现群雄争斗的局面。国外四大巨头加快其在国内战略的实施，TNT（荷兰邮政）收购华宇集团，FedEx（联邦快递）以4亿美元收购大田集团，UPS（联合包裹）终结了十几年与中外运的合作，23个城市的运输网络被其用1亿美元买断。这些跨国快递企业都在跃跃欲试分割中国快递市场。

原中铁快运公司在发展过程中，曾经做过行业领头人。但由于国外快递巨头企业的进入和竞争对手的效仿，其原有的市场份额被不断蚕食，快件运输越来越难做了。合并后的中铁快运公司若仍以普通包裹和快递业务作为主要发展方向和赢利模式，其发展空间将受到严重制约。

从未来两年的发展趋势看，随着全路段生产力布局的调整，行包办理站将会逐渐萎缩。2003年6月，铁道部公布的全路行包办理站是2 585个，但今天已经低于1 600个。中铁快运公司现有86个车站，虽然仅占总数量的5%，但已负责行包办理量的90%以上，运输收入也突破了其总收入的80%。特别是客运专线的建成和动车组的开行，意味着沿途没有停站，动车组不再有行包空间。新公司要保持可持续、快速发展，必须在巩固原有业务的基础上，开辟发展新领域。

2) 客户多元化的选择

目前，一些生产企业已经实现了由自主运输向第三方物流外包的转变。在转变过程当中，他们面临的一道难解课题，就是这种转变实际上是企业的一场深刻的销售渠道变革。生产企业希望得到物流企业的全程服务，这样就可以取消一、二级批发商，采取直接销售的方式，把产品发售到各零售点。

徐海锋讲述了一次他的亲身经历。他在贵阳分公司调研时，与益佰药业公司的物流总监进行了一次交谈。益佰药业公司非常看好新中铁快运，一直在关注公司的合并重组。这位物流总监感慨地说，今天终于在中国找到了能够拥有资源的物流商，而且拥有的是全国的运输网络。

听了这位总监的话，徐海锋既兴奋又汗颜。兴奋的是这家上市公司能站在战略的角度寻找合作伙伴，看好新中铁快运的资源和网络；汗颜的是公司现有的网络实际上还不足以满足生产企业销售渠道变革的需求。

过去的中铁快运只能做小件快递，中铁行包只能做普通包裹。而如今企业为客户提供的选择越多，对客户的拥有程度才能越大。对客户来说，组合定价会降低成本。因此，新公司认识到，从确定核心业务到开发产品及优化流程，必须主动适应客户多样化的需求，这样才能拥有客户，才能占领市场。

3) 地区和结点"瓶颈"的制约

当前，铁路行包运输存在的突出问题包括货物违规迂回、重复中转乃至逆向中转、中转与始发争抢能力、短线物资占用长线资源、运达时限延长等。

2010年春运，一场大雪使郑州站积压行包最多达14 000多件，造成郑州枢纽阻塞，多趟行李车被迫停装。这让中铁快运公司看到了现有公司运输网络的脆弱。如果未来营销工作搞好了，货源充足到一定程度，这样的情况就会造成恶性循环，丢掉客户。

他们最后得到这样的启示：合并重组后的新公司不能停留在原有产品上，必须充分审视在未来经济可持续发展中可能遇到的问题，必须深入研究国家、铁路政策变化给行包运输带来的影响，研究汽油涨价、邮政法实施等引发的变化，研究国内市场开发，同时还要研究公路、水运、航空的政策变化。只有这样，才能未雨绸缪，加快实现由单一运输企业向以铁路为基础的现代物流企业的转变。中铁快运公司不断调整发展战略，在2011年推出公路运输品牌——"飞豹快线"，提供"门到门"标准化运输服务及其他增值服务，推行快运平台模式改革,顺利完成新模式下的全网整合运作,并成立飞豹国际事业部,拓展国际业务。2014年,中铁物流集团确定以仓配一体化的综合解决方案为核心产品,打造现代综合物流运营商,推出仓储加盟模式,组建国内首个仓储连锁平台,并购重组"搜沃电商",建成宁波保税库,加速跨境电商物流服务体系完善。2015年,推出国内首个仓储行业电子商务交易平台"中仓网"。

思考题

通过该案例,试分析中铁快运的发展战略是什么。

第4章 仓储和库存管理

【本章结构图】

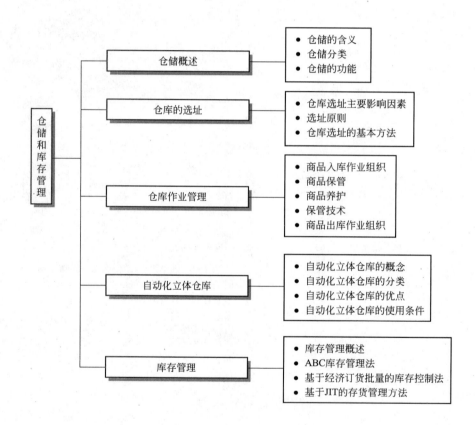

【学习目标】

通过本章的学习,你将能够:
1. 掌握仓储的含义及仓库的分类;
2. 掌握仓库的作业管理方法;
3. 掌握自动化立体仓库的分类及其优点;
4. 掌握库存费用的控制和库存管理的方法。

4.1 仓储概述

4.1.1 仓储的含义

商品的储存是指商品离开生产领域进入消费领域之前，处于流通领域时所形成的停滞，储存对于整个物流体系来说，既有缓冲与调节的作用，也有创值与增效的功能。

仓储是指通过仓库对货物进行储存和保管。仓储在物流体系中是唯一的静态环节，一般认为，仓库具有储存和保管的功能、配送和加工的功能、调节货物运输能力的功能和信息传递的功能。

4.1.2 仓库分类

仓库根据不同的标准可进行不同的分类，常见的仓库分类有以下几种。

1. 按储存商品的性能和技术条件分类

（1）专用仓库。专用仓库是一种配有冷藏、保温等设施的仓库。适用于储存性能比较特殊的商品及需要具有一定技术装备的商品。如食糖、果品、粮食、药材、禽畜肉等商品容易融化、霉变、腐烂，且数量较大，需要冷藏或恒温储存。

（2）通用仓库。通用仓库，又称普通仓库、综合仓库，一般是指具有常温保管、自然通风、无特殊功能的仓库。通用仓库根据商品性能一致、护养措施一致的原则，对商品进行分区分类管理。这类仓库不需要特殊的技术装备，在我国商业仓库中所占的比重较大。

（3）危险品仓库。危险品仓库是一种配置有特殊装备和相应消防手段，能对危险品起到一定防护作用的一种专用仓库。由于危险品具有易燃、易爆、有毒、有腐蚀性或有放射性等特性，严禁与一般商品混放。危险品仓库的主要任务就是要确保各类危险品的储存安全。

2. 按仓库的主要职能分类

（1）储备仓库。储备仓库主要是用于储存常年生产、季节性消费的商品，或季节性生产、常年消费的商品的仓库。这类仓库可以设在商品运输的起点，也可以设在商品运输过程的终点。储备仓库对商品的养护要求较高。

（2）批发仓库。批发仓库主要是储存商业批发部门收购进来的商品，然后向零售商店或其他商业批发部门陆续供应。根据要货单位的要求，一般需要办理商品的续配、拆零、分装、改装等业务。这类仓库的业务特点是数量小、批次多，吞吐频率高，大多设在消费地。

（3）零售仓库。零售仓库主要是为零售商店短期存货。零售部门从批发部门进货后，一般要进行必要的拆包、检验、分类、分级、分装、改装等加工活动。这类仓库一般附设在零售商店内；规模大的零售商店可以在附近专设零售仓库；超级市场和大型零售商业还有建立保证日常供货的配送中心的必要。

（4）中转仓库。中转仓库主要是解决商品在运输途中，由于换装运输工具的暂时停留而产生的仓储需要。这类仓库一般都设在车站、码头附近。

3. 按仓库的隶属关系分类

（1）商业企业附属仓库。这类仓库由商业部门的批发企业和零售业直接领导。这种仓库能密切配合购销，有利于商业企业开展业务活动。由于这类仓库是由一个商业企业独家使用，不利于充分发挥仓库的利用效率。

（2）商业物流企业所属仓库。这类仓库为多个商业批发企业和零售企业提供储存商品服务，是商业部门集中管理仓库的一种形式。由于统一使用仓容，仓库的利用率较高。

4. 根据建筑结构和构造分类

（1）平房仓库。平房仓库是指仓库建筑物是平房，构造简单，有效高度一般不超过5～6米的仓库。这类仓库建筑费用便宜，人工操作比较方便，我国现存有大量的平房仓库。

（2）楼房仓库。楼房仓库是指建筑结构在两层以上的仓库。这类仓库可以减少土地使用面积，进出库作业可采用机械化或半机械化，但作业成本相对较高。

（3）高层货架仓库。高层货架仓库是指以高层货架为主组成的仓库。建筑物本身是平房结构，内部货架层数较多，具有可以保管10层左右货架或托盘的能力，这类仓库一般配备拣选式巷道堆垛起重机等自动化设备，是一种发达国家普遍采用的先进仓库，可实现机械化和自动化操作。

（4）柱式仓库。构造呈柱形或球形，主要用来储存石油、天然气、液体化工产品等的仓库。

（5）简易仓库。构造简单，造价低廉，包括一些固定或活动的简易货棚等，一般是供临时使用的一种仓库。

（6）露天仓库。即露天料场，以露天存储为主。

4.1.3 仓储的功能

仓储的功能主要体现在经济利益和服务利益两个方面。

1. 经济利益

在整个的物流过程中，当使用一个或多个仓库设施时，必然会增加仓储成本，但只要物流过程的总成本能够下降，就能够证明该仓库在经济上是合理的，这样就产生了仓储的经济利益。仓储的基本经济利益有4个：整合、分类和交叉、堆存和加工/延期。

1）整合

整合是仓储经济利益实现的一种方式。在仓储中，整合就是把不同的货物结合在一起进行集合运输、储存，以求减少成本，增加效益。

整合仓库接收来自一系列制造工厂指定送往某一特定顾客的材料，然后把它们整合成单一的一票装运，其好处是有可能实现最低的运输费率。

整合装运的主要利益是，把几票小批量装运的物流流程结合起来联系到一个特定的市场地区。整合仓库可以由单独一家厂商使用，也可以由几家厂商联合起来共同使用出租方式的整合服务。如图4-1所示，工厂A、B、C将各自的产品运送到整合仓库中，由仓库将产品拼成一票整车运输，送到特定的顾客群所在地。整合仓库应距离生产企业较近，才会发挥作用。通过这种整合方案的利用，每一个单独的制造商或托运人都能够享受到物流总成本低于其各自分别直接装运的成本。

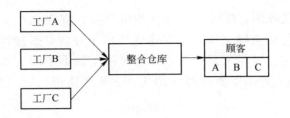

图 4-1　整合作业

2）分类和交叉

分类作业与整合作业相反，即接收来自制造商的顾客组合订货，并把它们装运到个别的顾客处去。分类仓库或分类站把组合订货分类或分割成个别的订货，并安排当地的运输部门负责递送。如图 4-2 所示，工厂 A 将产品首先集合成整车运输，送到分类仓库后，由仓库将产品分割成较小的组合，分别运送到顾客 X、Y、Z 处，仓库应距离特定顾客群较近，才会发挥作用。分类作业与整合作业都是在长距离运输中采用大批量装运，所以运输成本相对比较低。

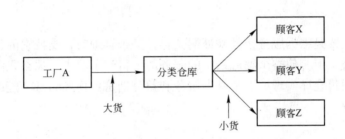

图 4-2　分类作业

交叉作业是在分类作业的基础上发展而来的，如图 4-3 所示，交叉作业涉及多个制造商，交叉作业设施与分类作业设施具有类似的功能。交叉作业先从多个制造商处运来整车的货物；然后，产品交叉穿过作业仓库装上指定去适当顾客处的拖车；一旦该拖车装满了来自多个制造商的组合产品后，它就被放行运往零售店去。这种作业方式在零售连锁店中广泛采用。交叉作业的经济效应主要表现为满载运输包括从制造商到仓库的满载运输，以及从仓库到顾客的满载运输。

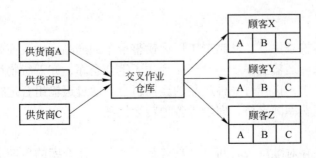

图 4-3　交叉作业

3）堆存

堆存作业是仓储服务的直接经济利益体现的环节，即在生产与消费或供给与需求的时间差距里，妥善地保护货物实体。堆存作业提供了存货数量缓冲、存货时间缓冲、存货地点缓冲，即可以通过堆存来克服商品产销时间上的不平衡（如季节生产，全年消费的粮食），克服存货地点的不平衡（如 A 地生产，B 地销售），克服存货数量上的不平衡（如供过于求）。

4）加工/延期

加工/延期作业是指仓库通过承担加工或参与少量的制造活动，被用来延期或延迟生产。加工/延期一般是简单的包装或加标签作业，企业可以先生产出未加标签或包装的产品，然后入库储存，一直到知道该产品的需求时，才完成产品的最后一道生产，即加包装或标签。

加工/延期提供了两个基本的经济利益：第一，能够使风险最小化，因为最后的包装要等到确定具体的订购标签和收到包装材料时才完成；第二，通过对基本产品使用各种标签和包装配置，可以降低存货水平。在加工/延期作业中，即使在仓库包装的成本要比在制造商的工厂处包装更贵，但由于降低风险与降低存货水平，往往能够降低物流系统的总成本。

2. 服务利益

当一个仓库主要是根据服务条件来证明其存在是否合理时，支持它的理由是即使没有降低成本、增加效益，但却使整个物流系统的服务能力得到了改进，那么我们也认为这个仓库有存在的必要。通过仓库实现的五个基本服务利益分别是：现场储备、配送分类、组合、生产支持和市场形象。

1）现场储备

在实物配送中经常使用现场储备，尤其是那些产品品种有限或产品具有高度季节性的制造商偏好这种服务。他们不是按照年度计划在仓库设计中安排各种存货，而是直接从制造工厂进行装运，并通过在战略市场中获得提前存货的承诺，可以大大减少递送时间。

2）配送分类

提供配送分类的仓库可以为制造商、批发商或零售商所利用，按照对顾客订货的预期，对产品进行组合装配。这类配送分类可以代表来自不同制造商的多种产品，或者有顾客指定的各种配送分类。配送分类仓库可以使顾客减少其必须打交道的供应商数目，并因此改善了仓储服务。此外，配送分类仓库还可以对产品进行结合以形成更大的装运批量，并因此而降低了运输成本。

3）组合

在典型的组合运输条件下，从制造工厂运输整卡车的产品到批发商处，每次大批量的装运可以享受尽可能低的运输费率。一旦产品到达了组合仓库，卸下货物后就可以按照每一个顾客的要求或市场需求，选择每一种产品的运输组合。通过运输组合进行转运，在经济上通常可以得到特别的运费率的支持，即给予各种转运优惠。

4）生产支持

合适的零部件储存对维持长时间生产具有重要意义，而仓库的生产支持则可以向装配工厂提供稳定的零部件和材料供给。

5）市场形象

市场形象因素基于这样的见解和观点，即地方仓库比起距离更远的仓库来说，对顾客的需求反应更敏感，提供的递送服务也更快。

仓库服务的类型有很多，很多与存货储备有关。但事实上，现代仓储服务降低了基本的储备需要，这就要求传统的仓库要有适应当前服务需要的能力。

4.2　仓库的选址

仓库是物流系统重要的基础设施，它不仅自身承担着多种物流功能，而且越来越多地执行指挥调度、信息处理等神经中枢的职能，它建设的好坏，直接影响整个物流系统。合理选择仓库的建设地址，对整个物流系统的建设和运行，具有十分重要的现实意义。

4.2.1　仓库选址主要影响要素

1. 自然环境因素

① 气象条件。仓库选址过程中，主要考虑的气象条件有温度、湿度、风力、降水量等。由于很多货物对保管的条件要求较高，所以要格外注意，北方的仓库要注意冬季的库内温度，南方的敞开式仓库要注意雨季的湿度，另外不良的气象条件会导致外包装的老化，也要一并考虑。

② 地质、地形条件。仓库的选址应考虑在地势较高、平坦宽敞的地方，避免靠近水滨、河岸、土地酥松的地方，应具备一定的面积，有良好的进出通道。

2. 经营环境因素

仓库所在地是否有较优惠的物流产业政策，能否提供数量充足、素质较高的物流从业人员也是要考虑的因素。

① 物流费用。仓储费用和运输费用占物流费用的绝大部分，所以仓库选址时应考虑物流服务需求地相对较近的地方或靠近生产企业、原材料基地，以缩短运距，降低运输费用，同时也要考虑仓库的租用成本、人力成本等，这些指标是物流仓库选址定量设计时所考虑的主要因素，物流费用最低的方案一般就是选址的备选方案。

② 商品特性与服务水平。仓库应该能很好地适应商品的特性，不同的商品对仓库的选址有不同的要求，如家电仓库就应该尽量靠近客户的所在地，这样就能够尽量地做到即时配送、准时配送，当客户向仓库提出需求时，可以快速做出反应。

3. 基础设施状况

① 交通条件。仓库的选址应尽量靠近交通运输主干道、机场、码头、铁路货站等交通枢纽，以方便物流作业。良好的交通条件是仓库选址的必备条件，也是前提条件。

② 公共设施状况。仓库的选址所在地要求有良好的水、电、暖条件，良好的通信条件，最好还有相应的生活服务设施。

4. 其他因素

① 环保要求。仓库的设立，不可避免要对周围环境造成一定的影响，因此应选在远离城市中心的地方。当然，这里也有土地成本的问题，城市建设的规划部门可以考虑在离繁华

区较远、地势平坦的地方设立物流园区，集中安置物流企业，这样既方便管理，也避免对城市的影响。

② 土地的利用。一般大中型仓库占地均在20万平方米以上，对物流中心的规划应本着节约土地资源的原则，认真进行内部配置与规划，既满足需求，留有一定发展空间，又能充分利用土地资源。

对仓库的选址一般采用定量与定性结合的方式，单纯的定性方法缺乏可靠的依据；而单纯的定量方法，又往往会发现最后的选址结果是不可行的。

4.2.2 选址原则

（1）经济性原则。仓库的选址不同，其未来储运活动辅助设施的建设规模及建设费用等是不同的，选址应以费用最低作为重要选址原则。

（2）竞争性原则。仓储活动是服务性活动，用户的选择必将引起仓储服务的竞争。若不考虑这种竞争性机制，而单从成本最低、线路最短、速度最快等角度出发，就会剥夺用户的选择权利，导致垄断，从而阻碍服务质量的提高。

（3）动态性原则。在仓库选址时，不能将环境条件和影响因素绝对化，而是从动态出发，将仓库选址建立在详细分析现状及对未来变化做出合理预测的基础上。

（4）统筹性原则。仓库的位置与生产力布局、消费布局密切相关，在规划时，必须统筹兼顾，微观宏观综合考虑。

（5）交通便利性原则。仓库选址，要考虑现有交通条件，同时预测和规划未来交通发展趋势，保证仓库投入使用后交通便利。

（6）战略性原则。仓库选址要有前瞻性，制定长远发展规划。显然，只有顾客密集分布、交通与装运条件方便、地价低廉等主要条件得到满足的地方，才是合适的仓库地址。

4.2.3 仓库选址的基本方法

（1）综合因素评价法。设施选址受到许多因素的影响，包括自然因素、基础设施因素等非经济因素，也包括成本、费用等经济因素，属于定性分析的非经济因素要经过一定的量化，与经济因素进行整合，来对选址的优缺点进行评估，这就是综合因素评价法。综合因素评价法分为加权因素法和因次分析法，加权因素法偏重于对非经济因素进行评价，而因次分析法则将各个因素进行综合处理。

（2）解析法（重心法）。当产品成本中运输费用所占比重较大或可以只考虑运输成本对仓库的选址有影响的情况下，原材料由多个供应点供应或产品提供给多个商家，可以考虑使用重心法进行选址。重心法是单设施选址中常用的方法，给定供应点与需求点的坐标和运输量，求如何选择仓库的坐标点使配送成本最小。需要指出的是，仓库的选址涉及因素较多，简单的数学方法计算出的地址方案不一定是合理的地址，所以使用重心法求出来的解通常不是合理方案，但有一定的参考价值，通常将重心法与其他选址方法结合使用，考虑选择与重心法选址相近的方案作为可行方案。

（3）最优化规划方法。最优化规划方法是运筹学的基本方法之一，主要是指在约束条件的限定下，求出使目标函数为最大、最小或固定值的解，即求出可以得出最优化方案的解。

当然，可供选择的方案有多个，需要从其中找到一个较为优化的方案，使物流系统或成本最低或反应时间最短。一般是使用运筹学中线性规划的方法解决，主要约束条件有两个，必须有两个或两个以上方案，即这两个方案竞争同一资源，另一个约束条件是所有变量之间的关系都是确定的，可以用数学模型来描述的。随着计算机技术的发展和数据处理能力的增强，使涉及仓库选址和物流网络布局的多变量规划求解成为可能，线性规划和整数规划也是目前应用最广泛的选址方法，一般是考虑选址的数学模型使总成本最小，然后用整数变量来描述选择关系，即选或不选，用约束条件来规划平衡关系。最优化规划方法的优点在于使用定量的方法解决问题，相对较为精确，能够获得精准的最优解；缺点是如果数学模型较为复杂，则难以计算，或变量之间的关系极其复杂，数学模型根本无法建立，有时候尽管能够得到最优解，但在实际工作中是不可行的，如使用重心法进行选址，最优解往往不可行的。

4.3 仓库作业管理

按仓库作业阶段，仓库作业管理可分为商品入库作业管理、商品在库储存作业管理和商品出库作业管理。

4.3.1 商品入库作业组织

商品入库作业组织是商品储存的准备工作阶段。商品入库作业的整个过程包括商品接运、商品的入库验收、办理入库交接手续等一系列业务活动。

1. 商品接运

商品接运是指仓库对于通过铁路、水运、公路、航空等方式运达的商品，进行接收和提取的工作。接运的主要任务是准确、齐备、安全地提取和接收商品，为入库验收和检查做准备。

接运的方式主要有以下3种。

1) 铁路专用线接车

铁路专用线接车在操作时主要应考虑以下几个方面。一是卸车前的检查，包括核对车号，检查车门、车窗、货封有无异样；对盖有篷布的敞车，应检查覆盖状况是否严密完好，尤其要查看有无雨水渗漏的痕迹和破损、散捆等情况。二是卸车过程中要注意核对物品名称、箱件数是否与物品运单上相符；按车号、品名、规格分别堆码，做到层次分明，便于清点，并标明车号和卸车日期；注意外包装的指示标志；妥善处理苫盖，防止受潮和污损；与保管人员一同监卸，争取卸车与物品件数一次点清；卸货后货垛之间要留有通道，与消防、电力设施保持一定距离，与专用线铁轨外侧距离要在1.5米以上。三是卸车后的清理，检查车内物品是否卸净，关好车门、车窗，通知车站取车。四是做好卸车记录，办理内部交接手续。主要包括将卸车记录和运输记录交付保管人员，将进货物品件数交付保管人员。

2) 车站、码头提货

到车站提货，应向车站出示"领货凭证"，若"领货凭证"发货人没有寄出，也可以凭单位证明或单位提货专用章在货票存查联上加盖，将货物提回。到码头提货，提货人要事先在提货单上签名并加盖公章或附单位提货证明，到港口换取货运单后就可到指定的库房提取货物。提货时要根据运单和有关资料认真核对检查，发现货损货差，及时提出并作出相应货运记录。货到库后，接运人员应及时将运单连同提取的货物向保管人员当面交点清楚，然后双方共同办理交接手续。

3) 自提货

仓库直接到供货单位提货，叫自提。这种方式的特点是提货与验收同时进行。仓库根据提货通知，要了解所提货物的性质、规格、数量，准备好提货所需的设备、工具、人员。自提货应当场进行物品验收，点清数量，查看外观质量，做好验收记录。提货回仓库后，交验收员或保管员复验。

2. 商品的入库验收

商品的入库验收，要进行数量点收和质量检验。

1) 数量点收

数量点收主要是根据商品入库凭证清点商品数量，检查商品包装是否完整，数量是否与凭证相符。货物运到库场后，库场收货人员应根据货主或运输单位开列的有效凭证（如货物运单和交接清单），将数量清点核准。验收可以采用逐件点数计总和集中堆码点数两种方法。逐件点数时可以发筹计数或签单计数以免出错。对于货物品种单一、包装大小一致、数量较多的货物，采用集中堆码点数的方法较好。

2) 质量检验

质量检验主要是按照质量规定标准，检查商品的质量、规格和等级是否与标准符合。仓库对货物的质量验收通常只对其外表包装进行检验，即对每件物品的包装和标志要进行认真的查看。检查包装是否完整、牢固，有无破损、受潮、水渍、油污等异状。物品包装的异状，往往是物品受到损害的一种外在现象。如果发现异状包装，必须单独存放，并打开包装，详细检查内部物品有无短缺、破损和变质。

3. 办理入库手续

入库手续主要是指交货单位与库管员之间所办理的交接工作，包括商品的检查核对，事故的分析、判定，双方认定，在交库单上签字。仓库一边给交货单位签发接收入库凭证，并将凭证交给会计、统计入账、登记，一边安排仓位，提出保管要求。

4.3.2 商品保管

商品保管是对物品进行储存，并对其进行物理性管理的活动。商品保管作业是商品仓库作业的中心工作，体现了储存对商品所有权和使用价值的保护职能。商品的保管方法主要有合适的分区分类管理和商品堆码。

1. 分区分类管理

储存商品时，一般应根据商品的自然属性，考虑仓库的设备条件，按照商品的类别，把仓库和货场划分为若干货区，每个货区再分成若干货位，编成顺序号。在分区的基础上，按号储存商品，实行分类存放、对号入座、分区管理。

分区分类储存商品能保证商品储存的安全，减少商品耗损，做好商品的养护工作，便于查找，有利于检查、入库和出库。商品分类储存方法应根据不同的仓库类别确定。

一般仓库按商品的自然属性和类别进行分区储存。在仓库的分区分类管理中经常使用"四号定位法"。"四号定位法"是采用4个数字号码对库房（货场）、货架（货区）、层次（排次）、货位（垛位）进行统一编号，例如，2—4—5—11 就是指 2 号库房、4 号货架、第 5 层、11 号货位。

2. 商品堆码

商品堆码是将物品整齐、规则地摆放成货垛的作业。它对维护商品质量、充分利用库房容积和提高装卸作业效率，以及对采用机械作业和保证商品安全等具有重大影响。

1）堆码的原则

商品堆码应注意以下 8 个方面的原则。

（1）面向通道进行保管。为使货物出入库方便，容易在仓库内移动，其基本条件是将货物面向通道保管。

（2）尽可能地向高处码放，提高保管效率。有效利用库内容积应尽量向高处码放，为防止破损，保证安全，应当尽可能使用货架等保管设备。

（3）重下轻上原则。当货物重叠堆码时，应将重的货物放在下面，轻的货物放在上面。

（4）根据出库频率选定位置。出货和进货频率高的货物应放在靠近出入口，易于作业的地方；流动性差的货物放在距离出入口稍远的地方；季节性货物则依其季节特性来选定放置的场所。

（5）同一品种在同一地方保管原则。为提高作业效率和保管效率，同一类货物或类似货物应放在同一地方保管。

（6）便于识别原则。将不同颜色、标记、分类、规格、样式的商品分别存放。

（7）便于点数原则。每垛商品可按五或五的倍数存放，以便于清点计数。

（8）依据形状安排保管方法。依据物品形状来保管也是很重要的，如标准化的商品应放在托盘或货架上来保管。

堆码要遵守合理、牢固、定量、整齐、节约、先进先出等项要求。

2）商品堆码方法

根据商品的特点应该选择不同的堆码方法，主要有货垛堆码法、货架堆码法、散堆法和五五化堆放法。

（1）货垛堆码法。货垛堆码法适用于有外包装的商品，如箱、包、桶、袋等，或不需要包装的大宗商品，如钢材。商品的性能不同，规格不同，包装各异，外形多样，故货垛堆码形式较多。有直码、压缝码、交叉码、连环码、梅花码等。

（2）货架堆码法。在使用货架堆码时，要在库房地坪、货场地面负荷允许的条件下，尽量向空中发展。要根据商品性能特点、设备条件，积极开展技术改造，努力设计和制作既经济方便又能充分利用仓容的各种货架。

（3）散堆法。散堆法适用于露天存放的没有或不需要包装的各种大宗商品，如煤炭、生铁等。

（4）五五化堆放法。五五化堆放法是以"五"为基本计算单位，根据物资的形状，码成各种不同垛形的方法。如大的五五成方，高的五五成行，散装的五五成堆，小的五五成包，带孔眼的五五成串等。每垛总数为"五"的倍数，它的优点是利于物资的清点，过目成数，提高了工作效率，减少差错。

总之，要根据商品的品种、性质、包装、体积、重量等情况，同时还要依照仓库的具体储存要求和有利于商品库内管理来确定商品的堆码形式，做到科学合理。

3）堆码的注意事项

商品堆码要做到货堆之间，货垛与墙、柱之间保持一定距离，留有适宜的通道，以便商品的搬运、检查和养护。要把商品保管好，"五距"很重要。五距是指顶距、灯距、墙距、柱距和堆距。

顶距是指货堆的顶部与仓库屋顶平面之间的距离。留顶距主要是为了通风，平顶楼房，顶距应在50厘米以上为宜。灯距是指在仓库里的照明灯与商品之间的距离。留灯距主要是防止火灾，商品与灯的距离一般不应少于50厘米。墙距是指货垛与墙的距离。留墙距主要是防止渗水，便于通风散潮。柱距是指货垛与屋柱之间的距离。留柱距是为防止商品受潮和保护柱脚，一般留10~20厘米。堆距是指货垛与货垛之间的距离。留堆距是为便于通风和检查商品，一般留10厘米即可。

3. 仓库的账务统计工作

由于保管账、货签和仓库档案是对商品实行控制和管理的有效措施，是库存商品的信息源，所以，登账、挂签建账是库存管理的重要内容。

（1）保管账。保管账是详细反映商品入库、发出和结存的动态记录。

（2）货签。货签是货位与库存商品的显示标志，便于检点作业和库存数量管理。

（3）仓库档案。每类商品必须建立商品档案，以集中该类商品的技术资料和各种单据，必要时以供查考之用。档案要由专人管理，资料要齐全完整。

4.3.3 商品养护

养护是指储存过程中对商品所进行的保养和维护工作。在储存期间，对商品进行养护，有利于维护好商品的质量，降低商品的损耗，有效地维护商品的使用价值，满足市场的需求。对仓储商品进行养护，就是根据各种商品不同的自然属性，分析其质量变化的不同形式，研究各种环境因素对商品质量变化的影响及其程度，掌握仓储商品质量变化的规律，以便创造和利用各种有利的条件，控制不利的影响因素，以保证商品在储存期间的数量没有缺损和质量完好。

1. 影响库存商品质量变化的因素

影响库存商品质量的因素很多，概括起来主要有两个方面：一是商品质量变化内在的因素，二是商品质量变化外在的因素。

（1）商品质量变化的内在因素。商品质量变化的内在因素有商品的组织结构、化学成分及理化性质等。所有这些因素都是在商品制造过程中决定的。在储存过程中，要充分考虑这些性质和特点，创造适宜的储存条件，减少或避免因其内部因素发生作用而造成商品质量的变化。

（2）商品质量变化的外在因素。商品质量变化的外在因素包括温湿度、臭氧和氧、日光照射、有害气体、微生物及虫鼠害的侵害、结构损伤、卫生条件等。所有这些都会直接造成商品变质和损坏。因此，必须采取有效措施，防止有害因素的影响，保证商品的储存安全。

2. 防止商品质量变化的措施

温湿度对商品质量的影响是最大的。因此，防止商品质量变化的措施，目前主要是对仓库的温湿度进行调节和控制。

（1）对仓库温度的调节和控制。一般来说，库房外的温度叫气温；库房内的温度叫库温；储存物品的温度叫垛温。温度的表示方法可以用摄氏温度，也可以用华氏温度。当仓库温度过高时，通常采取自然通风和机械通风的方法降温；当冬季储存防冻商品时，在北方常采用暖气设备来提高温度，在南方一般采用自然通风的办法来提高温度。

（2）对于仓库湿度的调节与控制。当需要降低湿度时，通常采用吸潮剂吸潮、生石灰吸潮、硅胶吸潮和去湿机吸潮等方法；当需要加湿时，一般采用加湿器加湿等方法。

4.3.4 保管技术

对物品的维护保管工作就是根据物品的物理、化学性质及其所处的自然条件，采取措施延缓物品变化的一项技术。

1. 仓库温湿度的控制和调节方法

控制和调节库房温湿度的一般方法有通风、密封、吸潮等。

（1）通风。正确的通风应当是根据商品性质的要求，分析库内外温湿度的实际情况和变化趋势，并参考风向、风力，有计划、分时段地进行。

（2）密封。密封是尽可能地把商品严密地封闭起来，减少或阻止外界不良气候和其他不良因素的影响，达到防潮、防热、防霉、防干裂、防冻、防溶化、防锈蚀、防虫等多种目的，从而保证商品安全储存。密闭前应对商品的质量、温度和含水量进行检查，密闭后要加强检查工作。为保护商品的安全，在检查中若发现商品包装材料有异状，或温度不适宜时，要及时采取措施。

（3）吸潮。吸潮是指用化学或物理方法，将库内潮湿空气中的部分水分除去，降低空气湿度。吸潮的主要方法是用吸湿剂吸潮和去湿机吸潮。

2. 金属防锈

金属制品的锈蚀不仅破坏了外形，而且能够造成内部缺陷，使材料的使用价值受到影响，同时带来的经济损失也是巨大的。所以及时有效地进行防锈、除锈，防止或减缓金属制品的锈蚀是十分必要的，也是仓储物资养护的主要内容之一。具体的防护措施如下。

（1）控制和改善储存条件。控制和改善储存条件，首先，应注意选择适宜的保管场所。尽可能选择远离有害气体和粉尘的厂房，远离酸、碱、盐类物质或气体，储存场所应该具有良好的排水系统。货场要用碎石或炉灰垫平，增强地表层的透水性，以保持库区的干燥。其次，应注意保持库房干燥。保持库房相对湿度在临界湿度（一般是70%左右）以下，较精密的五金工具、零件等金属制品必须在库房储存，并禁止与化工商品或含水量较高的商品同库储存。最后，应注意妥善码垛和苫盖。

（2）涂油防锈。在金属制品表面涂一层防锈油脂薄膜。

（3）涂漆防锈。在金属材料表面均匀地涂上一层油漆，是应用极其广泛的一种防锈方法。其优点是施工简单，适用面广。

3. 霉变和虫害的防治

1）霉变的防治

霉变是在一定温湿度条件下，由霉菌引起的货物变质。库存物资并不是在任何条件下都会发生霉变，水分是微生物繁殖的必要条件。工作中，经常把相对湿度75%称为货物霉变的临界湿度，低于75%时，多数货物不会霉变。温度是微生物生长的另一个重要条件。它在10℃以下不易生存，40℃以上停止活动，80℃时多数微生物死亡，在25～35℃时生长最好。日光对多数微生物影响也很大，日光直射1～4小时，大部分微生物会死亡。防止物品霉变，主要应采取预防措施。具体方法有以下几种。

（1）仓库管理。物资入库要严格检查有无霉变现象，入库后容易霉变的物资分库存放，注意通风，降温防湿，把相对湿度控制在75%以下。

（2）用药剂防范霉变。把抑制和杀灭微生物的化学药剂喷洒在容易霉变的物资上。

（3）气体防霉。改变空气成分，用二氧化碳或氮气密封包装，物品上的霉菌就失去了生存的条件。

（4）低温防霉。低温防霉一般具有良好的效果。但是不同的物品对温度的要求不同，例如，鲜鸡蛋最好在-1℃的条件下保管；果蔬的保管温度要求在0～10℃之间；鱼、肉物品采用速冻方法，在-28～-16℃之间时可以保存较长时间。

2）虫害的防治

虫害不仅侵害仓库的物资，还会对仓库本身造成损坏。防止虫害，主要应采取以下几种方法。

（1）清洁卫生防治法。库内保持清洁，孔洞缝隙密封，库外不留杂草、污水、垃圾，适时喷洒防虫药剂。

（2）化学药剂防治法。该法是利用化学药剂预防和杀灭仓库害虫。

4.3.5　商品出库作业组织

商品的出库作业与入库作业要求基本上是一致的，即要求对出库商品的数量、品种、规格进行一次核对，经复核与发货凭证所列项目无误后，当场与收货单位办妥交接手续，以明确责任。为保证商品及时、准确、迅速出库，商品出库必须坚持按一定的程序进行。出库的程序一般包括以下5个方面内容。

（1）核对领发凭证。商品出库必须首先核对和审查领发凭证，准确掌握出库商品的名称、编号、型号、实发数量、印鉴及审批手续等。

（2）集中备货。按照商品储存秩序，顺序取货，减少往复行走距离。

（3）复核。对所有出库商品实行检查核对制度，保证实发货物准确无误。

（4）办理交货手续。库管员与领货人办理交接手续，商品要当面验证，在移交单上签字认定。

（5）善后处理。库管员在办完交接手续后要整理现场，清理单据，登记账册，资料归档，并制定出库计划，妥善安排出库的人力和车辆。

4.4　自动化立体仓库

4.4.1　自动化立体仓库的概念

自动化立体仓库由高层货架、巷道堆垛起重机（有轨堆垛机）、入出库输送机系统、自动化控制系统、计算机仓库管理系统及其周边设备组成，是可对集装单元货物实现自动化存取和控制的仓库。

生产力的发展，要求建造大量仓库，建造大量仓库就必然要占用大量土地。据国外资料统计，土地费用占整个建筑费用的15%左右，而建造普通仓库比建造自动化立体仓库的土地占用多三至五倍。在这种情况下，人们提出了"向空间要货位""向空间要仓库"的口号，推动了仓库向高空发展。目前世界上最高的仓库高达40米，普通仓库也在10~20米之间。仓库的高度化，使仓库的储存面积相应增加，建筑面积的土地费用相应下降。巷道堆垛起重机的出现，解决了向高层货架送取货物的难题。仓储企业为了减少自身商品搬运费用，力求提高生产效率，节省费用，使用占用人力少的机械，代替那些效率低、费用多、占用人力多的机械。巷道堆垛起重机不仅具备上述优点，而且能够快速、准确地完成向高层货架送取货物的任务。它的出现为自动化立体仓库的建设提供了商品搬运条件。电子计算机在物流部门中的应用，引起了人们的重视，它的应用范围越来越广泛。将电子计算机应用到仓储作业中，改变以往传统的手工管理方式，为仓库的自动化开辟广阔的前景。

自动化立体仓库能够充分发挥仓库的使用效能，满足商品储存的要求；同时针对商品的特性，采用先进设备，确保商品的使用价值。另外，还能够做到吞吐快捷，加速运输工具的周转，促进商品的流通。

4.4.2　自动化立体仓库的分类

自动化立体仓库从不同的角度有不同的分类，主要有以下3种。

1. 按仓库的建筑形式分类

（1）整体式自动化立体仓库。这种自动化立体仓库的货架与建筑物结为一体，货架既是储存货物的构件，又是仓库屋顶和墙体支撑的结构体系。

（2）分离式自动化立体仓库。分离式自动化立体仓库是一种货架设置在库房建筑之内，货架结构与库房建筑分离的自动化立体仓库。

2. 按仓库高度分类

（1）高层自动化立体仓库。指仓库高度在12米以上的自动化立体仓库。

（2）中层自动化立体仓库。指仓库高度在5~12米之间的自动化立体仓库。

（3）低层自动化立体仓库。指仓库高度在5米以下的自动化立体仓库。

3. 按仓库容量分类

（1）小型自动化立体仓库。托盘数量在2 000个以下的仓库，称为小型自动化立体仓库。

（2）中型自动化立体仓库。托盘数量在2 000~5 000个之间的仓库，称为中型自动化立体仓库。

（3）大型自动化立体仓库。托盘数量在5 000个以上的仓库，称为大型自动化立体仓库。

4.4.3　自动化立体仓库的优点

自动化立体仓库最早出现于20世纪60年代，虽然仅仅半个多世纪，但已发展到相当高的水平。与传统仓库相比较，自动化立体仓库具有许多优点。

(1) 自动化立体仓库可以节省劳动力，节约占地。由于自动化立体仓库采用了高效率的巷道堆垛起重机，仓库的生产效益得到了较大的提高。自动化立体仓库的高层货架能合理地使用空间，使单位土地面积存放货物的数量得到提高。在相同的土地面积上，自动化立体仓库比普通仓库储存能力高达几倍，甚至十几倍。这样在相同储存量的情况下，自动化立体仓库节约了大量土地。

(2) 自动化立体仓库出入库作业迅速、准确，缩短了作业时间。现代化的商品流通要求快速、准确。自动化立体仓库由于采用了先进的控制手段和作业机械，采用最快的速度、最短的距离送取货物，使商品出入库的时间大为缩短；同时，仓库作业准确率高，仓库与供货单位、用户能够有机地协调，这有利于缩短商品流通时间。

(3) 提高仓库的管理水平。电子计算机控制的自动化立体仓库结束了普通繁杂的台账手工管理办法，使仓库的账目管理及大量资料数据通过计算机储存，随时需要，随时调出，既准确无误，又便于情报分析。从库存量上，自动化立体仓库可以将库存量控制在最经济的水平上，在完成相同的商品周转量的情况下，自动化立体仓库的库存量可以达到最小。

(4) 自动化立体仓库有利于商品的保管。在自动化立体仓库中，存放的商品多、数量大、品种多样。由于采用货架-托盘系统，搬运作业安全可靠，避免了商品包装破损、散包等现象。自动化立体仓库有很好的密封性能，为调节库内温度、搞好商品的保管养护提供了良好的条件。在自动化立体仓库中配备火灾报警装置和排水系统，仓库可以预防和及时消除火灾隐患。

4.4.4 自动化立体仓库的使用条件

自动化立体仓库具有一般普通仓库不可比拟的优点。但是要建立和使用自动化立体仓库需要具备一定的条件。

(1) 商品出入库要频繁和均衡。自动化立体仓库具有作业迅速、准确的特点，一般出入库频繁的商品使用自动化立体仓库较合适，否则自动化的上述优点便不能得到充分的体现。自动化立体仓库要求均衡的作业，出入库频率不可变化过大。

(2) 要满足仓库建设的一些特殊要求。自动化立体仓库的建设比普通仓库的设计和建造要求特殊一些，因为使用高层货架，仓库的地坪承载能力要比普通仓库大好几倍。要建造具有相当承压的地坪，就必须考虑建库地址的地质状况。自动化立体仓库进行自动作业，巷道堆垛起重机自动从货架中送取货箱和托盘，对货架的规格尺寸有严格的要求，以保证作业的吻合。

(3) 一次性投资大。建造一座自动化立体仓库一次性投资大，自动化立体仓库的建设不仅要消耗大量的钢材和其他材料，而且设备费用也高。因此，要建造自动化立体仓库必须慎重考虑资金情况，以及材料、设备的供应情况。

4.5 库存管理

4.5.1 库存管理概述

库存管理是指在保障供应的前提下，以库存物品的数量最少和周转最快为目标所进行的计划、组织、协调与控制。主要要求控制合理的库存水平，即用最少的投资和最少的库存管理费用，维护合理的库存，以满足使用部门的需求和减少缺货损失。

1. 库存的类型

库存是指储存作为今后按预定的目的使用而处于闲置或非生产状态的物品。广义的库存还包括处于制造加工状态和运输状态的物品。

库存的分类方式很多，从不同的角度可以进行不同的分类。

（1）按库存在生产过程中所处的领域进行分类，可将库存分为制造库存和流通库存。制造库存是指购进后直接用于生产制造，其特点是在出售前经过生产加工过程，改变原有的实物形态或使用功能；流通库存是指购进后供转售的库存。

（2）按库存在企业中的用途进行分类，可将库存分为原材料库存、零部件库存及产成品库存。

（3）按照库存的地点进行分类，可将库存分为在库库存和在途库存。在库库存是指已经运到企业，并已验收入库的各类材料和商品；在途库存是指已经取得所有权，正在运输途中的库存。

（4）按价值进行分类，可将库存分为贵重物资库存与普通物资库存。

2. 库存的作用

库存是闲置的资源，不能立即为企业产生效益，但库存又是必需的，因为库存有以下重要作用。

（1）满足预期顾客的需求。一定的成品库存可以使顾客很快采购到他们所需要的物品。这样，可以缩短顾客的订货提前期，也有利于供应厂商争取预期顾客。

（2）平滑生产的均衡性。外部的需求总是波动的，而企业的生产要求具有均衡性。要满足需方的波动的需求，又要使供方的生产均衡，就必须维持一定量的库存。

（3）平衡流通资金的占用。库存的材料、在制品及成品是企业流通资金的主要占用部分，因而库存量的控制实际上也是进行流通资金的平衡。例如，加大订货批量会降低企业的订货费用，保持一定量的在制品库存与材料会节省生产交换次数，提高工作效率，但这两方面都要寻找最佳控制点。

（4）防止缺货。维持一定量的库存，可以防止缺货的产生。在生产过程中维持一定量的在制品，可以防止因缺货而中断生产。

库存具有重要的作用，但也有其不利的一面，如库存要占用资金，物资库存要修建投入较大的仓库，要维持库存物品不损耗、不老化，都需要大量维护费用等。

4.5.2 ABC 库存管理法

企业的库存物资种类繁多，对企业的全部库存物资进行管理是一项复杂而繁重的工作。因此，在库存控制中，应加强重点管理的原则，把管理的中心放在重点物资上，以提高管理的效率。ABC 分析法便是库存控制中常用的一种重点控制法。ABC 库存管理法是在 1951 年由美国通用电气公司的迪克首先在库存管理中倡导和应用的。

1. ABC 库存管理法的基本原理

ABC 库存管理法又称为 ABC 分析法、重点管理法，它是"关键的少数和次要的多数"的帕累托原理在仓储管理中的应用。ABC 库存管理法强调对物资进行分类管理，根据库存物资的不同价值而采取不同的管理方法。

ABC库存管理法的基本原理是：由于各种库存品的需求量和单价各不相同，其年耗用金额也各不相同。ABC库存管理法就是根据库存品的年耗用金额的大小，把库存品划分为A、B、C三类。A类库存品是指年耗用金额占总库存金额的75%～80%，但其品种数却只占总库存品种数的15%～20%；B类库存品年耗用金额占总库存金额的10%～15%，其品种数占库存品种数的20%～25%；C类库存品年耗用金额占总库存金额的5%～10%，其品种数却占总库存品种数的60%～65%。由此可见，A类库存品是属于价值昂贵但品种数量较少的物资；C类库存品属于品种数量庞大但单位价值很低的物资；B类库存品则介于二者之间。

2. ABC库存管理法的一般步骤

1）搜集数据

按分析对象和分析内容，搜集有关各类库存品的数据。

2）处理数据

计算每种库存物资在一定期间，如一年内的供应金额，其计算方法是单价乘以供应物资的数量。例如，某仓库有10类物资，我们列出物资类别表，如表4-1所示。

表4-1 10类物资类别表

产品名	数量	单价/元	占用资金/元	占用资金百分比/%
A	30	50	1 500	1.5
B	15	100	1 500	1.5
C	10	6 800	68 000	68.0
D	12	1 000	12 000	12.0
E	20	100	2 000	2.0
F	20	200	4 000	4.0
G	20	100	2 000	2.0
H	25	200	5 000	5.0
I	20	100	2 000	2.0
J	10	200	2 000	2.0

3）编制ABC分析表

根据已计算出的各种库存品的年耗用金额，把库存品按照年耗用金额从大到小进行排列，并计算累计百分比，如表4-2所示。

表4-2 ABC分析表

产品序号	数量	单价/元	占用资金/元	占用资金百分比/%	累计百分比/%	占产品项的百分比/%	分类
1	10	6 800	68 000	68.0	68.0	10	A
2	12	1 000	12 000	12.0	80.0	20	A
3	25	200	5 000	5.0	85.0	30	B

续表

产品序号	数量	单价/元	占用资金/元	占用资金百分比/%	累计百分比/%	占产品项的百分比/%	分类
4	20	200	4 000	4.0	89.0	40	B
5	20	100	2 000	2.0	91.0	50	C
6	20	100	2 000	2.0	93.0	60	C
7	10	200	2 000	2.0	95.0	70	C
8	20	100	2 000	2.0	97.0	80	C
9	15	100	1 500	1.5	98.5	90	C
10	30	50	1 500	1.5	100	100	C
合计			100 000	100			

4) 根据 ABC 分析表确定分类

根据已计算的年耗用金额的累计百分比，按照 ABC 分类的基本原理，对库存品进行分类。

5) 绘制 ABC 分析图

以库存品种数百分比为横坐标，以累计耗用金额百分比为纵坐标，在坐标图上取点，并连接各点，则绘成如图 4-4 所示的 ABC 曲线。按 ABC 分析曲线对应的数据，以 ABC 分析表确定 A、B、C 3 个类别的方法，在图上标明 A、B、C 3 类，则制成 ABC 分析图。

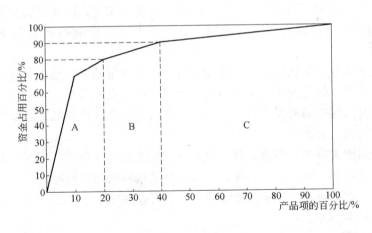

图 4-4　ABC 分析图

由图 4-4 可以看出，A 类物资的品种数量很少，但占用了绝大部分年消耗金额；B 类物资的品种数量百分比与年消耗金额百分比相差不大；C 类物资品种数量很多，但所占消耗金额的百分比很小。

3. ABC 库存管理法在库存控制中的应用

按 ABC 分析结果，权衡管理力量与经济效果，对 3 类库存物品进行有区别的管理，具体方法如表 4-3 所示。

表 4-3　不同库存类型的管理策略

库存类型	特　点	管理方法
A	品种数占 15%～20%，年耗用金额占总库存金额的 75%～80%	进行重点管理。应严格控制其库存储备量、订货数量、订货时间。在保证需求的前提下，尽可能减少库存，节约流动资金。现场管理要更加严格，为了保持库存记录的准确，要经常进行检查和盘点
B	品种数占库存品种数的 20%～25%，年耗用金额占总库存金额的 10%～15%	进行次重点管理。现场管理不必投入比 A 类更多的精力；库存检查和盘点的周期可以比 A 类长一些
C	品种数占总库存品种数的 60%～65%，年耗用金额占总库存金额的 5%～10%	只进行一般管理，但是由于品种多、数量大，差错出现的可能性比较大，因此也必须定期进行库存检查和盘点，周期可以比 B 类长一些

4.5.3　基于经济订货批量的库存控制法

现代库存管理要求在充分发挥库存功能的同时，尽可能地降低库存成本。企业每次订货量的多少直接关系到库存水平和库存总成本，为了使库存的总成本最少，企业希望找到一个合适的订货数量，通过经济订货批量的计算可以做到。在进行有关库存规模的决策时，必须从经济性角度出发，综合考虑影响库存量决策的成本因素，包括订货成本、保管仓储成本等。

1. 库存成本

库存成本一般包括订货成本、保管成本、进货费与购买费。

（1）订货成本。订货成本是指订货过程中发生的全部费用，包括订货手续费、差旅费、通信费、招待费及订货人员有关费用。订货成本与订货量的多少无关，而与订货次数有关。

（2）保管仓储成本。保管仓储成本是指保管过程中发生的全部费用，包括：入、出库时的装卸、搬运、堆码、检验费用；保管用具、用料费用；仓库房租、水电费；保管人员薪金等有关费用；保管过程中的货损、货差；保管物资占用资金的银行利息。保管成本与保管数量的多少和保管时间的长短有关。

（3）进货费与购买费。所谓进货费，就是进货途中的全部费用，包括运费、包装费、装卸费、租赁费、延时费、货损、货差等。购买费则是指所购物资的原价。

经济批量模型就是通过平衡采购进货成本和保管仓储成本，确定一个最佳的订货数量来实现最低总库存成本的方法。

2. 经济订货批量

基于经济订货批量的库存控制法也称为定量订货法，是指当库存量下降到预定的最低库存量（订货点），按照一定的数量（经济订货批量）来进行补货的控制方法。基于经济订货批量的订货分析见图 4-5。

当库存量下降到订货点 R 时，即按预先确定的订购量 Q（经济订货批量）发出订货单，经过交货周期（订货至到货间隔时间）LT，库存量继续下降，到达安全库存量 S 时，收到订货，库存水平上升，然后开始下一循环。

该方法主要靠控制订货点 R 和订货批量 Q 两个参数来控制订货，达到既最好地满足库

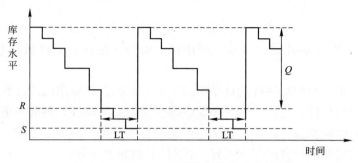

图 4-5 基于经济订货批量的订货分析图

存需求，又能使总费用最低的目的。在需要为固定、均匀和订货交纳周期不变的条件下，订货点 R 由下式确定：

$$R = \frac{\text{LT} \times D}{365} + S$$

经济订货批量（简称 EOQ）即通过平衡采购进货成本和保管仓储成本核算，以实现总库存成本最低的最佳订货量。它可以用来确定企业一次订货（外购或自制）的数量。当企业按照经济订货批量来订货时，可实现订货成本和储存成本之和最小化。

基本的经济订货批量模型如下：

$$\text{EOQ} = \sqrt{\frac{2CD}{K}} \text{ 或 } \sqrt{\frac{2CD}{PF}}$$

式中：C——单位订货成本（元/次）；
D——库存物品的年需求量（件/年）；
K——单位库存平均年库存保管费用［元/（件·年）］；
P——单位采购成本（元/件）；
F——单件库存保管费用与单件库存采购成本之比，即保管费用率。

例：某企业年需求某类物资 12 000 件，单价为 100 元/件，年保管费率为 20%，每次订货成本为 3 000 元，订货提前期为 10 天，安全库存 90 件，请计算该类物资的经济订货批量与订货点。

解：$\text{EOQ} = \sqrt{\frac{2CD}{PF}} = \sqrt{\frac{2 \times 12\,000 \times 3\,000}{100 \times 20\%}} = 600(\text{件})$

$$R = \frac{\text{LT} \times D}{365} + S = \frac{10 \times 12\,000}{365} + 90 = 419(\text{件})$$

计算结果表明，当库存量降低到 419 件时，每次采购某类物资 600 件，每年采购 20 次，可以使发生的总库存费用降至最低。

4.5.4 基于 JIT 的存货管理方法

JIT 意为准时制，是指生产活动中，在能够准确测定生产环节的作业效率和时间的条件下，按照准确的时间进行生产控制的生产管理方式。

1. 原理

它是以顾客（市场）为中心，根据市场需求来组织生产。JIT 是一种倒拉式管理，即逆着生产工序，由顾客需求开始，订单—产成品—组件—配件—零件或原材料，最后到供应商。

具体来说，就是企业根据顾客的订单组织生产，根据订单要求的产品数量，上道工序就应该提供相应数量的组件，更前一道工序就应该提供相应的配件，再前一道工序提供需要的零件或原材料，由供应商保证供应。整个生产是动态的，逐个向前逼近的。上道工序提供的正好是下道工序所需要的，且时间上正好（准时），数量上正好。

2. JIT 在库存控制中的应用

JIT 作为一种生产中的管理方法与管理思想，在物流中的应用主要体现在库存控制上，即订货管理中的准时制采购，它的宗旨是要求供应商在合适的时间、地点以合适的质量和价格来完成供货。JIT 采购可以减少库存量，提高库存周转率，改善供货环节，提高供货质量。

与以最低成本费用为目标的传统采购相比，JIT 采购有很大的变化，主要特点有以下 4 点。

（1）严格要求交货的时间。这是实现 JIT 生产的前提，是否准时决定于供应商的生产与运输能力，即一方面供应商必须提高生产的稳定性与可靠性，避免误点现象，如果做不到，则必须增加库存量，以应付严格的交付时间；另一方面，供应商或供应商的物流外包方必须关注运输问题，尤其在全球采购、全球供应的背景下，运输距离被拉大，而且运输方式的转换频繁，这就更增加了准时交货的难度。

（2）要求供需双方进行信息的充分交流。在 JIT 采购的条件下，由于双方属于战略合作，企业的计划、生产、库存的信息都可以进行充分的交流，这样拉长了供货的反应时间，出现的问题能够及时进行处理。在现代高科技技术手段的支持下，供需双方的信息交流更加便捷、高效。

（3）批量较小的采购策略。传统生产与采购都是按照预测进行的，采购量相对较大，JIT 采用拉动的生产方式，按照订单生产，宗旨是消除原材料的库存，为保证准时的生产与成品交货，必然采用小批量的采购方式。对于上游的供货商来讲，必然增大运输的难度，增加运输成本，可以采用供应商管理库存或集合运输的办法来解决。

（4）供应商的选择很关键。传统模式下，采用价格最低的方式来选择供应商，供需双方属于短期的合作，在 JIT 的模式下，以供应商的供货质量和准时性进行衡量，所以必须是长期合作。供应商的能力将对下游厂家的客户服务水平构成很大影响，所以在选择供应商时，需要对其进行综合的评价，价格已经不是主要的因素，包括交货准时性、供货质量、技术标准等。在此条件下，供应商的数量必然较少，或干脆是单一供应商。

复习思考题

1. 仓储的经济利益和服务利益各包括什么？
2. 仓库选址要考虑哪些因素？
3. 保管的技术有哪些？
4. 如何进行库存控制？
5. 库存的作用是什么？

6. 简述 ABC 库存管理法的基本原理。

案例分析

1. 仪征化纤工业联合公司涤纶长丝自动化立体仓库[①]

仪征化纤工业联合公司是我国最大的化纤生产基地。仿毛长丝项目是仪化三期工程的主要组成部分之一,涤纶长丝自动化立体仓库就在其主车间内。涤纶长丝自动化立体仓库是主车间后纺加工的一部分,它担负着长丝成品的入库存储、出库发送及空托盘的自动处理,立体仓库的作业非常频繁。

一、立体仓库的平面布置

根据仪征化纤股份公司对生产、使用及其他系统联结的要求,立体仓库为南北向,进货、出货的位置分别安排在立体仓库货架的两端,平面输送系统采用贯通式布置,总的物流方向是从立体仓库南端(入库端)到北端(出库端),路径简捷,物流畅通。

二、仓库的主要设施

① 高层货架;
② 巷道式堆垛机;
③ 输送机;
④ 条形码阅读器;
⑤ 计算机终端。

三、仓库控制系统特点

控制系统是一个分层分布式计算机系统,它由管理层、监控层、控制层和设备层构成,具有以下特点。

(1) 可靠性高。在系统中,主管理机的双套备份、系统启动时的自检功能、软件方面的抗干扰措施,以及远红外线和光纤通信等都是提高系统可靠性、使系统稳定运行的有效措施。

(2) 易操作维护。本系统的人机界面清楚、简单,系统操作和维护中有简明的提示方式和操作程序。

(3) 自动化程度高。在自动化立体仓库系统中,除出货口处的人工输入出库单和人工搬运外,其余均无须人工干预,这是目前国内综合自动化程度较高的立体仓库之一。

(4) 作业快速准确。货位分配的准确查找和合理分配,堆垛机认址的校验,条形码复核,设置多个入口和多个出口,各巷道均匀入出库和就近出库的分配原则,合理高效的作业调度,空托盘的自动补给,这些措施都提高了作业的准确性和效率。

(5) 具有良好的开放性。整个系统的软硬件环境开放透明,便于将来的修改与扩充,并具有与其他系统连接的通用接口。

(6) 模态组合灵活。多级控制方式、多种灵活的作业方式,使系统可以根据不同需要进行组合。

---

① 张晓萍. 现代生产物流及仿真. 北京:清华大学出版社,2001.

(7) 技术、设备成熟先进。系统中使用了远红外通信设备、智能控制系统、网络集成技术和低照度自控摄像系统，这些技术和设备为系统的可靠、高效、灵活运行提供了有效的保证。

四、仓库的作业流程

1) 入库作业流程

自动分级包装线的码垛机将装成纸箱的长丝成品按每层五箱或六箱，共三层码放在空托盘上，然后送到立体仓库的输送机，开始进行入库作业。

当货物经过入库条形码阅读器时，托盘号被扫描下来，并传给主管机，后者将托盘号与其从包装线收到的托盘信息进行比较，如果有该托盘的信息，并且没有盲码（无法读出条形码信息）标记，则主管机根据均匀分布、出库口就近及高号数巷道优先等原则进行入库地址的分配，然后把分配好的地址信息及作业命令下发给监控计算机。

监控机把托盘号和其入库的巷道号发送给入库条形码系统，由控制系统根据作业命令把入库托盘送入指定的巷道输送机上，条形码系统把托盘信息发送给监控机。监控机根据入库条形码系统返回的信息，在入库队列中消去托盘号，并与相应的堆垛机控制器通信，按顺序下发入库作业命令。堆垛机进行相应的入库作业。

堆垛机完成入库作业后，向监控机返回作业完成等信息，并等待接受下一个作业命令。监控机把作业完成等信息返回给主管机进行入库登账管理，系统中设有较完善的系统安全运行的保护措施。如果堆垛机发生故障，监控机自动发出"故障停"的堆垛机命令，并进行相应的故障排除处理。当遇到难于立即恢复的故障时，监控机则把该信息自动通知主管机，主管机做"封巷道管理"，不再向发生故障的巷道分配入库货物。

入库条形码阅读器出现盲码时，主管机将不对盲码货物（托盘）分配入库地址。该盘货通过人工小车处理和检查后，从盲码处理端经输送机再分配入库。

2) 出库作业流程

首先，出库操作员根据买主的购货要求将出货单（品种、数量或总量）信息输入出库终端，并自动传送给主管机。主管机根据收到的出库单信息，进行库存查询，并按先入先出、各巷道均匀出库和巷道内就近出库等原则选择出库的托盘、货位地址及相应的出货台，形成批出库命令，然后下发给监控机。监控机收到出库命令后，根据当前入出库作业的情况，对出库命令及其他作业命令（如入库、空盘操作等）进行作业的优化调度，安排各巷道的作业次序，把安排好的作业命令（列、层、左右排等）逐条发送给相关的堆垛机控制器。

堆垛机按监控机的出库命令运行到指定的货位，将货物取出并送到巷道口的出库台上。堆垛机控制器能根据不同的运行距离和高度选择合理的运行速度，并具有一系列安全保护和故障处理能力。堆垛机完成一个出库作业后，控制器向监控机显示作业完成信息，等待进行下一个作业。此时，出库输送机控制器对堆垛机刚完成出库的货物进行输送控制。监控机收到堆垛机的作业完成信息后，把该货物的托盘号及出货台下发给出库条形码系统，并向主管机显示该货物出库完成信息。主管机对从监控机收到完成信息进行销账处理，实现了"动态账本"功能。同时，出库条形码系统读取从其面前经过的托盘号，每读到一个托盘号都与其从监控机收到的托盘号进行比较，并分配至相应的出库条形码阅读器。这些阅读器通过出库输送机控制系统执行相应的动作,分别送到三个出库口。载货的托盘到达出货升降台后停止运行,等待人工调整其高度,搬运工卸货后按动一个按钮启动空托盘输送机,把空托盘自动送走。

思考题
1. 结合案例,谈谈自动化立体仓库的优点。
2. 自动化立体仓库一般应配备哪些基本设施?
3. 根据案例,阐明入库作业的作业流程。
4. 根据案例,说明出库作业的作业流程。

2. 跨境电商如何进行仓库管理

在做赛兔 OMS 这款跨境电商 ERP 的一年多时间里,接触了几千家中小卖家,发现 SOHO 在创业、自由、小资的光环下,国际搬运工的名号也并不那么名副其实。从其仓库管理中即可窥见一斑,其情况大致如下。

仓库管理比较混乱,拣货效率低,经常出现库存充足却始终找不到货的情况,时不时出现库管找不到了销售找、销售找不到了采购找、采购找不到了老板找的状况;产品往往具有多属性,无法做到及时准确拣货,尤其是新员工对于商品不熟悉,经常拣货出错,经常需要反复核对,耗费大量人力和时间,严重影响发货效率。

根据公司之前运营美国仓的经验,在对仓库进行规范化管理的同时辅以高效的管理系统。一名仓库人员可以轻松处理 1 000 个包裹的打单、捡货、发货。而目前国内发货的中小卖家,日均单量过千的不在少数,但是处理效率却相去甚远。

本文主要从货架位规范、商品信息管理规范、流程设计三方面来分析,其中前两方面是基础建设,后一方面是系统应用。

1) 货架位规范

货架位信息指对库存商品存放场所按照位置排列,采用统一标识标上顺序号码,并作出明显标志。科学合理的货架位信息有利于对库存商品进行科学的保管,在商品的出入库过程中,根据货架位信息可以快速、准确、便捷完成操作,提高效率及减少误差。

货架位信息的编写,应确保一个仓库的货架位采用同一种规则进行编号,以便于查找处理。在此提供几种常用的货架位编号方法,大家可根据实际情况选择使用。

(1) 区段式编号。

把仓库区分成几个区段,再对每个区段编号。这种方式是以区段为单位,每个号码代表一个存储区域,区段式编号适用于仓库库位简单,没有货架的情况,可以将存储区域划分为 A1、A2、A3……若干个区段。

(2) 品项群式。

把一些相关性强的商品经过集合后,分成几个品项群,再对每个品项群进行编号。这种方式适用于容易按商品群保管和所售商品差异大的卖家,如多品类经营的卖家。

(3) 地址式。

将仓库、区段、排、行、层、格等进行编码。可采用四组数字来表示商品库存所在的位置,四组数字代表仓库的编号、货架的编号、货架层数的编号和每一层中各格的编号。如

1-12-1-5 的编号,可以知道编号的含义是:1 号库房,第 12 个货架,第一层中的第五格,根据货架位信息就可以迅速地确定某种商品具体存放的位置。

以上是三种常用的仓库货架位编号方法,各种方法之间并不是相互独立的,卖家可以根据自己的实际情况相互结合使用。

2) 商品信息管理规范

商品信息管理规范主要是指商品的库存量单位(stock keeping unit,SKU)信息、商品规格尺寸、中英文报关信息的条理化、清晰化。商品信息的规范有利于进行库存商品的科学管理,合理的 SKU 编码有利于实现精细化的库存管理,同时有利于及时准确地拣货,从而减少拣货失误,提高效率。

商品信息的几项内容中,商品规格尺寸、中英文报关信息含有数据稍作整理即可完善。商品 SKU 作为商品的最小库存单位,是商品管理中最为重要、最为基础的数据。但由于其不是既有的信息,很多卖家存在没有 SKU 或 SKU 不完善的情况。例如,鞋子 A,有 3 种颜色,5 个尺码,那么针对这双鞋就需要 15 个 SKU 码,细致到具体颜色的具体尺码。商品 SKU 信息不完善,卖家将无法有效监控自己商品的详细库存。既不利于分析销售数据,进行及时采购补货,配货时订单信息也无法准确显示拣货信息。规范的商品信息是 ERP 系统能够有效进行管理的基础。

那么如何编写 SKU 呢?

SKU 作为最小库存单位,其基本的原则在于不可重复。理论上使用者可以在不重复的条件下随意编写,不过从方便跨境电商卖家管理的方面来讲,建议按照商品的分类属性由大到小的组合方式进行编写,例如,×××× ×××× ×××× ×××× ×××× ×××× 可表示为:大分类、中分类、小分类、品名、规格、颜色。

在跨境电商的实际管理过程中,SKU 不仅仅是作为最小的库存单位,同时也需要通过 SKU 来识别商品信息。以上只是一个简单的示例,在实际编写中卖家可以根据自己产品的特点及管理的需要进行不同的属性组合,但是不管采用哪些属性组合,顺序和所包含属性类别一定要一致,以避免认知上的混乱。

3) 流程设计

这里的流程不是指 4S 也不是 5S,而是指卖家在上述两点规范的情况下,订单、进销存的管理过程中每个节点工作的顺次衔接。

简单而言跨境电商卖家日常的后端管理大致可分为以下几种。

(1) 订单获取。通过 eBay、Amazon、速卖通、Wish 等平台的官方 API 接口自动将平台订单导入管理系统。

(2) 订单分配。接入市面上主流的国际物流渠道,通过用户自定义的分配规则,所有订单自动根据规则分配给相应的仓库配货、相应的物流获取面单和跟踪号。

(3) 打单配货。订单根据规则自动获取物流信息并生成面单、跟踪号,拣货信息也与面单同步打印;对于简单包裹(一个订单仅包含一件商品的包裹)可以扫货出面单。

(4) 库存维护。系统自动根据订单发货情况维护库存,并根据库存存量及临近日期的日均销量结合采购周期自动生成采购建议。

采购回来就可以支撑不断产生的订单,流程上形成一个闭合的循环。

跨境电商的仓库管理不仅是简单的打包发货，更是卖家供应链管理的重要一环，如何尽可能做到效率最大化、如何让管理更高效，是一门很精深的功课。

思考题

结合案例并查找相关资料，了解更多关于货位规划与货位优化的方法。

第5章 装卸搬运、包装与流通加工

【本章结构图】

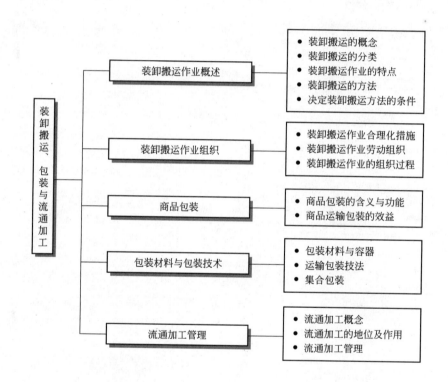

【学习目标】

通过本章的学习,你将能够:
1. 理解装卸搬运、包装和流通加工的概念;
2. 掌握搬运作业的特点与方法;
3. 了解装卸搬运作业合理化措施;
4. 了解包装材料的种类与基本技术;
5. 掌握流通加工的类型和作用;
6. 了解流通加工的管理。

5.1 装卸搬运作业概述

5.1.1 装卸搬运的概念

一般来说，可将装卸搬运分解为装卸、搬运以及与这些作业有关的附属作业。简单地说，"装卸"，是将商品装入运输工具，或从运输工具上卸下的总称；"搬运"是在比较短的距离内将物品移动。

"装卸"是指商品在空间上发生的以垂直方向为主的位移，而"搬运"则是指商品在区域内所发生的短距离，以水平方向为主的位移。由于商品在空间上发生绝对的垂直装卸或发生绝对的水平搬运的情况是不多的，多数情况则是两者的复合运动，是伴随在一起发生的，有时以垂直位移为主，即"装卸"；有时以水平位移为主，即"搬运"。

商品的装卸搬运贯穿于商品实体运动的全过程。无论是商品的运输、储存、保管，还是商品的配送、包装和流通加工都伴随着装卸搬运作业。在整个物流活动中，装卸搬运所占的比重很大。因此，装卸效率的高低、装卸质量的好坏、装卸成本的大小，都与整个物流活动关系密切。

5.1.2 装卸搬运的分类

1. 按装卸搬运施行的物流设施、设备对象分类

按装卸搬运施行的物流设施、设备对象分类，装卸搬运可分为仓库装卸搬运、铁路装卸搬运、港口装卸搬运等。

（1）仓库装卸搬运。仓库装卸搬运是指在仓库内部进行的或与进出库有关的作业，仓库装卸搬运常配合出库、入库、维护保养等活动进行，一般以堆垛、取货、短距离出入库作业等操作为主。

（2）铁路装卸搬运。铁路装卸搬运是对火车车皮的装进及卸出。它的特点是一次作业就实现整车货物的装上或卸出。

（3）港口装卸搬运。港口装卸搬运是指在港区范围内进行的涉及装卸船在内的各种作业。港口装卸搬运既包括码头前沿的，也包括后方的支持性装卸搬运。有的港口装卸还采用小船在码头与大船之间"过驳"的办法，因而其装卸的流程较为复杂，往往经过几次的装卸及搬运作业才能最后实现船与陆地之间货物过渡的目的。

2. 按装卸搬运的机械及机械作业方式分类

按装卸搬运的机械及机械作业方式分类，装卸搬运可分成使用吊车的"吊上吊下"方式、使用叉车的"叉上叉下"方式、使用半挂车或叉车的"滚上滚下"方式等。

（1）"吊上吊下"方式。"吊上吊下"方式是指采用各种起重机械将货物起吊，依靠起吊装置的垂直移动实现装卸，并在吊车回转的范围内实现搬运。

（2）"叉上叉下"方式。"叉上叉下"方式是指采用叉车的货叉从货物底部托起货物，并依靠叉车的运动进行货物位移，货物可中途不落地直接放置到目的处。这种方式可以使用叉车实现货物的整个装卸搬运过程，而不需要其他机械设备的配合。

(3)"滚上滚下"方式。这种方式主要是指港口装卸搬运的一种水平装卸方式。利用叉车、半挂车或汽车承载货物,连同车辆一起开上船,到达目的地后再从船上开下,称"滚上滚下"方式。"滚上滚下"方式需要有专门的船舶,对码头也有不同要求,这种专门的船舶称"滚装船"。在国际货物运输中,"滚上滚下"方式以半挂车装运集装箱和汽车的装卸搬运居多。

3. 按装卸搬运的作业特点分类

按装卸搬运的作业特点分类,装卸搬运可分成连续装卸搬运与间歇装卸搬运两种。

(1)连续装卸搬运。连续装卸搬运主要是指同种大批量散装或小件杂货通过连续输送机械,连续不断地进行作业,中间无停顿。在装卸量较大、装卸对象固定、货物对象不易形成大包装的情况下适用采取这一方式。

(2)间歇装卸搬运。间歇装卸搬运是指这种装卸搬运有较强的机动性,装卸地点可在较大范围内变动,主要适用于货流不固定的各种货物,尤其适于包装货物、大件货物,散粒货物也可采取此种方式。

5.1.3 装卸搬运作业的特点

装卸搬运不仅是生产过程中不可缺少的环节,而且是流通过程物流活动的重要内容。装卸搬运的特点主要表现在以下3个方面。

(1)作业对象复杂。

在物流过程中的商品品种繁多,其形态、形状、体积、重量、性质、包装等各不相同,而且运输车辆的类型、托运方式也各不相同。因此,在选用装卸搬运设备、装卸搬运作业方式时都必须注意适应商品品种多变的特点。

(2)作业不均衡。

由于商品运输的到发时间不确定,批量大小不等,而且收发商品的时间也会经常变化,这就造成装卸作业在时间上不连续。因此,必须加强货运、中转、储存、装卸搬运之间的协调配合,提高装卸搬运机械的使用效率。

(3)作业地点分散。

在物流过程中,各车站、码头、物流中心、仓库等都可能发生装卸搬运作业,这给装卸搬运机械化带来了一定困难。因此,合理组织物流,尽量使装卸机械集中化,才能充分利用装卸机械,发挥装卸搬运活动的整体效益。

5.1.4 装卸搬运的方法

按作业对象分类,装卸搬运可分为以下3种方法。

(1)单件作业。

将物品以单件方式装卸搬运的作业方法,是目前仓储企业较广泛采用的搬运形式。这种作业法是在人力作业阶段的主导方法,主要是由于某些物品自身的属性决定的,如长大笨重货物、危险货物及行包等不适宜集装或散装的货物。近年来随着叉车、吊车等装卸搬运机械越来越多,单件作业的机械化程度也在逐年增高。

(2)集装作业。

集装作业是指先将物品集装,再对集装后的物品进行搬运的一种方法。集装作业可以提高单次装卸搬运的批量,节约人力、物力、财力,大幅度提高装卸搬运的效率。集装方式有多种,如集装箱、仓储笼、托盘、集装袋等。

(3) 散装作业。

散装作业是指对粉末状物品及大批量不适宜包装的散货进行的装卸搬运活动,如煤炭、矿石、粮食、水泥等。散装装卸搬运,可以节省多道工序,节省包装费用。但散装作业所用的工具、车辆都是专用的,因此早期设备、设施的投入较多。散装作业方法有重力法、倾覆法、气动输送法等。

5.1.5 决定装卸搬运方法的条件

1. 内部条件

(1) 商品。包括装卸商品的包装形状、装卸单位的重量、装卸单位的尺寸等。若商品的包装较规则,每件的尺寸、重量较小,则可以将它们集合成一个单元,以集装箱或托盘的方式进行装卸搬运,否则使用单件作业的形式。

(2) 装卸作业种类。包括堆装、拆装、分拣、配货、移送等。一般来说,拆装、分拣、配货等使用单件作业方式,而堆装、移送则应尽量使用集装方式作业。

(3) 数量。包括每一作业批次的数量、每单位时间需装卸搬运的数量等。在数量较大的情况下,尽量使用集装方式作业。

2. 外部条件

(1) 装卸机械。包括机械的种类、机种、能力、尺寸、使用条件、配套机具机械的组合等。如使用带式输送机等连续作业机械,一般应是散装作业;由于叉车是配合托盘使用,所以使用叉车的作业,通常是集装作业;而吊车、装卸桥,由于是通用装卸机械,则集装、单件作业都可以。

(2) 工作。包括人员、时间、负荷、密度、技能等。如人力作业,一般应使用单件作业方式。

5.2 装卸搬运作业组织

装卸搬运作业组织是指对装卸搬运作业的计划、协调和控制。

5.2.1 装卸搬运作业合理化措施

装卸搬运作业合理化的目标是防止和消除无效作业。所谓无效作业,是指在装卸搬运作业活动中超出必要的装卸搬运量的作业。为了有效地防止和消除无效作业,物流企业可从以下4个方面入手。

(1) 尽量减少无效作业。

当按一定的操作过程完成货物的装卸搬运时,要完成许多作业,产生许多费用,因此应避免无效作业,如减少作业次数,注意各环节的均衡、协调等。

(2) 缩短搬运作业的距离。

选择最短的路线完成作业活动,就可避免路线上的无效劳动。理论上,两点之间的直线是最短的，但实际上往往很难做到。

（3）提高库存物品装卸搬运活性指数。

所谓物品装卸搬运活性指数，是指库存物品便于装卸搬运作业的程度。装卸搬运活性指数根据库存物所处的状态，可分为5级，如图5-1所示。

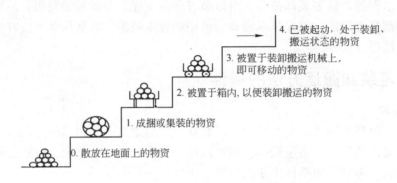

图5-1 库存物品装卸搬运活性指数示意图

散乱堆放在地面上的货物，进行下一步的装卸必须要进行包装或打捆，或者只能一件件操作处置，因而不能立即实现装卸或装卸速度很慢，这种全无预先处置的散堆状态，定为"0"级活性；将货物包装好或捆扎好，然后放置于地面，在下一步装卸时可直接对整体货载进行操作，因而活性有所提高，但操作时需支起、穿绳、挂索，或支垫入叉，因而装卸搬运前预操作要占用时间。不能取得很快的装卸搬运速度，活性仍然不高，定为"1"级活性；将货物形成集装箱或托盘的集装状态，或对已组合成捆、堆或捆扎好的货物，进行预垫或预挂，装卸机具能立刻起吊或入叉，活性有所提高，定为"2"级活性；将货物预置在搬运车、台车或其他可移动挂车上，动力车辆能随时将车、货拖走，这种活性更高，定为"3"级活性；如果货物就预置在动力车辆或传送带上，即刻进入运动状态，而不需做任何预先准备，活性最高，定为"4"级活性。

从理论上讲，活性指数越高越好，但也必须考虑到实施的可能性。例如，物品在储存阶段中，储存在活性指数为"4"的输送带和活性指数为"3"的车辆上，在一般的仓库中很少被采用，这是因为不可能把大批量的货物存放在输送带和车辆上。

为了说明和分析物品搬运的灵活程度，通常采用平均活性指数的方法。这个方法是对某一物流过程物品所具备的活性情况的描述，用 δ 表示。δ 值的大小是确定改变搬运方式的信号。

当 $\delta<0.5$ 时，表明所分析的搬运系统半数以上处于活性指数为"0"的状态，即大部分处于散装情况，其改进方式包括采用货箱、推车等存放物品。

当 $0.5<\delta<1.3$ 时，表明大部分物品处于集装状态，其改进方式包括采用叉车和动力搬动车。

当 $1.3<\delta<2.3$ 时，表明装卸、搬运系统大多处于活性指数为"2"的状态，可采用单元化物品的连续装卸和运输。

当 $\delta>2.3$ 时，说明大部分物品处于活性指数为"3"的状态，其改进方法包括选用拖车、机车车头拖挂的装卸搬运方式。

（4）实现装卸搬运作业的省力化。

在装卸作业中应尽可能地利用重力的作用进行装卸，可减轻劳动强度和能量的消耗。例如，利用滑板卸车——靠重力的水平分力完成，它可以节省人力。另外，一些物流企业仓库的地坪设计与货车的底厢板平齐，是为了最大限度地减少重力的不良影响，避免搬上、卸下的作业。

利用重力式移动货架也是一种利用重力进行省力化的装卸方式之一。重力式货架的每层均有一定的倾斜度，利用货箱或托盘，货物可沿着倾斜的货架层板滑到输送机械上。为了使货物滑动的阻力更小，通常货架表面均处得十分光滑。

5.2.2 装卸搬运作业劳动组织

装卸搬运作业的劳动组织就是按照一定的原则，将有关的人员和设备以一定的方式组合起来，形成一个有机的整体。装卸搬运作业的劳动组织大致上可分为两种基本形式，即工序制的组织形式和包干制的组织形式。这两种组织形式的定义、特点和适用企业如表5-1所示。

表 5-1 装卸搬运作业的劳动组织形式的定义、特点和适用企业

组织方式名称	定　　义	特　　点	适用企业
工序制	按作业内容或工序，将有关人员和设备分别组合成装卸、搬运、检验、堆垛、整理等作业班组，由这些班组共同组成一条作业线，共同完成各种装卸搬运作业	作业班组专业化，对提高作业质量，确保作业安全，提高劳动生产率有益。每个作业班组作业内容比较固定，可配备比较专用的设备，便于对设备进行管理。但是，当装卸搬运作业量不均衡或各工序作业进度不一致时，其综合作业能力容易被最薄弱的作业环节所影响	进出库作业量大、进出库频繁的大型仓储企业
包干制	将分工不同的各种人员和功能不同的设备，共同组合成一个班组，对装卸搬运活动的全过程均由一个班组承包到底，全面负责	一个班组承担各种装卸作业内容，对整套作业线自始至终负责，因而便于对作业班组的实绩进行考核。同时，由于一条作业线由班、组长统一指挥，各作业工序间能够较好地配合与协调，便于提高作业的连续性。若作业量出现不均衡的情况，包干制劳动组织适应性较强，可及时调整。同时，在一个作业班组配置几个工种的人员和多种机械设备，不利于实现专业化，对提高人员的技术熟练程度和劳动生产率均不利	进出库作业量较小、进出库不频繁的小型仓储企业

5.2.3 装卸搬运作业的组织过程

（1）掌握作业信息。

作业信息包括每月入库计划、出库计划、移库计划，以及要预测装卸搬运的任务量和作业量。

（2）编制作业计划。

作业计划是指装卸搬运企业生产计划的具体执行计划，作业计划的作用是通过一系列的计划安排和作业调度工作，充分利用装卸搬运企业的人力、物力，保证每个作业环节在机械、人力配备和时间上相互协调和衔接，组织有节奏的均衡生产，取得良好的经济效益。作业计划一般分为月计划与日计划。月计划是对作业任务与作业能力进行大体平衡，如果作业能力不足或过剩，应预先采取相应措施；日计划是根据前一天掌握的实际情况，对次日作业任务的具体安排。

（3）制订作业方案。

制订作业方案是对某项具体的装卸搬运任务进行人力、设备和作业步骤、作业要求等全

面安排，主要目的是保证作业安全，提高作业效率。

（4）分配作业班组。

分配作业班组简称派工。必须根据任务的内容和各个班组的特点，扬长避短，使总体作业效率最高。

（5）检查统计分析。

调度指挥人员对方案实施过程进行监督，对结果进行检查，以便及时掌握各种情况，协调与其他环节和职能部门之间的关系。

5.3 商品包装

包装是生产的最后一道工序，同时也是物流的起点。包装就是把运输、储存、装卸等物流活动有机联系起来的重要手段。因此，进行合理的包装设计是实现物流合理化的一个途径。包装对保护商品、方便流通、降低物流费用起着重要作用。

5.3.1 商品包装的含义与功能

1. 商品包装的含义

商品包装可以分为生产领域的包装和流通领域的包装。一般将生产领域的包装称为销售包装；流通领域的包装则称为运输包装。

商品的销售包装是指直接同消费者见面，并随同商品一起出售给消费者的包装。销售包装一般要与商品直接接触，包装体与商品体在生产中结成一体，如方便面碗、饮料瓶等。销售包装除了能保护商品、方便运输外，还具有美化商品、宣传商品的作用。

运输包装是以满足商品的运输、装卸和储存需要为目的的包装。通常运输包装不随商品卖给顾客。它一般不与商品直接接触，而是由销售包装集装而成，即商品先装进小包装，然后集装于包装容器内。运输包装在运输、装卸和储存中，首先是起保护商品安全的作用；其次是方便运输、装卸搬运和储存，以提高物流的效率。

2. 商品运输包装的功能

具体来讲，在物流过程中，商品运输包装起主要作用。商品运输包装具有保护商品、方便流通、降低物流费用等功能。

（1）保护商品。商品从生产领域进入到消费领域，要经过装卸、搬运、堆码、运输等各种作业，经受运输工具的振动及意外的跌落。同时在运输和储存的过程中，商品堆码的高度也与商品包装的承载力有关。此外，外界温度、湿度、光线等条件的变化，也会使商品发生霉烂、变质。因此，根据商品的性质，以及在运输和保管过程中可能发生的人为因素和环境因素的影响，采用符合标准的合理包装，才能防止商品在空间位移和储存过程中的破损、挥发、污染、散失等数量和质量的损失变化。

（2）方便流通。合理的商品包装材料、容器结构和形状、包装标志等，不仅有利于商品的安全装卸、合理运输、标准堆码，同时也便于科学计算商品的重量和体积，以便经济合理地使用运输工具，科学地安排仓容；还有利于方便包装操作、方便开箱操作及空箱储存等。因此，商品运输包装具有方便功能，以提高物流的各种作业效率。

（3）降低流通费用。合理的商品运输包装，除减少商品的损失之外，还有节约包装材料、包装费用，提高车船装载率与缩短运输时间，提高运输管理效率、装卸效率与仓储利用率，有利于仓库自动化管理，加快货物周转等方面的效益，从而降低商品的流通费用。

5.3.2 商品运输包装的效益

1. 包装在运输活动中的效益

包装在运输活动中的效益主要体现在以下两个方面。

（1）提高装载率。在运输活动中，与运输设备容积利用率有关的运输包装件因素有两个，一个是包装强度，另一个是尺寸。包装强度是指货物包装的抗压强度，有较大包装强度的运输包装件，就堆码得高一些，能提高运输设备容积利用率。当然，这要增大包装的费用，只有在提高装载率和增加包装费用两方面进行权衡，才能进行决策。商品运输包装的尺寸主要是指底面尺寸。如果它能与运输设备间有效配合，就能大大提高设备容积利用率。不仅如此，还可以最大限度地减少隔垫材料。

（2）对内装货物提供保护。运输包装件在空间转移中往往受到冲击力和振动力而受到损伤。对于运输包装来说，其保护效用的好坏必然与包装费用的高低成正比关系。因此，合理运输包装的采用应权衡包装费用与运输方式之间的关系。一般来说，公路运输中冲撞振动的机会较多，损坏的可能性最大，铁路运输次之，航空运输的损坏率最小。在实际工作中，三种运输方式的效用是不同的，公路运输最便捷，而航空运输最快速，所以要根据不同的运输方式选择包装形式。

2. 商品运输包装在装卸活动中的效益

在装卸活动中，运输包装不仅可以减少装卸过程的货损，而且可以提高装卸效率。为了提高装卸效率，运输包装件的集装化是一个必然趋势。集装能减少货物单位的总件数，由此可缩短装卸时间，提高效率。

3. 商品运输包装在保管活动中的效益

保管中仓库的高堆垛和高密度储存可节省建筑费用和占地面积，但高堆垛超过一定限度就会因包装压坏而造成损失。例如，一件堆码极限为"8"的纸箱包装货物，它的耐压能力为8层高，那么在堆放8层后，即使距仓库顶部还有富余空间，也不能再堆放第9层。一般来说，要提高包装件的抗压强度，就需要增加包装费用。而立体仓库的出现，尤其高层货架的出现就能做到在不增加包装费用的前提下充分利用仓库容积。

5.4 包装材料与包装技术

5.4.1 包装材料与容器

1. 包装材料

常用的包装材料有金属、玻璃、陶瓷、木材、纸及纸制品、塑料等。

1)金属材料

用于包装材料的金属材料有以下几种。

(1)镀锡薄板。俗称马口铁,是表面镶有锡层的薄钢板。由于锡层的作用,它除有一般薄钢板的优点以外,还有很强的耐腐蚀性。主要用做制造高档罐容器,如各种饮料罐、食品罐等。

(2)铝合金。它是以铝为主要合金元素的各种合金。铝合金有许多型号,分别可制铝箔、饮料罐、薄板、铝板及型材,可制成各种包装物,如牙膏皮、饮料罐、食品罐、航空集装箱等。铝合金包装材料的主要特点是隔绝水、汽及一般腐蚀性物质的能力较强,强度质量比较大,因而包装材料轻,无效包装较少,无毒,外观性能好,易装饰美化。

2)玻璃、陶瓷

玻璃、陶瓷的主要特点是有很强的耐腐蚀性能,强度较高,装饰性能好,因此广泛用于商业包装。玻璃大多用于销售包装,主要是玻璃瓶和平底杯式的玻璃罐,用来存装酒、饮料、其他食品、药品、化学试剂、化妆品和文化用品等。

3)木材

木材是一种优良的结构材料,长期以来,一直用于制作运输包装。近年来,虽然有逐步被其他材料所替代的趋势,但仍在一定范围内使用,在包装材料中占有一定的比重。木材主要是用板材制作各种包装箱。以木材为原料制成的胶合板、纤维板、刨花板等板材也用于制作包装箱、桶等。

4)纸及纸制品

纸及纸制品既广泛应用于运输包装,又广泛应用于销售包装。常用的包装纸类制品有以下3种。

(1)牛皮纸。可用做铺衬、内装和外装,可制成纸袋,还可用做瓦楞纸面层,有较高强度和耐磨性,柔韧性也好,具有一定的抗水性。

(2)板纸。板纸主要有三种类型,具体包括以稻草及其他植物纤维为原料的档次比较低的草板纸(又称黄板纸);以多层结构而面层用漂白纸浆制的高档白板纸和密度较高的箱板纸。草板纸用做包装衬垫物及不讲究外观效果的包装匣、盒;白板纸用于价值较高商品的内装及中、小包装外装;箱板纸用于强度要求较高的纸箱、纸盒、纸桶。

(3)瓦楞纸板。瓦楞纸板是纸质包装材料中最重要的一种,由两层纸板和芯层瓦楞芯纸黏合而构成。瓦楞纸板的主要特点是和相同厚度其他纸制品相比,重量轻、强度性能好,有很好的抗震性及缓冲性,其生产成本也较低,面层有一定装饰和促销作用。

2. 包装容器

包装容器是包装材料和造型相结合的产物。列入现代物流包装行列的主要有瓦楞纸箱、木箱、托盘集合包装、集装箱和周转箱,它们在满足商品运输包装功能方面各具特点。

(1)瓦楞纸箱。瓦楞纸箱是采用具有空心结构的瓦楞纸板,经过成型工序制成的包装容器。瓦楞纸箱采用包括单瓦楞、双瓦楞、三瓦楞等各种类型的纸板作包装材料,大型纸箱所装载货物重量可达3 000 kg。瓦楞纸箱的应用范围非常广泛,几乎包括所有的日用消费品,如水果、蔬菜、加工食品、针棉织品、玻璃陶瓷、化妆品、医药药品等各种日用品及自行车、家用电器、精美家具等。

（2）木箱。木箱是一种传统包装容器，虽然在很多情况下，已逐步被瓦楞纸箱所取代，但木箱与瓦楞纸箱相比，在某些方面仍有其优越性和不可取代性。常见的木箱有木板箱、框板箱和框架箱三种。木板箱用木质条板钉制而成，是一种小型的运输包装容器，具有较高的抗戳穿强度和抗压强度；框板箱是采用条木与人造板裁制成箱框板，再经钉合装配而成的一种小型包装容器，从框板箱整体来看，其框架为条木，而箱面则通常为整块的胶合板、纤维板和纸板等；框架箱是由一定截面的条木构成箱体骨架，然后再根据需要在骨架外面加装板材覆盖的大型包装容器。

（3）托盘。托盘集合包装是把若干件货物集中在一起，堆叠在运载托盘上，构成一件大型货物的包装形式。托盘集合体包装是一类重要的集合包装，它区别于普通运输包装件的特点是在任何时候都处于可转入运动的状态，使静态的货物变成动态的货物。从不同角度上看，托盘集合包装既是运输工具，又是包装容器。

（4）集装箱。集装箱是密封性好的大型铁制包装箱。用集装箱可实现最先进的运输方式，即"门对门"运输，从发货人仓库门送到收货人门前。集装箱属于大型集合包装，具有既是运输工具，又是包装方法、包装容器的特点。在适应现代化物流方面，它比托盘集合包装更具有优越性。

（5）周转箱。周转箱是一种适合短途运输，可以长期重复使用的运输包装。同时，它是一种敞开式的、不进行捆扎、用户也不必开包的运输包装。一切厂销挂钩、快进快出的商品都可采用周转箱，如饮料、肉食、豆制品、牛奶、糕点、禽蛋等食品。目前较为常用的为塑料周转箱，其重量轻、体积小、费用低、搬运方便，可提高商品的安全度，使商品的破损率大大降低。

5.4.2 运输包装技法

商品运输包装技法是指在包装作业过程中所采用的技术和方法。通过包装技法，才能将运输包装体和销售包装件形成一个有机的整体。

1. 针对产品不同形态采用的包装技法

这是多数产品都需要考虑采用的技术和方法，故称之为一般包装技法。通常包括以下四种情况。

（1）对内装物的合理置放、固定和加固。在运输包装体中装进形态各异的产品，需要具备一定的技巧，只有对产品进行合理置放、固定和加固，才能达到缩小体积、节省材料、减少损失的目的。例如，对于外形规则的产品，要注意套装；对于薄弱的部件，要注意加固；包装内重量要注意均匀；产品与产品之间要注意隔离和固定。

（2）对松泡产品进行压缩体积。对于一些松泡产品，包装时所占用容器的容积太大，相应地也就多占用了运输空间和储存空间，增加了运输储存费用。如对原棉进行压缩，压缩后的体积只有原体积的5%，极大地减少了物流费用。

（3）外包装形状尺寸的合理选择。商品运输包装件，都需要装入集装箱或车厢运输，这就存在包装件与箱体之间的尺寸配合问题。如果配合得好，就能在装箱时不出现空隙，有效地利用箱容，减少隔垫并有效地保护商品。包装尺寸的合理配合主要指容器底面尺寸的配合。外包装高度的选择，应由商品特点来决定，松泡商品可选高一些，沉重的商品可选低一些。包装件装入箱体中尽量平放，不要立放或侧放。在外包装形状尺寸的选择中，要注意避免过高、过扁、过大、过重包装。

（4）外包装的捆扎。外包装捆扎对包装起着重要作用，有时还能起关键性作用。捆扎的直接目的是将单个物件或数个物件捆紧，以便于运输、储存和装卸。此外，捆扎还能防止盗窃而保护内装物，能压缩容积而减少保管费和运输费。捆扎还能加固容器，一般合理捆扎能使容器的强度增加20%～40%。捆扎的方法有多种，一般根据包装形态、运输方式、容器强度、内装物重量等不同情况，分别采用井字、十字、双十字和平行捆等不同方法。对于体积不大的普通包装，捆扎一般在打包机上进行，而对于集合包装，用普通捆扎方法费工费力，一般采用收缩薄膜包装技术和拉伸薄膜包装技术。

2. 针对产品的不同性质而采用的包装技法

由于产品特性不同，在流通过程中受到内外各种因素影响，其物性会发生人们所不需要的变化，或称变质。有的受潮变质，有的受振动冲击而损坏。所以，需要采用一些特殊的技术和方法来保护产品免受流通环境等因素的作用。此类技术和方法也称特殊包装技法，主要有防振缓冲、防潮、防霉、防锈、保鲜、脱氧、充气、灭菌等包装。

（1）防振缓冲包装。防振缓冲包装是将缓冲材料适当地放置在内装物和包装容器之间，用以减轻冲击和振动，保护内装物免受损坏。发泡包装是缓冲包装的新方法，它是通过特制的发泡设备，将能生产塑料泡沫的原料直接注入内装物与包装容器之间的空隙处，形成紧裹内装物的泡沫体。对于一些形体复杂或小批量的商品最为合适。

（2）防潮包装。防潮包装是为了防止潮气侵入包装件，影响内装物质量而采取的一定措施的包装。防潮包装设计就是防止水蒸气通过或将水蒸气的通过减少至最低限度。一定厚度和密度的包装材料，可以阻隔水蒸气的透入，其中金属和玻璃的阻隔性最佳，防潮性能较好；纸板结构松弛，阻隔性较差；塑料薄膜有一定的防潮性能。

（3）防霉包装。防霉包装是防止包装和内装物霉变而采取一定防护措施的包装。它除防潮措施外，还要对包装材料进行防霉处理。防霉包装必须根据微生物的生理特点，改善生产和控制包装储存等环境条件，达到抑制霉菌生长的目的。

（4）防锈包装。防锈包装是为防止金属制品锈蚀而采用一定防护措施的包装。防锈包装可以采用在金属表面进行处理。如镀金属（包括镀锌、镀锡、镀铬等）层不但能阻隔钢铁制品表面与大气接触，且电化学作用时镀层先受到腐蚀，保护了钢铁制品的表面；也可采用氧化处理（俗称发蓝）和磷化处理（俗称发黑）的化学防护法。

（5）保鲜包装。保鲜包装是采用固体保鲜剂和液体保鲜剂进行果实、蔬菜的保鲜的一种包装措施，主要有固体保鲜剂法和液体保鲜剂法两种。固体保鲜剂法是将保鲜剂装入透气小袋封口后再装入内包装，以吸附鲜果、鲜菜散发的气体而延缓成熟过程。液体保鲜剂法是鲜果浸涂液后取出，表面形成一层极薄的可食用保鲜膜，既可堵塞果皮表层呼吸气孔，又可起到防止微生物侵入和隔温、保水的作用。

（6）脱氧包装。脱氧包装又称除氧封存剂包装，即尽量除去密封包装内氧气，降低氧气浓度，从而有效地阻止微生物的生长繁殖，起到防霉、防褐变、防虫蛀和保鲜的目的。脱氧包装适用于某些对氧气特别敏感的制品。

（7）充气包装和真空包装。充气包装是采用二氧化碳气体或氮气等不活泼气体置换包装容器中空气的包装技术方法。它是通过改变包装容器中的气体组成成分，降低氧气浓度的方法，达到防霉腐和保鲜的目的。真空包装是将制品装入气密性容器后，在容器口前抽真空，使密封后的容器基本上没有氧气的包装。一般肉类食品、谷物加工食品及一些易氧化变质商品都可采用此类方法包装。

（8）高温瞬间灭菌包装。它是将食品充填并密封于复合材料制成的包装内，然后使其在短时间内保持100 ℃以上的高温，以杀灭包装容器内细菌的包装方法。这种方法可以较好地保持肉、蔬菜等内装食品的鲜味、营养价值及色调等。

5.4.3 集合包装

1. 集合包装的概念

集合包装是指将运输包装货件成组化，简称为集装。集合包装是以托盘、滑板为基座垫板，以收缩、拉伸薄膜紧固，构成具有采用机械作业叉孔的货物载荷单元。

由于集合包装可以集装运输，将品种繁多、形状不一、体积各异、重量不等的单件包装货物之箔、桶、袋、包等，一件件以托盘或滑板组成集合装载单元，并采用各种材料和技术措施，使包装货件固定于垫板上，将垫板连同包装货物，牢固地组合成集合包装整体，可以用叉车等机械进行装卸、搬运和实现集装单元化"门对门"运输，从而使包装方式与物流方式融合为一体，达到物流领域集合包装与集装单元化输送方式的统一。

集合包装是现代化的包装方法，是包装货件物流合理化、科学化、现代化的方式之一，发展集合包装是世界各国包装货物运输的共同发展趋势。

2. 集合包装的特点

（1）简化包装，节省包装材料，降低包装和运输成本。包装费一般要占产品成本的10%～15%，通过采用集合包装输送方式与手工装卸单件运输包装相比，其货损货差约降低一半左右。根据国外资料显示，集合包装一般可降低包装费约10%。

（2）有效利用流通系统各种运输工具，提高仓库利用率。以托盘为例，在物流过程中，托盘占用了一定的车辆容积和仓库容积，其所占容积为运输车辆容积的10%～12%，理论上来讲，浪费了运输车辆的有效容积，但使用了集合包装，可以加快装卸车辆作业速度，提高车辆的运转效率。同样，对仓库而言，加快了仓库的周转，提高了仓库利用率。因此，采用集合包装，可以保证流通领域运输工具的净载重和有效容积得到充分合理的利用，加快运输周转。

（3）推动流通领域装卸搬运作业的综合化、机械化、自动化。采用集合包装输送，加速实现了流通系统铁路、公路、水路、航空各种不同的运输工具的快速换装、联运和"门对门"运输。根据国外资料显示，日本采用集合包装输送后，装卸作业劳力节省80%以上，减轻了劳动强度，改善了劳动条件，提高了劳动生产率。

（4）有效地保护货物，防止损坏丢失。集合包装可以有效地保护商品，方便理货，减少破损，防止盗窃和丢失，保证运输安全。我国平板玻璃由木箱改为集装架包装后，破损率由原来的20%下降到2%以下；水泥由纸袋包装改为集装袋包装后，运输途中损失由原来的40%下降到1%以下。有色金属、镍、铝锭等，由散装小件改为一吨装集合包装后，大大减少了运输途中被盗丢失。

（5）促进流通系统管理现代化。集合包装可以实行以目的地表示标记，与单件作业相比，方便清点交接，简化流通系统的组织工作、运货手续，节省作业时间、减少货损、货差，避免和消除事故、环境污染和社会公害。同时，集合包装便于流通系统自动化立体仓库的开发和采用，以及装卸、收发作业的自动化和仓库信息计算机管理，实现高效能、高效益，促进流通系统管理的现代化。

（6）推动流通系统的标准化。托盘集合包装使用的托盘、滑板标准规格与流通系统装卸搬运及运输工具、仓储设备的适应与配合，将加速单件运输包装的标准化、系列化、通用化。集合包装所集成的成件包装货物，必须合理排列堆叠，并符合力学原理，构成稳定、整齐规则的不易倒塌和倾斜的单元载荷，其规格必须与集合包装的底面积相适应。因此，必须形成包装货件统一流通模数化。

3. 托盘集合包装

托盘集合包装即以托盘为载运工具的集合包装形式。

1）托盘集合包装的结构

托盘集合包装是由托盘、货物、码垛固定方式三要素组成且具有良好功能的运输包装件。

（1）托盘。为了适应多种商品和多种运输装卸情况，目前已发展成多种类型的托盘。按托盘进叉方向区分，有双向进叉式托盘和四面进叉式托盘。双向进叉式托盘只能前后使用铲车，而四面进叉式托盘则可在前后左右使用铲车，较双向式更方便。为了适应较重或较轻的商品，可以采用钢托盘或纸托盘。为了托盘集合包装的坚牢度、稳定度，可采用柱式、箱式、框架式托盘等。

（2）码垛方式。为了提高码垛的稳定性，需要针对不同货物采用不同的码垛方式。通常码垛方式有重叠式和交错式两种。重叠式码垛没有交叉搭接，货物稳定性不好，容易发生纵向塌垛，但能充分发挥箱体耐压强度和提高码垛效率，正方形货物适合使用重叠式码垛。交错式码垛，就像砌砖的方式，各层之间搭接良好，货物稳定性高，但操作复杂，码垛效率低。由于交错式垛型非常稳固，轻微的冲击也不会造成塌垛，所以此种方法在托盘货物的堆码中经常使用。

（3）加固方式。为了防止货垛可能发生的倒塌，需要采用不同的固定方法。一般来说，可采用捆扎加固及收缩薄膜、拉伸薄膜方法加固等。

2）合理使用托盘集合包装

合理使用托盘集合包装的主要依据有3个，包括托盘表面利用率、码垛物稳定性和运输工具的尺寸。

（1）托盘表面利用率。即货物占有的面积与托盘使用面积之比，要求托盘有尽量大的表面利用率，货物尽量铺满整个托盘。托盘的表面利用率越大，运输工具容积利用率和仓库利用率也越高。

（2）码垛物稳定性。提高码垛物稳定性，主要是采用合理的堆码方法。托盘的使用面积越大，稳定性越好。从重心位置影响货物稳定性来看，堆垛高度不应过高。在相同面积的情况下，长方形的托盘比正方形的托盘的稳定性要差。在我国长方形的托盘使用较多，而在日本和韩国正方形的托盘使用较多。

（3）运输工具的尺寸。托盘的尺寸还必须充分考虑到各种运输工具的表面积和容积。托盘的表面积应与运输工具的表面积成整数倍数。我国的托盘尺寸主要为 1 200 mm×1 000 mm 和 1 100 mm×1 100 mm。

5.5 流通加工管理

5.5.1 流通加工概念

1. 流通加工的定义

物品在从生产地到使用地的过程中，根据需要施加包装、分割、计量、分拣、刷标志、拴标签、组装等简单作业，这就是流通加工。

流通加工和一般的生产型加工在加工方法、加工组织、生产管理方面并无显著区别，但在加工对象、加工程度和创造价值方面差别较大。流通加工的对象是商品，是对商品的再完善，而生产加工对象不是最终产品，而是原材料、零配件、半成品等；流通加工程度大多是简单加工，而不是复杂加工。一般来讲，如果必须进行复杂加工才能形成人们所需的商品，那么，这种复杂加工应有特定的生产加工过程，在生产过程中完成大部分加工活动，流通加工对生产加工则是一种辅助及补充，居于次要地位；从价值观点看，生产加工的目的在于创造价值及使用价值，而流通加工则是完善其使用价值。

2. 流通加工的类型

为了充分体现流通加工对物流服务功能的增强，流通加工的种类包括以下 8 种。

（1）为弥补生产领域加工不足的深加工。有许多产品在生产领域只能加工到一定程度，这是由于存在许多限制因素限制了生产领域不能完全实现终极的加工。这种流通加工实际是生产的延续，是生产加工的深化，对弥补生产领域加工不足有重要意义。

（2）为满足需求多样化进行的服务性加工。从需求角度看，需求存在多样化和多变化两个特点，为满足这种要求，经常是用户自己设置加工环节。例如，生产消费型用户的再生产往往从原材料初级处理开始。就用户来讲，现代生产的要求，是生产型用户能尽量减少流程，尽量集中力量从事较复杂的技术性较强的劳动，而不愿意将大量初级加工包揽下来。这种初级加工带有服务性，由流通加工来完成，生产型用户便可以缩短自己的生产流程，使生产技术密集程度提高。

（3）为保护产品所进行的加工。在物流过程中，直到用户投入使用前都存在对产品的保护问题，防止产品在运输、储存、装卸、搬运、包装等过程中遭到损失，使使用价值能顺利实现。和前两种加工不同，这种加工并不改变进入流通领域的"物"的外形及性质，主要采取稳固、改装、冷冻、保鲜、涂油等方式实现对产品的保护。

（4）为提高物流效率，方便物流的加工。有一些产品本身的形态使之难以进行物流操作。例如，鲜鱼的装卸、储存操作困难；过大设备搬运、装卸困难；气体物运输、装卸困难等。对它们进行流通加工，可以使物流各环节易于操作。这种加工往往改变货物的物理状态，但并不改变其化学特性，并最终仍能恢复原物理状态。

（5）为促进销售的流通加工。流通加工可以从若干方面起到促进销售的作用。例如，将过大包装或散装物分装成适合一次销售的小包装的分装加工；将原以保护产品为主的运输包装改换成以促进销售为主的装潢性包装，以起到吸引消费者、指导消费的作用；将零配件组装成用具、车辆以便于直接销售；将蔬菜、肉类洗净切块以满足消费者要求等。

（6）为提高加工效率的流通加工。许多生产企业的初级加工由于数量有限，加工效率不高，也难以投入先进科学技术。流通加工以集中加工形式，解决了单个企业加工效率不高的弊病。以一家流通加工企业代替了若干生产企业的初级加工工序，促使生产水平进一步发展。

（7）为提高原材料利用率的流通加工。流通加工利用其综合性强、用户多的特点，可以实行合理规划、合理套裁、集中下料的办法，这就能有效提高原材料利用率，减少损失浪费。

（8）衔接不同运输方式，使物流合理化的流通加工。在干线运输及支线运输的结点，设置流通加工环节，可以有效解决大批量、低成本、长距离的干线运输与多品种、少批量、多批次末端运输和集货运输之间的衔接问题，在流通加工点与大生产企业间形成大批量、定点运输的渠道，又以流通加工中心为核心，组织对多用户的配送，也可在流通加工点将运输包装转换为销售包装，从而有效衔接不同目的的运输方式。

5.5.2 流通加工的地位及作用

1. 流通加工在物流中的地位

（1）流通加工有效地完善了流通。流通加工在整个物流过程中的地位是不可轻视的，起着补充、完善、提高、增强的作用，起到运输、储存等其他功能要素无法实现的作用。所以，流通加工的地位可以描述为是提高物流水平，促进流通向现代化发展的不可缺少的形态。

（2）流通加工是物流中的重要利润源。流通加工是一种低投入高产出的加工方式，往往以简单加工解决大问题。根据我国近些年的实践，流通加工仅就向流通企业提供利润这一点，其成效并不亚于从运输和储存中挖掘的利润，是物流中的重要利润源。但在我国，流通加工的重要地位仍没有得到体现，绝大部分物流企业没有流通加工能力，而且对此也很不重视。

2. 流通加工的作用

（1）进行初级加工，方便用户。用量小或临时需要的使用单位，缺乏进行高效率初级加工的能力，依靠流通加工可使使用单位省去进行初级加工的投资、设备及人力，从而搞活供应，方便了用户，提高了原材料利用率。

（2）利用流通加工环节进行集中下料，将生产厂商直接运来的简单规格产品，按使用部门的要求进行下料。例如，将钢板进行剪板、切裁；钢筋或圆钢裁制成毛坯；木材加工成各种长度及大小的板、方等。集中下料可以优材优用、小材大用、合理套裁，有很好的技术经济效果。

（3）提高加工效率及设备利用率。由于建立集中加工点，可以采用效率高、技术先进、加工量大的专门机具和设备，因而提高了加工效率及设备利用率。

5.5.3 流通加工管理

1. 不合理的流通加工形式

流通加工实际上是生产本身或生产工艺在流通领域的延续。这个延续可能有正、反两个方面的作用，即一方面可能有效地起到补充完善的作用，另一方面也有可能对整个过程产生负效应。任何不合理的流通加工形式都会产生抵消效益的负效应，常见的几种不合理的流通加工形式如下。

（1）流通加工方式选择不当。流通加工方式包括流通加工对象、流通加工工艺、流通加工技术、流通加工程度等。流通加工方式的确定实际上是与生产加工的合理分工。分工不合理，本来应由生产加工完成的，却错误地由流通加工完成；本来应由流通加工完成的，却错误地由生产过程去完成，都会造成不合理性。

流通加工不是对生产加工的代替，而是一种补充和完善。所以，一般而言，如果工艺复杂、技术装备要求较高，或加工可以由生产过程延续或轻易解决的都不宜再设置流通加工。

（2）流通加工地点设置的不合理。流通加工地点设置（即布局状况）是使整个流通加工能否有效的重要因素。一般而言，为衔接单品种大批量生产与多样化需求的流通加工，加工地点设置在需求地区，才能实现大批量的干线运输与多品种末端配送的物流优势。为方便物流的流通加工环节加工地点应设在产出地，也就是设置在进入社会物流之前；如果将其设置在物流之后，即设置在消费地，则不但不能解决物流问题，又在流通中增加了一个中转环节，因而也是不合理的。

（3）流通加工作用不大，形成多余环节。有的流通加工对生产及消费者作用不大，甚至有时流通加工是盲目的，不能解决品种、规格、质量、包装等任何问题，相反却增加了流通环节，这也是流通加工不合理的重要形式。

（4）流通加工成本过高，效益不好。流通加工之所以能够有生命力，重要优势之一是有较大的产出投入比，因而有效地起着补充完善的作用。如果流通加工成本过高，则不能实现以较低投入实现更高使用价值的目的。

2. 流通加工合理化

流通加工合理化是实现流通加工的最优配置，不仅可以做到避免各种不合理现象，使流通加工有存在的价值，而且做到了最优的选择。为避免各种不合理现象，对是否设置流通加工环节，在什么地点设置，选择什么类型的加工，采用什么样的技术装备等，需要作出正确的选择。实现流通加工合理化主要考虑以下5个方面。

（1）加工和配送结合。这是将流通加工设置在配送点中，一方面，按配送的需要进行加工；另一方面，加工又是配送业务流程中分货、拣货、配货的一个环节，加工后的产品直接投入配货作业，这就无须单独设置一个加工的中间环节，使流通加工与中转流通巧妙地结合在一起，进而使配送服务水平大大提高。这是当前对流通加工做合理选择的重要形式，在煤炭、水泥等产品的流通中已表现出较大的优势。

（2）加工和配套结合。在对配套要求较高的流通中，配套的主体来自各个生产单位，但是，完全配套有时无法全部依靠现有的生产单位；进行适当流通加工，可以有效促成配套，大大提高流通的桥梁与纽带的能力。

（3）加工和合理运输结合。流通加工能有效衔接干线运输与支线运输，促进两种运输形式的合理化。利用流通加工，在支线运输转干线运输或干线运输转支线运输本来就必须停顿的环节，不进行一般的支转干或干转支，而是按干线或支线运输合理的要求进行适当加工，从而大大提高运输及运输转载水平。

（4）加工和合理商流相结合。通过加工有效促进销售，使商流合理化，这也是流通加工合理化的考虑方向之一。通过简单地改变包装加工,形成方便的购买量;通过组装加工,解除用户使用前进行组装、调试的难处,都是有效促进商流的例子。

(5) 加工和节约相结合。节约能源、节约设备、节约人力、节约耗费是流通加工合理化考虑的重要因素,也是目前我国设置流通加工,考虑其合理化的较普遍形式。

复习思考题

1. 装卸搬运的含义是什么?如何分类?
2. 如何实现装卸搬运的合理化?
3. 什么是商品的包装?包装可以分成哪两类?
4. 常用的货物包装方法有哪些?
5. 流通加工的地位和作用各是什么?
6. 如何改进流通加工,促使其合理化?

案例分析

1. FRUIT TREE 公司的包装业务与流通加工[①]

社会经济的发展和客户要求的不断提高使得仓储企业或部门正在承受越来越多的挑战,这种挑战的核心是要看仓储主管应该如何作出反应,应该说,到目前为止,很多的情况是仓储主管对顾客的需求作出被动的反应。随着顾客新需求的提出,仓储主管试图找到一种方法以满足这些需求,事实上,新需求出现的速度远远超过了反应的速度,这种传统的方法已经越来越不奏效了,现在需要的是主动而非被动的反应,这种提供给顾客的主动的反应必须以不增加成本及提供无限的选择权为条件,因此,仓储企业只有不断探索,主动提供越来越多的适应客户需求的仓储增值服务项目,才能在日益激烈的市场竞争中获得一席之地。很明显,这种主动追求客户的仓储企业必将是今天乃至将来的成功者。

FRUIT TREE 公司是一家生产各类果汁及罐装水果的企业,随着产品类型和零售点数目的增加,果汁市场迅速地成长起来,FRUIT TREE 公司所关注的最主要的一个问题是果汁生产时的鲜度。因此,有些产品是通过冷冻或浓缩制造的。对于 FRUIT TREE 公司的大部分生产来讲,气候因素在决定公司能否生产出某一合格产品中起着很重要的作用。

十年前,FRUIT TREE 公司的产品线是瓶装果汁和罐装水果的独立包装,所有的标签都是相同的,而且只有两种标准容器,即瓶和罐,如果你需要苹果汁、梨罐头等,FRUIT TREE 公司将会给你提供独立的包装。

然而,在过去的十年中发生了许多变化,对果汁产品的要求也越来越多元化,这些多元化要求包括:

① 世界各地的顾客需要不同的品牌;

② 顾客不再完全为英语语种的消费者,因此需要有新的品牌和标签;

[①] 王明智. 物流管理案例与实训. 北京:机械工业出版社,2003.

③ 顾客的消费习惯要求容器大小能有一个可变的空间；
④ 顾客对个性化品牌包装需求呈上升趋势；
⑤ 大量商品不再接受标准化的托盘式装卸，而要求被重新托盘化。

在这种趋势下，公司的库存和销售出现了一些问题，单一的包装形式很难适应多元化的市场需求，从而出现了有些产品库存过多而同类的其他产品却缺货的情况，因此公司需要寻求另一种方法来解决问题。

于是 FRUIT TREE 公司认识到，传统的生产、装箱、包装、打包、集合及运输入库的方法并不有效，问题的解决方式是重新设计仓库的责任，这一战略将生产环节设计成为生产产品并将之放于未包装的瓶或罐中，这种产品被称为"裸装产品"，它和与之相关的各种瓶与罐一起被送入仓库，仓库成了一个为托盘化"裸装产品"与瓶和罐的半成品储存地。当顾客向 FRUIT TREE 公司提交每月的购买意向后，直到货物装车前两天，公司才会确认订单，并立即将订单安排到仓库的四条包装线中的一条上，完成最后的包装和发运工作。为了保证包装生产线的利用率，当生产线有闲余时，将生产需求量大的产品，并将其入库以备后用。

FRUIT TREE 公司通过将包装业务后置到仓储过程中完成，有效地解决了库存不均匀和生产预测的复杂问题，该公司仓库改建包装流水线的总投资约 700 万美元，另外增加了 6 名包装操作员来充实包装线及安排已完工的托盘，但是库存的减少和运输成本的降低带来了 26% 的额外税后利润率。更重要的是，顾客服务的改进和对市场需求反应能力的提高，使以前认为无法实现的要求现在已能顺利完成。

思考题

（1）包装环节由仓储企业来完成有什么优点？
（2）FRUIT TREE 公司面对顾客多元化需求进行了一系列革新，分析它的成功经验给我国企业的启示。
（3）改进包装对于为顾客服务和市场需求反应能力的提高意味着什么？
（4）该公司的做法能否有效地降低包装成本？
（5）通过此案例你对流通加工对企业的作用有怎样的认识？

2. 云南双鹤医药的装卸搬运成本案例

云南双鹤医药有限公司是北京双鹤这艘医药航母部署在西南战区的一艘战舰，是一个以市场为核心、现代医药科技为先导、金融支持为框架的新型公司，是西南地区经营药品品种较多、较全的医药专业公司。

虽然云南双鹤医药有限公司已形成规模化的产品生产和网络化的市场销售，但其流通过程中的物流管理严重滞后，造成物流成本居高不下，不能形成价格优势。这严重阻碍了该公司物流服务的开拓与发展，成为公司业务发展的"瓶颈"。

装卸搬运活动是衔接物流各环节活动正常进行的关键，而云南双鹤医药有限公司恰好忽视了这一点，由于其搬运设备的现代化程度低，只有几个小型货架和手推车，大多数作业仍处于人工作业为主的原始状态，工作效率低，且易损坏物品。另外仓库设计得不合理，造成长距离的搬运；并且仓库内作业流程混乱，形成重复搬运，大约有 70% 的无效搬运，这种过多的搬运次数,损坏了商品,也浪费了时间。

云南双鹤医药有限公司的装卸搬运成本案例,表明装卸搬运活动是衔接物流各环节活动正常进行的关键,从云南双鹤医药有限公司的装卸搬运成本案例不难看出,装卸搬运应减少操作次数,提高装卸搬运活性指数,实现装卸作业的省力化等。

思考题
(1) 结合案例分析,说明云南双鹤医药有限公司业务发展的"瓶颈"。
(2) 面对云南双鹤医药有限公司的现状,试提出相应的改进措施。

第 6 章 物流配送管理

【本章结构图】

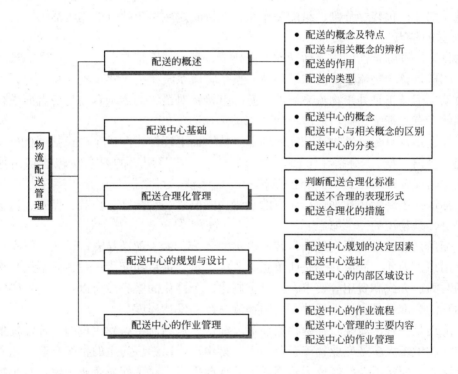

【学习目标】

通过本章的学习，你将能够：
1. 掌握配送和配送中心的基本知识；
2. 掌握配送中心建设和规划的原则；
3. 了解配送中心规划的决定因素和选址方法；
4. 熟悉不合理配送的表现形式；
5. 掌握实现配送合理化的措施；
6. 掌握优化配送中心作业管理的方法。

6.1 配送的概述

6.1.1 配送的概念及特点

1. 配送的概念

配送产生于 20 世纪 60 年代初期，它是社会化大生产的客观要求，也是社会分工进一步细化的必然结果。配送的英文单词是 "delivery"，意思是交货、送货。在日本政府发布的权威性的工业标准中将配送定义为 "把货物从物流结点交到收货人处" 的交货行为。我国国家物流标准《物流术语》将配送定义为 "在经济合理区域范围内，根据用户要求，对物品进行拣选、加工、包装、分割、组配等作业，并按时送达指定地点的物流活动"。

2. 配送的特点

配送作为一种综合性的物流活动和物流环节，具有如下特点。

（1）配送是整个物流系统的末端环节。整个物流系统是为了实现物品从供应者到需求者的实体流动。配送正是处于物流系统的下游，直接针对最终的需求者或消费者而进行的物流活动，因此，有时把配送简单地解释为 "末端运输"。

（2）配送是具有综合性物流功能的环节。从字面上理解，配送至少包括 "配" 和 "送" 两个功能。所谓 "配"，是指在全面配货的基础上，按照用户的要求（包括物品种类、数量、时间、路线及运输工具）进行的分拣和配货活动。而 "送" 则是指运送方式和运送行为。在实际运作中，配送几乎包括所有的物流功能要素，集装卸、包装、保管、运输和流通加工于一身，是物流的一个缩影。

（3）配送是能够最大限度地满足客户需求的环节。由于配送是末端输送，更直接面向和靠近最终用户，因此，配送并不是简单意义上的订货、进货和配货过程，而必须是按照用户所提出的时间、方式和费用等要求，提供定制化、个性化的服务。所以，配送功能完成的质量及其达到的标准，最直接地反映了一国物流系统的发达程度。

（4）配送是一种专业性较强的物流环节。配送是从物流结点到用户的一种送货形式。从事送货活动的组织大多是专业物流企业，而不是生产或以销售为主的批发企业。随着社会分工的不断深入，配送活动已经成为营销活动的重要手段。对于配送企业来说，对小批量、多品种货物的快速分拣、运输车辆的合理配置及科学地制定运输计划是其服务的根本评价指标。这些指标只有专业的物流配送企业才可能实现。

6.1.2 配送与相关概念的辨析

1. 配送与送货的区别

所谓送货，一般是指生产企业或销售企业直接从事的销售性送货。配送与送货之间的区别主要表现为以下几个方面。

（1）从事的主体不同。由于配送是从物流结点到用户的一种特殊的送货方式，从事配送活动的是专职的流通企业；送货一般由生产企业或销售企业自行完成。

（2）所属类型不同。配送是 "中转" 型的运送活动；而一般的送货，尤其是从工厂到用户的送货往往是"直达"型的。

(3) 运送对象的决定因素不同。在配送中，主要是由下游的用户推动的，因此是"需要什么送什么"；而送货是由上游生产者进行拉动的，因此是"生产什么送什么，有什么送什么"。

2. 配送与运输的区别

从广义上讲，我们将运输分为干线运输和支线运输。将从工厂到物流结点的批量货物的干线运送活动称为物流运输，而将从物流结点到最终用户的小批量支线货物运送活动称为物流配送。二者的区别有以下5个方面。

(1) 运输的性质不同。运输一般是指干线的输送活动，而配送则是指支线的运输。

(2) 二者在供应链的位置不同。运输一般处于物流的上游或中游，配送主要处于供应链的末端。

(3) 运输距离不同。运输是指干线运输，所以是中长距离的运输；配送是一定区域内的运送活动，所以一般是短距离的运输。

(4) 物流对象的特点不同。运输一般是少品种、大批量、少批次的运送任务，而配送是多品种、小批量、多批次的运输任务。

(5) 服务功能不同。运输主要从事运送的功能，服务内容比较单一；而配送提供的是包括分拣、配货、加工、运输等的综合性服务。

6.1.3 配送的作用

(1) 有利于实现物流的合理化。

实现物流的合理化就是要使整个物流的成本与服务之间达到一个最佳的状态，其主要途径是实现流通的规模化、社会化和现代化。配送能够以其特有的运动形态和优势，使物流运动向"规模经济"转变。配送以集中的、完善的、共同的送货、取货来取代分散性的、单一性的、分离性的送货、取货，以集中的库存代替社会上的分散库存，从而在客观上打破了流通分散和封锁的格局，促进了流通领域向社会化大生产方式的合理转变。

(2) 有利于库存的集中管理，实现资源的有效配置。

在库存分散的状态下，会出现物资超期积压或者供应短缺、设备闲置等现象。这样，一方面占用了大量的资金，影响资金周转速度；另一方面不能充分发挥物资的价值。通过配送企业将社会上的分散库存集中起来进行管理，一方面可以建立起合理的库存结构，按照统一的计划合理分配和使用资源，做到物尽其用；另一方面有利于建立合理的运输结构，提高物流设备、设施的利用效率。

(3) 有利于降低成本，实现末端物流的经济效益。

采用配送方式，以集中的库存代替分散的库存，减少了社会库存总量，降低了资金的占用；配送中心作为一种干线、支线运输的衔接方式，通过增大经济批量来实现经济进货，又通过将不同种类的商品按用户进行集中发货、共同配送的方式代替向单一用户的小批量送货，实现经济出货，从而使末端物流的经济效益得以提高。

(4) 有利于物流输送系统的进一步完善。

在整个物流运输系统中，干线运输后的支线运输及其末端的服务功能是其薄弱环节。合理的组织配送能够满足末端运输所要求的灵活性、适应性和综合性的标准，从而实现输送系统的效益最佳化。另外，通过推行配送制度，能够调整运输结构、集中运力，可以减少社会范围内的迂回运输、交叉运输、重复运输等不合理的现象，有助于缓解交通阻塞的问题，减少环境污染，实现物流运输系统外部环境的优化。

（5）有利于进一步提高物流服务水平。

配送能够按时按量按品种配套齐全地送货上门，一方面简化了手续，方便了用户，提高了效率，降低了成本；另一方面为企业生产的正常进行，为满足人们的物质生活的需求提供了重要的保障。

（6）有利于促进物流技术进步。

在物流实践中，配送的发展和完善有赖于配送技术的更新和设备、设施的改造，只有大力推进配送制，实现配送系统的规模化和社会化，才能集中全社会的资金，用于促进物流新技术的开发和应用。

6.1.4 配送的类型

1. 按配送主体分类

（1）配送中心配送。这类配送的主体是专职的配送中心，其规模比较大，配送品种多、数量大，配送的服务半径广，可以承担企业主要物资的配送及实行补充配送等，是配送的主要形式。同时，配送中心配送的工艺流程及配送设施是根据配送的需要专门设计的，因此，具有较强的专业配送能力。但是，配送中心的库区、车辆和路线等，一旦建成就很难改变，投资高，机动灵活性差。

（2）仓库配送。仓库配送为物流结点组织的配送，是在原有仓库基础上的扩展。受原设备规模限制，服务功能及服务半径有限，配送的专业化较差，适合于开展中等规模配送业务，能够充分利用现有的条件，投资少、见效快。

（3）生产企业配送。它的组织者是生产企业本身，尤其适用于进行多品种生产的企业，是从生产企业直接送到客户手中而无须中转的配送形式。生产企业配送在地方性强的产品生产企业应用较多，如就地生产、就地消费的食品及日用百货等，某些不适于中转的化工产品和地方建材产品也采用这种形式。

（4）商店配送。这种配送的组织者是商品零售网点或物资经营网点，其主要业务是零售，一般规模较小，经营半径也小，是配送的补充形式，又可分为兼营和专营两种形式。

2. 按配送商品的种类和数量分类

（1）少品种（或单品种）、大批量配送。生产企业需要原料物资的数量较大，而需求品种单一或较少，可采用这种形式的配送。这种配送可实行整车运输，无须与其他货物配载，可由专业性较强的配送中心承担。

（2）多品种、小批量、多批次配送。这种配送是按照用户的要求，将所需的各种物资配备齐全，凑整装车后由配送结点送达用户的。它是伴随着消费需求的多样化而产生的高频率的配送方式，要求配送组织者具有较高的专业管理水平和技术水平。

（3）成套配套配送。这种配送是按照装配型企业的需要，将生产每台产品所需的全部零部件配齐，按生产计划定时送达企业，甚至直接送到生产线上。成套配套的配送承担了企业的内部供应，是企业实现零库存的有力保证。

3. 按配送时间、数量分类

（1）定时配送。按规定时间间隔进行配送，每次配送的品种及数量可按计划执行。这种方式由于时间固定，易于安排工作计划；对于客户来讲，也易于安排接货。在企业应用中定时配送主要有日配和看板方式。

（2）定量配送。定量配送是按规定的批量在一个指定的时间范围内进行的配送。对于配送企业来说配送工作简单，可以实现成组化集货、整车配送，配送效率高。对于客户而言，每次接货数量相同，利于安排仓位、人力、物力。

（3）定时定量配送。按照规定的时间和数量进行配送。这种方式兼有前两种方式的优点，但特殊性强、计划难度大，因此不被广泛应用。

（4）定时定路线配送。这是在规定的运行路线上制定到达时间表，按到达时间表进行配送，用户可按规定时间及规定路线接货及提出配送要求。这种方式利于安排车辆及人员，同时也利于客户安排接货计划。

（5）即时配送。这是完全按照用户要求的配送时间、配送数量，随时进行配送的方式。这是一种具有高度灵活性的配送方式，适合于临时性的或急需物资的配送。但是，即时配送的费用较高。

4. 按配送的组织形式不同分类

（1）集中配送。集中配送是由专门从事配送业务的配送中心对多家用户开展的配送。集中配送的品种多、数量大，一次可同时对几家用户进行配送，配送专业性强、计划性好、效益高。

（2）分散配送。这是由商业销售网点对品种繁多而用量小的货物进行的配送。其特点是分布广、数量多、服务面宽。

（3）共同配送。共同配送是由多个企业联合组织实施的配送活动。共同配送的本质是通过作业活动的规模化降低作业成本，提高物流资源的利用效率。

6.2 配送中心基础

6.2.1 配送中心的概念

配送中心是以组织配送性销售或供应，执行实物配送为主要职能的流通型结点。具体来说，就是接受生产厂家等供货商多品种、大数量的货物，按照多家需求者的订货要求，迅速、准确、低成本、高效率地将商品配送到需求场所的物流结点设施。

作为从事配送业务的物流场所或组织，应符合下列要求：

① 为特定的用户服务；
② 配送功能健全；
③ 有完善的信息网络；
④ 辐射范围小；
⑤ 进行多品种、小批量的配送服务；
⑥ 以配送为主，储存为辅。

6.2.2 配送中心与相关概念的区别

(1) 配送中心与物流中心。

一般来说，同配送中心相比，物流中心一般处于上游的位置，如生产阶段的物流中心、批发阶段的物流中心分别属于上游和中游物流结点，而直接面对零售店铺的配送中心属于下游物流结点。

(2) 配送中心与仓库。

配送中心与仓库的差异，主要体现在功能、空间、设计、信息特征、事务处理、信息传送的系统化、作业的自动化和省力化及对多样化物流需求的适应能力等方面，具体内容如表 6-1 所示。

表 6-1　仓库与配送中心的差异

	仓　库	配送中心
功能	以物资保管为主要功能	入库、验收、保管、备货、分拣、流通加工、检验、出库等均为配送中心的功能
空间	保管空间	保管空间占一半，其他功能占一半
设计	以保管为主，平面摆放，通路少，以进行严格的场所管理	按照配送中心功能的流转顺序设计，利用货架实行立体存放，有严格的场所管理
信息特征	货物的状况和信息不一致	货物的状况与信息一致
事务处理、信息传送的系统化	基本上是用人工完成事务处理和信息的传递	利用信息系统工具和物流信息系统完成事务处理和信息传送
作业的自动化和省力化	基本上是人工作业	在信息系统的支持下实现作业的自动化和省力化
对多样化物流需求的适应能力	基本上不能适应	可以适应

6.2.3 配送中心的分类

1. 根据配送中心承担的职能分类

(1) 全职型配送中心（distribution center，DC）。这类配送中心是指既具有商品保管、在库管理等职能，又有进行商品周转、分拣业务的配送中心。DC 方式一般用户稳定，库存品种固定，占地面积较大，机械化程度高，特别适用于为装配企业的供应配送和大型超市、连锁店的配送。例如，全球性的沃尔玛超市配送等。

(2) 储存型配送中心（stock center，SC）。储存型配送中心是指单一从事商品保管机能的配送中心。储存型配送中心是为了保障生产和流通得以正常进行而出现的。其特点是规模大、库型多、储存量大。例如，美国的福来明食品配送中心的占地面积为 70 000 平方米，经营商品品种为 89 000 个。

(3) 流通型配送中心（transfer center，TC）。流通型配送中心一般不具有商品保管、在库管理的职能，而是单纯从事商品周转和分拣的配送中心。它是以暂存或随进随出方式运作的配送中心，货物经分拣后直接出货，在库滞留时间短。

（4）加工型配送中心（process center，PC）。加工型配送中心是从事流通加工机能的配送中心。其加工活动包括改包装、分装、集中下料、套裁、剪切、初级加工等。著名的快餐食品企业麦当劳和肯德基的配送中心就是为其连锁店提供加工服务的配送企业。

2. 按配送中心所处的不同阶段分类

（1）供应型配送中心。这类配送中心一般位于生产地附近，属于制造商的物资存放中心。它是为生产加工企业提供供应职能，专门为某个或某些用户（连锁店、联合公司）组织供应的配送中心。

（2）销售型配送中心。这种中心执行销售的职能，是以销售经营为目的、以配送为手段的配送中心。销售型配送中心大体有两种类型：一种是在生产地和消费地之间的，由生产商向批发商或批发商向零售商组织的配送活动；另一种是直接面向消费者的，从事商品配送功能的配送中心。

6.3　配送合理化管理

6.3.1　判断配送合理化标准

（1）服务保障能力。

配送就是要不断提高对用户的服务水平和供应保证能力。判断配送企业服务水平的标志有缺货次数、货损货差程度、库存水平和对紧急订货的反应能力等。需要强调的是，科学的服务保障能力是一个有限的概念。如果服务保障能力过高，超过了实际需要，或者成本过高，则属于不合理。

（2）资金使用情况。

合理的配送应降低资金的占用，改善资金的运用效果，创造更多的效益。具体的判断标志有：

① 流动资金总量应随着库存量及供应方式的改变而降低；

② 资金周转速度随着配送业务量的增加而不断提高；

③ 资金的投向由原来的分散性投资改为集中性投资，企业对资金的调控能力不断增强；

④ 用户的供应成本降低，配送企业的利润增加，实现效益双赢的局面。

（3）库存水平。

库存水平是判断配送合理与否的重要标志。主要通过库存总量和库存周转速度来衡量。从库存总量上看，配送中心的库存数量与各用户保有的库存量之和应低于实行配送前各用户自行配送的库存量之和。从周转速度衡量，实行专业配送的周转速度应高于各用户自行配送的周转速度。需要强调的是，上述库存标志都以库存储备基金计算，而不以实际物资数量计算。

（4）物流资源的节约。

① 物质资源的节约。物质资源的节约的判断标准主要有以下3个方面：一是社会运力的节约，即社会运营车量的总数减少，而承运量增加，车辆空驶率减少而满载率增加；二是社会库存的节约，社会总体的库存占用面积和库存量减少；三是用于物流配送的总成本降

低,社会宏观效益提高。

② 人力资源的节约。这主要是指用于订货、接货、供应和仓库管理等配送环节的人员不断减少。

(5) 社会化程度。

配送的主要目的是以专业化、社会化的物流配送取代一家一户自提自运的现象,以实现成本与效益的最优结合。

(6) 技术手段的先进性。

判断技术是否合理的标志是现有的技术手段能否满足用户的服务需求。

6.3.2 配送不合理的表现形式

(1) 库存决策不合理。

库存决策不合理表现在:一是配送企业为减少缺货损失,加大库存,造成集中后的库存总量等于或高于分散的库存量,没有实现库存成本的降低和社会财富的节约;二是片面追求低库存,使存储量不足,不能满足用户的随机需求,造成物流服务水平的降低。

(2) 配送方式的选择不合理。

在配送过程中,是选择自行配送还是委托配送,是选择直达配送还是中转配送,取决于配送的成本和价格。如果在委托配送时,在获得的服务基本相同的情况下,价格较高则是不合理的。在选择中转配送时,如果增加的环节可以降低用户的平均库存,能够抵销因此增加的支出,就是合理的决策。如果用户进货能够实现经济批量,放弃直达配送而选择中转则是不合理的。

(3) 集货计划不合理。

配送中心是通过对多用户的共同集货,实现批量筹措资源,以达到规模效益的。如果配送中心不能实现批量集货,而只是为某一两个用户代购代筹,对用户而言不仅不能降低费用,反而增加了购货成本,因而是不合理的。

集货计划不合理还表现在配送计划失实、集货量畸多畸少、与供应商之间的关系不稳定等方面。

(4) 配送中的不合理运输。

没有实现集中配送或共同配送,不能达到送货的经济批量,浪费了运力,增加了成本。此外,运输中的不合理现象,如对流运输、迂回运输、空驶等在配送中均可能出现。

(5) 经营理念不合理。

在配送实施过程中,必须树立起服务观念、系统化观念和效益观念。配送企业应当通过提供优质服务,降低物流系统的总成本,在获得企业微观效益的同时创造社会效益。如果配送企业利用配送的手段,向用户转嫁库存和资金的矛盾,加大社会物流总成本的支出,这就是不合理的配送。

6.3.3 配送合理化的措施

1. 推行专业配送

通过采用专业的设备、设施,实施专业化的管理,降低配送过分综合化的复杂程度及难度,实现配送的合理化。

2. 推行共同配送

1) 共同配送实施的主体

可以是作为物流需求方的制造商、批发商和零售商(供应商集中于供应链中核心企业的周围),也可以是作为物流服务供应方的运输企业和仓储企业(一般规模不大)。

2) 共同配送的基本形态

为了充分发挥共同配送的优势,各物流企业根据企业自身的事业特征及供应链条中各物流节点之间的关系,采用了不同的共同配送形式。共同配送的基本形态如表6-2所示。

表6-2 共同配送的基本形态

分类		特性
集货配送共同型	特定货主共同型	同一行业的货主通过协作共同集货和配送
	物流企业共同型	货主原则上为不定多数,由多个物流企业通过协作共同开展集货和配送活动
共同配送型		货主各自将货物运送到配送中心,然后统一配送
线路集货共同型		线路零担货物的集货部分实行共同化,货物交给货主指定的线路运输业者
供货代理型		由货主主导,通过协调共同开展面向百货店、大型超市等零售商的共同配送

3) 共同配送的效果

中小企业有开展配送的需求,但自身没有能力建立配送中心设施,即便是开展配送,也由于规模过小影响到设施利用率和运输的效率。而共同配送就解决了这样的问题。从宏观角度上讲,通过共同配送,可以降低货物运输对环境的破坏程度,节约能源,改善城市的交通环境等。但从物流企业和货主企业的角度分析,共同配送的效果则各有千秋。

(1) 从物流企业的角度分析。

① 有利于提高物流设施和运输车辆的使用效率,降低经营成本。

② 有利于为客户提供低成本的物流服务。

③ 有利于提高物流服务水平。

(2) 从货主企业的角度分析。

① 通过物流设备的利用率、车辆的装载效率等方面的提高而降低物流作业成本。

② 扩大营业范围。单一企业受到经济实力的影响,难以建立广泛的物流网络,从而使营业范围受到限制。通过利用配送企业的庞大物流网络,可以扩大销售的辐射范围。

3. 推行 JIT 配送

JIT 配送是属于定时配送的一种,它强调准时,即在客户规定的时间,将合适的产品按准确的数量送到客户指定的地点。JIT 配送多采用小批量、多频次的送货方式,目的是降低库存,减少浪费,满足客户多样化、个性化需求。日本的宅急便业务便是典型的 JIT 配送模式。宅急便的配送,讲究三个"S",即速度(speed)、安全(safety)、服务(service)。在这三者之中,最优先考虑的是速度。而在速度中,又特别重视"发货"的速度。除去夜间配送以外,基本是一天两次循环。凡送货时间距离在 15 h 路程以内的货物,保证在翌日送达。

4. 推行即时配送

即时配送是指完全按照用户突然提出的时间、数量方面的配送要求，随即进行配送的方式。采用这种方式，客户可以将安全储备降低为零，以即时配送代替安全储备，实现零库存经营。即时配送可以灵活高效地满足用户的临时需求，最终解决用户企业担心断供之忧，大幅度提高供应保证能力的重要手段。即时配送是配送企业快速反应能力的具体化，是配送企业能力的体现。即时配送成本较高，对配送中心的要求比较高，特别对配送速度和配送时间要求比较严格，但它是整个配送合理化的重要保证手段。

5. 实行双向配送

配送企业应当与客户建立长期稳定的合作伙伴关系。为客户的采购和销售两个环节提供配送服务。这样一方面缓解了客户的物流管理和库存控制的压力，另一方面使配送企业能够充分利用运力，实现配送的合理化。

6. 实行配送与加工结合

配送是和用户联系最为密切、最直接反映用户需要的环节。流通加工则是能够使物流服务增值的环节。这二者的有机结合，既能有效地利用同一场地，减少中转环节，又能充分反映客户需求，减少加工的盲目性，从而获得更多的物流效益。

6.4 配送中心的规划与设计

配送中心的建设是一项投资高、涉及面广、规模大的系统工程。合理地规划设计配送系统对于提高整个物流服务水平、降低物流成本具有决定性的意义。配送中心的规划管理主要包括外部的选址及内部的区域设计两方面。

6.4.1 配送中心规划的决定因素

配送中心的规划因素是指影响配送中心系统设计的约束性条件，是在配送中心设计建造前必须掌握的基础性材料和数据。具体包括以下 6 个方面。

（1）配送需求。

配送的需求水平极大地影响着配送中心的规模，同时需求的地域分布也决定着配送中心的结构和层次。配送的需求主要是指配送量，包括出货量和库存量。出货量的多少和时间的变化直接影响着配送中心的作业能力和设备配置，库存量和周转时间将影响到配送中心的空间规划。

（2）配送物资的特征。

配送系统设计受产品特征的影响较大，比如产品的种类、数量、重量、体积、价值和市场风险等。由于产品的特征不同，配送的复杂程度和难易程度存在较大差异，这就需要针对实际情况设计和组织配送活动。例如，对不同的干货和生鲜货，要设计出不同的存储和作业区域。

（3）配送的用户特征。

配送中心的服务对象影响具体服务功能及环节的设计。例如，为生产企业提供的准时配送服务和为分销商提供的配送服务,在订单处理的分拣形态和出货形态上都存在较大的区别。对于分销领域的配送中心,在面对批发商和零售商时,由于出货的数量和频率不同,在配送设计时也存在较大差异。

(4) 客户服务水平。

客户服务的内容很广泛,包括库存可得率、送货速度、订单反应能力和可靠性等。总体来说,企业对物流服务不断提高的需求是配送中心产生的重要原因之一。但是,随着客户服务水平的提高,与之相关的成本往往以更快的速度增长。因此,配送服务水平应该是合理物流成本下的服务品质,应是成本与服务的最佳结合点。

(5) 交通情况。

配送中心主要创造空间价值,因此交通的便利和通畅是进行规划设计时必须考虑的因素。我们应了解配送通路的类型、配送中心所处的位置及上下游用户的特点等内容。

(6) 配送中心的成本。

配送中心的建造预算和设备设施的成本将影响到配送中心的规模和自动化水平,没有足够的资金,任何理想的设计也只能是空中楼阁。

6.4.2 配送中心选址

1. 配送中心选址应考虑的因素

(1) 集货、送货对象的分布。

配送中心一般以进货和出货产品类型,来选择接近上游点或下游点作为选址策略。对于大多数零售商型的配送中心,首先,考虑的是客户的分布情况,这些客户大部分分布在人口密集的城市,为了提高物流服务水平、降低配送成本,配送中心多建在城郊接合处,接近客户分布区;其次,由于配送中心的商品全部来自于供应商,如果接近供应商,则其商品的安全库存可以降到较低的水平,所以供应商的分布也是选址时应当考虑的因素。但是,因为我国进货的费用一般由供应商负担,有时则不重视此类因素。

(2) 交通条件。

交通不便将直接影响配送的服务及成本。选址时应充分考虑对外交通的线路,以及未来交通与邻近地区的发展状况等因素。配送中心应尽量选择在交通便利的等级公路的附近或交会点,并考虑靠近货运站、港口等运输据点。

(3) 用地条件。

对于土地使用,必须考虑相关法规及城市规划的限制,尽量选在物流园区或经济开发区。还要考虑建筑用地的形状、面积和未来扩充的可能性,以及现有地价和未来增值等因素。

(4) 自然条件。

在选址时,诸如台风、地震、是否靠近水源等自然条件是必须考虑的因素。不同的温度、湿度、空气质量都会影响配送产品的品质。因此,对自然环境的可行性研究有利于降低配送中心的建设风险。

(5) 宏观环境。

宏观环境包括法律规定、企业优惠政策、城市规划和地区产业政策等。法律和政策的扶持有利于配送业的发展。

2. 选址需要掌握的资料

选址需要掌握的资料主要包括业务量和成本两个方面。

（1）掌握业务量。具体包括以下内容：
① 工厂至配送中心之间的运输量；
② 向顾客配送的货物数量；
③ 配送中心保管的数量；
④ 不同配送路线的作业量；
⑤ 需要进行分装或集装的业务量；
⑥ 拣货、配货的业务量；
⑦ 流通加工的业务量。

（2）掌握成本。具体包括以下内容：
① 工厂至配送中心之间的运输费；
② 配送中心至顾客间的配送费；
③ 与设施、土地有关的费用及人工费、业务费等。

6.4.3 配送中心的内部区域设计

配送中心按功能分为作业区和管理区，作业区又可以分为进货区、分拣区、存储区、理货区、加工区等。

1. 配送中心区域设计的原则

（1）整体性原则。将物资、人、设备作为一个整体有机地结合在一起，以方便作业，实现系统优化。

（2）流程优化原则。由入库开始至出库为止，各项作业必须依顺序处理，使得距离最短、空间利用最小，以减少中间不当的搬运或停顿所产生的浪费。

（3）人性化原则。作业地点是人—机环境的综合设计，要以人为本，创造一个良好舒适的工作环境。

（4）弹性的原则。布局必须适合高低峰的拣货配送作业，也能适应季节的变化及商品的调整。

（5）管理容易化的原则。管理监督容易，各项作业最好皆能可视管理。

（6）安全和满足的原则。布局设计要符合安全操作的规程，满足未来发展的需求。

2. 区域布置的方法

配送中心的区域布置可以用绘图法直接绘成总平面图；也可以将各活动区域做成相应的模块，在总平面图上进行实际摆放，以找出最佳方案；还可以利用计算机的辅助功能进行总体的区域布置。配送中心区域主要包括物流作业区域和行政管理区域。区域布置的方法有两种，即流程性布置法和相关性布置法。

1）物流作业区域的布置——流程性布置法

这种方法以物流移动路线和物流相关表作为布置的主要信用依据，适用于物流作业区域的布置。简单地说，主要包括以下两项工作。

（1）作业能力分析。在确定了配送中心所需的物流作业区后，要根据各作业区的物流量对各区域的物流能力进行估算。主要包括仓储能力和拣选区储运能力的规划。仓储区的容量是维持一定时间的供货需求,因此对进出货的特征及处理量均需考虑,还要考虑安全库存问题。仓储区估算采用周转率估算法,其计算公式为:

$$仓容量=(年仓储运转量/年周转次数)\times 安全系数$$

拣选作业区一般以单日出货物品的品种、数量和作业面作为主要考虑因素,其计算方法也可采用上述方法,但在规划时不必考虑当日所有的出货量和安全保证。因为,当拣选区不足时可以用仓储区进行弥补。

（2）区域面积的确定。各作业区域面积的确定应考虑各区域的功能、作业方式、所需的设备设施和作业量等因素综合进行评价估算。例如,存储区域面积的确定与存储量、采用的存储方法和存储设备有关。存储方法包括地面堆码、货架存放和自动立体仓库等方式。存取设备不同,所占用的空间也不同。因此应根据仓储总能力来规划占地面积。

2) 行政管理区域的布置——相关性布置法

相关性布置法是根据各区域的综合相关表进行区域布置,适用于整个厂区或辅助区域的布置。目前,现代化的配送中心仓储区多采用立体化设备,其高度设计与办公区不同,因此办公区域应进一步考虑空间的利用。在进行行政管理区域的布置时,应尽量做到集中办公区,并与仓储区等主要作业区域分离。其主要步骤是:首先将与各作业活动相关性最高的部门率先置入规划范围,再按各部门及活动区域的重要程度依次置入规划。

根据上述两种方法,可以逐步完成各区域的概略图;然后将各办公及活动区域的实际面积置入各相对的位置,并加以适当的调整,减少区域重叠或间隔,即可得到最终的区域相关配置图,如图6-1所示。

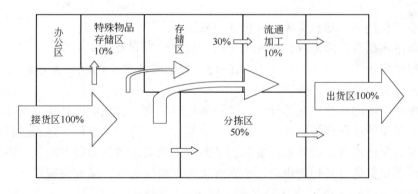

图6-1 配送中心布局平面图

6.5 配送中心的作业管理

6.5.1 配送中心的作业流程

配送中心的作业流程大体分为两种类型:一般作业流程和特殊作业流程。一般作业流程是一般意义上的配送工艺流程,特殊作业流程则是适应特殊需要和特殊产品运动而设计和实施的工艺流程。

1. 配送中心的一般作业流程

（1）进货入库作业。

进货入库作业主要包括收货、检验、入库三个作业环节。因为对于商品安全和质量责任是从商品验收入库开始的，所以收货、检验工作是每个配送中心必须进行的作业。收货人员必须谨慎地做好以下工作：及时掌握总部和客户的计划及在途的进货量、可用库房的存储仓位、装卸人力等情况，并及时与有关部门沟通，做好接货计划。经检验入库的商品进入可以随时配送的状态。

（2）存储作业。

商品在库的存储作业包括加强商品的养护，确保商品质量安全；加强储位合理化和存储商品的数量管理工作。商品储位合理与否、商品数量管理精确与否将直接影响到配送中心的作业效率。

（3）加工作业。

它主要是指对配送商品进行的流通加工，包括对商品的分割、切割加工，对大件商品的分装加工，对不同质量商品的分选加工，为促销进行的包装加工及为超市和零售业主进行的粘贴价签和条形码的加工作业。

（4）分拣作业。

分拣作业是配货作业最主要的前置工作。分拣作业主要是按照出货的先后顺序、配送车辆的次别，把配货商品整理出来，经分拣人员确认无误后，放置在暂存区域，做好装车准备。

（5）配货作业。

配货作业过程包括计划、实施、评价3个阶段。

配送计划是根据客户的需求，事先作出的全局性的规划及对相关部门的具体任务进行布置和安排，包括配送中心计划、配送区域规划、配送服务水平的制定及运输方式、运输车辆、库存保证能力和交通条件等。

配送作业的实施则是按照配送计划，进一步组织落实，完成配送任务。其步骤是：首先按照计划的安排做好接车准备；其次向运输、仓储、包装等职能部门下达配送任务，各个职能部门应当做好配送准备；最后由理货部门按照客户的需求进行分货和配货，然后由运输部门按照用户所在位置进行货物的组合、装车并按指定路线运送，从而完成配送工作。

配送评价是运用统计和运筹学的方法，按照一定的标准和程序，通过定性、定量的分析，对配送中心的经营效益和经营业绩作出的客观、公正的判断。定期开展配送活动的评价活动，有利于准确掌握配送中心的经营水平，提高经营管理能力，从而增加配送中心的整体效益。

2. 配送中心的特殊作业流程

在实践过程中，某些有特殊性质、形状的货物，其配送活动对于一般的配送业务会作一些修改，它们的作业程序可以体现为以下4种。

① 颗粒状散货的配送作业流程为：进货—存储—送货。

② 各类食品的配送作业流程为：进货—存储—分拣—送货。

③ 组装产品的散件、配件的配送作业流程为：进货—存储—加工—存储—装配—送货。

④ 木材、钢材等原材料的配送作业流程为：进货—加工—存储—分拣—配货—配装—送货。

6.5.2　配送中心管理的主要内容

（1）配送服务管理。

主要包括供货品种的划分、订货的方式、订单的处理、交货的形式、退货处理等内容。

（2）仓储管理。

主要包括仓储区域的规划、储位的分配、包装的形式、库存产品的分类管理、库存量、采购量的确定、盘点方式、进出货管理及财务管理与成本分析等方面。

（3）人力与物力的管理。

配送中心的管理者应当根据配送中心的规模、配送作业量和企业的自动化程度来配备相适应的人员，购置适当的设备。

6.5.3　配送中心的作业管理

1. 进货及收货作业管理

进货及收货作业是实现商品配送的前提，是商品从生产领域向流通领域转移的第一步。它包括商品从运输工具上卸下、分类、验收及搬运到指定储位等作业环节。

1）卸货作业

配送中心一般设有专用的收货站台，送货方将货物送交指定地点，并将送货凭证及发票交验。卸货方式分为人工卸货、输送机卸货和叉车卸货等。

2）验收作业

验收是物流配送中心作业的一项重要环节。验收的目的是分清责任，以保证商品能及时、准确、安全地发运到目的地。

验收工作是一项细致复杂的工作，一定要仔细核对，才能做到准确无误。目前，主要有两种核对的方法，即"三核对"和"全核对"。所谓"三核对"，就是核对商品或物流的条形码、核对商品的数量、核对商品的包装，这种方法比较适用于大件货物的检验。所谓"全核对"，就是要求以单对货，核对所有的项目，包括品名、规格、颜色、等级、标准等，这种核对方法一般用于品种繁多的小件商品的检验。

对于商品的验收要求主要表现在以下4个方面。

（1）条形码的验收。主要验收该商品是否与送货预报的商品相符、是否与商品数据库内已经登记的资料相符。

（2）数量的验收。由于收货工作比较繁忙，为了提高效率，一般采用"先卸后验"的方法，即几辆车同时卸下，交叉验收，既可以节省人力，又可以提高效率，既便利验收，又利于减少差错。

（3）质量检验。在配送中心收货检验时，由于场地和时间等条件的限制，一般只采用"看""闻""听""摇""拍""摸"等感官检验的方法。检查的范围一般是外包装，很少进行开箱检验；或者根据合同的要求进行抽样检验。但是对于某些高价值的贵重商品将另辟场地进行开箱验收。

（4）包装验收。在包装验收时，应具体检验包装的封条是否破裂、箱底（盖）是否粘牢、包装内的商品是否有外露、包装物是否受潮等。

3）收货操作程序和要求

在收货的过程中，收货人员一般需要经过以下程序。

（1）当供应商将货物运输到配送中心的指定收货站台时，对于有事先预报的货物，收货员可以直接办理"接单"业务；对于没有事先预报的货物，则需要办理相关手续后方可接货。

（2）核对验收的货物。验收的内容包括上文提到的商品条形码、数量、质量、包装等。

（3）在核对单货相符的基础上签盖回单，在收货基础联上盖章并签注日期。

（4）货物堆码后，标注每一堆码单位或托盘的数量，并标明该批商品的总件数。

收货工作是商品进入配送中心的第一步，具有举足轻重的地位，因而要求每一个从事接货的人员必须眼快手勤，认真核对，机动灵活地选择适当的验收方法；要求他们必须熟知货物知识，一丝不苟地验收。当发现数量差错时，必须查明原因，按照实际情况予以及时的纠正。

2. 搬运作业管理

搬运作业就是将配送中心内的不同形态的商品，在平面或垂直方向上进行移动，从而使货物能够适时、适量地移至适当的位置或场所存放。就配送中心而言，搬运几乎贯穿于所有的动态环节。但是搬运作业除了增加成本之外，不能为产品增加价值，因此，管理人员必须尽可能地减少货物的搬运次数，以降低物流成本。搬运的改善主要有"两原则、五要素"。

1）搬运作业的原则

所谓"两原则"，是指距离最短原则和数量最大原则。这是因为距离越短越经济，数量越多，单位移动成本越低。

2）搬运作业管理的要素

（1）搬运对象。搬运对象是指搬运货物的数量、种类、形态等。在配送中心中，应当通过调整配送中心的布局，合并相关的作业环节，尽量减少搬运对象的重量和体积，从而减少人工和设备的消耗。

（2）搬运距离。搬运距离是指搬运的位移和长度，包括水平、垂直、倾斜方向的移动大小。良好的搬运就是运用有效的手段减少位移的长度，并将货物运达指定地点。通过采用相关性的布局方法，调整内部的布局设置，实行搬运的顺行化、直线化、平面化，不断减少回程或利用回程顺载，以缩短搬运距离；通过使用托盘或利用大型的搬运设备，实现搬运的单元化和大量化作业，以减少搬运次数，缩短搬运总距离。

（3）搬运空间。搬运空间是指搬运的设备所占用的区域。即要减少搬运的次数，尽量缩减移动的空间。通用的方法是：调整厂房的布置，充分利用三维空间；选用适当的、占用空间小、辅助设备少的搬运设施，以降低设备的回转空间；合理规划搬运作业的时间，协调错开搬运时机。

（4）搬运时间。时间的要求在于整体搬运作业的总耗费时间。它是要求在恰当的时间内到达指定的地点，既要避免不及时（会导致成本的增加），又要防止过快（会影响后序作业的效率）。配送中心一方面应当采用大型、高速的搬运机具，提高搬运数量，缩短搬运时间；另一方面，应当合理安排搬运程序，实现搬运的均匀化，增强搬运的整体效益。

（5）搬运手段。要使搬运对象达到有效的移动，充分利用有效的空间、时间，需要采用适当的搬运手段。对于手段的运用，应遵循经济和效率两大原则，并从中找到最佳的结合点。这就要求配送中心加大硬件设施的投入，适当采用先进、高效的机械设备，实现搬运的连续化、高速化；同时增强软件的管理，采用有效的管理方式，推行循环、往复搬运，实现搬运的均匀化，争取搬运的时效。

3. 存储作业管理

配送中心存储作业的主要任务是物料的保存，同时还要进行库存产品的核查及库存量的控制。这就要求管理人员不但要有效地利用空间，还要注意存货的管理；不仅要注意空间运用的弹性，还要加强库存量的有效控制。关于存储作业的管理方法，详见仓储管理。

4. 盘点作业管理

盘点作业是为了有效地控制货品的数量和质量，而对各储存场所进行的数量清点作业。

1) 盘点作业的目的

盘点是为了确定现有库存量，并修正货账不符的误差，以使配送中心的库内管理方法及保管状态保持清晰，有利于准确计算企业的损益。

2) 盘点作业的时间

为了实现货账相符的目标，盘点的次数越多越好，但是，盘点本身的成本耗费较大，最好能根据配送中心的货品性质制定不同的盘点时间。原则上货品流动速度越快，盘点的次数应该越多。

3) 盘点的方法

盘点的方法分为账面盘点和现货盘点两种。

账面盘点就是把每天的出入库货品的数量和单价加以记载，随时从账面上查悉库存量和库存金额的方法。现货盘点亦称实地盘点，就是实际清点库存商品的数量，再依据货品的单价计算出库存金额的方法。现货盘点依其盘点时间的频率不同又分为期末盘点和循环盘点。期末盘点在期末对所有的商品一起盘点，一般停业进行。循环盘点则是在每天或每周对一部分产品进行盘点，规定在一定时间内，对每一项商品都至少完成一次盘点的方法。

无论采用何种盘点方法，最重要的是做到账面盘点与现货盘点相符。当盘点结束后，发现账货不符时，应当追查差异的原因，并进行盘盈或盘亏的处理。

5. 订单作业管理

订单作业是指从接到客户订货开始至着手拣货之间的作业阶段，包括有关客户、订单的资料确认、存货查询、单据处理乃至出货配发等。

1) 接单方式

接单作业是订单处理的第一步，随着流通环境和科学技术的发展，接单方式开始由传统的人工方式向电子订货方式发展。

传统的订货方式包括厂商铺货、厂商寻货、隔日送货、电话订货、传真订货、邮寄订货、客户自行取货、业务员跑单接单等。

电子订货即电子定货系统（EOS），它是凭借网络数据传输，将订货资料转为电子资料形式的订货方式。包括订货簿或货架标签配合手提终端机及扫描仪、POS（point of sale，销售时点管理系统）、订货应用系统。

2）订单内容的确认

对于订单的内容需要进行如下确认：需求品种、数量及日期的确认；客户信用的确认；订单形态的确认；订货价格的确认；加工包装的确认；设定订单号码；建立客户档案；存货查询及按订单分配存货的方式；订单资料处理输出等。

6. 补货作业管理

补货作业是指将货物从保管区域移到订单拣取区域，然后将此移库作业作库存信息处理的活动。补货作业与拣货作业联系比较紧密，补货计划应当周密细致。这一作业环节主要涉及补货的方式和补货的时机问题。

1）补货的方式

（1）整箱补货。此补货方式是将整箱的货物由料架的保管区，以手推车载箱至有流动棚架的拣货区，在流动棚架的后方补货。这种补货方式比较适用于体积较小、批量小且品种繁多的出货货品。

（2）料架上层至料架下层的补货。此补货方式是指保管区与动管区属于同一料架，将料架的中下层作为动管区，将料架的上层作为保管区，作业人员利用堆垛机将货物从保管区搬至动管区的活动。这种补货方式比较适用于体积不大、每种货物的存货量不多且出货多属中小量（以箱为单位）的货物。

（3）整托盘补货。在实践中，这种补货方式又表现为由地板堆叠保管区补货至地板堆叠动管区和补货至托盘料架动管区两种形式。这两种补货方式的相同之处在于其保管区域都较大，而动管区较小，都需要采用搬运设备如堆垛机进行搬运活动；不同之处在于动管区的摆放方式不同。因此，前一种方式适用于体积大且出货量多的货品，后一种则适用于体积中等或出货量中等的货品。

2）补货时机

补货作业发生与否主要看动管拣货区的货物存储数量是否符合需要。在作业中，应尽量避免在拣货途中发现动管区存量不足、临时补货的情形。在选取补货时机时应当遵循以下原则。

（1）批次补货原则。就是在拣取前，用电脑计算拣货区的货品存量，并在拣货前一特定时间补足货物。这种一次补足的补货方式适合于一日作业量变化不大，紧急追加订货不多，或者每批次拣取量大，需要事先了解动管区存货量的情况。

（2）定时补货原则。即是将每天划分为数个时点，补货人员在时段内检查动管拣货区，发现存量不足则及时补充的方式。这种补货原则比较适用于分批拣货时间固定且处理紧急、追加订货的时间也固定的情况。

（3）随机补货原则。即指定专门的人员，随时巡视动管拣货区的存货量，发现不足时随时补货的方式。这种原则适用于每批次拣取量不大、紧急追加订货较多，以至于一日内作业量在事先很难掌握的情况。

7. 发货作业管理

发货作业是配送中心作业管理的最后一个阶段，也是直接与用户发生联系的作业环节，因此做好发货作业的管理对于加强经营管理、提高配送效率和优化服务质量具有重要的作用。

1）商品出库的依据

配送中心应当加强管理，出库的产品必须依据用户的订单或者是配送中心的送货单进行。严禁擅自动用或外借库存商品。

2）商品出库的要求

商品出库应做到"三不、三核、五查"。所谓"三不"，是指未接单据不翻账、未经审查不备货、未经复审不出库；"三核"是指核实凭证，核对账目，核对实物；"五查"即对单据或实务进行品名检查、规格检查、包装检查、数量检查、重量检查。

3）发货的原则

配送中心的发货应当遵循"准确、及时、安全"的原则。这些原则关系到配送服务质量的优劣。要在短暂的发货时间内做到"准确"，就要求在发货工作中做到环环复核。要做到"及时"，就要求管理人员平时应注意与用户保持联系，了解市场需求的变动规律；同时加强与运输部门的联系，预约承运时间；在发货的过程中，还要注意各岗位之间的密切配合。要做到"安全"，就要求在发货过程中，应当按规章操作，防止作业过程中损坏包装或货物；同时，应保证出货的质量，在同种货物中，应做到"先进先出"，对于已经变质的货物禁止发货，防止反向物流的发生。

4）发货的程序

一般来说，发货程序大致可由以下几个方面组成：验单—登账—配货—包装—复核—提货发运—交付—销账。根据各配送中心的具体业务不同，工作的侧重点和顺序也会有所差别。

复习思考题

1. 了解配送、配送中心的概念及配送和配送中心的分类。
2. 辨析配送与运输的区别、配送中心与仓库的区别。
3. 判断配送合理化的标准是什么？如何实现配送的合理化？
4. 配送中心规划的决定因素和选址需要掌握的资料有哪些？
5. 配送中心作业的一般流程是什么？
6. 如何优化配送中心的作业管理？

案例分析

7-Eleven 便利店的物流配送模式

每一个成功的零售企业背后都有一个完善的配送系统支撑。

遍布全球的便利名店 7-Eleven，名字的来源是这家便利店在建立初期的营业时间是从早上 7 点到晚上 11 点，后来这家便利店改成了一星期七天 24 小时全天候营业，但原来的店名却沿用了下来。

这家 70 多年前成立于美国的便利店是全球最大的连锁便利店，在全球 200 多个国家和地区拥有 5.6 万多家连锁店。一家成功的便利店背后一定有一个高效的物流配送系统，7-Eleven 从一开始采用的就是在特定区域高密度集中开店的策略，在物流管理上也采用集中的物流配送方案，这一方案每年大概能为 7-Eleven 节约相当于商品原价 10%的费用。

一家普通的7-Eleven连锁店一般只有100～200平方米大小，却要提供23 000余种商品，不同的商品有可能来自不同的供应商，运送和保存的要求也各有不同，每一种商品又不能短缺或过剩，而且还要根据顾客的不同需要随时调整货物的品种，种种要求都给连锁店的物流配送提出了很高的要求。一家便利店的成功，很大程度上取决于配送系统的成功。

7-Eleven的物流管理模式先后经历了三个阶段、三种方式的变革。起初7-Eleven并没有自己的配送中心，它的货物配送依靠的是批发商来完成的。以日本的7-Eleven为例，早期日本7-Eleven的供应商都有自己特定的批发商，而且每个批发商一般都只代理一家生产商，这个批发商就是联系7-Eleven和其供应商之间的纽带，也是7-Eleven和供应商之间传递货物、信息和资金的通道。供应商把自己的产品交给批发商以后，对产品的销售就不再过问，所有的配送和销售都会由批发商来完成。对于7-Eleven而言，批发商就相当于自己的配送中心，它所要做的就是把供应商生产的产品迅速有效地运送到7-Eleven手中。为了自身的发展，批发商需要最大限度地扩大自己的经营，尽力向更多的便利店送货，并且要对整个配送和定货系统作出规划，以满足7-Eleven的需要。

渐渐地，这种分散化的由各个批发商分别送货的方式无法再满足规模日渐扩大的7-Eleven便利店的需要，7-Eleven开始和批发商及合作生产商构建统一的集约化的配送和进货系统。在这种系统之下，7-Eleven改变了以往由多家批发商分别向各个便利点送货的方式，改由一家在一定区域内的特定批发商统一管理该区域内的同类供应商，然后向7-Eleven统一配货，这种方式称为集约化配送。集约化配送有效地降低了批发商的数量，减少了配送环节，为7-Eleven节省了物流费用。

配送中心的好处提醒了7-Eleven，何不自己建一个配送中心？与其让别人掌控自己的经脉，不如自己把自己的脉。7-Eleven的物流共同配送系统就这样浮出水面，共同配送中心代替了特定批发商，分别在不同的区域统一集货、统一配送。配送中心有一个电脑网络配送系统，分别与供应商及7-Eleven店铺相连。为了保证不断货，配送中心一般会根据以往的经验保留4天左右的库存。同时，配送中心的电脑系统每天都会定期收到各个店铺发来的库存报告和要货报告，配送中心把这些报告集中分析，最后形成一张张向不同供应商发出的定单，由电脑网络传给供应商，而供应商则会在预定时间之内向中心派送货物。7-Eleven配送中心在收到所有货物后，对各个店铺所需要的货物分别打包，等待发送。第二天一早，派送车就会从配送中心鱼贯而出，择路向自己区域内的店铺送货。整个配送过程就这样每天循环往复，为7-Eleven连锁店的顺利运行修石铺路。

配送中心的优点还在于7-Eleven从批发商手上夺回了配送的主动权，7-Eleven能随时掌握在途商品、库存货物等数据，对财务信息和供应商的其他信息也能握于股掌之中，对于一个零售企业来说，这些数据都是至关重要的。

有了自己的配送中心，7-Eleven就能和供应商谈价格了。7-Eleven和供应商之间定期会有一次定价谈判，以确定未来一定时间内大部分商品的价格，其中包括供应商的运费和其他费用。一旦确定价格，7-Eleven就省下了每次和供应商讨价还价这一环节，少了口舌之争，多了平稳运行，从而为自己节省了时间和费用。

配送的细化随着店铺的扩大和商品的增多，7-Eleven的物流配送也越来越复杂，配送时间和配送种类的细分势在必行。以台湾地区的7-Eleven为例，全省的物流配送就细分为出版物、常温食品、低温食品和鲜食食品四个类别的配送，各区域的配送中心需要根据不同商品的特征和需求量每天做出不同频率的配送，以确保食品的新鲜度，以此来吸引更多的顾客。新鲜、即时、便利和不缺货是7-Eleven配送管理的最大特点，也是各家7-Eleven店铺的最大卖点。

和台湾地区的配送方式一样，日本7-Eleven也是根据食品的保存温度来建立配送体系的。日本7-Eleven对食品的分类是：冷冻型（零下20℃），如冰淇淋等；微冷型（5℃），如牛奶、生菜等；恒温型，如罐头、饮料等；暖温型（20℃），如面包、饭食等。不同类型的食品会用不同的方法和设备配送，如各种保温车和冷藏车。由于冷藏车在上下货时经常开关门，容易引起车厢温度的变化和冷藏食品的变质，对此7-Eleven还专门用一种两仓式货运车来解决这个问题，一个仓中温度的变化不会影响到另一个仓，需冷藏的食品就始终能在需要的低温下配送了。

除了配送设备，不同食品对配送时间和频率也会有不同要求。对于有特殊要求的食品，7-Eleven会绕过配送中心，由配送车早中晚三次直接从生产商门口拉到各个店铺。对于一般的商品，7-Eleven实行的是一日三次的配送制度，早上3点到7点配送前一天晚上生产的一般食品，早上8点到11点配送前一天晚上生产的特殊食品，如牛奶、新鲜蔬菜，下午3点到6点配送当天上午生产的食品，这样一日三次的配送频率在保证了商店不缺货的同时，也保证了食品的新鲜度。为了确保各店铺供货的万无一失，配送中心还有一个特别配送制度来和一日三次的配送相搭配：每个店铺都可能随时碰到一些特殊情况造成缺货，这时只能向配送中心打电话告急，配送中心则会用安全库存对店铺紧急配送，如果安全库存也已告罄，中心就转而向供应商紧急要货，并且在第一时间送到缺货的店铺手中。

思考题
（1）7-Eleven便利店的物流配送系统经历了怎样的演进过程？
（2）7-Eleven便利店的自建配送系统的特点和好处是什么？试分析7-Eleven的配送模式为连锁经营业配送模式的选择带来怎样的启示。

第 7 章 物流信息管理

【本章结构图】

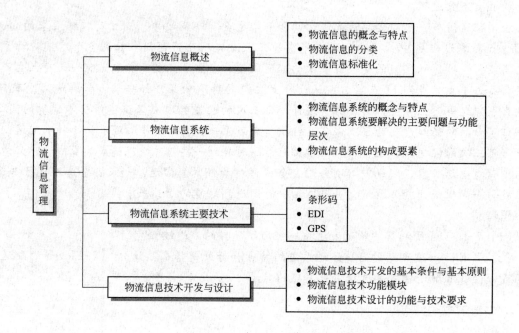

【学习目标】

通过本章的学习,你将能够:

1. 掌握物流信息的特点、功能和分类;
2. 掌握物流信息系统的特点及物流信息系统的结构;
3. 掌握条形码的基本概念、特点,认识条形码的分类;
4. 了解条形码在 POS 系统及在物流中的应用;
5. 掌握 EDI 的基本概念及特点;
6. 了解 GPS 的含义、工作原理。

进入 21 世纪，世界经济持续高速发展，科学技术水平也在不断提高，我们面对的是一个经营范围更广阔的市场，在这样的一个市场要求下，更加多样化的经营出现在我们面前，更多的管理方法、管理思想应运而生。自日本教授西泽修提出物流是当今企业的第三利润源泉后，世界各国的企业，尤其是知名企业在对物流的发展与运用上更加具有信心，因为物流发展已经成为企业提高核心竞争力的重要因素。在这样的经济形势下，我国也加快了物流发展的脚步，尤其是在整合资源的前提下，对物流信息管理做了大量的工作。

7.1　物流信息概述

物流信息技术发展得益于信息技术、微电子技术的发展。近年来，信息技术以前所未有的速度向前迈进，不断改善着企业的经营方式，提高了企业管理的工作效率，使企业的整体发展上了一个新的台阶。物流信息也正是在这样的一个发展条件下，通过信息技术及网络、微电子技术的共同发展，把其优势运用到了物流管理上来，提高了物流管理的运作效率，增加了物流管理效益。

7.1.1　物流信息的概念与特点

1. 物流信息的概念

信息是能反映事物内在本质的外在表现，如图像、声音、文件、语言等，它是事物内容、形式和发展变化的反映。物流信息就是物流活动的内容、形式、过程及发展变化的反映，它表示了品种、数量、时间、空间等各种需求信息在同一个物流系统内、在不同的物流环节中所处的具体位置。在物流活动中，供给方与需求方需要进行大量的信息交换和交流。因此，物流信息是反映物流各种活动内容的知识、资料、图像、数据、文件的总称。

2. 物流信息的特点

物流信息的特点主要表现在以下 4 个方面。

（1）及时性。这也是信息的特点，由于当前网络技术、计算机技术飞速发展，使得物流信息更新快，具有很强的时效性，而有价值的信息数据是决策者进行决策的科学依据，所以，物流信息在传递过程中，要求不断提高信息数据处理的水平，以保证物流信息及时传递的实现。

（2）广泛性。由于物流活动涉及的功能要素较多，并且，现代物流活动贯穿于整个供应链，不论是上游企业的采购生产，还是下游企业的流通销售，以及废弃物的回收，都与物流信息有着密切的关系。

（3）动态性。从系统的角度来看，物流信息系统是一个动态且开放的系统，物流信息在这样的环境中不断地进行着系统内外部的信息交互。同时，物流信息的及时性也要求物流信息能够灵活、快速地适应物流管理内容，因此，这种动态性的特征对物流信息管理也提出了很高的要求。

（4）信息量大。信息技术和网络技术的发展、物流活动内容之繁多，使得决策者要面对大量的信息数据，信息量庞大是物流信息的一个主要特点。

除以上特点之外，物流信息还存在着信息来源广、信息种类多、物流信息在传递过程中与供应链中市场及客户具有很强的关联性等特点，这主要是由于物流活动所涉及的内容较多，同时贯穿于整个供应链中，如运输信息、配送信息、采购信息等，在整个供应链中均涉及物流信息的传递。

7.1.2 物流信息的分类

我们知道，物流的整个活动过程，包含了几大要素，即采购、运输、配送、包装、流通加工、装卸搬运，而在每种要素的活动过程当中，都包含了信息的传递与交换，使得物流系统中的信息种类多，涉及的范围也非常广，因此，可以从不同的角度对物流信息进行分类。

1. 按照信息的来源进行分类

按照信息的来源可以将物流信息分为外部信息和内部信息。

（1）外部信息。外部信息是一个相对而言的概念。由于物流系统是由各个子系统构成的，对于其中任一物流子系统而言，来自其他几个物流子系统的信息就可以相对地称为外部信息。

（2）内部信息。内部信息是指来自物流系统内部各种信息的总称，如物流管理信息、物流作业信息、物流控制信息等。

2. 按照信息沟通联络方式进行分类

按照物流信息沟通联络方式，可以将物流信息分为口头信息、文本信息和电子信息。

（1）口头信息。口头信息是一种传递速度迅速、方式直接简单的沟通联络方式。但由于没有任何文字的记录，也最容易使信息失真。这种信息一般出现于物流活动的各种现场调查研究、资料收集过程中。

（2）文本信息。这是一种可以通过文字形式出现，并且可被长期保存的物流信息，在物流活动过程中，可以根据需要，查阅相关的物流文本信息，进行检查核实，这对于重要信息的沟通是十分必要的。

（3）电子信息。随着电子技术的发展，电子媒介在当今世界信息传递过程中充当着越来越重要的角色。通过电子技术，可以迅速提供准确信息，其缺点是投入成本较高。

7.1.3 物流信息标准化

物流信息标准化是指以物流为一个大系统，制定系统内部设施、机械装备、专用工具等的技术标准，包装、仓储、装卸、运输等各类作业标准及作为现代物流突出特征的物流信息标准，并形成全国及与国际接轨的标准化体系。

物流信息标准分为基础性标准和应用性标准。

1. 基础性标准

物流基础性标准主要是物流实体的编码（即标识代码）技术标准及这些编码的数据库结构标准，包括托盘编码技术标准、集装箱编码技术标准、商品编码技术标准及其数据库结构标准等。标识代码的编码规则须保证其在全球范围内的唯一性，即物流管理对象与其标识代码的一一对应。

国际物品编码协会（European Article Number，EAN）和美国统一代码委员会（Uniform Code Council，UCC）及其地区编码组织开发了对货物、运输、服务和位置等进行唯一有效编码的方案，即国际 EANUCC 系统。EANUCC 包括对商品的统一标识、统一分类、统一属性的描述及全球同步对整个数据的维护工作。为全球行业的供应链进行有效管理提供了一整套开放式的国际标准。整个 EANUCC 系统是公认的国际标准。

中国物品编码中心也参考 EANUCC 系统技术规范制定了我国相应的国家标准。主要包括以下 4 种。

（1）消费单元条码（贸易项目标识代码），采用 EAN-13 和 UPC-A 码，主要用于零售业，对应的国家标准是《商品条码　零售商品编码与条码表示》（GB 12904—2008）。消费单元条码也称为商品条码，企业申请使用得比较多，在我国的超市里已被广泛采用。

（2）储运单元条码（非零售贸易项目代码），一般采用 ITF-14 条码标准，主要用于产品的纸质大包装上，对应的国家标准是《商品条码　储运包装商品编码与条码表示》（GB/T 16830—2008）。目前在我国部分超市的配送中心已开始使用。

（3）货运单元条码（系列货运包装箱代码 SSCC，EAN/UCC 系列 128 条码），采用 EAN/UCC-128 条码标准，主要用于运输、仓储等物流标签上，是供应链中用于标识物流单元的唯一代码，对应的国家标准是《商品条码　128 条码》（GB/T 15425—2014）。货运单元条码是物流条码最常用的形式，也是国际物流业中普遍推广使用的全球通用物流条码，在我国已引起不少物流企业和生产企业的重视。

（4）其他相对应的国家标准还有《商品条码　物流单元编码与条码表示》（GB/T 18127—2009）、《商品条码　应用标识符》（GB/T 16986—2009）、《商品条码　参与方位置编码与条码表示》（GB/T 16828—2007）等。

2. 应用性标准

应用性标准主要是指自动识别与分拣跟踪技术标准和电子数据交换标准。

1）自动识别与分拣跟踪技术标准

自动识别技术主要有条码技术、扫描技术和射频技术。条码技术标准主要包括码制标准和条码标识标准。码制标准主要有 128 码制、交插二五码制、39 码制等。条码标识标准主要有商品条码标准、128 条码标准、贸易单元 128 条码标准、交插二五条码标准、39 条码标准、库德巴条码标准等一维条码标准及 PDF417 条码、QR 矩阵码等二维条码标准。在物流管理中与射频相关的标准或规范有物流射频标签技术规范、物流射频识别读写器应用规范和射频识别过程通信规范等。

2）电子数据交换标准

电子数据交换标准主要包括电子数据交换语法标准和电子数据交换报文标准。国际物品编码协会（EAN）制定的流通领域电子数据交换规范（EANCOM）是以 EAN 标识代码体系和条码标准体系为基础，为 EAN 贸易单元编码、物流单元编码、位置码等在 EDI 中的应用提供了一整套解决方案。到目前，EANCOM 共有 47 个报文，分为主数据类、商业交易类、报告和计划类、运输类、财务类和通用报文类。

2002 年 9 月 1 日，受国家质量监督局的委托，中储总公司、中储协会及中储物流在线有限公司共同组织编写的现代物流国家标准——《大宗商品电子交易规范》《数码仓库应用系统规范》开始实施，对于提高物流的科技含量与发展水平，促进我国商品批发市场现代化和电子交易市场规范化，具有积极的促进作用。其中国家标准《大宗商品电子交易规范》是源于规范商品现货批发市场应用电子交易机制，正式公布后根据有关部门意见又作了进一步的修订。

7.2 物流信息系统

物流信息系统的建立是企业管理发展的必然结果，它在一定程度上，为企业预决策提供了必要条件，同时，也为物流活动中的各要素，提供了及时准确的信息支持，保证了工作效率与效益。

7.2.1 物流信息系统的概念与特点

1. 物流信息系统的概念

物流信息系统是使用系统的观念、思想及方法建立起来的，它是以计算机系统为基本信息处理手段，以现代通信设备为基本传输工具，并能够为决策提供信息服务的联机系统，也是一种由人、计算机（包括网络）和物流管理规则组成的集成化系统。简言之，物流信息系统是在物流范畴内，对信息进行收集、整理、分析、储存及服务于物流活动的信息系统。它将硬件和软件结合在一起，对物流活动进行管理、控制和衡量。其中硬件部分包括计算机、输入/输出设备、网络设备和储存媒体等；软件部分包括用于处理交易、管理控制、决策分析和制定战略计划的系统和应用程序。

2. 物流信息系统的特点

物流信息系统具有信息分类集成化、系统功能模块化、信息采集实时化、信息存储大型化、信息传输网络化、信息处理智能化的特点。

（1）集成化。集成化是指物流信息系统将业务逻辑上相互关联的部分连接在一起，为企业物流活动中的集成化信息处理工作提供基础。在系统开发过程中，数据库的设计、系统结构及功能的设计等都应该遵循统一的标准、规范和规程（即集成化），以避免出现"信息孤岛"的现象。

（2）模块化。模块化是指把物流信息系统划分为各个功能模块的子系统，各子系统通过统一的标准来进行功能模块开发，然后再集成、组合起来使用，这样就能既满足不同管理部门的需要，也保证了各个子系统的使用和访问权限。

（3）实时化。实时化是指借助于编码技术、自动识别技术、GPS技术、GIS技术等现代物流技术，对物流活动进行准确、实时的信息采集，并采用先进的计算机与通信技术，实时进行数据处理和传送物流信息。

（4）网络化。网络化是指通过Internet将分散在不同地理位置的物流分支机构、供应商、客户等连接起来，形成一个复杂但又密切联系的信息网络，从而通过物流信息系统这个联系方式了解各地业务的运作情况。物流信息中心将对各地传来的物流信息进行汇总、分类，以及综合分析，并通过网络把结果反馈传达下去，以指导、协调、综合各个地区的业务工作。

（5）智能化。现在虽然尚缺乏关于智能化物流信息系统的十分成功的案例，但物流信息系统正向着这个方向发展。比如,企业决策支持系统中的知识子系统,它就负责搜集、存储和智能化处理在决策过程中所需要的物流领域知识、专家的决策知识和经验知识。

7.2.2 物流信息系统要解决的主要问题与功能层次

1. 物流信息系统要解决的主要问题

为了提高对客户的服务水平和降低总成本,物流信息系统主要解决以下6个问题。

(1) 缩短从接受订货到发货的时间。作为企业管理系统中的子系统,物流信息系统能够加快订单处理,高效及时地完成物资采购、生产加工、运输装配等一系列工作,大大缩短了从接受订货到发货的时间,提高了工作效率,减少了流动资金的占用,能够更快地为客户提供服务。

(2) 库存适量化。库存太多会增加库存管理费用和物资持有成本,库存太少又容易引起产品脱销。利用物流信息系统,设置安全库存量,以及合理的订货周期与订货数量,降低库存成本,同时保证正常的产品供应。目前,一些企业在其供应链中,通过物流信息系统的支持,与上下游企业合作,也达到了很好的库存管理效果。

(3) 提高搬运作业、运输效率。现代生产企业组织产品生产依靠提供的订单完成,利用物流信息系统,准确有效地传递生产信息,防止不必要的搬运、运输工作。

(4) 物流信息系统的建立,使接受订货和发出订货信息化、网络化。不仅降低工作强度,同时提高了接受订货和发出订货的精度,防止发货、配送中出现差错。

(5) 物流信息系统利用其特点,能够根据市场与客户的要求,快速有效地调整需求和供给,并且可以及时作出反馈,给予客观的信息咨询。

(6) 决策支持。这是物流信息系统当中的一个重要作用,科学高效的信息处理为决策者提供有力的数据支持,以帮助决策者作出全面、合理的决策。

2. 物流信息系统的功能层次

物流信息系统的功能层次可以分为4个部分,如图7-1所示。

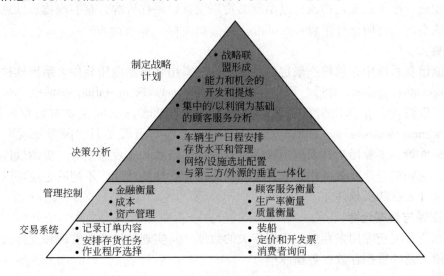

图7-1 物流信息系统的功能层次

(1) 交易功能。

交易功能是物流信息系统中最基础的部分，主要是接受客户指令或接受交易指令的系统，对第三方物流公司，其基础信息系统需要与客户的信息系统集成，并与客户共享物流信息，获得物流运作的基础信息。

(2) 管理控制功能。

管理控制功能要求把主要精力集中在功能衡量报告上。功能衡量对于提高物流服务水平和资源利用等管理信息反馈来说是必要的。因此，管理控制以可估价的、策略的、中期的焦点问题为特征，它涉及评价过去的功能和鉴别各种可选择方案。

(3) 决策分析功能。

这一层次的信息系统把主要精力集中在决策应用上，以协助管理人员鉴别、评估和比较物流战略或策略上的可选方案。典型分析包括车辆日常工作计划、存货管理、设施选址，以及作业比较和成本效益评价。对于决策分析，物流信息系统必须包括数据维护、建模和分析。与管理控制不同的是决策分析的主要精力集中在评估未来策略的可选方案，因此需要相对的零散模块和灵活性，以便于在较广的范围内选择。

(4) 制定战略计划功能。

制定战略计划主要精力集中在信息支持上，以期开发和提炼物流战略，这也是决策分析的延伸。物流信息系统制定战略层次，必须把较低层次数据结合进范围很广的交易计划中，便于评估各种战略的概率和损益的决策模型。

7.2.3 物流信息系统的构成要素

从系统的观点看，构成物流企业信息系统的主要组成要素有硬件、软件、数据库和数据仓库、相关人员及企业管理制度与规范等。

1. 硬件

硬件包括计算机、必要的通信设施等，如计算机主机、外存、打印机、服务器、通信电缆、通信设施，硬件设施是物流信息系统的物理设备、硬件资源，是实现物流信息系统的基础，它构成系统运行的硬件平台。

2. 软件

在物流信息系统中，软件一般包括系统软件、实用软件和应用软件。系统软件主要有操作系统（operation system，OS）、网络操作系统等（network operation system，NOS），它控制、协调硬件资源，是物流信息系统必不可少的软件。实用软件主要有数据库管理系统（database management system，DBMS）、计算机语言、各种开发工具、国际互联网上的浏览器、电子邮件等，主要用于开发应用软件、管理数据资源和实现通信等。应用软件是面向问题的软件，与物流企业业务运作相关，实现辅助企业管理的功能。不同的企业可以根据应用的要求，来开发或购买软件。

3. 数据库与数据仓库

数据库与数据仓库用来存放与应用相关的数据，是实现辅助企业管理和支持决策的数据基础，目前大量的数据存放在数据库中。

4. 相关人员

系统的开发涉及多方面的人员，有专业人员、领导，还有终端用户，例如，信息主管、中层管理人员、业务主管、业务人员、系统分析员、系统设计员、程序设计员、系统维护人员等都是从事企业物流信息资源管理的工作人员。

5. 物流企业管理理念和管理制度

物流企业管理理念、管理制度等是物流信息系统成功开发和运行的管理基础和保障，是构造物流信息系统模型的主要参考依据，制约着系统硬件平台的结构、系统计算模式和应用软件的功能。

7.3 物流信息系统主要技术

7.3.1 条形码

1. 条形码的含义

条形码是由一组排列规则的条、空和相应的字符组成的。这种用条、空组成的数据编码可以供机器识读，而且很容易译成二进制和十进制数。这些条和空可以有各种不同的组合方法，从而构成不同的图形符号，即各种符号体系，也称码制，适用于不同的场合。

2. 条形码的分类

1) 按条形码在物流管理中的应用分类

① 类别管理。类别管理是一维条形码成功应用的典型之一，其管理单位是一类别，它适合的是诸如超市之类的整进零出，并且只关心数量的场所。

② 批次管理。批次管理不仅可以得到数量信息，同时还可以实现一些批次应用，例如，食品的保质期处理或关心商品数量的场所。批次管理的管理单位是某个商品的某个批次，一般也由一维条形码实行先进先出的策略。

③ 单品管理。单品管理在批次管理上又更加先进了一步，它保存了更多的管理信息，这些信息可以根据具体的业务需求来定制。可以看出这三类管理的差别在于货品信息的精细程度越来越高，从而可以引出更多的可管理特性。

2) 按码制分类

（1）UPC 码。1973 年，美国率先在国内的商业系统中应用 UPC 码，之后加拿大也在商业系统中采用 UPC 码。UPC 码是一种长度固定的连续型数字式码制，其字符集为数字 0～9。它采用四种元素宽度，每个条或空是 1 倍、2 倍、3 倍或 4 倍单位元素宽度。UPC 码有两种类型，即 UPC-A 码和 UPC-E 码。

（2）EAN 码。1977 年，欧洲经济共同体各国按照 UPC 码的标准制定了欧洲物品编码——EAN 码，与 UPC 码兼容，而且两者具有相同的符号体系。EAN 码的字符编号结构与 UPC 码相同，也是长度固定的、连续型的数字式码制，其字符集是数字 0～9。它采用四种元素宽度，每个条或空是 1 倍、2 倍、3 倍或 4 倍单位元素宽度。EAN 码有两种类型，即 EAN-13 码和 EAN-8 码。

（3）交插二五码（interleaved 2 of 5 code）。交插二五码是一种长度可变的连续型自校验数字式码制，其字符集为数字 0～9。采用两种元素宽度，每个条和空是宽或窄元素。编码字符个数为偶数，所有奇数位置上的数据以条编码，偶数位置上的数据以空编码。如果为奇数个数据编码，则在数据前补一位 0，以使数据为偶数个数位。

（4）39 码（code 3 of 9）。39 码是第一个字母数字式码制。1974 年由 Intermec 公司推出。它是长度可比的离散型自校验字母数字式码制。

（5）库德巴码（code Bar）。库德巴码出现于 1972 年，是一种长度可变的连续型自校验数字式码制。其字符集为数字 0～9 和 6 个特殊字符（-、:、/、.、+、￥），共 16 个字符。常用于仓库、血库和航空快递包裹中。

（6）128 码。128 码出现于 1981 年，是一种长度可变的连续型自校验数字式码制。它采用 4 种元素宽度，每个字符有 3 个条和 3 个空，共 11 个单元元素宽度，又称（11，3）码。

（7）93 码。93 码是一种长度可变的连续型字母数字式码制。其字符集组成为数字 0～9、26 个大写字母和 7 个特殊字符（-、.、Space、/、+、%、￥）及 4 个控制字符。每个字符有 3 个条和 3 个空，共 9 个元素宽度。

（8）49 码。49 码是一种多行的连续型、长度可变的字母数字式码制。出现于 1987 年，主要用于小物品标签上的符号。采用多种元素宽度。其字符集为数字 0～9、26 个大写字母和 7 个特殊字符（-、.、Space、/、+、%、￥）、3 个功能键（F1、F2、F3）和 3 个变换字符，共 49 个字符。

（9）其他码制。除上述码外，还有其他的码制，例如，25 码出现于 1977 年，主要用于电子元器件标签；矩阵 25 码是 11 码的变形；Nixdorf 码已被 EAN 码所取代；Plessey 码出现于 1971 年 5 月，主要用于图书馆等。

3) 按维数分类

（1）普通的一维条码。普通的一维条码自问世以来，很快得到了普及。但是由于一维条码的信息容量很小，如商品上的条码仅能容 13 位的阿拉伯数字，更多的描述商品的信息只能依赖数据库的支持，离开了预先建立的数据库，这种条码就变成了无源之水、无本之木，因而条码的应用范围受到了一定的限制。

（2）二维条码。除具有普通条码的优点外，二维条码还具有信息容量大、可靠性高、保密防伪性强、易于制作、成本低等优点。美国 Symbol 公司于 1991 年正式推出名为 PDF417 的二维条码，简称为 PDF417 条码，即"便携式数据文件"。PDF417 条码是一种高密度、高信息含量的便携式数据文件，是实现证件及卡片等大容量、高可靠性信息自动存储、携带并可用机器自动识读的理想手段。

3. 条形码的应用

条码在物流领域的应用不仅仅限于货品的标识管理上，对于物流过程中的单据，也可以生成相应的条码。这种条码一方面可以起到防伪作用；另一方面也在一定程度上防止了录入差错，对于提高系统的运作效率有相当大的作用。条码还提供了信息反向流动的渠道，例如，对厂家来说，销出的产品如果出现质量问题，可以利用条码快速将相关信息返回，这是信息反向流动的一个典型应用，在这里条码直接创造了新的信息价值。

目前使用频率最高的几种码制是：UPC 码、EAN 码、交插二五码、39 码、库德巴码。此外，还有一些码制主要适用于某些特殊场合，如类似 39 码的 93 码，它的密度较高，可代替 39 码。

7.3.2 EDI

1. EDI 的含义

电子数据交换（electronic data interchange，EDI）是指商业贸易伙伴之间，将按标准和协议规范化、格式化的经济信息通过电子数据网络，在单位的计算机系统之间进行自动交换和处理。

当今 EDI 国际标准主要就是指 UN/EDIFACT 标准和 ISO 标准。UN/EDIFACT 标准是由联合国欧洲经济委员会（UN/ECE）制定并发布的，即联合国行政、商业与运输电子数据交换组织（United Nations Electronic Data Interchange for Administration Commerce and Transport，UN/EDIFACT），它是国际 EDI 的主流标准；而 ISO 标准由国际标准化组织制定并发布。并且这两个组织已形成了良好的默契，UN/EDIFACT 标准中的一部分已经纳入到 ISO 标准中，UN/EDIFACT 的很多标准都涉及 ISO 标准的应用，UN/EDIFACT 标准比较偏重当前的应用，而 ISO 的一些标准和研究结果则侧重于未来的发展。

国际标准化组织（International Organization for Standardization，ISO）于 1994 年确认了 EDI 的技术定义：根据商定的交易或电文数据的结构标准，实施商业或行政交易从计算机到计算机的电子传输。

这表明 EDI 应用有它自己特定的含义和条件，即：

① 使用 EDI 的是交易的双方，是企业之间的文件传递，而非同一组织内的不同部门；

② 交易双方传递的文件是特定的格式，采用的是报文标准，目前是联合国的 UN/EDIFACT；

③ 双方各有自己的计算机系统；

④ 双方的计算机（或计算机系统）能发送、接收并处理符合约定标准的交易电文的数据信息；

⑤ 双方计算机之间有网络通信系统，信息传输是通过该网络通信系统自动实现的。信息处理是由计算机自动进行的，无须人工干预和人为的介入。

2. EDI 的特点

经过 20 多年的发展与完善，EDI 作为一种全球性的具有巨大商业价值的电子化贸易手段及工具，具有 5 个显著的特点。

（1）单证格式化。EDI 传输的是企业间格式化的数据，如订购单、报价单、发票、货运单、装箱单、报关单等，这些信息都具有固定的格式与行业通用性。而信件、公函等非格式化的文件不属于 EDI 处理的范畴。

（2）报文标准化。EDI 传输的报文符合国际标准或行业标准，这是计算机能自动处理的前提条件。目前最为广泛使用的 EDI 标准是 UN/EDIFACT，联合国标准 EDI 规则适用于行政管理、商贸、交通运输）和 ANSIX.12（美国国家标准局特命标准化委员会第 12 工作组制定）。

（3）处理自动化。EDI 信息传递的路径是计算机到数据通信网络，再到商业伙伴的计算机，信息的最终用户是计算机应用系统，它自动处理传递来的信息。因此这种数据交换是机—机、应用—应用，不需人工干预。

（4）软件结构化。EDI 功能软件由 5 个模块组成：用户界面模块、内部电子数据处理

（electronic data processing，EDP）接口模块、报文生成与处理模块、标准报文格式转换模块、通信模块。这五个模块功能分明、结构清晰，形成了 EDI 较为成熟的商业化软件。

（5）运作规范化。EDI 以报文的方式交换信息有其深刻的商贸背景，EDI 报文是目前商业化应用中最成熟、有效、规范的电子凭证之一，EDI 单证报文具有法律效力已被普遍接受。任何一个成熟、成功的 EDI 系统，均有相应的规范化环境作基础。

3. EDI 标准

EDI 报文能被不同贸易伙伴的计算机系统识别和处理，其关键就在于数据格式的标准化。EDI 标准主要提供：语法规则、数据结构定义、编辑规则和协定、已出版的公开文件。

目前国际上流行的 EDI 标准 ANSI X.12 和 UN/EDIFACT 的体系结构相似，该标准在北美得到推广，美国沿用至今。从内容上看，这两个标准都包括了 EDI 标准的三要素：数据元、数据段和标准报文格式。

4. EDI 的技术实施

EDI 的实施过程就是用户将相关数据从自己的计算机信息系统传送到有关交易方的计算机信息系统的过程，该过程因用户应用系统和外部通信环境的差异而不同。在由 EDI 提供增值服务的条件下，这个过程分为以下 4 个步骤：

① 发送方将要发送的数据从信息系统数据库中提取，转换成平面文件；
② 将平面文件翻译为标准 EDI 报文，并组成 EDI 信件，接受方从 EDI 信箱收取信件；
③ 将 EDI 信件拆分并译为平面文件；
④ 将平面文件转换并送到接受方信息系统中进行处理。

5. EDI 技术的应用要点

EDI 是一种信息管理或处理的有效手段，它是对供应链上的信息流进行运作的有效方法。EDI 的目的是充分利用现有计算机及通信网络资源，提高贸易伙伴间通信的效益，降低成本。EDI 是供应链管理的主要信息手段之一，通过一致的交换标准使复杂的数据交换成为可能。最新开发的软件包、远程通信技术使得 EDI 更为通用。EDI 技术的应用使供应链变得更加集成化，使供应链中的"物流、信息流、资金流"变得更加通畅、及时。

EDI 能清除职能部门间的障碍，不仅使信息在不同职能部门之间可靠、通畅地流通，而且能有效减少低效工作和非增值业务。EDI 在采购订单、付款、预测等过程中的应用更是提高了客户与销售部门之间的沟通效率，保证了为用户提供高质量的产品和服务。将 EDI 和企业信息系统集成起来，显著提高了企业的经营管理水平。

7.3.3 GPS

1. GPS 系统概述

全球定位系统（global positioning system，GPS）是利用导航卫星测时和测距，使地球上的任何用户都能确定自己所处的方位。GPS 是由一系列卫星组成的，它们 24 h 提供高精度的世界范围的定位和导航信息。准确地说，它是由 24 颗沿距地球 12 000 km 高度的轨道运行的 NAVSTAR GPS 卫星组成，不停地发送回精确的时间和它们的位置。GPS 接收器可同时收听 3~12 颗卫星的信号，从而判断地面上或接近地面的物体的位置，还有它们的移动速度和方向等。

1) GPS 工作原理

GPS 采用的是全球性地心坐标系统，坐标原点为地球质量中心，利用高空轨道上运行的人造卫星所发射出来的信号，以三角测量原理计算出收信者在地球上的位置。

2) GPS 在美国的应用及其发展

GPS 已经广泛应用于各专业领域，比如运输产业。在短期内，促使其发展的商业因素还在增加，但从长远来看，GPS 的发展却存在诸多制约因素。美国运输部曾建议拨出 1 700 万美元的专项资金以支持 GPS 的发展，根据运输部的计划，这笔款项将用于增加两个新的信道以提高 GPS 定位的精确度和有效性，加大 GPS 应用中民用成分的比重。但是由于广泛存在的部门之间的隔膜，以及国会的短视，这项建议被无情地否决了。而影响 GPS 发展的最关键的因素是，由于国防预算的减少，发射下一代 GPS 定位卫星的计划不得不推迟了好几年，而定位卫星的数量也从 33 颗减少为 27 颗。此外，根据有关报告，由于硬件和软件上的原因，地面控制系统还不能充分发挥新一代卫星的功能，因此，即使卫星发射成功，提高定位精度的目标也将化为泡影。

2. GPS 系统的组成

GPS 系统主要包括三大部分：空间部分——GPS 卫星星座；地面控制部分——地面监控系统；用户设备部分——GPS 信号接收机。

1) GPS 卫星星座

GPS 工作卫星及其星座由 21 颗工作卫星和 3 颗在轨备用卫星组成，记作（21+3）GPS 星座。24 颗卫星均匀分布在 6 个轨道平面内。

对两万公里高空的 GPS 卫星来说，当地球对恒星来说自转一周时，它们绕地球运行两周，即绕地球一周的时间为 12 恒星时。这样，对于地面观测者来说，每天将提前 4 分钟见到同一颗 GPS 卫星。位于地平线以上的卫星颗数随着时间和地点的不同而不同，最少可见到 4 颗，最多可见到 11 颗。在用 GPS 信号导航定位时，为了测算观测点的三维坐标，必须观测 4 颗 GPS 卫星，称为定位星座。这 4 颗卫星在观测过程中的几何位置分布对定位精度有一定的影响。对于某地某时，甚至不能测得精确的点位坐标，这种时间段叫作"间隙段"。但这种时间间隙段是很短暂的，并不影响全球绝大多数地方的全天候、高精度、连续实时的导航定位测量。

2) 地面监控系统

对于导航定位来说，GPS 卫星是一动态已知点。星的位置是依据卫星发射的星座，即描述卫星运动及其轨道的参数算得的。每颗 GPS 卫星所播发的星历，是由地面监控系统提供的。卫星上的各种设备是否正常工作，以及卫星是否一直沿着预定轨道运行，都要由地面设备进行监测和控制。地面监控系统的另一重要作用是保持各颗卫星处于同一时间标准，即 GPS 时间系统。这就需要地面站监测各颗卫星的时间，求出钟差。然后由地面注入站发给卫星，卫星再由导航电文发给用户设备。GPS 工作卫星的地面监控系统包括 1 个主控站、3 个注入站和 5 个监测站。

3) GPS 信号接收机

GPS 信号接收机能够捕获到按一定卫星高度截止角所选择的待测卫星的信号，并跟踪这些卫星的运行，对所接收到的 GPS 信号进行变换、放大和处理，以便测量出 GPS 信号从卫星到接收机天线的传播时间，解译出 GPS 卫星所发送的导航电文，实时地计算出观测点的三维位置，甚至三维速度和时间。

3. GPS 技术的应用

1) 用于铁路运输管理

我国铁路开发的基于 GPS 的计算机管理信息系统，可以通过 GPS 和计算机网络实时收集全路列车、机车、车辆、集装箱及所运货物的动态信息，可实现列车、货物追踪管理。只要知道货车的车种、车型、车号，就可以立即从近 10 万公里的铁路网上流动着的几十万辆货车中找到该货车，还能得知这辆货车现在何处运行或停在何处，以及所有的车载货物发货信息。铁路部门运用这项技术可大大提高其路网和运营的透明度，为货主提供更高质量的服务。

2) 用于军事物流

全球卫星定位系统首先是因为军事目的而建立的，在军事物流中，如后勤装备的保障等方面，应用相当普遍。尤其是在美国，其在世界各地驻扎的大量军队无论是在战时还是在平时都对后勤补给提出很高的需求；我国军事部门也在运用 GPS。

3) GPS 在交通系统中的应用

GPS 导航系统与电子地图、无线电通信网络及计算机车辆管理信息系统相结合，可以实现车辆跟踪、出行导航、信息查询、紧急救援等功能。

（1）车辆跟踪。利用 GPS 和电子地图可以实时显示出车辆的实际位置，并任意放大、缩小、还原、换图；可以随目标移动，使目标始终保持在屏幕上；还可实现多窗口、多车辆、多屏幕同时跟踪，利用该功能可对重要车辆和货物进行跟踪运输。

（2）提供出行路线的规划和导航。规划出行路线是汽车导航系统的一项重要辅助功能，包括自动线路规划，即由驾驶员确定起点和终点，由计算机软件按照要求自动设计最佳行驶路线，包括最快的路线、最简单的路线、通过高速公路路段次数最少的路线等；人工线路设计，即由驾驶员根据自己的目的地设计起点、终点和途经点等，自动建立线路库。线路规划完毕后，显示器能够在电子地图上显示设计线路，并同时显示汽车运行路径和运行方法。

（3）信息查询。为用户提供主要物标，如旅游景点、宾馆、医院等数据库，用户能够在电子地图上根据需要进行查询。查询资料可以文字、语言及图像的形式显示，并在电子地图上显示其位置。同时，监测中心可以利用监测控制台对区域内任意目标的位置进行查询，车辆信息将以数字形式在控制中心的电子地图上显示出来。

（4）话务指挥。指挥中心可以监测区域内车辆的运行状况，对被监控车辆进行合理调度。指挥中心也可随时与被跟踪目标通话，实行管理。

（5）紧急援助。通过 GPS 定位和监控管理系统可以对遇有险情或发生事故的车辆进行紧急援助。监控台的电子地图可显示求助信息和报警目标，规划出最优援助方案，并以报警声、光提醒值班人员进行应急处理。

4) GPS 对物流产业所起的作用

（1）实时监控功能。在任意时刻通过发出指令查询运输工具所在的地理位置（经度、纬度、速度等信息），并在电子地图上直观地显示出来。

（2）双向通信功能。GPS 的用户可使用 GSM 的话音功能与司机进行通话或使用本系统安装在运输工具上的移动设备的汉字液晶显示终端进行汉字消息收发对话。驾驶员通过按下相应的服务、动作键,将该信息反馈到网络 GPS,质量监督员可在网络 GPS 工作站的显示屏上确认其工作的正确性,了解并控制整个运输作业的准确性(发车时间、到货时间、卸货时间、返回时间,等等)。

(3)动态调度功能。调度人员能在任意时刻通过调度中心发出文字调度指令,并得到确认信息。可进行运输工具待命计划管理,操作人员通过在途中信息的反馈,运输工具未返回车队前即做好待命计划,可提前下达运输任务,减少等待时间。加快运输工具周转速度和加强运能管理。将运输工具的运能信息、维修记录信息、车辆运行状况登记处信息、司机人员信息、运输工具的在途信息等提供给调度部门决策,以提高装车率,尽量减少空车时间和空车距离,充分利用运输工具的运能。

(4)数据存储、分析功能。实现路线规划及路线优化,事先规划车辆的运行路线、运行区域,了解何时应该到达什么地方等,并将该信息记录在数据库中,以备以后查询、分析使用。依据资料库储存的信息,可随时调阅每台运输工具以前的工作资料,并可根据各管理部门的不同要求制作各种不同形式的报表,使各管理部门能更快速、更准确地作出判断并提出新的指示。

7.4 物流信息技术开发与设计

7.4.1 物流信息技术开发的基本条件与基本原则

1. 物流信息系统开发的基本条件

物流信息系统的开发,不仅要有资金支持、技术支持,还要有很好的人员配备,总的来说,要具备以下 3 个基本条件。

(1)资金支持。企业要有一定的资金实力,并且有决心为了提高物流管理效率,提高企业管理水平,投入一定的资金做好物流信息系统的建设。

(2)技术条件。要建立并使用有效的数据库,统一规范的信息标准化、业务流程标准化,确定信息发布方式,建立基础设施。

(3)物流信息人才的培养。建立完善的人才培养机制,为物流信息发展培养专门人才。

2. 物流信息系统开发、设计的基本原则

系统的开发策略是指包括识别问题,明确系统开发的指导思想,选定适当的开发方法,确定系统开发过程、方式、原则等各个方面在内的一种系统开发总体方案。主要涉及以下两个问题。

1)识别问题

根据用户的需求状况、实际组织的管理现状及具体的信息处理技术来分析和识别问题的性质、特点,以便确定应采用什么样的方式来加以解决。需要解决的问题有以下 5 个方面。

(1)信息和信息系统需求的确定程度。即考察用户对系统的需求状况,以及信息系统在未来组织中的作用和地位。

(2)信息和信息处理过程的确定性程度。即考察现有的信息(或数据)是否准确、真实；统计渠道是否可靠；现有的信息处理过程是否规范化、科学化。

（3）体制和管理模式的确定性程度。即考察现有的组织机构、管理体制是否确定，会不会发生较大（或根本）的变化；管理模式是否合理，是否能满足生产经营和战略发展的要求等。

（4）用户的理解程度。即用户是否真正认识了系统开发的必要性和开发工作的艰巨性；用户对自己的工作和以后将在信息中所担当的工作是否有清醒的认识；组织的领导能否挂帅并参与系统的开发工作。

（5）现有的条件和环境状况。

2）可行性研究

（1）经济的可行性。进行系统的投资/效益分析。系统的投资包括硬件、系统软件、辅助设备费、机房建设和环境设施、系统开发费、人员培训费、运行费等。系统的效益包括直接经济效益和间接经济效益。将系统的投资与效益进行比较，估算出投资效益系数和投资回收期，评价系统经济上的可行性。

（2）技术的可行性。评价所提供的技术条件如硬件性能、通信设备性能、系统软件配置等能否达到系统目标要求，并对建立系统的技术难点和解决方案进行评价。

（3）管理的可行性。物流管理信息系统建立后，将引起管理体制、管理思想和管理方法的变更。因此，系统的建立要考虑社会的、人为的因素影响，要考虑改革不适合系统运行的管理体制和方法的可行性，实施各种有利于系统运行建议的可行性、人员的适应性及法律上的可行性。可行性研究报告的主要内容：现行系统概况（即企业目标、规模、组织结构、人员、设备、效益等）；现行系统存在的主要问题和主要信息要求；拟建系统的总体方案，包括系统目标与范围的描述、系统运行环境的描述、确定计算机系统选型要求和系统开发计划；经济可行性分析；技术可行性分析；管理的可行性分析；结论，即对可行性研究结果的简要总结。

3. 物流管理信息系统的开发方法

1）生命周期法

生命周期是指软件产品从形成概念开始，经过开发、使用和不断增补修订，直到最后被淘汰的整个过程。生命周期法将系统的开发过程划分为系统分析、系统设计、系统实施3个阶段，每个阶段又分成若干步骤。

（1）系统分析阶段。先根据用户对新系统提出的要求，进行初步调查和可行性分析，提出系统总体规划。

（2）系统设计阶段。根据系统分析确定的逻辑模型，确定新系统的物理模型，即物流管理信息系统的总体结构和数据库设计，并提出系统配置方案，继而对物理模型进行详细的设计。

（3）系统实施阶段，按照物理模型实现系统的编写和测试、系统试运行、编写技术文件、系统转换、系统交付使用运行后的系统维护和评价等工作。

2）结构化系统开发方法

结构化系统开发方法的基本思想是用系统工程的思想和工程化的方法，按用户至上的原则，结构化、模块化、自顶向下地对系统进行分析与设计。也就是说，先将整个系统的开发划分成若干个不同阶段，如系统规划、系统分析、系统设计、系统实施等，然后在系统规划、分析和设计阶段采用自顶向下的方法对系统进行结构化划分，最后在系统实施阶段采用自底向上的方法逐步实施。

结构化系统开发方法的 5 个阶段如下所述。

(1) 系统规划阶段。根据用户的系统开发请求，进行初步调查，明确问题，确定系统目标和总体结构，确定分析阶段实施进度，最后进行可行性研究。

(2) 系统分析阶段。通过对组织的现行系统进行详细分析，作出详尽描述，如分析业务流程，分析数据与数据流程、功能与数据之间的关系，从而提出若干个解决方案，分别进行成本效益分析，最后得出新系统逻辑模型。

(3) 系统设计阶段。根据新系统的逻辑模型，提出新系统的物理模型，进行总体结构设计、代码设计、数据库/文件设计、输入输出设计和模块结构与功能设计。

(4) 系统实施阶段。根据系统设计阶段的文档资料，进行软件编程、调试和检错，硬件设备的购入和安装，以及对用户的培训和系统试运行。

(5) 系统运行维护阶段。进行系统的日常运行管理、维护和评价三部分工作。若运行结果良好，则送利益相关者；若存在一些问题，则对系统进行修改、升级等；若存在重大问题，则用户要提出开发新系统的要求，这标志着旧系统生命的结束，新系统的诞生。

3) 原型法

原型法是由用户与系统分析设计人员合作，在短期内定义用户的基本需求，开发出一个功能不十分完善、实验性的、简易的系统基本框架（称为原型）。首先运行这个原型，然后用户和开发人员共同探讨、改进和完善，直至用户完全满意为止。

原型法开发的 6 个阶段如下所述。

(1) 识别基本需求。它是开发初始原型的基础，因此需要对组织进行初步调查，与用户进行交流，收集各种信息，进行可行性分析，从而发现和确定用户的基本需求。

(2) 开发初始原型。根据用户的基本需求开发一个初始原型，以便进行讨论，并从它开始进行迭代。

(3) 原型评价。系统开发人员和用户通过对原型的操作、检查、测试和运行，不断发现原型中存在的问题，并对功能、界面及原型的各个方面进行评价，提出修改意见。

(4) 修改和改进原型。根据原型评价阶段所发现的问题，系统开发人员和用户共同修正、改进原型，得到最终原型。当然，第三阶段和第四阶段需要多次重复，直至用户满意。

(5) 判定原型完成。即判断用户的各项需求是否最终完成。如完成则进入下一阶段，否则继续改正和改进。

(6) 整理原型，提供文档。即把原型进行整理和编号，并将其写入系统开发文档资料中，以便为下一步的运行、开发服务。文档资料包括用户的需求说明、新系统的逻辑方案、系统设计说明、数据字典、系统使用说明书等。

4) 面向对象法

面向对象法是系统开发人员根据用户的需求，找出和确定问题领域对象和类，对其进行静态的结构描述和动态的行为描述，建立解决问题领域的模型，用问题领域对象和类、接口对象和类、运行对象和类及基础与实用对象和类构成一个体系结构，通过不断的反复与累增，尽可能直接描述现实世界，实现模块化、可重用，完全而准确地满足用户的所有需求。

面向对象的开发阶段如下所述。

（1）系统分析阶段。根据用户对系统开发的需求进行调查研究，在繁杂的问题领域中抽象地识别出对象及其行为、结构、属性等。

（2）系统设计阶段。根据系统分析阶段的文档资料，作进一步的抽象、归类、整理，运用雏形法构造出系统的雏形。

（3）系统实施阶段。根据系统设计阶段的文档资料，运用面向对象的程序设计语言加以实现。

（4）系统运行维护阶段。进行系统的日常运行管理、维护与评价工作。

4. 物流信息技术开发基本原则

（1）完整性原则。从系统的角度来看，作为整个企业管理系统的子系统，物流信息系统要具备一定的完整性，以保证整个大系统的顺利实施，同时，物流信息系统的完整性也是物流信息得以及时传递的保障。

（2）可靠性原则。物流信息的准确与否，在一定程度上取决于我们建立的物流信息系统，所以，物流信息系统在建立的过程当中，要尽量减少物流信息的失真。

（3）可得性原则。沟通在于相互的交流，单项的信息传递并不能够带来有效的信息价值，在物流信息系统当中，使信息交流互通是非常必要的。

（4）及时性原则。信息的价值一方面就是其及时性，延误最佳决策时机，带给企业的是资金的耗费，甚至于企业的破产，所以，物流信息系统在收集与处理信息上要做到及时、有效。

（5）经济性原则。企业追求的是利益，再好的物流信息系统不能带来经济效益，或者建立物流信息系统投入太多，使企业不能正常运作，这都不是企业所希望的。

除此之外，还应该具有开放性、模块化及适应性等特点；满足各系统间的数据交换，数据交换的方法必须确保数据的完整性及安全性；数据交换只需通过通用的数据定义、信息格式及通信协议。这样可以确保不同部门开发各自独立的系统具有互操作性；具有与现有系统及较新通信技术兼容的特点；尽可能兼容已有的技术及已开发的系统；在物流信息技术上，让企业在竞争的市场中具有广泛的选择机会。

7.4.2 物流信息技术功能模块

从供应链管理来看，物流信息贯穿于整个供应链过程，我们从不同的企业位置分析，物流信息技术主要包含了这样的4个功能模块。

1. 物流客户层管理系统

在这层管理系统当中，有 B to C、B to B 电子商务系统，也有基于客户端的客户服务系统。

2. 物流作业管理系统

主要是从物流活动的功能要素出发，有仓储管理信息系统、运输管理信息系统、配送管理信息系统、货代管理信息系统、采购管理信息系统、报关管理信息系统、数据交换信息系统、调度管理信息系统。

3. 物流企业管理系统

该系统是从物流企业内部经营运作流程及职能出发，设计物流信息系统，包括有商务管理信息系统、合同管理信息系统、客户管理信息系统、结算管理信息系统、财务管理信息系统、办公管理信息系统。

4. 物流决策管理系统

为决策者提供有效数据信息，并预测方案的可能性结果，提供了统计管理信息系统和决策支持信息系统，目前决策支持信息系统（DSS）发展比较完善，已经在企业实施过程中取得了较好的效果。

7.4.3 物流信息技术设计的功能与技术要求

1. 物流信息系统开发、设计的功能

一个全新的物流信息系统在设计和实施过程中要考虑的功能要求有以下5个方面。

（1）数据交换。信息可以由人工输入计算机，但更好的方法是通过扫描条码获取数据，速度快、准确性高。物流技术中的条码包含了物流过程所需的多种信息，与EDI相结合，方能确保物流信息的及时可得性。

（2）数据控制。信息技术的迅速发展，使数据资源日益丰富。但是，"数据丰富而知识贫乏"的问题至今还很严重。数据挖掘（data mining，DM）也随之产生。DM是一个从大型数据库浩瀚的数据中，抽取隐含的、从前未知的、潜在有用的信息或关系的过程。

（3）范围。主要针对什么样的功能展开设计，要清晰明了。

（4）算法。采用科学的算法，进行数据挖掘，保证有效数据的可得性。

（5）演示。能够很好地进行演示，确保人员的使用及决策者的正确使用。

2. 物流信息系统开发的技术要求

一个全新的物流信息系统在设计和实施过程中要考虑的技术要求有以下三个方面。

（1）运作要求。物流信息系统要以客户为中心进行建设，建设的优劣是能否赢得客户的重要因素。在进行物流信息系统建设时，系统还应具有开放性的特点，在现代物流管理中，信息起着主导作用，集约化经营正是通过对信息的共享和使用来减少交易成本和企业管理成本，从而产生经济效益的。因此，物流管理信息系统必须是一个借助互联网和信息技术，与合作企业或上下游企业进行信息共享和无缝连接的开放性的信息系统。

（2）设计质量。要求物流信息系统在设计上具备抵御黑客攻击、预防信息泄露功能，应当具备可靠的安全性，使安全控制充分融入系统的设计之中，构建出一个具有安全保障功能的现代物流管理信息系统。

（3）技术复杂性。物流信息系统具有一定的复杂性，因为物流信息系统在设计上具备人性化与智能化的特点，能够通过物流信息系统快速准确地反馈顾客对服务的要求和反应。

复习思考题

1. 什么是物流信息？它的特点是什么？
2. 物流信息系统主要包括哪些技术？
3. 物流信息系统的开发方法有哪几种？
4. 物流信息系统要解决的主要问题是什么？

> **案例分析**

DT 时代，如何借助数据？如何改变传统物流行业？

被称为 2015"互联网+物流"首个 O2O 货运互联网平台的 G7（智慧物联网公司）成立于 2010 年，并在 2015 年 5 月 28 日获得了腾讯领投、钟鼎创投跟投的 C 轮 3 000 万美元融资，并打造了"互联网+物流车队+金融+高速路平台"新生态模式。在 2015 年 T-EDGE 峰会上 G7 荣获了"年度动能公司"殊荣，G7 总裁翟学魂先生出席了颁奖盛典，并分享了自己作为一位拥有近 20 年从业经验的物流人的心得。

我在物流行业十七八年，这个行业确实很苦。如果说这十七八年像一次自驾游的话，一开始的十五六年就如同一直在一条泥泞的路上，而且动不动车就陷进去，一直开不起来，但是最近两三年突然像进了快车道，而最近一年基本是以 180 迈以上的速度狂奔。这是物流行业一个巨大的变化，这个变化现在非常明显，会彻底改变传统的行业。

1. 物流信息数据化

G7 是一家物流 O2O 货运互联网平台，G7 做的主要内容是给路上的货运车提供数据。形象一点讲，G7 收集每辆车的速度、位置，包括发动机的每次"呼吸"，车辆的姿态，也就是上下坡左拐右拐、颠簸，通过这些数据可以反映一辆车的所有状态，或者说一辆车的所有状态都可以被数字化。那么用这些数字 G7 能干什么呢？

带着上面的疑问，接下来思考下一个问题。对于车队老板来说，公路运输业里有三根最重要的红线，这三根红线分别连接着货主、车队老板和司机。车队给客户提供运输服务，拿到这个服务机会之后，车队老板要找司机来开车，除了支付司机劳务费外，老板还得准备加油费、过路费、上保险等。

货主、车队老板和司机之间的关联，代表着整个运输行业大概一年三万亿元的基本连接。要想改变公路运输业就要改变这些最根本的连接，而最根本的元素是司机。因为运输是司机踩着油门一米一米开出来的，如果司机不发生变化，他们开车的心态不发生变化，那么整个行业都不会发生根本的变化。

过去管理司机是个非常痛苦的事，如果车队老板出油钱，司机就可能在路上偷油。如果老板让司机自己加油，实行包干制，司机就可能会在路上拼命省油。当他碰到下坡的时候，他就可能挂空挡，一个 60 吨总重的车挂着空挡下坡，这样一旦碰到任何紧急情况绝不可能刹住车，将是极其危险的，怎么管都是个困难的事。

过去没有数据，而现在有了这些车辆的数据。司机和老板之间的信息沟通也就相当透明化了。有了这样一个环境之后，他们就可以建立起一个非常好的信任环境。在这个环境里，司机用最好的方式来开车，他挣的钱就越多。这个行业就产生了根本的变化，这是运输行业数字化中最基本的环节。

2. 物流金融+保险

刚才谈的是运输行业本身，再来分析物流金融方面。大概百分之二三十的车队老板每年会用到小额贷款，且利息相当高。例如，你借 9 块要还 13 块，而且要在两周之内还，风险也非常高。而现在的互联网金融，最容易想到的就是把小额贷款的广告放到网上，在网上就可以做金融交易、借钱，但这并不解决最核心的问题。

最核心的问题是，为什么他们要借钱？整个中国高速公路上的司机及车主大概带着一千亿元的现金，主要是因为运输途中缺少现金，所以他们要用高利贷借现金。于是G7做了一件事情，就是用ETC把司机和老板的手机连在一起，货车老板不再需要借这个钱，过了收费站之后才要付这个钱。

另外，货车运输有非常大的风险，所以必须管理风险。现在保险在货运行业是个非常荒谬的情况，一辆车在香格里拉的盘山公路上用六七十迈的速度跑，和一辆车在北京地下车库里非常安全的停着，是完全不一样的。但在货运保险里，他们交的是同样的钱，这是极其荒谬的。

因此，当用数字的眼光去观察传统行业的时候，就会发现里头有非常多荒谬的事。如果我是个货主，我要把货交给你运输，你怎么能让货车失联呢？货主应该每分每秒都能看到这个货物，这是过去做不到的；如果我是司机，我应该用最好的方式开车，我怎么可能故意让货车空挡滑行处于不安全状态呢？这都是因为没有数据导致的。同样，运输是有风险的，我应该根据自己开车情况来评估自己的风险，怎么能在不了解我开车情况之下就给我一个保险产品呢？

所谓的数字化改造，就是要去发现这里头最荒谬、但却是我们天天在经历的事情，而且把问题带回到本源，也就是在提供服务的时候，让货主分分秒秒看到他的货物。司机在开车的时候，用最好的驾驶行为去送达这个货物。在买保险、借贷的时候，用自己最了解的方式去进行金融交易。数字化应该渗透到每一个环节。

在100多年之前，人类的建筑虽然都很美，但是效率很低，只能盖低层，因为建筑物主要是石头做的。而现在，新的建筑可以盖一百层甚至更高。根本的区别在于，人类发明了钢筋混凝土，钢筋混凝土改变了整个建筑行业的基本格局。

因此，数字对每个传统行业的意义，不是一阵风，也不是一个风口，它会改变每一个生产最重要的环节，是未来的"钢筋混凝土"，用"钢筋混凝土"建造起来的运输行业，会跟现在的完全不同。

思考题

面对我国"互联网+物流"的发展现状，试分析物流信息技术还可以如何改进，才能进一步地提升我国物流业的竞争实力。

第 8 章 物流组织与人力资源管理

【本章结构图】

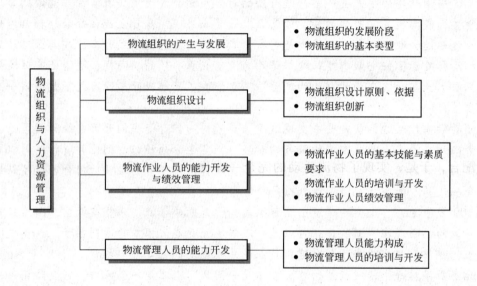

【学习目标】

通过本章的学习，你将能够：
1. 了解与掌握物流组织的发展演变过程及其主要组织类型；
2. 精通物流组织设计原则和依据；
3. 了解物流战略联盟等物流组织新形态；
4. 掌握物流作业人员和管理人员的培训开发；
5. 掌握物流从业人员绩效管理的方法。

8.1 物流组织的产生与发展

物流组织是指从事物流管理的机构设置、管理权限及范围划分的组织形式。

8.1.1 物流组织的发展阶段

（1）分散式管理阶段（20世纪50—60年代）。

早期的物流管理呈完全分散化的状态，物流活动分散在各个职能部门中，由传统的职能部门如采购部、生产部、销售部门分别管理。到了20世纪六七十年代，人们开始意识到物流的重要性，在企业总体的组织层次不作重大改变的前提下，成立了一些非正式的物流组织来协调物流环节与其他职能部门之间的关系。

（2）物流职能独立阶段（20世纪70年代）。

由于物流为企业带来的利润为更多的管理者所认识，物流管理向较为正式的形式发展。在此阶段的组织结构中，通常设一名高级主管专司相关的物流活动。但是，物流各主要功能之间仍独立进行，不同时兼顾。例如，物资的采购和产品的分销有专人分别管理，没有实现完全的一体化。

（3）物流一体化阶段（20世纪80年代）。

由于准时生产、快速反应和时间效益等经营理念的出现，要求企业内部所有活动的协调与配合，于是，实现了物流活动的完全一体化，并建立起协调各项物流活动的有一定职权范围的组织机构。与此同时，信息技术的发展为物流一体化的实现提供了技术上的保障。

（4）供应链管理阶段。

人们将现在所处的阶段称为供应链管理阶段。此时已不满足于对企业内部的物流活动进行一体化管理的物流组织，开始向外部一体化方向发展，即将整个供应渠道中各自独立的经济实体之间的物流活动也纳入到统一组织管理的范围中来。

8.1.2 物流组织基本类型

（1）职能型组织。

这是一种按基本职能组织物流管理部门的组织形式。在这样的形式下，物流组织对于物流活动有直接的决策权，物流与其他职能部门的地位平等。当物流活动对于一个企业的经营较为重要时，企业一般会采取这种模式。

（2）参谋型组织。

这也是一种按照职能不同设定的组织，但物流活动仍然留存于企业各职能部门中，物流管理者起一个"参谋"的作用，负责各个职能部门物流活动的协调合作。这种模式的好处在于使企业在短期内顺利地采用新的物流管理手段，但易造成决策的延迟。

（3）运用型组织。

运用型组织属于一种非正式物流组织，它往往不需要变革现有的组织结构，而是依靠强制或劝说等手段来协调各项物流活动，实现物流管理人员的合作。因此，其运作常常需要建立一些激励机制，或是成立一个协调委员会来进行。

8.2 物流组织设计

8.2.1 物流组织设计原则、依据

1. 物流管理组织设计的原则

物流管理组织设计的一般原则有系统效益原则、优化原则、标准化原则和服务原则。此外，还应根据企业物流活动的特点，考虑不同企业特有的一些原则，包括任务目标原则、分工协作原则、稳定性原则、适应性原则等。

2. 物流管理组织设计的依据

（1）企业的战略。

企业组织是帮助管理者实现企业战略目标的手段。因此，物流组织的设计必须与企业的战略紧密结合，组织结构应当服从于企业战略。例如，生产企业的战略目标决定了它的物流组织设计，应当关注产生成本的生产经营活动，应将采购、生产计划、库存控制、运输和订单处理等活动集中统一管理，建立较正式的物流组织形式。

（2）客户依赖程度。

对于一些对客户依赖程度较高的企业，其市场战略是以客户服务为导向的，因此要求物流组织要与销售部门相互协调。设计这类组织结构时只需将与客户服务有关的活动集中在一起进行管理即可。

（3）企业的规模。

企业规模的大小对物流组织的设计有明显的影响。例如，对于规模较大的企业，可以建立综合型的物流管理组织对企业的物流活动进行协调与控制。

8.2.2 物流组织创新

（1）企业物流总部。

物流总部是一种统辖企业内部的采购、生产、销售等所有环节的物流活动的物流组织。它是企业最高层次的物流管理部门，其职能是建立企业物流体系，决定物流的发展战略，不断完善物流管理体系。具体的物流作业活动仍由各事业部门独立开展。

（2）物流分公司。

物流分公司就是将物流部门从企业中分离出来，成为独立的组织部门。建立分公司的好处在于：对于总公司来说，有利于明确物流费用，并减少了不必要的物流支出。对于物流部门来说，有利于不断提高物流专业水平，增强市场竞争能力；有利于扩大物流服务区域；有利于提高物流设备、设施的利用效率。

（3）物流战略联盟。

战略联盟是一种持久性的合作关系，合作双方彼此能满足对方需求，并为实现共同的利益而努力，具有共同的价值取向、目标和企业战略。建立物流战略联盟可以使企业在集中于核心竞争力事业的同时，通过共享物流系统提高物流量，实现规模经济效益，降低企业的成本。但是，由于物流战略联盟是建立在相互信任、信息共享的基础上的，企业对物流的控制能力较弱，所以这种联盟关系很容易由于基础的丧失而解体。

8.3 物流作业人员的能力开发与绩效管理

8.3.1 物流作业人员的基本技能与素质要求

（1）具有较强的业务处理能力。

物流是专业性很强的行业。它要求从业人员至少熟练掌握一项物流业务，根据目前的行业现状，对物流人员提出了一专多能的要求。

（2）工作作风严谨，认真细致。

物流一线作业，就是接受客户、货主的委托，通过储存、装卸、包装、运输、配送等环节的操作，实现对客户、货主的承诺。因此，要求从业者必须严格遵守操作规程，坚守岗位，认真细致，尽心尽责，杜绝差错和各类事故的发生。

（3）服务意识。

物流人员必须树立起服务用户的观念。客户、货主对物流服务的要求也趋向于高质量、快节奏，用以提高企业的竞争力。因此，物流从业者必须不断提高服务水平来留住客户和扩大业务范围。

（4）具有吃苦耐劳的精神。

物流操作现场大多在城市边缘的车站、机场、港口、码头附近，少有现代都市的生活气息和繁华。物流人员要勇敢地接受条件和环境的挑战，克服困难，脚踏实地，经受住艰苦环境的考验。

（5）安全意识。

在物流作业场所，存在事故风险。因此，要求从业者不能掉以轻心，盲目乱干，应当严格遵守规章制度和操作规程，避免各类事故的发生。

8.3.2 物流作业人员的培训与开发

培训与开发是人力资源管理的重要组成部分。它是指企业根据发展和业务需要，通过学习和训练手段进行的旨在改变员工的价值观、工作态度和工作行为，提高员工的工作能力和知识水平、业务技能并最终改善和提高组织绩效等的有计划、有组织的培养、训练活动或过程。

1. 物流作业人员培训的形式

（1）岗前培训。也叫新员工培训，是对新员工在任职前给予的培训，以使新员工对企业文化、工作环境、任职岗位有基本的认识和了解。

（2）岗位培训。又称在岗培训，是针对员工在某一工作岗位的需要进行的在岗培训。

（3）脱产培训。受训者在一段时间内脱离工作岗位而接受的专门培训。

（4）业余培训。受训者利用业余时间，在不影响正常工作的情形下接受的培训。

（5）初级培训。是对基层员工的培训，培训内容侧重于一般的理论知识、专业知识、业务操作技能等。

（6）高级培训。高级培训主要侧重于学习新理论、新概念和新方法。

2. 物流作业人员培训内容

（1）物流知识培训。

与物流有关的各方面的知识是员工培训的首要内容。主要包括物流管理学、市场营销学、财务管理学、经济学、相关法律法规及企业的经营状况、规章制度和企业文化等。

（2）物流技能培训。

物流是专业性较强的行业，物流从业人员必须熟练掌握从事岗位所需的业务技能。这些技能主要包括物流业务的操作技能、人际交往技能、谈判技能、计算机运用能力和管理技能等。

（3）态度培训。

态度是影响工作绩效的重要因素，对于新员工，态度培训尤为重要。员工态度包括员工士气、精神状态等。物流企业的态度培训主要是培养员工对企业文化的认同，建立企业与员工、员工与员工之间的信任关系，培养员工的团队精神，培养员工的价值观和对企业的荣誉感、忠诚度等。

3. 物流作业人员的培训原则

（1）理论联系实际原则。

对于物流作业人员进行必要的理论培训，有助于提高人员素质，为企业创造更高的效益。在进行理论培训过程中，应根据培训对象的具体工作性质，联系工作实践，有针对性地设置培训内容，避免实践和理论的脱节。

（2）讲求实效原则。

无论是进行知识和技能的培训，还是企业文化价值的培训，都应做好成本—效益的分析，力求在最短的时间内，获得最优的效果，避免流于形式。

（3）因材施教原则。

我国的物流人员良莠不齐，有的文化素质较高，但动手能力低；有的实践经验丰富，但理论知识贫乏。因此，在培训时，应根据不同层次、不同需求有针对性地安排培训内容。

（4）全面培训与重点提高原则。

对员工的培训是一项长期的、终身教育和提高的过程，因此，应遵循全员培训的原则。同时，对于一些有发展潜力的、处于重要岗位的员工应进行重点培训。

（5）激励原则。

培训的最终目的是充分发挥人力资源优势，提高物流企业的服务水平，提高经济效益。在培训过程中，必须贯穿激励原则，增强参与培训的主动性和自觉性，从而将培训的成果更好地体现在实际工作中。

8.3.3 物流作业人员绩效管理

绩效管理是指根据人力资源管理的需要，对员工的工作结果、履行职务的能力及担任更高一级职务的潜力进行的有组织的、客观的考核和评价过程。

1. 绩效管理的原则

（1）全面性与合理性原则。

绩效是由多个因素共同作用形成的，绩效本身也表现为多种形式，如德能勤绩等不同方面。所以，考核体系应当全面，把主观、客观考评结合，定性和定量考评结合。

（2）公正性与公开性原则。

公正是指考评标准对所有员工一视同仁。公开则包括三方面：一是考评标准的公开；二是考评过程的公开；三是考评结果的公开。

（3）稳定性与规范性原则。

进行有效的绩效管理，必须建立合理的、相对稳定的考核制度，有了制度化、定期化的操作依据，才能使绩效管理持续完整地开展下去。

2. 绩效考核的内容

（1）工作业绩的考核。

就是考核员工在一定时间内对企业的贡献和价值。主要从4个方面入手：

① 量的方面，即员工完成工作量的大小；
② 质的方面，即员工完成工作的质量如何；
③ 员工对下属的指导和教育作用；
④ 员工在本职工作中的自我改进和提高。

（2）能力考核。

这是对员工从事工作的能力进行的考核。包括三个方面：基础能力、业务能力和素质能力。

（3）工作态度的考核。

工作态度包括工作的积极性、工作的责任感和自我完善能力等。

（4）适应性评价。

当员工所从事的工作符合其兴趣、志向和能力时，其工作效力能得到充分的发挥。适应性评价包括两个方面：一是员工的能力与物流作业要求是否适应；二是员工与其合作者之间的性格差异是否会影响其工作能力的发挥。评价结束后，如发现不适应的情形，应适时作出调整。

以上考核的内容，应综合评定后作出最终的考核结论。

8.4　物流管理人员的能力开发

8.4.1　物流管理人员能力构成

（1）具有良好的思想政治素质和职业道德。

人员思想政治素质的高低决定着事业能否取得发展和进步。作为物流管理人员，必须牢固树立"国家利益至上、消费者利益至上"的行业价值观，要把"讲责任、讲诚信、讲效率、讲奉献"作为自己的行为规范。把高度的事业心和责任感、顽强的工作作风、严格的组织纪律性、集体主义观念，融入到日常工作中，沿着正确的指导方向来完成本职工作。

（2）扎实的物流专业素质。

现代物流是一门专业性非常强的学科，过硬的业务能力是物流管理人员必备的素质。物流管理人员应熟练掌握行业常识、仓储运输知识、财务成本管理知识、安全管理知识、法律知识等。

(3) 良好的团队精神。

现代物流的物理特性表现为一种网状的结构,在这个网中任何一个作业点出现问题,都有可能造成网络的瘫痪。所以,物流管理人员应具备一种强烈的团队合作精神,在作业过程中,不仅能够做好本职工作,同时要积极与营销、财务等各部门积极配合,使上下游协调一致,提高物流系统的服务水平。

(4) 组织管理和协调能力。

现代企业的竞争表现为人才的竞争,具体表现为企业经营管理理念的竞争。一个成功的企业不仅要有高素质的专业人才,也要有良好的经营管理理念和执行管理理念的能力。物流的灵魂在于系统化方案设计、系统化资源整合和系统化组织管理,在整合客户资源的前提下,充分利用设备、技术和人力等企业内部资源来满足外部客户的需求。

另外,管理人员在工作过程中,需要随时与工业企业沟通协商、与上下游环节协调合作,需要运用不同的工具进行各种信息的传递和反馈。因此,物流从业人员不但要有相当丰富的知识,同时应具有相当强的沟通、协调能力和技巧。

(5) 熟练的信息应用水平。

现代物流运作是一系列繁杂而精密的活动,要计划、组织、控制和协调这些活动,离不开信息技术的支持。现代物流企业核心竞争力的提高在很大程度上将取决于信息技术的开发和应用。作为一个合格的物流管理人员,必须熟悉现代信息技术在物流作业中的应用状况,能够综合使用这一技术提高劳动效率,并且能够在使用过程中提出可行性的意见和建议。

(6) 异常突发事件的处理能力。

异常突发事件的处理能力是衡量物流管理人员综合素质的重要指标之一。在市场瞬息万变的情况下,市场对物流服务的需求呈现出一定的波动性,物流作业环节多、程序杂、缺乏行业标准,异常突发事件时有发生。这就需要从业人员具备应急作业的意识及对资源、时间的合理分配和充分使用的能力。

8.4.2 物流管理人员的培训与开发

物流管理人员的培训与开发是指一切通过传授知识、转变观念或提高技能来改善当前或未来管理工作绩效的活动。物流管理人员应掌握3种基本技能。

(1) 物流技术技能。

物流技术技能是指物流专业能力,它是指精通和熟练物流专业技术,特别是涉及物流专业知识,物流专业的分析能力,物流设备工具的使用、改进和维护等。

(2) 人事技能。

人事技能是指物流管理者做好本职工作并能够带领下属或其他人发挥合作精神的协调能力。人事技能训练是以心理学、社会学和人类学等为基础的。这方面的培训是通过座谈和讨论、角色模拟、行为榜样等方法实现的。

(3) 概念技能。

该技能被认为是物流管理人员最重要的一种技能。它是管理者树立企业整体观念的能力,或是处理物流职能之间关系的协调能力。这方面的培训主要是案例分析。

复习思考题

1. 物流组织的基本类型有哪些？
2. 物流组织设计的原则和依据是什么？
3. 如何实现物流组织创新？
4. 物流作业人员在基本技能与素质方面有哪些要求？
5. 物流作业人员培训的形式和内容是什么？
6. 物流作业人员培训的原则是什么？
7. 物流人员绩效管理的原则及绩效考核的内容是什么？
8. 物流管理人员能力由哪几方面构成？
9. 物流管理人员的培训与开发的方法有哪些？

案例分析

华为独特的员工激励方式

华为公司成立于1987年，从一个不足20人、注册资本仅2万元的小作坊，发展成一家现有员工18万多名，年营业收入3 950.09亿元（2016年）的高科技企业，并成为世界电信制造业龙头企业，主要从事通信网络技术与产品的研发、生产、营销和服务，并为世界领域专业电信运营商提供光电网络、固定网、移动网和增值业务领域的网络解决方案，是我国电信行业的主要供应商之一，目前已在全球电信市场占据重要位置。作为一家民营企业，华为一直推崇企业必须具有核心技术的自主研发能力，华为每年坚持以10%以上的销售收入作为研发经费，以技术创新来抢占市场先机。目前，华为的产品和解决方案已经应用于全球170多个国家和地区，服务全球运营商50强中的45家及全球1/3的人口。华为是如何获得令世人瞩目的成就呢？

从创业初期，华为总裁任正非就有很强的人才资源意识。华为的成功之道，就在于其在实践中探索出了一条积聚高科技人才的一套行之有效的激励机制，吸引和留住高素质人才，激发他们的潜能，建立大规模的研究开发团队，通过技术创新获得自主研发能力，这才造就了技术华为、营销华为、管理华为。

《华为基本法》明确规定，认真负责和管理有效的员工是华为最大的财富；人力资本是华为价值创造的主要因素，是华为持续成长和发展的源泉。华为将人力资源的增值目标作为其战略目标之一，并将其作为核心价值观。

1）物质激励——让知识转化为资本

在华为工作，标志着"高额收入"。华为的高薪策略来源于总裁任正非的企业精神，高薪体现了华为的高效率用人之道。华为的高薪，让员工全身心地投入到工作中去。因此高薪便成为挖掘潜力的最好方式，同时，也避免了人才流失带来的损失。高薪不仅使得优秀的人才聚集在华为，同时也激励了人才的积极性。

事实上，华为在高薪策略的背后还有更深远的内涵。华为总裁任正非认为，价值分配制度和人力资源管理是企业所有问题中最核心与最具特色的部分,而分配问题始终是管理进步的杠杆,华为最成功的不是工资,不是奖金,甚至不是大量拥有自主知识产权的高科技产品,而是"知本"。劳动与知识的有机结合与转化才是推动华为产销量年年翻番的资本。

简而言之,华为的"知本主义"就是:使知识产生价值,把知识视为资本。它是一种重视知识资源,评价知识价值,实现知识与资本、权利的转换,促进知识创造价值的企业运营机制。华为奉行"知本主义",让知识可以转化为资本,在华为的分配激励机制中充分体现了这一点。

(1) 薪酬激励。

华为薪酬管理的主要理念有以下几方面。

① 倡导雷锋精神,但决不让雷锋吃亏,奉献者定当得到合理回报。

② 晋升机会、职权、工资、奖金、津贴、股权、红利、退休基金、医疗保障、保险等多种分配与保障形式。

③ 员工与公司之间建立命运共同体。

④ 报酬认可基于贡献、责任、能力与工作态度。

⑤ 坚持报酬的合理性与竞争性,确保吸引优秀人才。

⑥ 始终关注报酬的三个公平性,即对外公平:根据业界最高水准与市场调研情况,与同类人员相比,薪酬具有社会竞争力;对内公平:不同工作岗位的员工,根据工作分析与职位评估确定薪金结构与政策;员工公平:同样工作性质的员工,依据绩效考核与资格认证确定合理差别。

华为员工的收入到底有多少,这是公司"机密",但两个同时进公司的大学本科毕业生在若干年后收入可能就会相差几倍,这在华为却是司空见惯的事实。这主要源于华为实施的动态分配、激励机制。

(2) 股权激励。

华为用股权分配的方式使劳动、智能和企业家的管理风险得到合理回报,但股权分配不搞平均,华为每年考评出每个人的股权额度,与贡献大小成正比。同时华为又每年吸纳新员工,新员工有特殊贡献就以股权额度报偿、奖励。这样,总股本年年调整,那些不再做贡献的员工,在"摊薄"的股份中将减少收入。

因为知识是资本,所以华为人的学历、能力、职务、职称、科研能力等都应转化为有价资本,持有这些"资本"的人自然是公司的股东。当然,在公司服务的年限、工作态度等也应看作是资本的组成部分,有关人员借此得到相应的股权。股东们所持有的股权是一个变量,公司的四级人力资源管理委员会每年一次按贡献的大小评价考核每一位员工的股权额度,或增或减全由员工对企业贡献的大小来决定。股本年年调整的结果,就使那些贡献小的股东的股权在不断的稀释过程中变得越来越少。

目前华为员工持股的基本情况:30%的优秀员工集体控股,40%的员工有比例的持股,10%~20%的新员工和低级别员工适当参股。"人人是老板"的员工持股机制充分体现了知识的价值和价格,又兼顾了各方的利益,结成了员工与公司利益与命运的共同体。

2) 精神激励

(1) 荣誉激励。

持续的鼓励荣誉部华为的"狼文化"在业内几乎无人不晓。学雷锋、讲奉献；团队奋斗、"胜则举杯相庆，败则舍身相救"；搞研发的，板凳要做十年冷；做市场的，干部集体大辞职。讲出来，惊心动魄，对外人而言，甚至有些不可思议。这样的企业文化如何落地生根？很大程度上靠的是"荣誉部"，它专门做两件件事情。一是经常发荣誉奖。每个业务领域都可以申报，一张奖状，200多块钱，似乎平淡无奇。但在华为，小小奖状代表着大家投向得奖者的钦佩眼神，200块钱则会变成大排档上一帮同事的整晚狂欢。二是先进典型事件报道。

华为的荣誉奖有两个特点：第一，面广人多，所以员工很容易得知自己获得了公司的某种奖励。只要你有自己的特点，工作有自己的业绩，你就能得到一个荣誉奖。对新员工则有进步奖，员工参与完成了一个项目也有项目奖。第二，物质激励和精神激励紧紧绑在一起。只要你获得了一个任意的荣誉奖，你就可以随之得到一定的物质奖励。一旦得到荣誉奖，你就能得到相应的奖金奖励，而且荣誉奖没有上限，假设你成了荣誉奖"专业户"，你的物质奖励就一定不菲。

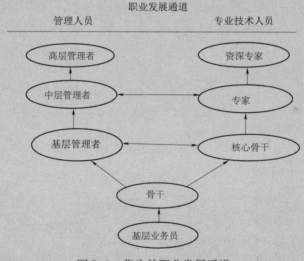

图 8-1 华为的职业发展通道

(2) 职权激励。

虽然华为的管理结构是距阵式的，但等级森严。华为公司网站上的员工职业发展通道图如图8-1所示。

我们可以看出，华为的组织结构一共有五层，除了基层业务人员，其他四层有一定的职权，虽然大小不一，但是这些职权却可以激励员工。拿销售人员来说，如果他想做销售，那么他就可以从处于底层的、分布在各个地区办事处的销售代表开始做起，然后可晋升为客户经理，客户经理又有三个发展空间：国际、国内营销专家，国际、国内营销高级专家和国际、国内营销资深专家。一旦他想做管理，或者公司调整要他从事管理职位，那么可发展的空间、获得的职权就更大了，如有常务副总裁，市场部部长等。在华为，职位不单单是权力的象征，而且也是收入的象征。在华为得到一个比较高的职位，获得的收入也就相应更高。

　　对于知识型员工来说，他们需要追求个性的发展，获得更大的发展机会。在华为，追求人力资源的增值恰好是他们的重要目标，华为强调人力资本不断增值的目标优先于财务资本增值的目标，并努力为员工提供成长和发展的机会，以激励员工，如公司为员工提供了大量的培训、参观和学习的机会，华为的员工不再被看成是雇员，不是用过后就可以被丢弃的对象，而是公司的主人，随公司的成长而发展。作为主人，员工在企业内更享有建议权、质疑权和获得帮助等系列的权力，能够获得公司开放的资源。这样，员工在有需要时就能够很方便地得到企业资源的帮助，因而更容易获得成长的机会。职权的激励在华为是非常重要的，为华为留住人才起到了非常大的作用。

思考题

华为的激励机制有哪些独到之处？他为华为的发展起到了怎样的促进作用？

第 9 章 物流战略管理

【本章结构图】

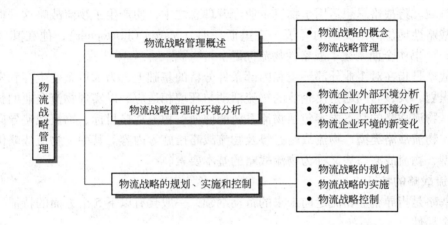

【学习目标】

通过本章的学习,你将能够:

1. 正确理解物流战略的含义及特征;
2. 了解物流战略管理的环境内容及其新变化;
3. 掌握物流战略管理的过程与战略规划的基本内容;
4. 理解物流战略实施的类型;
5. 掌握物流战略控制的方法。

9.1 物流战略管理概述

物流以其对生产、销售的推动作用,成为继生产、销售之后的第三利润源泉。制定合理的物流发展战略,对于经济的可持续发展具有深远的意义。

9.1.1 物流战略的概念

1. 物流战略的定义

战略,古称韬略,原为军事用语。毛泽东指出:"战略问题是研究战略全局规律性的东西。"随着人类社会实践的发展,战略后来被人们广泛应用于军事以外的领域,如经济、政治等其他领域。将战略思想运用于物流企业经营理念之中,便产生了物流战略这一概念。明确物流的战略性地位的是美国的马丁·克里斯托弗(Martin Christopher),他在其《战略性物流管理》一书中全面阐述了战略性物流问题。

物流战略是指在对企业外部环境和内部条件分析的基础上,为求得企业生存和发展而作出的长远谋划,其核心问题是使企业的物流活动与环境相适应,以实现物流企业的长期、可持续发展。物流战略的基本内容包括物流系统的使命、物流战略目标、物流战略导向、物流战略优势、物流战略类型、物流战略态势及物流战略措施等内容。其中,物流战略优势、物流战略类型、物流战略态势又称为物流战略的基本要素。

2. 物流战略的特征

物流战略是指导企业物流走向未来的行动纲领,一般具有以下5个方面的特征。

(1)全局性。

物流战略是以企业全局为对象,根据企业总体发展需要而制定的,它规定了企业的总体行动,追求企业发展的总体效果。

(2)长期性。

物流战略的长期性就是在环境分析和科学预测的基础上,展望未来,为物流企业谋求长期发展的目标与对策。

(3)竞争性。

物流战略一方面要面对复杂多变的环境确定对策;另一方面要制订在激烈竞争中抗衡或战胜对手的行动方案,以便取得竞争优势,确保自身的生存和发展。

(4)纲领性。

物流战略是企业总体的长期的发展目标、发展方向、发展重点及所采取的基本行动方针、重大措施和基本步骤,这些都是原则性、概括性的规定,具有行动纲领的意义,经过分解落实后,才能变成具体的行动计划。

(5)风险性。

物流战略从当前的情况出发,对未来的行动,作出预计和决策,而未来企业外部环境是不断变化的,这必然影响和冲击着已确定的战略,因此,物流战略具有一定的风险性。

3. 物流战略的内容

物流战略作为一个战略系统,主要由4个方面构成。

（1）战略思想。

战略思想是企业战略的基本点，是指导企业进行战略决策的行动准则。战略思想由制定和实施战略的基本思想和观念构成，如系统思想、竞争思想、创新思想等。物流企业战略思想的具体化，就形成了企业的战略方针、战略目标，因而战略思想贯穿于企业的全部战略管理之中，是企业战略管理的灵魂。

（2）战略目标。

战略目标是物流企业经过经营战略的实施并经受风险，预期达到的总体经营成果指标，企业确定了战略目标，也就确定了企业发展方向、经营范围、经营规模和经营成果。

（3）战略方针。

战略方针是为实现战略目标而制定的行为规范和政策性决策。在企业发展的不同时期，企业的战略方针不同。不同时期的战略方针体现了企业的战略重点，它是一定时期企业活动的行动纲领。对战略方针的确定要进行可行性分析和研究，主要考虑环境制约的风险和机会、企业的优势和劣势、企业经营能力和经营方式等因素。

（4）战略规划。

战略规划是为实施企业战略而制定的影响企业全局和未来的重要措施和基本步骤，是战略目标的具体化，是战略方针的措施化，它既是企业战略的一个重要组成部分，又是指导战略实施的纲领性文件。

4. 物流战略的类型

物流战略类型是依据不同的标准对物流战略的划分，这有助于更深刻地认识物流战略的基本特征，进一步完善物流战略规划方案。物流企业通常可以按照服务项目、发展方向、战略行为和战略重点等方面划分物流战略类型。

（1）按服务项目划分。物流战略通常可分为准时货运集散战略、快速货运集散战略、成组货运集散战略、整车货运集散战略、专项货运集散战略、国际货运集散战略等。

（2）按照发展方向划分。物流战略可分为物流服务导向战略、市场需求导向战略、专业技术导向战略、规模经营导向战略、资源优化导向战略、实时响应导向战略等。

（3）按照战略行为划分。物流战略可分为扩张型物流战略、稳定型物流战略、收缩型物流战略、关系型物流战略等。

（4）按照战略重点划分。物流战略可分为物流系统生存战略、经营战略、发展战略等。

9.1.2　物流战略管理

1. 物流战略管理的概念

物流战略管理（logistics strategy management）是指通过物流战略设计、战略实施、战略评价与控制等环节，调节物流资源、组织结构等最终实现物流系统宗旨和战略目标的一系列动态过程的总和。

物流战略管理是一个动态的管理过程。它是一种崭新的管理思想和管理方式。物流战略管理的重点是对企业的外部环境变化进行分析，对企业物流资源、条件进行审核，并以此为前提确定企业的物流战略目标，使三者达到动态平衡。物流战略管理的任务就是通过战略制定、战略实施、战略控制，实现企业的物流战略目标。

2. 战略管理的过程

物流战略管理过程分为 3 个阶段，即物流战略制定、物流战略实施和物流战略控制与调整。

1）物流战略制定

物流战略规划的制定就是企业在内外环境分析的基础上，按照一定的程序和办法，规定战略目标，划分战略阶段，明确战略重点，制定战略对策，从而提出指导企业物流长远发展的全局性总体谋划。物流战略的制定是一项十分重要而又复杂的系统工程，需依照一定的程序和步骤进行。一般来说，需要经过以下 6 个相互衔接的环节。

（1）树立正确的战略思想。战略思想是整个战略的灵魂，它贯穿于物流战略管理的全过程，对战略目标、战略重点和战略对策起到统率的作用。战略思想来自于战略理论的把握、战略环境的分析及企业领导层的战略风格。一个企业的战略思想主要包括竞争观念、市场营销观念、服务观念、创新观念和效益观念等。

（2）进行战略环境分析。这是制定战略的基础和前提。如果对组织内外环境没有全面而准确的认识，就无法制定出切合实际的战略规划。

（3）确定物流战略目标。物流战略目标为企业物流活动的运行指明了方向，为企业物流评估提供了标准，为其资源配置提供了依据。利用物流战略目标可以对企业全部物流服务活动进行有效管理。

（4）划分战略阶段以明确战略重点。战略阶段的划分实际上是对战略目标和战略周期的分割。这种分割可以明确各战略阶段的起止时间及在这段时间内所达到的具体目标。战略重点是指对战略目标的实现有决定意义和重大影响的关键部位、环节和部门。抓住关键部位，突破薄弱环节，就便于带动全局，实现战略目标。

（5）制定战略对策。战略对策是指为实现战略指导思想和战略目标而采取的重要措施和手段。根据组织内外环境情况及变动趋势，拟定多种战略对策及应变措施，以保证战略目标的实现。

（6）战略评价与选择。战略评价是战略制定的最后环节。如果评价后战略方案被否定，就要按照上述程序重新拟定；如果评价后战略规划获得肯定，则结束战略制定而进入战略的具体实施阶段。

2）物流战略实施

物流战略实施就是将战略转化为行动。物流战略实施是战略管理过程中难度最大的阶段，战略实施的成功与否，是整个战略管理能否实现战略目标的关键。物流战略的实施主要涉及以下一些问题：企业如何建立年度物流目标、制定物流政策、配置物流资源，以便使企业制定的物流战略能够落到实处；为了实现既定的战略目标，还需要获得哪些外部资源及如何使用这些资源；需要对组织结构作哪些调整；如何处理可能出现的利益再分配与企业文化的适应问题；如何进行企业文化管理，以保证企业物流战略的成功实施等。

3）物流战略控制与调整

物流战略控制是物流战略管理的最后阶段，一般包括制定控制标准、根据标准衡量执行情况及偏差纠正 3 个步骤。物流战略调整就是根据企业情况的发展变化，即参照实际的经营事实、变化的经营环境、新的思维和新的机会，及时对所制定战略进行调整，以保证战略对企业物流管理进行指导的有效性，具体包括调整企业的长期物流发展方向、企业的物流目标体系、企业物流战略的执行等内容。

9.2 物流战略管理的环境分析

从物流企业经营环境角度看，即外部环境与物流企业的相互关系，物流战略管理的环境大体可分为外部环境和内部环境。

9.2.1 物流企业外部环境分析

物流企业外部环境是指处于物流企业之外，但对物流企业发展产生决定性影响的因素构成的总和，它又可分为宏观环境因素（又称总体环境因素）和行业环境因素（又称运营环境因素）两部分。物流企业外部环境分析是对物流企业外部环境因素进行的分析。

1. 宏观环境因素分析

1）经济发展状况

一方面，对物流行业来说，经营环境最终表现为社会和个人购买力，而购买力的大小取决于社会总体收入水平、负债水平和资金供应程度等因素。经营环境的变化如果能促进社会购买力的提高，不但能推进现有市场购买力的扩大，而且还会促进新市场的开发，以满足扩大的社会需求，这都会成为物流行业发展的机会。另一方面，经济发展状况对行业的巨大影响主要是通过经济周期反映出来。宏观经济发展状况及其规律可以用经济高涨期、衰退期和复苏期等阶段来描述。

（1）经济高涨期。主要表现是国民经济增长速度较快，国民收入提高，有效需求高，市场购销两旺，对物流企业发展有利。

（2）经济衰退期。这一时期表现为经济增长速度大幅度下降，以至于出现经济倒退的现象。市场萎缩，居民收入的购买力下降，有效需求不足，社会总供给严重大于社会总需求，商品流通不畅，物流行业的经济结构调整开始。

（3）经济复苏期。在经济摆脱衰退困扰后，社会经济会逐步出现回升迹象，其主要表现是，经济开始缓慢增长，市场开始繁荣，居民收入提高，需求增加，物流行业的经济结构日趋合理。

2）政治稳定性

政治稳定性是社会稳定的基础，政治的剧烈变动必定会对经济发展和社会稳定带来不利的影响，很有可能引发社会动荡。对物流行业而言，目标市场的政治稳定性是其长期稳定发展的一个必要保证。

3）社会结构状况

社会结构状况包括社会阶层划分、人口数量及其分布、年龄组成，教育程度、家庭构成等，不同社会结构状况的地区或国家就会有不同的消费倾向，进而带来不同的物流服务需求。

4）文化或亚文化

文化或亚文化包括居民的储蓄倾向、接受外来思想的难易程度、传统习惯等。

5）法律体系的完善程度

一个地区或国家的法律制度的完善程度和严格执法对于物流企业来说是非常重要的。因为大多数物流企业对法律和政策的影响力都很小，处于比较被动的适应状态，物流企业想要发展就必须在公平完善的法律体系中，企业的各方利益才能得到保证，否则企业的经营活动将变得复杂和低效。

6）生态环境

不同国家和地区的地理、气候、季节等情况有着很大的差别，因而有不同的需求，也就有不同的物流市场。

2. 行业环境分析

行业环境又称运营环境，是指直接影响物流企业实现其目标的外部力量。与物流企业的宏观环境相比，行业环境对于物流企业有着更为直接、更为现实的影响。行业环境分析的内容具体包括以下5个方面。

（1）目标市场对物流企业的包容性和接纳程度。

由于不同地区的消费群有不同的文化传统和价值观念，所以可能对某些物流企业的文化有不同的接受程度，这种价值观念和文化的影响有的直接进入了法律体系，有的成为政府的政策，有的则只是以社会的习惯出现。如果进入目标市场时，未对其进行详细的分析和了解，就会受到政府、消费群体的排斥，甚至可能造成投资失败。

（2）行业生命周期。

行业生命周期的划分与产品生命周期相类似，只是它所针对的不是简单的一个产品，而是整个行业的发展变化趋势。行业生命周期包括开发期、成长期、成熟期、衰落期四个阶段，要根据所处行业的生命周期特点决定物流企业自身的管理策略。

（3）行业的竞争状况。

行业的竞争状况主要包括市场的大小、垄断情况、竞争企业的数目和实力、可能的新进入者。目标市场的大小是根据行业过去数年内的市场容量而估算出来的，估算过程中需考虑目标市场中的人口结构、经济状况等因素。垄断情况是指目标市场中是否存在行业垄断、垄断的程度有多大、是否有机会打破现有垄断状况、如何打破垄断等一系列问题。同行业物流企业的数目、实力及其发展战略，都需要在制定物流战略时充分地加以考虑。另外，还要考虑可能的新进入的物流企业对企业造成的冲击，此时物流企业需要与同行业的其他物流企业结成某种程度的联盟，提高行业进入难度，排斥行业的进一步竞争，这时，物流行业内部就会出现既竞争又合作的"竞合"局面。

（4）新技术、新产品的影响。

新技术、新产品的出现会对现有行业体系产生重大冲击，可能形成替代产业，新技术具有变化快、影响面大、影响力强等特点，可能会对某些行业产生革命性的影响，创造出一批新产业，同时推动现有产业的变迁。

（5）技术经济支持情况。

一个物流企业在目标市场投资，不仅要看自身经营的产品是否有销路，还要考虑市场内的配套设备是否完善。物流企业要发展就需要人才、资金、技术、设备等要素的保障。物流企业应充分考虑目标市场的要素提供能力，例如，某种要素不能满足物流企业的需要，物流企业应考虑如何设法解决。

9.2.2 物流企业内部环境分析

物流企业内部环境是相对于外部环境而言的,是指企业物流发展的内部影响因素的总和。相对于外部环境因素来说,内部环境因素是可控因素,是物流企业发展的基础。企业从事物流活动的能力,取决于内部环境诸因素之间的协调关系。对物流企业内部环境分析可从以下两方面来进行。

(1) 对物流企业内部的各职能部门进行分析。

主要涉及对物流企业内部的各职能部门,如采购、销售、仓储、运输等部门的分析,主要研究目标是物流企业各职能部门的现状及发展趋势,以及各职能部门之间的协调程度,其目的是找出物流企业的"瓶颈"部门,并指出该部门的主要问题所在。

(2) 对物流企业的生产要素进行分析。

对生产要素进行分析的方法打破了职能部门间的严格界限,从物流企业整体发展的角度分析物流企业中各要素对物流企业发展的影响,因而更适合于物流企业的总体战略分析。

9.2.3 物流企业环境的新变化

20 世纪 90 年代后,推动物流发展和物流地位变化的环境因素主要体现在以下 5 个方面。

(1) 多品种、小批量生产的转变和零售形式的多样化。

随着消费的个性化、多样化发展,消费的趋同性减少,流行商品的生命周期越来越短。在这种状况下,厂家要准确预测特定商品的流行程度十分困难。此外,基本生活必需品在全社会得到满足之后,商品在质量上的稍微改进和价格的稍微降低都不能大量激发消费者的购买欲望,因而要开发出具有爆发性需求规模的革新产品也会越来越困难。正因如此,如今很多企业都在积极开展多品牌战略,即将原来的产品加以改良,附加各种功能,形成产品间微妙的差异,以满足消费者的多样化需求。多品牌战略的实施意味着企业的经营从原来生产主导的消费唤起战略转向消费主导的商品生产战略。这种战略转换也改变了原来从事专职大量运输、储存的物流服务管理活动,也就是要求物流既讲求效率,又能促进生产、销售战略的灵活调整和转换。

对应于消费个性化、多样化发展,零售业中以家居日用品为中心、进货品种广泛的零售店和购物中心等业态的销售额急剧扩大。另外,由于生活类型的多样化带来了诸如活动时间到深夜、利用汽车购物等消费行动的多样化,因此,在零售业中通宵营业的 24 小时店(便利店)或利用汽车购物为前提的郊外仓储式商店等新型业态也相继诞生,并实现了快速增长。这些都改变了原来的流通格局,同时推动了物流服务的差异化和系统化管理的发展。

(2) 零库存经营的倾向。

零售业与消费个性化、多样化及企业多品种生产相对应,无论在既存的零售业态百货店和超市中,还是新兴的 24 小时店等新业态中,经营的商品品种数越来越多。但是,与此同时,由于政策、环境、房地产价格等原因,店铺的规模和仓库的规模不可能无限扩大,特别是在大都市中,由于人口密度大、地价昂贵、消费更新快、环境限制严格等原因,更加限制了仓储店和仓储空间的扩大。在这种情况下,只有提高店内管理效率,通过加快商品周转来抵消仓储空间不足等问题。如今,在国际上,大型零售业的经营方针均已从原来通过新店开设寻求外延型发展，转向充实内部管理和投资，积极探索内涵型发展。除此之外，另一个推动零库存经营的原因是由于消费行为的多样化、个性化发展，生产企业要进行多品种、少数量的商品生产，使得实际需求预测十分困难，在这种状况下，库存越大，零售企业承担的风险也越大。因此，为了降低风险，零售企业必须尽可能地压缩库存，实现实时销售。具体看来，现代零售企业的管理重点是以下两个关键性问题：一是迅速确定经营中的"畅销品"与"滞销品"，以此为基础确定订货商品的种类和数量（单品管理）；二是在有限的空间里陈列更多的商品，降低销售风险，极力抑制各类商品的库存量，彻底实现零库存管理和库存成本的削减（零库存经营）。

（3）信息技术的革新。

"单品管理"和"零库存经营"能成为现实，首先是因为20世纪80年代后期的信息技术的发展，具体反映在POS系统（point of sale，销售时点系统）和EOS系统（electronic ordering system，电子订货系统）的导入。POS系统和EOS系统自开发以后，在商业领域得到了迅速推广和普及，并大大改变了流通绩效，推动物流管理的现代化。从直接带来的利益看，POS系统的导入提高了现金收纳作业的速度和正确性，节省了人力成本，实现了流通效率化。与此同时，在软件利益方面，对所积蓄的电子信息进行的加工、分析，可以作为经营战略决策的依据和信息来源。

（4）物流企业竞争加剧。

目前物流作为企业战略管理的一个组成部分已为大多数企业所认同，因而，原来那种完全商物分离的做法逐渐被摒弃，取而代之，厂商、零售商、批发商的不同阶段，以及同一阶段不同类型的企业都在积极开拓物流业务，建立自身独特的物流系统，从而使物流竞争范围越来越广；另外，随着物流技术与手段的发展，物流竞争的程度也越来越深。这种竞争程度上的变化既反映在物流服务的多样化，即外延上，又反映在物流服务的高技术、高效率，即内涵上。所有这些都使物流竞争比任何时期都要激烈，更需要在战略上来指导物流活动。当今企业竞争的另一类现象也值得我们关注，那就是竞争无地域性。早期物流企业的竞争局限在各国国内，如今随着经济的全球化，物流服务也越来越无国界限制，特别是WTO所推进的服务贸易自由化，更使得物流市场竞争具有国际化的特征，这无疑给本来就具竞争性的物流经营带来更深刻的影响，使竞争范围更加宽广。

（5）经济的可持续发展。

随着多频度、小单位配送及企业物流的广泛展开，如何有效地协调物流效率与经济可持续发展的关系，也是促使物流企业强化战略研究的重要因素。物流功能的纵深化发展，以及物流需求的高度化延伸，带来的一个直接效应就是物流量的急剧膨胀，但是，物流量的巨大化往往会阻碍物流效率的提高，这主要是因为它对社会和周围环境产生的负面影响。具体地说，巨大的物流量在没有有效管理和组织的情况下，极易推动运输、配送车辆及次数增加，而车辆、运行次数上升带来的结果，首先是城市交通拥塞现象日趋严重，特别是在大都市、中心城市，原来交通状况就比较严重，如果再不断增加路面负荷，更容易产生效率低下及各种社会问题。城市地理学和城市经济学研究证明，任何城市都具有空间的有效性和效率性。城市本身在一定的技术条件下有其理想规模，再大就会产生规模不经济，而分配给交通运输系统使用的土地，包括道路和站场也有一定的比例，一般占总土地面积的15%～25%较为合理，对一个发展中城市而言，交通运输用地偏低会造成道路网不足。从社会发展角度看，进一步扩大路网固然重要，但有效地利用路面则是交通运输体系发展战略最为主要的原则。所以，在战略上合理安排物流、管理物流不仅关系到企业自身物流效率的高低，也关系到整个社会的可持续发展问题。

9.3　物流战略的规划、实施和控制

9.3.1　物流战略的规划

物流战略规划是企业制定的物流战略目标、任务、方向，以及实现物流战略目标的各项政策和措施。具体来说，它包括确定企业物流战略目标，选择物流战略制定的方式，制定和选择物流战略方案。

1. 确定物流战略目标

物流战略的核心是持续保持和增加企业在物流领域的竞争力。物流企业确定了战略目标，也就确定了企业发展方向、经营范围、经营规模和经营成果。据此，物流战略目标主要表现在以下3个方面。

（1）降低成本。

物流战略实施的目标是降低物流总成本中的可变资本支出，通过评价不同作业方案，在保持一定服务水平时，寻求可变成本最低的方案，特别是运输和配送方案的选择。

（2）提高投资收益。

物流战略设计的目标是使物流系统的投资回报率高于社会平均收益率。物流系统中的固定资产集中在港口、码头、配送中心和仓库等设施上，对投资资本回报的首要考虑是投入与产出的平衡点，即在最短的周期内形成收支平衡。然后是盈利的周期长短，即在多长时间内保持正常的盈利能力。例如，为避免进行仓储而直接将产品送达客户，放弃自有仓库选择公共仓库，选择适时供给的办法而不采用储备库存的办法，或是利用第三供应商提供物流服务。与需要高额投资的战略相比，这些战略可能导致可变成本增加。不过，投资回报率可能会得以提高。

（3）改进服务。

随着市场竞争的加强，原有物流系统提供的物流服务水平会下降，或相对下降。如果在原物流系统的基础上提高物流服务水平，将引起物流成本大幅度提高。因此，需要设计新的物流系统，以新的物流运作能力改进物流服务水准。要使物流战略取得良好的效果，应制定与竞争对手截然不同的服务战略。

2. 物流战略规划方式的选择

制定物流战略规划的方法一般有以下4种。

（1）自上而下的方法。

在西方国家的物流企业里，实行集权制的物流企业在采取这种方法制定规划时，一般首先由公司总部的高层管理人员制定出整个物流企业的规划，然后，各部门再根据自己的实际情况及总部的要求来发展这一规划。实行分权制的物流企业一般由公司总部给各事业部提出战略规划指导书，要求它们制定详细规划。公司总部检验并修改这些规划之后，再将规划返

还各事业部去执行。

这种方法最突出的优点是物流企业的高层管理者决定整个物流企业的经营方向，可以对各事业部或各部门如何实现经营方向提供具体的指导。这样，物流企业的高层管理人员可以集中精力去思考经营方向，制定应达到的战略目标，以及可以贯彻实施的战略。不足之处是高层管理者可能会因为没有经过深思熟虑，不能对下属各部门或事业部提出详尽的指导。这样，便可能由于指挥不当而打乱了物流企业目前所执行的计划。此外，事业部的管理人员也可能会认为这种自上而下的指导是一种约束，不能充分发挥他们的作用。

（2）自下而上的方法。

物流企业运用这种方法时，高层管理者对事业部不给予任何指导，只是要求各事业部提交规划。物流企业总部从中掌握主要的机会与威胁、主要的目标、实现目标的市场占有率、需求的资金等信息。在提交规划以后，物流企业高层管理者对此进行检验与平衡，然后给予确认。

自下而上的方法的优点是高层管理者对事业部没有具体的指导，各事业部会感到规划制定过程中的约束较小，可以提出更加完善的规划。同时，自下而上的规划也给各事业部提供了学习制定规划的机会与过程。不足之处是有些习惯于自上而下指导方式的事业部管理人员会感到无所适从，从而影响规划的完整性、综合性。

（3）上下结合的方法。

在制定战略规划的过程中，不仅有物流企业总部的直线管理人员参与，而且事业部的管理人员也参与有关规划制定的过程。物流企业总部与事业部的参谋辅助人员常常在一起探讨规划中的变化，向经理们推荐适当的战略。通过这一过程，物流企业高层管理人员可以根据实际情况改变或完善原定的基本目标或战略。

上下结合的方法多为分权制的物流企业所采用。它的最大优点是可以产生较好的协调效果，从而物流企业可以用较少的时间和精力完成更具有创造性的规划。

（4）小组计划的方法。

这种方法是指物流企业的总经理与其他高层管理人员组成一个计划小组，由总经理负责，共同处理物流企业所面临的问题。这个小组的工作内容与成员构成有很大的灵活性，可因物流企业所遇问题的不同而采取不同的措施。一般来讲，小型的集权制物流企业多乐于采取这种规划方式。有时，大型分权制物流企业也可能采取这种形式。

在物流企业里，如果总经理与规划小组成员之间的关系较好，这种方法可以有很大的成效，但如果总经理过分注重个人的权威，则很难收到良好的效果。

3. 制订和选择物流战略方案

按照物流服务的范围、广度和功能整合性的不同，可供企业选择的物流战略主要有先驱型物流战略、功能整合型物流战略、缝隙型物流战略和运送代理型物流战略。

（1）先驱型物流战略。

先驱型物流战略是一种功能整合度高、物流服务广的物流战略。这种物流战略一般适用于综合型物流企业或大型物流服务商，如联合速递公司（United Parcel Service）。因为这类物流企业的业务范围往往是全国或全球范围，因而也被称为超大型物流业者，它能应对货主企业的全球化经营，从事国际物流。

如果综合型物流企业或大型物流服务商能够实现物流服务供给中经营资源的共有化，就能达到效益的乘数效应。例如，建成集商品周转、流通加工、保管为一体的综合设施或实现运输、保管等物流功能的一体化管理，可极大地降低物流企业的服务成本。

先驱型物流战略的优点是能实现一站托运。随着货主企业业务的不断扩大，发货、收货范围逐渐延伸到全国或海外市场，在这种状况下，货物的运送手段不仅涉及货车，而且还需要联合使用铁路、航空、海运等各种运输手段。综合物流企业为适应货主复杂多样的物流需求，从事集物流、商流、信息流于一身的一体化服务。

（2）功能整合型物流战略。

功能整合型物流战略是指功能整合度高、物流服务范围较窄的物流战略。该战略通过系统化提高功能整合度来充分发挥竞争优势。这种物流战略一般适用于专业物流服务商，如日本的NYK公司。

功能整合型物流战略的特点是以对象货物为核心，导入系统化的物流，通过改进货物分拣、货物跟踪系统提供高效、迅速的运输服务。同时从集货到配送等物流活动全部由企业自己承担，实现高度的功能整合。但是，这种以特定货物为对象构筑的系统，无法适应一般的货物运输，因此物流服务的范围受到限制，只能服务于特定目标市场的顾客群。

（3）缝隙型物流战略。

缝隙型物流战略是指功能整合度低、物流服务窄的物流战略。该战略适用于经营资源数量和质量都受到限制的中小企业。实施该种战略的企业通常是以局部市场为对象、在特定市场从事特定功能的物流服务，从而在战略上实现物流服务的差别化和低成本化。例如，搬家综合服务、代售商品服务、仓储租赁服务及摩托车急送服务等。近年来我国出现的小型保险柜租赁业务就是这种物流服务的具体表现。

（4）运送代理型物流战略。

运送代理型物流战略是指物流服务范围广、功能整合度低的物流战略，一般适用于物流市场中的运输代理商。运输代理商虽然利用各种运输机构提供广泛的输送服务，但实际上企业自身并不拥有运输手段，因此它是一种特定经营管理型的物流企业。这种企业是以综合运用铁路、航空、船舶运输等手段，开展货物混载代理业务的。代理型企业的最大优点是企业经营具有柔性高的特点，因此，可以根据货主的需求，构筑最适合的物流服务体系。

从发达国家看，利用外部的物流公司从事物流活动的情况逐渐增加，在欧洲出现了用契约形式明确货主物流效率的、承担货主物流的第三方物流企业。这些第三方物流企业中既有拥有货车、仓库等资产的企业，也有自己不拥有任何物流设施采取租赁经营的企业，两种类型的企业物流服务范围都很广，前者逐渐向功能整合型企业发展，而后者成为纯粹的货主物流代理企业。

运送代理物流企业的经营战略主要是向无资产的第三方物流企业发展，由于实质上并不拥有整合的物流功能，因而可以灵活、高柔性、彻底地实现物流效率。但是也正因为无资产而可能产生物流服务不稳定，企业应建立并加强有效的运输功能管理体系，这其中的核心是信息系统的完善及树立良好的企业间的关系。

9.3.2 物流战略的实施

1. 物流战略实施方法

可用于促进物流战略实施的方法有5种：指令模型、转化模型、合作模型、文化模型和增长模型。

1）指令模型

这种方法说明了战略的地位，即指导总经理如何运用经济分析和竞争分析去规划资源的分配，以达到物流企业的目标。由于这种模型具有极为正式的集中指导倾向，因此称之为指令模型。

指令模型阐明了传统的战略管理问题，即作为一个总经理应该如何制定一个指导日常工作决策的经营战略，实现长期的战略目标。在这一模型里，总经理起着"理性的行动者"的作用，并以权威的资格发出指令。这种模型假定物流企业在采取行动之前，就已经进行了大量分析，并且要求总经理拥有相当大的权力和相当准确的信息，这种设想一般只考虑经济合理性，但对规划实施的可能性缺乏考虑。

指令模型由系统模型和增量方法两个部分组成。在系统模型中，首先要确定组织目标；其次提出可能满足目标的行动方案；再次根据经济效益对这些方案进行评价；最后从中选择一个最令人满意的方案并付诸实施。在增量方法中，主要是判断物流企业目前的战略，评估物流企业所面临的机会与威胁，并且计划修改目前的战略，以适应已经变化的物流企业环境。

2）转化模型

这种方法直接解决战略实施问题。该方法重点考虑如何运用组织结构、激励手段和控制系统去促进战略实施。由于这种方法常考虑采用新战略，因此称之为转化模型。

转化模型通过阐明"已经有了一个战略，现在该如何组织去实施这个战略"这一问题，发展了指令模型。在这一模型中，总经理运用行为科学的方法把他的组织纳入到战略规划的轨道上。同时，总经理起着设计师的作用，设计行政管理系统，协调战略的实施，推动物流企业为实现规划目标而努力。

转化模型是指令模型的完善与补充，其前提条件是物流企业已掌握了前面所述的经济分析工具，并且为了增加战略实施成功的可能性，又在原有分析工具的基础上增加了3种行为科学方法。

（1）运用组织机构和参谋人员，明确地传递物流企业优先考虑的事物，把注意力集中在所需要的领域之中。一般来讲，组织结构应表明那些能够实现战略的关键技能，增加、调整或更换参谋人员可以使物流企业的方向更好地向着理想方向发展。

（2）建立规划系统、效益评价及激励补偿等机制，支持实施战略的行政管理系统。在实践中，首先，可以通过调整现行的规划系统，产生出所需要的行为；其次，物流企业用于衡量效益的信息系统可以把战略转化成短期目标，控制那些与战略相一致的过程；最后，物流企业把所需要的行为转化成明确的数量概念，使管理人员摆脱不可控制的风险，通过改变现行的激励补偿计划来刺激需要的行为。

（3）运用文化调节的方法促进整个系统发生变化。为了更有效地实施战略，物流企业总经理可采用发展某些与战略有关的社团的方法来改变组织的文化。

3）合作模型

这种方法的重点是高层管理的集体决策与战略制定过程。由于这一方法考虑对集体决策进行多方面的输入，同时认为战略的形成是集体协商的产物，因此称之为合作模型。

合作模型把战略决策范围扩大到物流企业高层管理集体之中，力图解决"如何使高层管理集体帮助制定和支持一系列完好的目标和战略"这一问题。在这个模型里，总经理调动高层管理人员的能动性，并用"头脑风暴法"使持有不同观点的经理为战略制定过程做出各自的贡献。

从总体上看，合作模型克服了前两个模型中存在的两个重大局限性，即总经理通过接近经营活动第一线的管理人员，以及听取众多人员的意见而换得大量信息，克服指令模型的准确性不足和认识局限的问题。同时，总经理扩大参与决策的范围，解决指令模型和转化模型所遇到的战略问题，增加了战略实施成功的可能性。值得注意的是，合作模型是具有不同观点，甚至是具有不同目的的参与者相互协调的产物，它的实现可能是以牺牲经济合理性为代价的。而指令模型所确定的"理想"战略，转化模型采用的"理想"的行政管理系统，在经济上与技术上可能是合理的。不过，这两种模型在简单稳定的环境下更为有效，而合作模型更适于复杂而又缺少稳定性的环境。从组织的观点来看，合作模型的一个基本缺陷是它不能真正进行集体决策。道理很简单，物流企业的管理人员不能也不会放弃他们的集中控制。事实上，这个模型仍存在思考者与执行者谁为上的区别，不可能真正吸收组织里全体人员的智慧。

4）文化模型

这种方法是要在整个组织里灌输一种适当的文化，使战略得到实施。在这里低层次的管理人员参与了决定战略方向和方案的设计工作，而且高层管理人员反复向他们灌输一系列价值观念，影响他们的工作行为，因此这种方法称为文化模型。

文化模型将合作模型的参与成分运用到组织的较低层次上，即从高层管理的集体参与转向全体人员的参与，试图解决"如何才能使整个组织支持既定的目标和战略"的战略问题。在这一模型中，总经理通过沟通和灌输物流企业的使命来指导物流企业组织，允许物流企业中每个人根据物流企业使命，参与制定自己的工作程序。这样，战略计划一旦形成，总经理便起着"指导者"的作用，鼓励每个决策者执行这一计划的具体细节。

文化模型认为，今天的职工应能更充分地参与各个层次的决策管理，使物流企业组织与其参与者存在共同的目标，这就保证了目标实施既迅速且风险又小，企业也就能比较平稳地发展。最为重要的是，当物流企业组织具有足够宽松的条件，可以维持文化模型时，文化型可以更好地发挥作用。但是，文化模型也有它的局限性。第一，这种模型假设物流企业的职工都是有常识的；第二，在各个层次达成一致决策的情况下，极为强烈的企业文化可能会掩盖物流企业中存在的其他问题；第三，首次采用文化模型的物流企业需要消耗时间和精力。在西方管理学中，有人对这种模型提出尖锐批评，认为文化型不过是一种时髦的产物，并没有真正解决指令模型和转化模型存在的谋略者与执行者之间的矛盾问题。

5）增长模型

这种模型运用委托代理形式考察战略，并且对将企业划分为"战略制定者"与"战略实施者"的传统观点提出新的挑战。这种方法促成管理者在日常工作中不断寻求创新机会，发挥物流企业内部的潜能，最终使物流企业获得增长。

增长模型主要回答"如何激励管理人员制定与实施完美的战略"这一问题。在此，物流企业战略总是从基层经营单位自下而上地产生，围绕着总经理的能力而展开物流企业战略的种种问题。它要探讨总经理是否有能力慎重地选择那些组织目标来刺激革新，以及是否有能力选择可以达到预期目的的计划备选方案和战略备选方案。这是一种微妙的平衡活动。如果总经理规定得范围太宽,可能会分散物流企业的注意力,甚至会由于下面提出的建议过多而造成总经理审查上的负担。但是如果规定得过窄,可能会压抑管理人员的创新精神,使其在提出建议时对于批准的可能性顾虑重重。因此,在这种模型里,战略实施就是要创造和维持良性平衡,即下层经营单位的"自主战略行为"和高层控制的"总经理对策"之间的平衡。

那么,总经理究竟应该如何激发物流企业内部机制,使之具有革新的锐气,并且保持一种卓有成效的淘汰不适当方案的机制呢?增长模型的关键是总经理必须勇于承担责任,但又必须放弃某些战略机制的产生,并保证战略实施获得成功。

从实践来看,上述战略制定和实施的五种模型并不是相互排斥的。一个稳定的物流企业可能对于各种模型都感兴趣,但是各有侧重。值得一提的是五种模型不可能同时适合所有的物流企业。运用这些模型的条件主要取决于物流企业多种经营的程度、发展变化的速度及目前的文化状态。

2. 物流战略实施计划系统的设计

物流战略实施计划是物流企业在实施物流战略过程中的各种行为和具体工作程序的总称。战略实施计划起着指导战略管理,维系和协调战略管理与作业管理之间关系的作用。在战略管理中,不存在一个可以适合所有物流企业的战略实施计划模式,而且影响物流企业计划系统设计的因素也因物流企业的不同而有所差异。因此,在进行战略实施计划设计之前,首先要分析影响战略计划设计的因素。

1) 影响战略实施计划系统设计的因素

(1) 物流企业的规模。物流企业的规模是影响战略实施计划系统设计的一个主要因素,规模不同的物流企业,战略实施计划一般不同。具体表现在以下 3 个方面。第一,规模较小的物流企业一般表示出灵活性强、非正式程度高的特点。因此,规模较小的物流企业的战略实施计划趋于非规范化,较为简单。规模较大的物流企业的特点正好与规模较小的物流企业相反。在一般情况下,规模较大的物流企业的战略实施计划规范程度较高,较为详尽。第二,规模较小的物流企业参与计划的人员少,作业较为简单,所以它的战略实施计划系统不如规模较大的物流企业的战略实施计划系统复杂。在规模较大的物流企业中,参谋人员能够解决日常工作中的问题,高层经理便有时间去研究全局性的战略问题。第三,从物流企业的组织方式来看,规模较大的物流企业如果采用集权式的组织结构,经营业务又比较单一,该物流企业的计划系统则会简单些;反之,物流企业如果采取分权制,又经营若干个互不联系的业务,该物流企业的计划系统就会比较复杂。

(2) 管理风格。物流企业高层管理的风格对于计划系统的设计有着较大的影响。不同的管理风格会产生不同的计划系统。一般来讲,高层管理人员的思维方式、信奉的管理哲学、制定决策的方式、解决问题的方式,以及管理下属与处理同事之间关系的方式都会明显地表现出他们内在的风格。因此,研究管理风格会更清楚地认识到一个物流企业计划系统的特色,以便采取相应的措施或竞争战略。

(3) 经营过程的复杂程度。具有资本密集型或高技术密集型的物流企业需要相对复杂的、正式的计划系统。与此特性相反的物流企业则倾向于较为简单的、比较灵活的计划系统。

(4) 物流企业环境的复杂程度。物流企业处于一种竞争较弱的相对平衡环境之中时,一般很少有计划，即使有计划，也往往是形式上的。如果物流企业处于动荡的环境之中，竞争压力较大，物流企业则需要有相应的战略实施计划，而且该计划要有相当大程度的灵活性与非正式性。

（5）物流企业所面临问题的性质。如果物流企业面临着市场竞争加剧、原材料价格猛增等新的、复杂的或难度较大的问题，则需要考虑制定战略实施计划。特别是规模较小的物流企业为了在这种情况下生存，更需要有非正式的战略实施计划。

此外，影响计划系统设计的因素还有战略实施计划的目的、改变组织结构的能力、有效制定计划的信息等因素。值得注意的是，不同条件下的物流企业要根据自己所处的环境来考虑影响因素，从中找出关键因素，不能照抄照搬其他成功物流企业的战略实施计划。

2）战略实施计划的制订程序

在多种经营的大型物流企业里一般有 3 个管理层次，即总部、事业部与职能部门，因而产生了 3 种层次上的战略计划，即物流企业总体战略与计划、经营战略与计划，以及职能战略与计划。为了使这 3 个层次的战略计划有机衔接、密切配合，必须运用一定的程序来制订战略实施计划。

（1）计划的第一个步骤。计划过程的第一步骤主要有两个内容：一是在物流企业总部管理人员与事业部管理人员之间达成一个临时的协议；二是为第二步骤的详细计划提出重点。要完成这两个内容需要做以下工作。

首先，建立物流企业总体目标。在计划的最初阶段，物流企业的总部经理与事业部进行初步对话，共同探讨物流企业总体目标。在探讨过程中，各事业部对目标深入的范围与程度可以有不同的看法。在对话的基础上，物流企业总部为事业部经理制定本事业部的战略实施计划规定了一定的方向；然后，各事业部根据自己的战略来制定计划；最后，物流企业总部在均衡配置物流企业各项资源的基础上，阐明物流企业的总体战略。在制定计划的过程，物流企业的总体战略主要取决于其多种经营的程度。一般来讲，物流企业多种经营程度越高，总部为各事业部提出一个明确的、具有凝聚力的战略的可行性越小，只有在各事业部形成自己的战略方案以后，才能阐明物流企业的总体战略。

其次，制订事业部的战略方案。在物流企业总体目标确定以后，总部高层管理者应要求各事业部的经理制订出本事业部的战略方案，详细说明该事业部所确定的经营活动范围和目标。在计划过程中，这一工作相当重要。一个清楚的战略方案可以使各事业部更加明确自己的经营范围，减少各事业部之间相互竞争的风险。

最后，事业部的经理要向物流企业总部高层管理人员提交自己的经营目标与战略，以及贯彻实施的计划，并由物流企业总部来平衡。

（2）计划的第二步骤。计划的第二步骤包含两个内容：一是各事业部的负责人要与其职能部门的经理达成有关在今后几年里要贯彻实施计划的临时协议；二是在长期计划中，部门经理的任务取决于该事业部的经营重点。此时，事业部负责人一般只与职能部门经理达成一个临时协议，不可能明确地指出销售目标或利润目标。一方面是因为过细的计划会约束部门经理的行为，使他们失去创造性；另一方面是因为只有在物流企业总部同意了事业部的计划并给予相应的资源支持后，职能部门经理才能最后将部门计划确定下来。

由于临时协议的约束，职能部门经理的计划只能是一个简单的过程，不过，它的计划要详尽，需要更多的人来参与，保证总体战略的具体实施。当然，职能部门计划项目的范围、数量和时间都取决于目标的性质。

（3）计划的第三步骤。在第三个步骤中，事业部的工作重点是与总部再次协商，最后决定资源的分配，详细地安排资金预算。在这里值得注意的有以下几个方面。第一，资源分配一般都是非正式的过程，很大程度上取决于物流企业总部高层管理者的经济思维与物流企业当前的经营重点。如果总部与事业部之间有很好的沟通，资源分配与工作计划中一般不会出现不衔接的风险。第二，事业部的工作计划确定下来以后，总部有权为了满足下一年的经营活动或竞争的要求，将资源分配期限规定在一定的时间内（如一年），以便更灵活地运用现有的资源和潜在的资源。第三，在资源分配上，物流企业总部既要考虑满足每个事业部的要求，也需要有个通盘的安排，确保整体的平衡。

总之，大型的、多种经营的物流企业战略实施计划过程既简单又复杂。从理论上说，这一过程相当简单，但在操作上，这一过程要复杂得多，一个完美的战略实施计划只有通过训练有素的经理的创造性思维才能完成。

9.3.3 物流战略控制

在战略的具体化和实施过程中，为了使实施中的战略达到预期目的，实现既定的战略目标，必须对战略的实施进行控制。

1. 物流战略控制的过程

（1）确定评价标准。

评价标准是企业工作的规范，它用来评价战略措施或计划是否达到了战略目标的要求。一般来说，企业的战略目标是整个企业的评价标准，而在较低的组织层次上制定的个人作业目标或生产作业计划都可以成为物流战略实施的评价标准。

（2）评价工作业绩。

评价工作业绩是指将实际业绩（即控制系统的输出）与确立的评价标准相比较，找出实际活动业绩与评价标准的差距及其产生的原因。这是发现战略实施过程中是否存在问题和存在什么问题，以及为什么存在这些问题的重要阶段。

（3）反馈。

对通过工作业绩评价所发现的问题，必须针对其所产生的原因采取纠正措施，这是战略控制的目的所在。如果制定了评价标准，并对工作业绩进行了评价，但并未采取任何奖惩行动，则物流战略控制将收效甚微。当评价标准没有达到时，管理人员必须找出偏差的原因并加以纠正。

实际工作业绩与评价标准发生偏差的原因主要有以下 7 个方面：

① 战略目标脱离实际；
② 为实现战略目标而选择的战略错误；
③ 用以实施战略的组织结构错误；
④ 主管人员或作业人员不称职或玩忽职守；
⑤ 缺乏激励；
⑥ 企业内部缺乏信息沟通；
⑦ 环境压力。

2. 战略控制方法

（1）预算。

预算可能是使用最广泛的控制方法或工具。所谓预算，就是一种以财务指标或数量指标表示的有关预期成果或要求的文件。预算一方面起着如何在企业内各单位之间分配资源的作用；另一方面，它也是企业战略控制的一种方法。

（2）审计。

审计是客观地获取有关经济活动和事项的论断，通过评价弄清所得论断与标准之间的符合程度，并将结果报知有关方面的过程。审计过程着重于一个企业作出的财务论断，以及这些论断是否符合实际。

（3）个人现场观察。

这是指企业的各阶层管理人员（尤其是高层管理人员）深入到各生产经营现场，进行直接观察，从中发现问题，并采取相应的解决措施。

复习思考题

1. 物流战略管理的内容是什么？
2. 如何进行物流企业环境分析？
3. 如何进行物流战略实施？
4. 物流战略控制的方法有哪些？

案例分析

唯品会 2014 年的物流战略解析

2014 年 1 月 9 日，在"唯品会 2014 年物流供应商招商大会暨 2013 年供应商表彰大会"上，当唯品会宣布将全国物流商快递运价平均每单提升至 6.5 元，以加大物流投入的举措推动物流服务品质时，台下掌声四起。各位平日周旋于不同电商之间的物流商老总，竟然兴奋不已。因为，这个行业已经有很长一段时间经历了不为外人所知的心酸：目前不少电商对外包的物流商待遇极为苛刻，每单物流费用已经压榨到 3~4 元的水平，本着"不干就换别家"的态度对待物流商。为了生存，明知道接下来会影响用户体验，物流商也不得不硬接，形成恶性循环。像唯品会这样"逆向提价"，对物流商来说简直就是天上掉馅饼的"特大利好"！

逆向提价，唯品会图什么？

对于此次为物流商提价政策，唯品会高级副总裁唐倚智表示："上涨的成本不会转嫁到消费者身上而是由唯品会承担。对我们而言这是值得的，因为这将换来优质的物流商服务，换来优质的用户体验与口碑，最终换来营业额的增长，回报远远高于现在多付出的成本。在完善'最后一公里'布局的同时，我们也在全国建立密集的仓储基地，整合调配资源，打通电商上下游，提升用户体验，这是唯品会物流链的终极目标。"

来自湖北的一家物流承运商负责人表示："受益于唯品会的物流生态圈共生战略，在运送各大电商的订单时，我们更愿意配送唯品会的客户订单，会对它们优先处理。"无疑，来自物流承运商的心声道出了唯品会此举的意图——让客户成为此次提价的"赢家"。

事实上这不是唯品会第一次对物流承运商主动提价，在过去几个月中，唯品会已经频频为落地配、快递市场而出招：2013年6月，唯品会成为首家与物流商共进退的物流企业，在整体电商行业将物流快递每单费用压低至3～4元的时候，依然宣布快递价位不低于每单6元。11月再次让利实行税点补贴政策，提升物流商的抗风险能力……为了让合作的物流商继续以最大的热情和诚意配送唯品会的客户订单，唯品会还推出了12个承诺作为回馈，包括签订长期合作协议，提供资金融资周转、保证单量倾斜，代理地区广告等。一系列组合拳的背后，都清清楚楚地说明了唯品会的态度——要与物流配送商共赢，给足政策，给足资源，给足资金，各位合作伙伴做得越好，赚得越多，客户的体验也就越好，而这最终必然落到更高的复购率和客户忠诚度上。不得不说，唯品会运筹帷幄下了一盘深谋远虑的棋。

耐人寻味的是，唯品会并非是外行人看热闹般认为的那样——"是花钱收买人心赚吆喝的'土豪'"，实际上，各地物流商要进入唯品会的物流体系中，不仅有7大考核指标需要满足，更要遵守唯品会定下的详细客户服务指引守则，例如，北上广成等一线城市次日达，承诺送货到门口，承诺退货上门取货，承诺7天无条件退货并补贴运费……甚至连快递员送货上楼、礼貌对待收件客户、与收件客户的交流态度等服务细节也进行了明确的要求。

用一句话可以概括：想成为唯品会的物流供应商，请务必让唯品会的4 000万会员享受到包含快递到家在内的舒心、尊贵的服务体验。

然而，物流好比接力赛，要让最终一棒的地方物流配送商顺利跑完最后一公里的同时，还能领先其他对手，这就不仅是直接逆向提价补贴这么简单了，还切切实实地包含着仓储覆盖、仓库供应管理、运输配送管理信息化控制和仓储物流技术开发等方面的整体配合。目前唯品会已经投资16亿元，在湖北购入1 000多亩土地；在肇庆投入10亿元购入800多亩土地，筹建当地规模最大的物流中心。除此以外，唯品会还与全球知名的仓储企业普洛斯等跨国公司合作，解决仓储需求。在仓储的系统开发上，唯品会有200多人的物流技术团队。在MA系统的基础上，研发仓储平台系统……所有这一切条件，都为了能够在干线上尽快把货物分发到顾客所在地的物流配送商手中。

毕竟，唯有顾客说了算，唯有专注执着、眼光长远方能论成败。

思考题
1. 在电子商务条件下，企业竞争环境发生了哪些变化？
2. 试分析唯品会的物流发展战略带给众多电商企业的启示。

第 10 章 物流成本管理

【本章结构图】

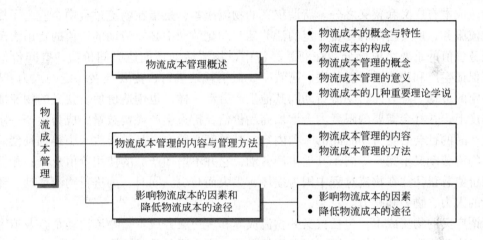

【学习目标】

通过本章的学习,你将能够:

1. 掌握物流成本的概念及特性;
2. 掌握物流成本的构成;
3. 了解物流成本的相关理论学说;
4. 掌握物流成本管理的内容与方法;
5. 掌握影响物流成本的因素;
6. 了解降低物流成本的途径。

10.1 物流成本管理概述

10.1.1 物流成本的概念与特性

1. 物流成本的概念

根据我国国家标准《企业物流成本构成与计算》（GB/T 20523—2006），物流成本是物流活动中所消耗的物化劳动和活劳动的货币表现。即产品在包装、运输、储存、装卸搬运、流通加工、物流信息、物流管理等过程中所耗费的人力、物力和财力的总和，以及与存货有关的资金占用成本、存货风险成本和存货保险成本。

物流成本有广义和狭义之分。所谓狭义的物流成本，是指在物流过程中企业为了提供有关的物流服务，所要占用和耗费一定的活劳动和物化劳动中必要劳动的价值的货币表现，是物流服务价值的重要组成部分。在商品经济中，物流活动是创造时间价值、空间价值的过程，要保证生产和物流活动有秩序、高效率、低消耗地进行，需要耗费一定的人力和物力，投入一定的劳动。一方面，物流劳动同其他生产劳动一样，也创造价值，狭义的物流成本在一定程度上，在社会需要的限度内会增加商品价值，扩大生产耗费数量，成为生产一定种类及数量产品的社会必要劳动时间的一项内容，其总额必须在产品销售收入中得到补偿。另一方面，物流劳动又不完全等同于其他生产劳动，它并不增加产品的使用价值总量；相反，产品使用价值总量往往在物流过程中因为损坏、丢失而减少。同时，为进行物流活动，还要投入大量的人力、物力和财力。

所谓广义的物流成本，包括狭义的物流成本和客户服务成本。物流活动是企业追求客户满意、提高客户服务水平的关键因素和重要保障。客户服务是连接和统一所有物流管理活动的重要方面。物流系统的每一个组成部分都会影响顾客是否在适当的时间、适当的地点、以适当的条件收到适当的产品。现实中常有企业因为物流服务水平低，造成客户不满意，而失去现有客户与潜在客户。这种情况所带来的损失，就是客户服务成本。本章所指的"物流成本"一词为其狭义概念。

2. 物流成本的特性

从物流实践角度来看，物流成本反映出来的特征主要有以下9个方面。

（1）背反性。

背反性（trade off）又叫交替损益性，是指系统中一个要素的改变，会影响到另一个或几个要素的变化，要素之间处于相互联系和影响的关系之中。美国营销专家菲利普·科特勒指出：物流的目的必须引进投入与产出的系统效率概念，即把物流看成是由多个效益背反的要素构成的系统。背反性要求必须将各功能要素有机联系起来，从整体上理解和管理物流，追求总成本最低。在企业物流系统中，与成本相关的交替损益性有着非常广泛的表现。典型的有物流成本与物流服务水平之间的交替损益关系和各物流功能成本之间的交替损益关系。

（2）系统性。

企业物流成本虽然是各个功能活动成本总和，产生于企业从事物流活动所耗费的资源,但物流总成本不是各子系统成本的简单相加,而是一个相互联系、相互影响的整体,具有系统性,贯穿企业的整个核心制造业务的始终。从系统观点来看,物流成本虽然分布于企业的各个职能部门活动之中,但实际上是采购、生产、销售等子系统的物流成本相互制约、博弈均衡的结果。由于存在效益背反性,所以从系统的角度看,单独强调单个职能子系统成本的降低,只能带来局部效益,并不一定能保证系统运行总成本的降低。因此,对物流成本的管理必须站在整体的角度,通过对系统运行的协调和配合,才能降低总成本,达到优化目的。

(3) 分散性。

物流成本的产生并不单纯集中在某个或几个职能部门,而是涉及企业的全部经营活动,包括采购、生产、销售、配送以及其他的相关部门,呈现出比较分散的态势。正是由于这种分散性,导致人们对其认识比较模糊、也不全面。另外,企业在以产品为中心的财务会计处理中,往往将涉及物流活动所发生的支出作为企业的期间费用进行处理,进一步分散了企业物流成本构成,同时也掩盖了物流活动所发生的成本之间的相互关系及其实质,造成人们对物流成本的认识偏差。

(4) 隐蔽性。

物流成本的隐蔽性是指物流成本费用项目未单独列支,而是隐含在其他费用项目中,使企业难以正确把握实际物流成本的现象。物流成本隐蔽性主要有以下 3 点原因:一是由于物流活动分散在企业的各个功能部门之中,物流成本的计算范围太大,计算环节、对象和种类多,不易被人们清楚地认识和理解。二是由于现存的会计制度都是以产品为核心进行成本核算,将物流活动发生的成本归入各职能部门,如采购物流成本被计入原材料成本、生产物流成本被计入加工费用等,没有专门的物流成本归集项目,导致人们认识不全面。而现行企业财务会计中所记载的运输、保管等相关物流费用,只是物流成本中很小的一部分。因而在损益表中所能看到的企业物流成本在整个销售额中只占极小的比重,还有大量的企业物流成本被现存的会计记账方法所掩盖,这就给人们全面认识企业物流成本带来很大的难度。三是由于迄今为止还没有找到普遍接受的物流成本核算的方法标准,用不同的核算方法核算同一企业的物流成本差别很大,对物流成本的统计有分歧、不完整,这也模糊了人们的认识。

(5) 核算标准不统一。

从成本核算角度看企业物流系统成本的计算要素难以确定,标准不统一,如物流基础设施建设费和企业自营物流费用目前都没有列入物流会计科目内。其原因主要是由于企业物流系统成本的计算范围太大,涉及的部门多,牵涉的面也很广;还由于企业物流系统成本的计算对象和内容难以确定,特别是本企业内部发生的物流费用不易全面归集,而混合在生产等其他系统中的物流成本更是难以分离;还有些成本具有隐性成本的性质,不易发现和认识,不同类型的企业对物流隐性成本的核算标准也不一样,要素的权重也不同。另外,在物流成本的分配方面,也没有统一的标准,有按工时分配的,也有按作业分配的,差别很大,缺乏可比性。

(6) 战略性。

物流成本的大小往往与企业所实施的战略有关,受企业战略影响大。例如,零库存战略的实施将极大地影响企业物流成本。尽管消灭了不必要的库存,但订单处理、配送运输等环节的支出将明显改变。同时，物流成本又反作用于企业的经营战略，企业在制定有关战略时必须考虑物流成本的制约因素。如小批量生产、个性化需求的满足必须以增加物流成本为前提，如果该战略带来的收益抵不上物流成本的增加，则不宜实施。再如市场营销战略与物流成本更是密切相关，营销模式的选择、营销区域的划分等都要充分考虑物流成本的影响。

(7) 行业相关性。

物流成本的产生主要是由于物质资料的物理流动引起的，而不同行业的物资流动方式、特点等都不一样，因而产生的成本也就存在较大的差异。如工业制成品与农产品物流相比，无论运输、仓储，还是装卸、加工等都存在很大的区别，其成本的发生也就相去甚远。另外，隐性物流成本与行业联系更加紧密，特别是现代市场的竞争激烈，往往要求物流步伐加快，时间缩短。如电子数码类产品物流，稍有疏忽就可能发生贬值等隐性物流成本，甚至由于物流不及时而导致企业市场的全面损失。所以，物流成本与企业所处的行业密切相关，不同行业的企业在制定战略时要充分考虑物流成本可能带来的影响。

(8) 独特性。

由于每个企业在战略规划、经营理念、所处行业及区域、资源结构、产品特点、市场范围等方面都存在一定的差异性，因此企业的物流运作差别很大，物流服务能力有别，物流成本大小及构成也就不一样。如物流战略方面，有的企业注重降低库存，有些企业却关注供应链协调；在物流运作方面，有大批量作业、柔性制造等。因此，即便是两个企业的物流成本总额相等，其总成本的具体构成也必然存在差异性。

(9) 削减的乘数效应。

所谓乘数效应（multiplier effect），是指由于自变量改变而导致因变量最终呈倍数剧烈变动的各种现象。企业物流系统成本削减的乘数效应是指物流系统成本的节约，等价于企业总收入的倍数增加。如某企业的年销售额为 5 000 万元，利润率为 8%，即利润为 400 万元，总成本为 4 600 万元。现假定企业改进了企业物流系统的运作，使得物流成本降低了 40 万元，这就意味着企业直接增加了 40 万元的利润。按照该企业 8% 利润率水平，企业需增加 500 万元销售额才能够获得同等的利润增加额。因此，对企业的利润增长来说，该企业物流系统成本降低 40 万元，等效于企业销售额增加 500 万元。

10.1.2　物流成本的构成

根据国家标准《企业物流成本构成与计算》（GB/T 20523—2006），物流成本的构成包括物流成本项目构成、物流成本范围构成和物流成本支付形态构成。

1. 物流成本项目构成

按成本项目划分，物流成本由物流功能成本和存货相关成本构成。其中物流功能成本包括物流活动过程中所发生的包装成本、运输成本、仓储成本、装卸搬运成本、流通加工成本、物流信息成本和物流管理成本；存货相关成本包括企业在物流活动过程中所发生的与存货有关的资金占用成本、物品损耗成本、保险和税收成本。具体内容如表 10-1 所示。

第10章 物流成本管理

表10-1 企业物流成本项目构成表

	成本项目	内容说明
物流功能成本	运输成本	一定时期内，企业为完成货物运输业务而发生的全部费用，包括从事货物运输业务的人员费用、车辆（包括其他运输工具）的燃料费、折旧费、维修保养费、租赁费、养路费、过路费、年检费、事故损失费、相关税金等
	仓储成本	一定时期内，企业为完成货物储存业务而发生的全部费用，包括仓储业务人员费用，仓储设施的折旧费、维修保养费，水电费、燃料与动力消耗等
	包装成本	一定时期内，企业为完成货物包装业务而发生的全部费用，包括包装业务人员费用，包装材料消耗，包装设施折旧费、维修保养费，包装技术设计、实施费用及包装标记的设计、印刷等辅助费用
	装卸搬运成本	一定时期内，企业为完成装卸搬运业务而发生的全部费用，包括装卸搬运业务人员费用，装卸搬运设施折旧费、维修保养费、燃料与动力消耗等
	流通加工成本	一定时期内，企业为完成货物流通加工业务而发生的全部费用，包括流通加工业务人员费用，流通加工材料消耗，加工设施折旧费、维修保养费，燃料与动力消耗费等
物流功能成本	物流信息成本	一定时期内，企业为采集、传输、处理物流信息而发生的全部费用，指与订货处理、储存管理、客户服务有关的费用，具体包括物流信息人员费用，软硬件折旧费、维护保养费，通信费等
	物流管理成本	一定时期内，企业物流管理部门及物流作业现场所发生的管理费用，具体包括管理人员费用、差旅费、办公费、会议费等
存货相关成本	资金占用成本	一定时期内，企业在物流活动过程中负债融资所发生的利息支出（显性成本）和占用内部资金所发生的机会成本（隐性成本）
	物品损耗成本	一定时期内，企业在物流活动过程中所发生的物品跌价、损耗、毁损、盘亏等损失
	保险和税收成本	一定时期内，企业支付的与存货相关的财产保险费及因购进和销售物品应交纳的税金支出

2. 物流成本范围构成

按物流成本产生的范围划分，物流成本由供应物流成本、企业内物流成本、销售物流成本、回收物流成本及废弃物物流成本构成。具体内容如表10-2所示。

表10-2 企业物流成本范围构成表

成本范围	内容说明
供应物流成本	指经过采购活动，将企业所需原材料（生产资料）从供给者的仓库运回企业仓库为止的物流过程中所发生的物流费用
企业内物流成本	指从原材料进入企业仓库开始，经过出库、制造形成产品及产品进入成品库，直到产品从成品库出库为止的物流过程中所发生的物流费用
销售物流成本	指为了进行销售，产品从成品仓库运动开始，经过流通环节的加工制造，直到运输至中间商的仓库或消费者手中的物流活动过程中所发生的物流费用

续表

成本范围	内容说明
回收物流成本	指退货、返修物品和周转使用的包装容器等从需方返回供方的物流活动过程中所发生的物流费用
废弃物物流成本	指将经济活动中失去原有使用价值的物品,根据实际需要进行收集、分类、加工、包装、搬运、储存等,并分送到专门处理场所的物流活动过程中所发生的物流费用

3. 物流成本支付形态构成

按物流成本支付形态划分,企业物流总成本由委托物流成本和内部物流成本构成。其中内部物流成本按支付形态分为材料费、人工费、维护费、一般经费和特别经费。具体内容如表10-3所示。

表10-3 企业物流成本支付形态构成表

成本支付形态		内容说明
企业内部物流成本	材料费	资材费、工具费、器具费等
	人工费	工资、福利、奖金、津贴、补贴、住房公积金等
	维护费	土地、建筑物及各类物流设施设备的折旧费、维护维修费、租赁费、保险费、税金、燃料与动力消耗费等
	一般经费	办公费、差旅费、会议费、通信费、水电费、煤气费等
	特别经费	存货资金占用费、物品损耗费、存货保险费和税费
委托物流成本		企业向外部物流机构所支付的各项费用

10.1.3 物流成本管理的概念

物流成本管理就是通过成本去管理物流,即以成本为手段的物流管理方法。目前,由于物流还是一个比较新兴的行业,对物流成本管理的研究,在我国还处于起步的初级阶段。物流成本管理至今还没有一个公认的概念。

从物流成本管理的内容上看,物流成本管理是以物流成本信息的产生和利用为基础,按照物流成本最优化的要求有组织地进行预测、决策、计划、控制、分析和考核等的科学管理活动。然而,需要指出的是,在实践中,在计算物流成本时,人们常常将物流成本的计算误以为是物流成本管理,只看到了成本计算的结果,而忽视了成本的管理过程。物流成本管理不单是一项具体的可操作的成本计算任务,也不仅仅是对物流成本进行管理,而是通过成本去管理物流,即通过利用各种管理工具对物流成本进行预测、计划、控制等,在既定的服务水平上达到降低物流成本的目的。

10.1.4 物流成本管理的意义

物流成本管理是企业物流管理的核心,为此,所有国家都在谋求降低物流成本的途径。同样,我国理论界与实业界也开始致力于这方面的研究。实行物流成本管理,对国家与企业都具有非常重要的现实意义。在经济全球化浪潮的冲击下,中国经济持续发展,国际化进程进一步加快。物流成本占GDP的比重已成为衡量一个国家物流业发展水平的重要指标。国内外物流发展的经验表明,物流发展与一个国家的经济总量成正比,与一个国家的经济发展水平成正比,经济增长越快对物流的依赖程度也就越高。美国是现代物流业的发源地,其物流总成本占 GDP 的比重自 1991 年以来基本保持在 10%以下,而同期我国社会物流总成本占 GDP 的比重一直在 18%~19%徘徊,见图 10-1[①]。很显然,我国的物流成本管理水平还很低,同时也说明我国物流成本下降的潜力很大。

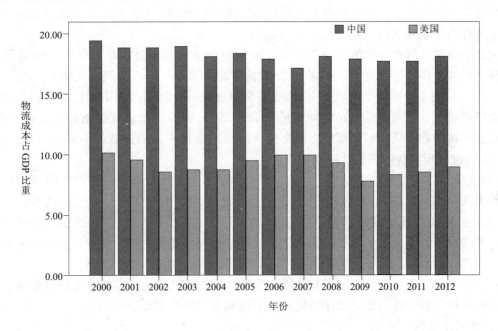

图 10-1　2000—2012 年中美物流成本占 GDP 比重比较

物流成本管理的意义在于,通过对物流成本的有效把握,利用物流要素之间的效益背反关系,科学、合理地组织物流活动,加强对物流活动过程中费用支出的有效控制,降低物流活动中物化劳动和活劳动的消耗,从而达到降低物流总成本、提高企业和社会经济效益的目的。

从微观经济效益角度观察,由于物流成本在产品成本中占有很大比重,在其他条件不变的情况下,降低物流成本意味着扩大了企业的利润空间,提高了利润水平;物流成本的降低,意味着增强企业在产品价格方面的竞争优势,企业可以利用相对低廉的价格在市场上出售自己的产品,从而提高产品的市场竞争力,扩大销售,并以此为企业带来更多利润。

从宏观经济效益角度观察,如果全行业的物流效率普遍提高,物流费用平均水平降低到一个新的水平,那么,该行业在国际上的竞争力将会得到增强;全行业物流成本的普遍下降,将会对产品的价格产生影响,导致物价相对下降,这有利于保持消费物价的稳定,相对提高国民的购买力;物流成本的下降,对于全社会而言,意味着创造同等数量的财富,在物流领域所消耗的物化劳动和活劳动的节约。

---

① 中国物流信息中心. 2006 年上半年中国物流运作情况分析. 中国物流与采购, 2006 (17).

10.1.5 物流成本的几种重要理论学说

1. "黑大陆"学说

在财务会计中把企业的营运生产费用大致划分为生产成本、管理费用、营业费用、财务费用和营业外费用,然后再把营业费用按各种支付形态进行分类。这样,在损益表中所能看到的物流成本在整个销售额中只占很小的比重,因此物流的重要性当然不会被认识到,这就是物流被称为"黑暗大陆"的原因。

由于物流成本管理存在的问题及有效管理对企业盈利和发展的重要作用,1962年著名的管理学权威彼得·德鲁克在《财富》杂志上发表了题为《经济的黑色大陆》一文,他将物流比作"一块未开垦的处女地",强调应高度重视流通及流通过程中的物流管理。彼得·德鲁克曾经讲过:"流通是经济领域里的黑暗大陆"。彼得·德鲁克泛指的是流通。但是,由于流通领域中物流活动的模糊性尤其突出,是流通领域中人们更认识不清的领域,所以,"黑大陆"说法现在转向主要针对物流而言。

"黑大陆"主要是指尚未认识、尚未了解的领域。如果通过理论研究和实践探索照亮了这块黑大陆,那么摆在人们面前的可能是一片不毛之地,也可能是一片宝藏之地。"黑大陆"学说是对20世纪中经济学界存在的愚昧认识的一种批驳和反对,指出在市场经济繁荣和发达的情况下,无论是科学技术还是经济发展,都没有止境。"黑大陆"学说也是对物流本身的正确评价,即这个领域未知的东西还有很多,理论与实践皆不成熟。

从某种意义上看,"黑大陆"学说是一种未来学的研究结论,是战略分析的结论,带有较强的哲学抽象性,这一学说对于研究这一领域起到了启迪和动员作用。

2. 物流冰山说

物流冰山说是日本早稻田大学西泽修教授提出来的,他潜心研究物流成本时发现,人们对物流费用的总体内容并不掌握,提起物流费用大家只看到露出海面的冰山的一角,而潜藏在海水下面的冰山主体却看不见,海水中的冰山才是物流费用的主要部分。一般情况下,企业会计科目中,只把支付给外部运输企业、仓库企业的费用列入成本,实际这些费用在整个物流费用中犹如冰山的一角,因为物流基础设施建设费、企业利用自己的车辆运输、利用自己的库存保管货物、由自己的工人进行包装、装卸等费用都没计入物流费用科目内。一般来说,企业向外部支付的物流费是很小的一部分,真正的大头是企业内部发生的各种物流费用。基于这个现实,日本物流成本计算的权威早稻田大学教授西泽修先生提出了"物流冰山"说。

西泽修教授用物流成本具体分析了彼得·德鲁克的"黑大陆"学说后指出:事实证明,物流领域的方方面面对于我们而言还是不清楚的,在"黑大陆"中和"冰山"的水下部分正是物流尚待开发的领域,也正是物流的潜力所在。如果把决算表中记载的物流费用只认为是公司外部支付的部分,把它误解为"冰山全貌",忽略物流成本管理,企业就会面临险境。只有对物流成本进行全面计算,才能够揭示混在有关费用中的那部分物流成本,并会为其巨大的金额而感到惊讶。

根据物流冰山理论,要把隐藏在水面下的物流成本全部核算出来是不可能的。传统的会计体系不仅不能提供足够的物流成本分摊数据,而且也认为没有这个必要。理论研究与实践管理毕竟是有所区别的,在企业物流管理实践中,不可能为了建立物流独立核算体系而破坏其他若干成熟的财务会计核算体系，实际上真正需要纳入管理的是有影响的数据。

3．"第三利润源"说

"第三利润源"的说法是西泽修教授1970年提出的。

从历史发展来看，人类历史上曾经有过两个大量提供利润的领域。第一个是资源领域，第二个是人力领域。在前两个利润源潜力越来越小、利润开拓越来越困难的情况下，物流领域的潜力被人们所重视，按时间序列排为"第三利润源"。这3个利润源着重开发生产力的3个不同要素：第一利润源的挖掘对象是生产力中的劳动对象；第二利润源的挖掘对象是生产力中的劳动者；第三利润源的挖掘对象则是生产力中劳动工具的潜力，同时注重劳动对象与劳动者的潜力，因而更具全面性。

第三利润源，是对物流潜力及效益的描述。经过半个世纪的探索，人们已肯定"黑大陆"虽不清楚，但绝不是不毛之地，而是一片富饶之源。尤其经历了1973年石油危机的考验后，物流已牢牢树立了自己的发展地位。

第三利润源的理论最初认识是基于以下4个方面。

（1）物流是可以完全从流通中分化出来的，自成体系，有目标，有管理，因而能进行独立的总体判断。

（2）物流和其他独立的经济活动一样，它不是总体的成本构成因素，而是单独盈利因素，物流可以成为"利润中心"。

（3）从物流服务角度看，通过有效的物流服务，可以给接受物流服务的生产企业创造更好的盈利机会，成为生产企业的"第三利润源"。

（4）通过有效的物流服务，可以优化社会经济系统和整个国民经济的运行，降低整个社会的运行成本，提高国民经济总效益。

经济界的一般理解，是从物流可以创造微观经济效益方面来看待"第三利润源"的。

4．效益背反理论

"效益背反"，又称为"二律背反"。这一术语表明两个相互排斥而又被认为是同样正确的命题之间的矛盾。"效益背反"是物流领域中很普遍的现象，是物流领域中内部矛盾的反映和表现。这是一个此消彼长、此盈彼亏的现象，虽然在许多领域中这种现象都是存在的，但在物流领域中，这个问题似乎尤为严重。"效益背反"理论指的是物流的若干功能要素之间存在损益矛盾，即某一功能要素的优化和利益发生的同时，必然会存在另一个或几个功能要素的利益损失，反之也如此。

物流系统的效益背反包括物流成本与服务水平的效益背反和物流各功能活动的效益背反。

1）物流成本与物流服务水平的效益背反

高水平的物流服务是有高水平的物流成本做保证的。在没有较大的技术进步的情况下，企业物流很难做到既提高物流服务水平，同时也降低物流成本。一般来讲，提高物流服务，物流成本便会上升，两者之间存在效益背反，而且，物流服务水平与物流成本之间并非呈线性关系，即投入相同的物流成本并非可以得到相同的物流服务增长，如图10-2所示。

由图10-2可以看出，物流服务如处于较低水平，追加物流成本ΔX，物流服务水平可

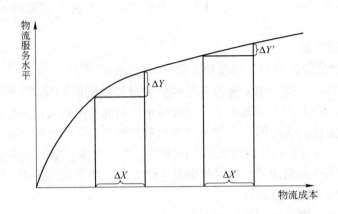

图 10-2　物流成本与物流服务水平关系图

上升 ΔY；如物流服务处于较高水平，同样追加物流成本 ΔX，物流服务水平上升 $\Delta Y'$，但 $\Delta Y' < \Delta Y$。

2）物流各功能活动的效益背反

现代物流是由运输、包装、仓储、装卸搬运及配送等物流活动组成的集合。物流的各项活动处于这样一个相互矛盾的系统中，即要想较多地达到某个方面的目的，必然会使另外一些方面的目的受到一定的损失，这便是物流各功能活动的效益背反。

例如，减少物流网络中仓库的数目并减少库存，必然会使库存补充变得频繁而增加运输的次数，这样降低了库存成本，却使运输成本增加。再如包装问题，包装方面每少花一分钱，这一分钱就必然转到收益上来，包装越省，利润则越高。但是，一旦商品进入流通之后，如果简单的包装降低了产品的防护效果，造成了大量损失，就会造成储存、装卸、运输功能要素的工作劣化和效益大减。显然，包装活动的效益是以其他功能要素的损失为代价的。我国流通领域每年因包装不善出现的上百亿的商品损失，就是这种"效益背反"的实证。

所有这些都表明，在设计物流系统时要综合考虑各方面因素的影响，使整个物流系统达到最优。

5. 其他物流成本学说

除了上述较有影响的物流成本理论学说之外，还有一些物流成本学说在物流学界广为流传。

（1）成本中心说。

成本中心说的含义是物流在整个企业战略中，只对企业营销活动的成本发生影响。物流是企业成本的重要产生点，因而解决物流的问题，并不只是搞合理化、现代化，不只是为了支持保障其他活动，重要的是通过物流管理和物流的一系列活动降低成本。所以，成本中心既是指主要成本的产生点，又是指降低成本的关注点，物流是"降低成本的宝库"等说法正是这种认识的形象表述。

（2）利润中心说。

利润中心说的含义是物流可以为企业提供大量直接和间接的利润，是形成企业经营利润的主要活动。非但如此，对国民经济而言，物流也是国民经济中创利的主要活动。物流的这一作用，被表述为"第三利润源"。

（3）服务中心说。

服务中心说代表了美国和欧洲等一些国家学者对物流的认识。这种认识认为，物流活动最大的作用，并不在于为企业节约了消耗，降低了成本或增加了利润，而是在于提高企业对用户的服务水平进而提高了企业的竞争能力。因此，他们在使用描述物流的词汇上选择了"后勤"一词，特别强调其服务保障的职能。通过物流的服务保障，企业以其整体能力来压缩成本、增加利润。

（4）战略说。

战略说是当前非常盛行的说法，实际上学术界和产业界越来越多的人已逐渐认识到，物流更具有战略性，是企业发展的战略而不是一项具体的操作性任务。应该说这种看法把物流放在了很高的位置，企业战略是什么呢？是生存和发展。物流会影响企业总体的生存和发展，而不是在哪个环节搞得合理一些，省了几个钱。因此，物流管理日益受到企业的重视，被纳入到企业战略管理的范围，甚至成为企业发展的基石。

10.2　物流成本管理的内容与管理方法

10.2.1　物流成本管理的内容

物流成本管理的内容具体包括以下 6 个方面。

（1）物流成本预测。

物流成本预测是根据有关成本数据和企业的具体发展情况，运用一定的技术方法，对未来的成本水平及其变动趋势作出科学的估计。物流成本预测是物流成本决策、物流成本预算和物流成本控制的基础，可以提高物流成本管理的科学性和预见性。在物流成本管理的许多环节都存在成本预测问题，如仓储环节的库存预测、流通环节的加工预测、运输环节的货物周转量预测等。

（2）物流成本决策。

物流成本决策是在物流成本预测的基础上，结合其他有关资料，运用一定的科学方法，从若干个方案中选择一个满意的方案的过程。从物流整个流程来看，有配送中心新建、改建、扩建的决策；装卸搬运设备、设施购置的决策；流通加工合理下料的决策等。进行物流成本决策，确定目标成本是编制物流成本预算的前提，也是实现成本的事前控制、提高经济效益的重要途径。

（3）物流成本预算。

物流成本预算是根据物流成本决策所确定的方案、预算期的物流作业任务、降低物流成本的要求及有关资料，通过一定的程序，运用一定的方法，以货币形式规定预算期物流各环节耗费水平和成本水平，并提出保证成本预算顺利实现所采取的措施。通过物流成本预算管理，可以在降低物流各环节成本方面给企业提出明确的目标，推动企业加强物流成本管理责任制，增强企业的物流成本意识，控制物流环节费用，挖掘降低物流成本的潜力，保证企业降低物流成本目标的实现。

(4) 物流成本控制。

物流成本控制是根据预算目标，对物流成本形成、发生过程及影响物流成本各种因素和条件加以主动的影响，以保证实现物流成本预算完成的一种行为。从企业生产经营过程来看，物流成本控制包括事前控制、事中控制和事后控制。物流成本事前控制是整个物流成本控制中最重要的环节，它直接影响以后各物流作业流程成本的高低。物流成本事前控制活动主要有物流配送中心的建设控制，物流设施、设备的配备控制，物流作业过程改进控制等。物流成本的事中控制是对物流作业过程实际劳动耗费的控制，包括设备耗费的控制、人工耗费的控制、劳动工具耗费和其他费用支出的控制等方面。物流成本的事后控制是通过定期对过去某一段时间成本控制的总结、反馈来控制成本。通过成本控制，可以及时发现存在的问题，采取纠正措施，保证物流成本目标的完成和实现。

(5) 物流成本核算。

物流成本核算是根据企业确定的成本计算对象，采用相适应的成本计算方法，按规定的成本项目，通过一系列的物流费用汇集与分配，从而计算出各物流活动成本计算对象的实际总成本和单位成本。通过物流成本计算，可以如实反映生产经营过程中的实际耗费，同时，也是对各种物流费用实际支出的控制过程。

(6) 物流成本分析。

物流成本分析是在物流成本核算及其他有关资料的基础上，运用一定的方法，揭示物流成本水平变动的原因，进一步查明影响物流成本变动的各种因素。通过物流成本分析，可以提出积极的建议，采取有效的措施，合理地控制物流成本。

上述各项物流成本管理活动的内容是相互配合、相互依存的一个有机整体。物流成本预测是物流成本决策的前提，物流成本预算是物流成本决策所确定目标的具体化，物流成本控制是对物流成本预算的实施进行监督，以保证目标的实现，物流成本核算与分析是对目标是否能实现的检验。

10.2.2 物流成本管理的方法

物流成本管理的方法主要有3类：物流成本横向管理法、物流成本纵向管理法和计算机管理系统管理法。

1. 物流成本横向管理法

1）物流成本预测和计划

物流成本预测是在编制物流计划以前进行的，它是对本年度物流成本进行分析，充分挖掘降低物流成本的潜力，寻求降低物流成本的有关技术经济措施，以保证物流成本计划的先进性和可靠性。物流成本有月度计划、季度计划、年度计划和短期计划（半年或一年）、中期计划（三年）、长期计划（五年或十年）等计划体系。

2）物流成本计算

根据国家标准《企业物流成本构成与计算》(GB/T 20523—2006)，物流成本计算以物流成本项目、物流成本范围和物流成本支付形态三个维度作为成本计算对象。基本思路如下所述。

(1) 可从现行成本核算体系中予以分离的物流成本。对于现行成本核算体系中已经反映但分散于各会计科目之中的物流成本，企业在按照会计制度的要求进行正常成本核算的同时，可根据本企业实际情况，选择在期中同步登记相关物流成本辅助账户，通过账外核算得到物流成本资料；或在期末（月末、季末、年末）通过对成本费用类科目再次进行归类整理，从中分离出物流成本。计算步骤简单介绍如下。

第一步，设置物流成本辅助账户，按物流成本项目设置运输成本、仓储成本、包装成本、装卸搬运成本、流通加工成本、物流信息成本、物流管理成本、资金占用成本、物品损耗成本、保险和税收成本二级账户，并按物流成本范围设置供应物流成本、企业内物流成本、销售物流成本、回收物流成本和废弃物流成本三级账户，对于内部物流成本，还应按费用支付形态设置材料费、人工费、维护费、一般经费、特别经费费用专栏。上述物流成本二级账户、三级账户及费用专栏设置次序，企业可根据实际情况选择。

第二步，对企业会计核算的全部成本费用科目包括管理费用、营业费用、财务费用、生产成本、制造费用、其他业务支出、营业外支出、材料采购、应交税金等科目及明细项目逐一进行分析，确认物流成本的内容。

第三步，对于应计入物流成本的内容，企业可根据本企业实际情况，选择在期中与会计核算同步登记物流成本辅助账户及相应的二级账户、三级账户和费用专栏，或在期末（月末、季末、年末）集中归集物流成本，分别反映出按物流成本项目、物流成本范围和物流成本支付形态作为归集动因的物流成本数额。

第四步，期末（月末、季末、年末）汇总计算物流成本辅助账户及相应的二级、三级账户和费用专栏成本数额。

（2）无法从现行成本核算体系中予以分离的物流成本。对于现行成本核算体系中没有反映但应计入物流成本的费用，即存货占用自有资金所产生的机会成本，根据有关存货统计资料按规定的公式计算物流成本。物流成本计算的步骤简单介绍如下。

第一步，期末（月末、季末、年末）对存货按在途和在库两种形态分别统计出账面余额。

第二步，按照公式——存货资金占用成本＝存货账面价值×企业内部收益率（或一年期银行贷款利率）——计算出存货占用自有资金所产生的机会成本，并按供应物流、企业内物流和销售物流分别予以反映。

第三步，根据计算结果，汇总计算存货占用自有资金所产生的机会成本。

3）物流成本控制

物流成本控制的基本内容如下所述。

（1）运输费用控制。运输费用是承运单位向客户提供运输劳务所耗费的费用。运输费用占物流费用比重较大，据日本通产省对六大类货物物流成本的调查结果表明，运输成本占总物流成本的40%左右，是影响物流费用的重要因素。控制方式有：加强运输的经济核算；防止运输过程中的差错事故；做到安全运输等。

（2）储存费用控制。储存费用是指物资在储存过程中所需要的费用。控制方式主要是加强仓储各种费用的核算和管理。

（3）装卸搬运费用控制。装卸搬运活动是衔接物流各环节活动正常进行的关键，它渗透于物流的各个领域。装卸搬运费是物资在装卸搬运过程中所支出费用的总和。控制方式有对装卸搬运设备的合理选择；防止机械设备的无效作业、合理规划装卸方式和装卸作业过程。例如，减少装卸次数、缩短操作距离等。

(4) 包装费用控制。包装起着保护产品、方便储运、促进销售的作用。据统计，包装费用约占全部物流费用的10%，有些商品特别是生活用品，包装费用高达50%。控制方式有选择包装材料时要进行经济分析；运用成本核算降低包装费用，如包装的回收和旧包装的再利用；实现包装尺寸的标准化、包装作业的机械化；有条件时组织散装物流等。

(5) 流通加工费用控制。在物资进入流通领域以后，按照用户的要求进行一定的加工活动，称为流通加工。由此而支付的费用为流通加工费用。控制方式有合理确定流通加工的方式；合理确定加工能力；加强流通加工的生产管理；制定反映流通加工特征的经济指标等。

4) 物流成本分析

通过物流成本分析找差距、查原因、研究成本的真实情况，借以揭露物流环节中的主要矛盾，挖掘企业的潜在力量，寻求克服薄弱环节的途径，提出降低物流成本的具体措施，以保证物流成本的不断降低。物流成本分析的方法是多种多样的，具体采用哪种方法，要根据其目的、物流特点和所掌握资料的性质与内容而确定。常用的方法主要有指标对比分析法和因素分析法等。

5) 物流成本信息反馈

对在物流过程中所发生的有关成本方面的各种资料和数据进行收集、整理、汇总，传输给有关领导和部门，通过分析研究其反馈作用，进行决策。再根据其决策，进行预测和计划，把信息传输出给有关部门，以便进一步对物流过程实行管理。

6) 物流成本决策

物流成本决策是企业领导部门根据物流成本信息所得到的反馈结果而作的决策。物流成本决策是以物流成本数据为依据，结合其他技术、经济因素进行研究、分析，决定采取的行动方针，并进行可行性分析，然后选择最佳方案。

2. 物流成本纵向管理法

物流成本纵向管理，也就是物流过程的优化管理。物流过程是一个创造时间性和空间性价值的经济活动过程，为使其能提供最佳的价值效能，就必须保证物流各个环节的合理化和物流过程的迅速、通畅。物流系统是一个庞大而复杂的系统，要对它进行优化，需要借助于先进的管理方法和管理手段。可先在其单项活动范围内进行，再发展到对整个物流系统进行模拟，采用最有效的数理分析方法来组织物流系统，使之合理化。具体内容如下。

(1) 运用线性规划、非线性规划，制订最优运输计划，实现物资运输优化。

物流过程中遇到最多的是运输问题。例如，某种物品现有某几个工厂生产，又需供应某几个用户，怎样才能使工厂生产的物品运到用户所在地时总运费最少呢？假定这种物品在工厂中的生产成本为已知，从某厂到消费地的单位运输费用和运输距离，以及各工厂的生产能力和消费地需要量都已确定，则可用线性规划来解决。如工厂的生产量发生变化，生产费用函数是非线性的，就应使用非线性规划来求解。属于线性规划类型的运输问题，常用的方法有单纯形法和表上作业法。

(2) 运用系统分析技术，选择货物的最佳配比及配送线路，实现物资配送优化。

配送在物流系统中占有重要地位，配送线路是指各送货车辆向各个用户送货时所要经过的路线。配送线路的合理与否，对配送速度、合理利用车辆和配送费用都有直接影响。目前较成熟的确定优化配送线路的方法是节约里程法。

（3）运用存储论，确定经济合理的库存量，实现物资储存优化。

储存是物流系统的中心环节。某种物资从生产到用户之间需要经过几个阶段，几乎在每个阶段都会发生储存问题，究竟在每个阶段库存量保持多少为合理？为了保证供给，需隔多长时间补充库存？一次进货多少才能达到费用最省的目的？这些都是确定库存量的问题。这些问题都可以在存储论中找到解决的办法，其中比较著名的是经济订购批量公式（简称EOQ公式）。

（4）运用模拟技术，对整个物流系统进行研究，实现物流系统的最优化。

例如，克莱顿·希尔模型，它是一种采用逐次逼近法的模拟模型。这个方法提出了物流系统的三项目标：最高的服务水平、最小的物流费用、最快的信息反馈。在模拟过程中采用逐次逼近的方法来求解下列决策变量：流通中心的数目；对用户的服务水平；流通中心收发货时间的长短；库存分布；系统整体的优化。

3. 计算机管理系统管理法

计算机管理系统将物流成本的横向与纵向连接起来，形成一个不断优化的物流系统的循环。通过一次次循环、计算、评价，使整个物流系统得以不断的优化，最终找出其总成本最低的最佳方案。

物流成本的横向管理法、纵向管理法和计算机管理系统管理法是相互关联的，如图10-3所示。

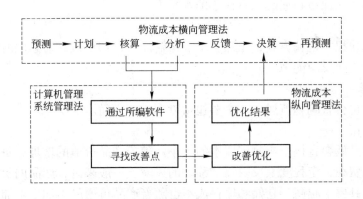

图10-3　物流成本管理三类方法关系图

由图10-3可以看出，不论物流成本横向管理法或纵向管理法都离不开计算机管理系统的支持，这3个部分是相互关联的，它们综合在一起形成通常所说的系统整体观念。在物流成本管理过程中，运用系统理论和系统方法，将与物流相互联系的各业务环节组合成为统一的整体，并将供货厂商和用户纳入系统管理之中，从系统整体出发，互相协调，为用户和本企业内部提供最佳服务，并最大限度地降低物流费用，这就是物流整体系统管理的观念。

10.3 影响物流成本的因素和降低物流成本的途径

10.3.1 影响物流成本的因素

1. 竞争性因素

企业所处的市场环境充满了竞争,企业之间的竞争除了产品的价格、性能、质量外,从某种意义上来讲,优质的客户服务是决定竞争成败的关键。而高效物流系统是提高客户服务的重要途径。如果企业能够及时可靠地提供产品和服务,则可以有效地提高客户服务水平,这些都依赖于物流系统的合理化。而客户的服务水平又直接决定物流成本的高低,因此物流成本在很大程度上是由于日趋激烈的竞争而不断发生变化的,企业必须对竞争作出反应。影响客户服务水平的因素主要有以下3个方面。

(1) 订货周期。

企业物流系统的高效必然可以缩短企业的订货周期,降低客户的库存,从而降低库存成本,提高企业的客户服务水平,提高企业的竞争力。

(2) 库存水平。

存货的成本提高,可以减少缺货成本,即缺货成本与存货成本成反比。库存水平过低,会导致缺货成本增加;但库存水平过高,虽然会降低缺货成本,但是存货成本会显著增加。因此,合理的库存应保持在使总成本最小的水平上。

(3) 运输。

企业采用更快捷的运输方式,虽然会增加运输成本,却可以缩短运输时间,降低库存成本,提高企业的快速反应能力。

2. 产品因素

产品的特性也会影响物流成本。主要包括以下4个方面。

(1) 产品价值。

产品价值的高低会直接影响物流成本的大小。随着产品价值的增加,每一物流活动的成本都会增加,运费在一定程度上反映货物移动的风险。一般来讲,产品的价值越大,对其所需使用的运输工具要求越高,仓储和库存成本也随着产品价值的增加而增加。高价值意味着存货中的高成本,以及包装成本的增加。

(2) 产品密度。

产品密度越大,相同运输单位所装的货物越多,运输成本就越低。同理,在仓库中一定空间领域存放的货物越多,单位库存成本也就会降低。

(3) 易损性。

物品的易损性对物流成本的影响是显而易见的,易损性的产品对物流各环节,如运输、包装、仓储等都提出了更高的要求。

(4) 特殊搬运。

有些物品对搬运提出了特殊的要求,如搬运又长又大的物品需要特殊的装载工具;有些物品在搬运过程中需要加热或制冷等,这些都会增加物流成本。

3. 空间因素

空间因素是指物流系统中企业制造中心或仓库相对于目标市场或供货点的位置关系。进货方向决定了企业货物运输距离的远近，同时也影响着运输工具的选择及进货批量。若企业距离目标市场太远，交通状况较差，则必然会增加运输及包装等成本；若目标市场建立或租用仓库，也会增加库存成本。因此，环境因素对物流成本的影响很大。

4. 其他因素

除上述因素外，影响企业物流成本的因素还包括企业管理成本开支的大小、资金利用率、货物的保管制度、物流合理化程度、企业的物流决策、企业外部市场环境的变化等方面的因素。

10.3.2　降低物流成本的途径

降低物流成本是企业的"第三利润源"。因此，如何降低物流成本不仅是物流部门所追求的重要目标，也是企业最高决策层所关注的关键问题之一。降低物流成本不仅涉及物流系统的优化、物流技术的改进和物流效率的提高，也涉及企业组织结构的改革、企业战略的选择和企业经营管理尤其是物流管理方式的革新。因此，降低物流成本不仅是短期的、局部的战术问题，而且是长期的、全局的战略问题。这就要求我们积极探求降低物流成本的有效途径。

（1）从供应链的视角来降低物流成本。

在经济全球化和合作竞争的时代，从一个企业的范围来降低物流成本是十分有限的，而应该从原材料供应到最终用户的整个供应链过程来提高物流效率、降低物流成本。例如，有些生产企业的产品全部通过批发商销售，其物流中心与批发商物流中心相统一，从事大批量的商品储存和运输。然而，随着零售商业中大型超市及便利店等新型业态的出现及连锁经营的发展，客观上要求生产企业适应零售商业的变化，直接向零售商配送商品。在这种情况下，就要求建立新型的符合零售商需要的物流中心。尽管从生产企业的角度来看，这些投资增加了企业的物流成本，但从整个供应链来看，却增加了供应链的竞争力，提高了供应链物流的效率，从而提高了用户满意度，扩大了商品销售，这样，单位商品分摊的物流成本却有可能下降。再比如，传统的采购管理强调通过供应商之间的竞争而降低商品进价，却往往导致仓储费用的提高，供应风险增大。但是，从供应链管理的视角来看，强调与供应商形成合作伙伴关系，从而使企业采购风险大大降低，实现准时供应与零库存，结果使仓储费用及其他成本的下降可能大大超过进价的降低。

（2）通过优化物流服务来降低物流成本。

一般来说，提高物流服务水平会增加物流成本。例如，多频度、小批量配送会增加运输成本；缩短顾客的订货周期、降低缺货率会增加仓储成本。显然，企业不能通过降低物流服务水平来降低物流成本，但却可以通过对物流服务的优化，在不降低物流服务水平甚至提高服务水平的前提下降低物流成本。优化物流服务，首先要明确顾客究竟需要什么样的服务项目和水平。为此，必须与顾客进行全方位、频繁的沟通，深入了解顾客生产经营活动的特点，站在顾客的立场考虑问题，模拟顾客的行为。其次，要消除过度服务。这是因为超过必要量的物流服务，必然带来物流成本的上升，而顾客的满意度并没有有效地提高。也就是说，任何不能使顾客满意度有效提高的服务都是过度服务，都必须消除。例如，配送频率过高，不仅物流成本上升，而且用户的订货、接货、理货等手续增加，若用户的满意度不能得到有效的提高，即为过度服务，此时应减少配送次数。此外，还要实现物流服务的规模化、网络化、专业化。物流服务的规模化、网络化可以使用户就地就近、随时随地得到物流服务，而通过物流服务的专业化，则可以提高物流服务的效率，降低物流成本。

(3) 通过构建高效率的物流系统来降低物流成本。

企业物流的目的是按照顾客的需要及时、准确、安全且尽可能低成本地将商品或原材料送到顾客指定的场所。但是，要实现物流的目的，必须建立包括订货、补货、运输、包装、装卸搬运、保管、流通加工、出货、配送、信息管理等一系列物流活动在内的物流系统。这个物流系统主要由三部分构成，即物流网点系统、物流作业系统和物流信息系统。物流系统建立后，并不是一成不变的，为了不断提高物流系统的效率，必须经常对物流系统进行检查、评价与改善。也就是说，从"系统能否更好地发挥功能""作业的效率和精确度能否更加提高"的视角，通过各种各样的评价标准进行分析和改善，以构建更有效的物流系统。另外，市场环境的变化、顾客需求的变化，以及交通条件的变化都会影响企业的物流系统，因此，物流系统必须进行适时的调整与改造，这样才能保证企业的物流活动更有效率，才能使物流成本更低。

(4) 通过建立专业化物流子公司或业务外包降低物流成本。

从国内外的经验来看，对大型企业来说，企业物流部门的独立化与社会化，即建立物流子公司是降低物流成本的有效途径。大型企业的物流业务量很大、很复杂，所需要投入的物流资源很多，成本支出很大，但是按现行的财务会计制度，又很难准确地核算企业的物流总成本，因此，将企业的物流部门剥离，建立物流子公司不但可以使难以计算的物流成本清晰化，而且可以引进专业化的物流技术，统筹安排企业的物流活动，从而有利于降低物流成本。不仅如此，物流子公司除代理本企业的物流业务外，还可以利用现有的物流资源开展社会化的物流服务，提高企业的经济效益。

另外，将企业物流业务及物流管理职能部分或全部外包给外部的第三方物流企业或专业化物流公司，并形成物流联盟，也是降低物流成本的有效途径。

(5) 通过应用现代信息技术降低物流成本。

物流管理过程需要一个可以支持有效的信息反馈和指令下达的神经中枢系统，即物流管理信息系统。以现代信息技术为基础的物流管理信息系统，可以实现物流管理的信息化，提高物流运作效率，降低物流成本。例如，企业内部的各物流环节，以及供应链企业之间及时、准确的信息流通与信息共享，既可以减少空载、空驶、重复装卸搬运、对流运输等不必要的物流作业，也可以加快各物流功能或物流阶段的有效衔接，提高订发货的准确率，加速商品周转。因此，实现物流的信息化是降低物流成本的有效途径。物流信息化的关键是要解决好物流信息资源的采集问题。不仅要搜集包括订单、存货单、应付账、交易条款、用户情况等大量的内部信息，还要搜集供应链企业的外部信息。此外，还要求包括订货、采购、维修、服务、交易、存储、运输等各个环节，采用先进的信息技术，缩短运作时间，减少运作成本。

(6) 通过标准化降低物流成本。

物流标准化包括物流设备与工具、物流作业流程及物流服务等的标准化。物流设施与工具的标准化可以提高物流设施、物流工具的利用效率；物流作业流程与物流服务的标准化可以消除不必要的物流作业和过度服务。这些都有利于物流成本的降低。

复习思考题

1. 什么是物流成本？如何对物流成本进行分类？
2. 何谓物流成本管理？其主要内容是什么？
3. 如何进行物流成本核算？
4. 物流成本控制的内容是什么？
5. 降低物流成本的主要途径有哪些？

案例分析

上海通用：打倒存货"魔鬼"，降低物流成本

上海通用汽车有限公司生产控制与物流分部副总监徐秋华最近特别繁忙。"很多会议举办机构希望我能参加由他们组织的有关物流的论坛、研讨会什么的，但由于自身工作较忙，所以我基本上都婉言拒绝了。"徐秋华在接受本报记者采访时颇有感触地说，"前两年还很少有人关注汽车物流，可现在物流成了各行业包括汽车业的香饽饽，很多公司都希望能通过降低物流成本来提高竞争力。"徐秋华表示，作为最大的中美合资汽车企业，上海通用"当然非常重视物流的发展"。

一、汽车业的竞争已涉及产业链的各个环节，供应链的竞争也日趋激烈

面对汽车市场竞争越来越激烈的形势，很多汽车厂商必然要采取价格竞争的方式来应战。在这个背景下，汽车制造厂商不得不降低成本。而要降低成本，很多厂家都是从物流来入手，提取物流这个被视作"第三大利润源泉"。而且，有资料显示，我国汽车工业企业，一般物流的成本起码占整个生产成本的20%以上，差的公司基本在30%至40%。国际上物流做得比较好的公司，物流的成本都是控制在15%以内。

徐秋华分析，国内汽车业的竞争其实基本上是国外汽车巨头在国内的竞争。在产品方面，不可能说自己的产品比人家领先几十年，只能说在某些技术方面暂时比人家领先，也有可能在某些地方比人家落后。现在越来越多的竞争涉及汽车产业的各个方面，物流方面的竞争也显得相当重要了。

上海通用在合资当初就决定，要用一种新的模式，"建一个在'精益生产'指导方式下的全新理念的工厂"，而不想再重复建造一个中国式的汽车厂，也不想重复建造一个美国式的汽车厂。

"精益生产的思想包括好几个方面，最重要的一个方面就是像丰田一样，及时供货，及时供货的外延就是缩短交货期。"所以上海通用成立初期在物流方面的思想就是，用现代的物流观念，在现代信息技术的平台支撑下，做到短交货期、柔性化和敏捷化。"从这几年我们的生产实践来说，我们在这方面应该说做得是相当成功的。我们每年都有一个，甚至不止一个新产品下线上市，这是敏捷化的一个反映。"徐秋华认为，物流最根本的思想就是怎样缩短供货周期来达到低成本、高效率。这个交货周期包括从原材料到零部件，再从零部件到整车，每一段都有一个交货期，这是敏捷化至关重要的一个方面。

二、利用"牛奶取货"方式，降低库存成本

上海通用目前有四种车型。不包括其中一种刚刚上市的车型在内，另外三种车型的零部件总量有 5 400 多种。上海通用在国内外拥有 180 家供应商，还有北美和巴西两大进口零部件基地。那么，上海通用是怎么提高供应链效率、减少新产品的导入和上市时间并降低库存成本的呢？

为了把库存这个"魔鬼"赶出自己的供应链，上海通用的部分零件，例如，有些是本地供应商所生产的，会根据生产的要求，在指定的时间直接送到生产线上去生产。这样，因为不进入原材料库，所以保持了很低或接近于"零"的库存，省去了大量的资金占用。有些用量很少的零部件，为了不浪费运输车辆的运能，充分节约运输成本，上海通用使用了叫作"牛奶圈"的小小技巧：每天早晨，上海通用的汽车从厂家出发，到第一个供应商那里装上准备的原材料，然后到第二家、第三家，以此类推，直到装上所有的材料，然后再返回。这样做的好处是避免了所有供应商空车返回的浪费。

"传统的汽车厂，以前的做法是要么有自己的运输队，要么找运输公司把零件送到公司，这种方式并不是根据需要来供给的，有几个方面的缺点：有的零件根据体积或数量的不同，并不一定正好能装满一卡车，但为了节省物流成本，他们经常装满一卡车才给你，这样就造成了库存高，占地面积大。"

"而且，不同供应商的送货缺乏统一的标准化的管理，在信息交流、运输安全等方面，都会带来各种各样的问题，如果想管好它，必须花费很多的时间和人力资源。所以我们就改变了这种做法，我们聘请一家第三方物流供应商，由他们来设计配送路线，然后到不同的供应商处取货，再直接送到上海通用。利用'牛奶取货'或者叫'循环取货'的方式解决了这些难题。通过循环取货，我们的零部件运输成本可以下降30%以上。"这种做法的优点是显而易见的，同时这也体现了上海通用的一贯思想：把低附加价值的东西外包出去，集中精力做好制造、销售汽车的主营业务，即精干主业。

三、与供应商共赢，建立供应链预警机制

据介绍，上海通用所有的车型国产化都达到了40%以上，有些车型已达到60%甚至更高。"这样可以充分利用国际国内的资源优势，在短时间内形成自己的核心竞争力。"所以，上海通用非常注意协调与供应商之间的关系。

上海通用采取的是"柔性化生产"，即一条生产流水线可以生产不同平台多个型号的产品。例如，它可以在同一条生产流水线上同时生产别克标准型、较大的别克商务旅行型和较小的赛欧。这种生产方式对供应商的要求极高，即供应商必须时常处于"时刻供货"的状态，这样就会给供应商带来很高的存货成本。而供应商一般不愿意独自承担这些成本，就会把部分成本打在给上海通用供货的价格中。如此一来，最多也就是把这部分成本赶到了上游供应商那里，并没有真正地降低整条供应链的成本。

为了解决这个问题，上海通用与供应商时刻保持着信息沟通。"我们有一年的生产预测，也有半年的生产预测，我们的生产计划是滚动式的，基本上每个星期都有一次滚动，在滚动生产方式的前提下我们的产量在作不断的调整，这个运行机制的核心是要让供应商也要看到我们的计划，让其能根据通用的生产计划安排自己的存货和生产计划，减少对存货资金的占用。如果供应商在原材料、零部件方面存在种种原因造成的问题，它也要给我们提供预

警,这是一种双向的信息。万一某个零件预测出现了问题,在什么时候跟不上需求了,我们就会利用上海通用的资源,甚至全球的资源来作出响应。"

徐秋华认为,新产品的推出涉及整个供应链,需要国内所涉及的零部件供应商能同时提供新的零部件,而不仅仅是整车厂家推出一个产品这么简单。"我们在这方面花了很大的力气,作为整车生产的龙头企业,我们建立了供应商联合发展中心,在物流方面也制作了很多规范、标准的流程,来使供应商随着我们产量的调整而调整他们的产品。"目前市场上的产品变化很大,某一产品现在很热销,但几个月后就可能需求量不大了,上海通用敏捷化的要求就是在柔性化共线生产前提下能够及时地进行调整。"什么产品销路好了,这个产品的量就上去了,什么产品销路不好了,我们要及时调整一下。"但这种调整不是整车厂自己调整,而是让零部件供应商一起来作调整。

"如果没有很好的供应链,我们也不会有很好的生产。这就要求大家共担风险,共同享利,共同发展。"因为市场千变万化,供应链也是千变万化的。对突发事件的应变也是如此。比如美国"9·11"事件以后,当时上海通用在北美的进口零部件出现了问题,"我们就启动了'应急计划',一段时间内我们不用海运,而是改用空运的方式"。

思考题
(1) 在汽车市场竞争越来越激烈的情况下,上海通用从何入手提升自身的竞争优势?
(2) 上海通用在降低存货成本问题上是怎样做的?是否有效?
(3) 上海通用是如何与供应商建立合作伙伴关系以实现整条供应链成本降低的?

第 11 章 物流服务管理

【本章结构图】

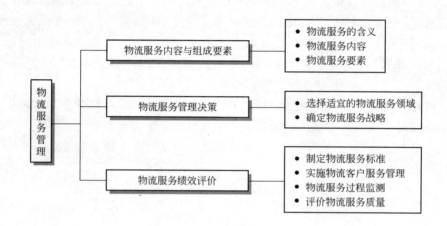

【学习目标】

通过本章的学习,你将能够:

1. 准确把握物流服务构成要素与物流服务的内容;
2. 掌握物流服务标准与物流服务决策的基本内容;
3. 正确理解物流服务管理与控制标准。

面对日益激烈的国内及国际市场竞争和消费者价值取向的多元化，加强物流管理、改进物流服务是创造持久竞争优势的有效手段之一。从物流的角度看，物流服务是所有物流活动或供应链过程的产物，物流服务水平是衡量物流系统为客户创造的时间和地点效用能力的尺度。物流服务水平决定了企业能否留住现有的客户及吸引新客户的能力。在当前的每一个行业，从计算机、服装到汽车，消费者都有广泛而多样化的选择余地。任何公司都承受不起触怒其客户的代价。组织提供的物流服务水平，直接影响到它的市场份额、物流总成本，并且最终影响其整体利润。

显而易见，成功地吸引和留住客户是公司获取利润的关键。然而，据估计，全美公司的客户流失率在 10%～30% 之间。如果客户流失率降低 5%，则利润率就可能有显著的增长。因此，在企业物流系统的设计中，物流服务是至关重要的环节。

11.1　物流服务内容与组成要素

11.1.1　物流服务的含义

1. 物流服务的定义

物流服务的定义因组织而异，供应商和它们的客户对物流服务定义的理解可能非常不同，从广义上说，物流服务可以衡量物流系统为某种商品或服务创造时间和空间效用的好坏，它包括诸如减轻库存审核、订货的工作量，以及售后服务的行为。

在大多数组织里，物流服务通过一种或几种方式定义，包括：

① 一种活动或职能，如订单处理或客户投诉处理；

② 实际绩效指标，如在 24 小时内发运 98% 的订单的能力；

③ 它是整个企业理念的一部分，而不仅仅是一种行为或绩效的衡量尺度。如果组织把物流服务看作是一种理念，那么它可能会有正规的物流服务职能部门和各种绩效衡量尺度。

2. 物流服务的本质

物流服务的本质是满足客户的需求，具体包括以下 3 个方面：

① 有客户需要的商品（保证有货）；

② 可以在客户需要的时间内送达（保证送到）；

③ 达到客户要求的质量（保证质量）。

3. 物流服务管理的基本思路

① 物流服务应实现从产品导向向市场导向转变；

② 树立对比性物流服务的观念并开发差别化的物流服务；

③ 注重物流服务的发展性和延伸性；

④ 重视物流服务与社会经济系统的协调配合；

⑤ 建立能把握市场环境变化的物流服务管理体制；

⑥ 重视物流中心以及信息系统的建设和完善等。

11.1.2　物流服务内容

物流是实现销售过程的最终环节，但由于采用不同形式，使一部分特殊服务变得格外重要,因此,企业在设计物流服务内容时应反映这一特点。概括起来,物流服务内容可以分为以下两个方面。

1. 传统的物流服务内容

(1) 运输服务。

无论是自营物流还是由第三方提供物流服务,都必须将消费者的订货送到其指定的地点。第三方一般自己拥有或掌握有一定规模的运输工具,具有竞争优势的第三方物流经营者的物流设施不仅仅在一个点上,而是一个覆盖全国或一个大的区域的网络,因此,第三方物流服务提供商首先可能要为客户设计最合适的物流系统,选择满足客户需要的运输方式,然后具体组织网络内部的运输作业,在规定的时间内将客户的商品运抵目的地,除了在交货点交货需要客户配合外,整个运输过程,包括最后的市内配送都应由第三方物流经营者完成,以尽可能方便客户。

(2) 储存服务。

物流中心的主要设施之一就是仓库及附属设备。需要注意的是,物流服务提供商的目的不是要在物流中心的仓库中储存商品,而是要通过仓储保证物流服务业务的开展,同时尽可能降低库存占压的资金,减少储存成本。因此,提供社会化物流服务的公共型物流中心需要配备高效率的分拣、传送、储存、拣选设备,目的是尽量减少实物库存水平但不降低供货服务水平。

(3) 装卸搬运服务。

这是为了加快商品的流通速度必须具备的功能,无论是传统的商务活动还是电子商务活动,都必须具备一定的装卸搬运能力。物流服务提供商应该提供更加专业化的装载、卸载、提升、运送、码垛等装卸搬运机械,以提高装卸搬运作业效率,降低订货周期(order cycle time,OCT),减少作业对商品造成的破损。

(4) 包装服务。

物流包装作业的目的不是要改变商品的销售包装,而是通过对销售包装进行组合、拼配、加固,形成适于物流和配送的组合包装单元。

(5) 流通加工服务。

主要目的是方便生产或销售,专业化的物流中心常常与固定的制造商或分销商进行长期合作,为制造商或分销商完成一定的加工作业,比如贴标签、制作并粘贴条形码等。

(6) 物流信息处理服务。

由于现代物流系统的运作已经离不开计算机,因此将各个物流环节各种物流作业的信息进行实时采集、分析、传递,并向货主提供各种作业明细信息及咨询信息,这是相当重要的。

2. 电子商务下的增值性物流服务

以上是普通商务活动中典型的物流服务内容,电子商务的物流也应该具备这些功能。但除了传统的物流服务外,电子商务还需要增值性的物流服务。增值性的物流服务具体包括以下几层含义和内容。

(1) 增加便利性的服务。

一切能够简化手续、简化操作的服务都是增值性服务。在提供电子商务的物流服务时,推行一条龙门到门式服务、提供完备的操作或作业提示、免培训、免维护、省力化设计或安装、代办业务、一张面孔接待客户、24小时营业、自动订货、传递信息和转账、物流全过程追踪等都是对电子商务销售有用的增值性服务。

（2）加快反应速度的服务。

快速反应已经成为物流发展的动力之一。传统观点和做法将加快反应速度变成单纯对快速运输的一种要求，但在需求方对速度的要求越来越高的情况下，它也变成了一种约束，因此必须想其他的办法来提高速度。所以，另一种办法，也是具有重大推广价值的增值性物流服务方案，应该是优化电子商务系统的配送中心、物流中心网络，重新设计适合电子商务的流通渠道，以此来减少物流环节、简化物流过程，提高物流系统的快速反应性能。

（3）降低成本的服务。

电子商务发展的前期，物流成本居高不下，有些企业可能会因为承受不了这种高成本而退出电子商务领域，或者是选择性地将电子商务的物流服务外包出去，这是很自然的事情，因此发展电子商务，一开始就应该寻找能够降低物流成本的物流方案。企业可以考虑的方案包括：采取物流共同化计划，同时如果具有一定的商务规模，比如，珠穆朗玛和亚马逊这些具有一定销售量的电子商务企业，可以通过采用比较适用但投资比较少的物流技术和设施设备，或推行物流管理技术，如运筹学中的管理技术、单品管理技术、条形码技术和信息技术等，提高物流的效率和效益，降低物流成本。

（4）延伸服务。

延伸服务，向上可以延伸到市场调查与预测、采购及订单处理；向下可以延伸到配送、物流咨询、物流方案的选择与规划、库存控制决策建议、货款回收与结算、教育与培训、物流系统设计与规划方案的制作等。关于结算功能，物流的结算不仅仅是物流费用的结算，在从事代理、配送的情况下，物流服务商还要替货主向收货人结算货款等。关于物流系统设计咨询功能，第三方物流服务商要充当电子商务经营者的物流专家，因而必须为电子商务经营者设计物流系统，代替它选择和评价运输商、仓储商及其他物流服务供应商。关于物流教育与培训功能，物流系统的运作需要电子商务经营者的支持与理解，通过向电子商务经营者提供培训服务，可以培养它与物流中心经营管理者的认同感，可以提高电子商务经营者的物流管理水平，可以将物流中心经营管理者的要求传达给电子商务经营者，也便于确立物流作业标准。

以上这些延伸服务最具有增值性，但也最难提供，能否提供此类增值服务现在已成为衡量一个物流企业是否真正具有竞争力的标准。

11.1.3 物流服务要素

物流服务就是要以合适的时间和合适的地点，以合适的价格和合适的方式向合适的客户提供合适的物流产品或服务，使客户合适的需求得到满足。与市场营销中的售前、售中、售后服务相联系，以买方和卖方发生交易的时间为参照，物流服务的组成要素可分为三类，即交易前要素、交易中要素和交易后要素。

1. 交易前要素

交易前的要素为企业开展良好的服务创造适宜的环境。这部分要素尽管并不都与交易有关，但对产品销售有重要影响。客户对企业及其产品的印象和整体满意度都与交易前要素密切相关。企业为稳定持久地开展客户服务活动，必须先对交易前要素做好下列规范化的准备。

（1）客户服务条例的书面说明。

客户服务条例以正式文本的形式，反映客户的需要，阐明服务的标准，明确每个员工的责任和具体业务内容；所规定的每项服务不仅要可量化考核，还应有操作性。

（2）提供给客户的文本。

客户能了解到自己获得什么样的服务，否则客户可能产生一些不切实际的要求。同时，客户也可以知道在没有得到应有的服务时该与谁以什么方式联系；如果客户在遇到问题或需要了解某些信息时找不到具体的人询问，他很可能一去不返。

（3）组织结构。

尽管不存在适合于所有企业成功实施其客户服务的通用的最优组织结构模式，但对每个企业都应该有一个较好的组织结构以保障和促进各职能部门之间的沟通与协作。总体负责客户服务工作的人在企业中应该具有相当的职责和权威，因为这项工作涉及企业的多个部门，往往需要多方面协作和快速响应。

（4）系统柔性。

物流系统在设计时要注意柔性和必要的应急措施，以便顺利地响应诸如原材料短缺、自然灾害、劳动力紧张等突发事件。

（5）管理服务。

企业应当为客户（特别是中间商）提供购买、存储等方面的管理咨询服务。具体的方式包括发放培训手册、举办培训班、面对面培训等。这类服务往往免费或收费甚低。

上述交易前要素是相对稳定而长期的，较少发生变动，从而使得客户对所获服务的期望值保持稳定。

2. 交易中要素

交易中要素主要指发生在交货过程中的客户服务活动，也就是最经常与客户服务相联系的活动，主要包括以下内容。

（1）缺货水平。

缺货水平即对企业产品可供性的衡量尺度。对每一次缺货情况要根据具体产品和客户作完备记录，以便发现潜在的问题。当缺货发生时，企业要为客户提供合适的产品，或尽可能地从其他地方调运，或向客户承诺一旦有货立即安排运送，目的在于尽可能保持客户的忠诚度，留住客户。

（2）订货信息。

订货信息即向客户快速准确地提供所购商品的库存信息和预计送货日期。对客户的购买需求，企业有时难以一次性地完全满足，这种订单需要通过延期订货、分批运送来完成。延期订货发生的次数及相应的订货周期是评估物流系统服务优劣的重要指标。延期订货处理不当容易造成脱销，对此，企业界要给以高度重视。

（3）信息的准确性。

信息的准确性客户不仅希望快速获得广泛的数据信息，同时也要求这些关于订货和库存的信息是准确无误的。企业对不准确的数据应当尽快更正。对经常发生的信息失真要特别关注并努力改进。

（4）订货周期的稳定性。

订货周期是从客户下订单到收货为止所跨越的时间。订货周期包括下订单、订单汇总与处理、货物拣选、包装与配送等。客户往往更加关心订货周期的稳定性而非绝对的订货天数。当然，随着对时间竞争的日益关注，企业亦越发重视缩短整个订货周期。

（5）特殊货运。

有些订单的送货不能通过常规的运送体系来进行，而要借助特殊的货运方式。例如，有的货物需快速运送或需要特殊的运送条件。企业提供特殊货运的成本要高于正常运送方式，但能提高客户的信任度。

（6）交叉点运输。

企业为避免脱销，有时需要从多个生产点或配送中心向客户运送货物，这也是应对延期订货的策略之一。

（7）订货的便利性。

订货的便利性是指客户下订单的便利程度。客户总是喜欢同条件便利和友好的卖方打交道。如果单据格式不正规、用语含糊不清，或在电话中等待过久，客户都有可能产生不满，从而影响客户与企业的关系。对于这方面可能存在的问题，企业可以通过与客户的直接交流来获悉，并予以详细记录和改进。

（8）替代产品。

客户所购的产品暂时缺货时，不同规格的同种产品或者其他品牌的类似产品可能也能够满足客户的需要，这种情况在现实中时有发生。如图11-1所示，如果一种产品当前可供率为70%，为客户提供可供接受的一种替代产品则可使该产品的供应率提升至90%；类似地，如果存在两种被客户广泛接受的替代产品，则该产品的可供率将达到97%。可见，为客户提供可供接受的替代产品可以大大提升企业的服务水平。

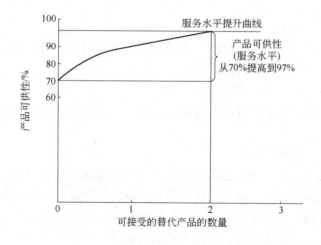

图11-1　替代产品对客户服务水平的影响①

企业在制定产品替代策略时要广泛征求客户的意见，并及时将有关的政策和信息通知客户。在有必要向客户提供替代产品时，应征询客户意见并取得认可。例如，某家具制造商需

---

① 王自勤. 现代物流管理. 北京：电子工业出版社，2002.

要容量为 1 升的罐装漆，而油漆经销商正好卖光了这种油漆。油漆经销商若提供 5 升装的产品，则不是正确的替代方式，因为该家具制造商每次工作只需要 2 升油漆，5 升罐装产品打开后一次只能用一小半，多次使用也不方便。相反，如果油漆经销商提供 2 升装的产品，对方很可能会乐意接受。

客户服务的交易中要素往往备受客户关注，因为对客户而言，这些要素是最直接和显而易见的，有 80% 的客户认为产品的运送甚至于产品质量本身同等重要。如图 11-2 所示，通常客户抱怨的原因有 44% 来自于送货的延迟，所以，处理好客户服务的交易中要素对于减少客户不满十分重要。

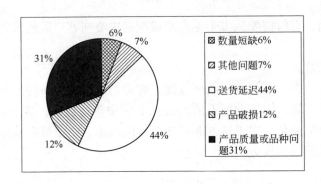

图 11-2　客户不满意原因分析①

3. 交易后要素

客户服务的交易后要素是企业对客户在接收到产品或服务之后继续提供的支持，这类要素是客户服务要素中最常被忽视的部分。售后服务对提高客户满意度和留住客户至关重要，主要包括以下内容。

（1）安装、保修、更换、提供零配件。

这些要素是客户在作购买决策时经常考虑到的，特别对于一些设备，客户购进之后发生的维护费用甚至远大于初次购买的成本。

（2）产品跟踪。

为防止客户因产品问题而投诉，企业必须对售出的产品进行跟踪并及时从市场上收回存在隐患的产品。

（3）客户的批评、投诉和退货。

为消除客户的批评，需要一个准确的在线信息系统处理来自客户的信息，监控事态的发展，并向客户提供最新的消息。物流系统的设计目标是将产品顺利传递到客户手中，而那些非经常性的操作，特别是客户退货的处理，其费用是很高的，企业对客户的批评要有明确的规定，以便尽可能及时有效地处理，维护客户的忠诚度。

（4）临时借用。

当客户所购买的产品未到货或先前购买的产品正在维修时，暂时将企业的备用品借给客户暂时使用。这样既给客户提供了便利，又可以增强客户忠诚度。

---

① 王自勤. 现代物流管理. 北京：电子工业出版社，2002.

11.2 物流服务管理决策

11.2.1 选择适宜的物流服务领域

选择适宜的服务领域就是重新进行物流企业的市场定位。物流服务市场的覆盖面非常广泛，一方面是由于物流是跨边界的功能和组织活动，另一方面是因为不同货品有不同的服务技术要求，而且客户的需求千差万别。所以，大量中小型物流企业参与物流服务市场的运作并融入全球物流服务体系存在无限的机会。

无论如何，仓储和运输是最基本的物流服务活动。仓储的扩展可作增值加工也可以作中转服务。运输的扩展可作多式联运或门到门服务。仓储和运输的不同形式的整合可以发展出配送中心和分拨中心。物流企业和市场之间还有货代、船代、咨询等中介。这些中介和制造商或仓储运输企业的整合又可以发展出物流服务管理商。电子商务的商业环境更为全球供应链的组织提供了技术手段，因此网上物流服务市场（相当于网上物流服务交易所）就应运而生。比如通用、福特和戴姆勒-克莱斯勒就于 2000 年 2 月决定共同创建一个价值近 2 500 亿美元的汽车零部件网上市场。西尔斯-罗巴克公司和家乐福则联合创建了一个有 50 000 个供应商参与的总值达 800 亿美元的网上采购市场。

物流企业在重新进行市场定位的时候，必须充分认识到以下三点：一是现有服务资源通过不同形式的重新配置，其价值实现可能完全不同；二是同样的服务资源在不同的人手中其价值实现也可能完全不同；三是资源的重新配置表须支付相应的成本。

11.2.2 确定物流服务战略

企业在确定物流服务领域以后，必须制定相应的物流服务战略作为企业运营的纲领性文件。

1. 明确制定战略的依据

现行的做法往往是从企业自身所拥有的服务资源出发，即首先去发现企业拥有的服务资源"优势"，然后通过预测对这种优势在市场中的地位进行评价并确定战略目标，最后得出服务战略。但是，企业自身的服务资源优势并不等于它的市场竞争优势，因此就不能够作为制定物流服务战略的基本依据。实际上，能够作为基本依据的只能是市场。

一般来说，企业的物流发展战略是这样产生的。首先必须有一个总体的经营发展战略目标，然后有作为支持系统的市场营销战略。在市场营销战略的总体框架内又发展出企业的物流服务战略。企业物流服务战略是直接服务于企业市场营销战略目标的。

2. 确定物流服务战略

迈克尔·波特教授在其《竞争战略》一书中曾归纳出三种基本的企业竞争战略类型：成本领先战略、别具一格战略和集中一点战略。这对物流企业同样具有现实的指导意义。

如果企业选择的是成本领先战略，那么，它的物流服务战略的基本定位应当是向客户提供标准化的服务，包括物流服务品种的相对稳定、服务水平的客户认同、服务程序的简洁规范等。如果企业选择的是别具一格战略，那就意味着企业选择了创新服务作为其发展动力，所以它的物流服务战略的基本定位应当是对不同的客户实行差别化服务，包括服务品种的不断创新、服务手段的不断创新、服务水平的不断创新，以及为满足客户的特殊需求向客户提供量身定制的服务。如果企业选择的是集中一点战略，就意味着企业选择了专业化服务。这时，它的物流服务战略的基本定位应当是为特定的客户提供专门的服务或为特定的货种提供一般的服务。相对而言，在物流服务领域要有效实施差别化服务战略的难度比较大。虽然这类服务对成本的敏感性比较小，因而利润率比较高，但是对物流企业的研发能力、经营理念的开放性、组织结构的弹性及资本实力等都有很高的要求。

具体来说，物流服务的目标是客户满意。然而客户的服务要求是千差万别的。一个物流企业不可能同时满足所有客户的所有要求，因此要确定适宜的客户服务标准。但是现实当中还是有不少物流企业对市场不加区分地作出一般性承诺，如"客户需要什么服务就提供什么样的服务"，这实际上是客户服务无标准。

客户服务标准是不是越高越好呢？就企业的层面来看，有一个企业服务资源的能力限制问题；就市场的层面来看，有一个企业竞争战略定位的问题；就客户的层面来看，有一个服务质量的可信度的问题。服务的不足和过剩都会影响物流企业的健康发展，所以必须确定适宜的物流服务标准。

要确定适宜的客户服务标准首先应当弄清楚客户的真正需要是什么。许多企业在确定客户服务标准的时候，一方面不知不觉地把企业的行业属性、传统习惯和企业管理人员的判断作为制定客户服务标准的依据；另一方面忽视市场需求多样化的基本特征，即忽视不同的客户需要不同类型和不同水平的物流服务，以至于企业单方面确定的客户服务标准往往缺乏市场的针对性。

那么，什么是客户的真正需求呢？客户的真正需求就是客户认为在服务过程中最重要的东西。例如，做鲜活商品的客户最关心的就是速度和运输条件；做零售的客户最关心的就是存货控制和补货条件；做高价值货品的客户最关心的就是货物的安全性；工业客户最关心的是交货期、订货周期、订单完成率及缺货替代条件；最终用户最关心的就是订货的方便性、付款的灵活性和退货条件等。因此，在确定客户服务标准的时候，同样存在战略选择的问题。一旦确定了客户服务的战略重点，服务资源的配置就应当向这些重点集中。

确定物流服务战略有多种方法，以下四种最具参考价值：客户对缺货的反应、成本与收益的权衡、ABC分析与帕累托定律、物流服务审计。

1）客户对缺货的反应

生产商的客户包括各种中间商和产品的最终用户，而产品通常是从零售商处转销到客户手中。因此，生产商往往难以判断缺货对最终客户的影响有多大。例如，生产商的成品仓库中某种产品缺货并不一定意味着零售商也同时缺货。零售环节的物流服务水平对销售影响很大，为此，必须明确最终客户对缺货的反应模式。某种产品缺货时，客户可能购买同种品牌不同规格的产品，也可能购买另一品牌的同类产品，或者干脆换一家商店看看。在产品同质化倾向日益明显的今天，客户"非买它不可"的现象已经越来越罕见，除非客户坚定地认为该种产品在质量或价格上明显优于其替代品种。

生产商的物流服务战略中最重要的是保证最终客户能方便及时地了解和购买到所需的商品。对零售环节的关注使生产商调整订货周期、供货满足率、运输方式等，尽量避免零售环节缺货现象的发生。

客户对不同产品的购买在时间要求上也有所不同。对绝大多数产品，客户希望在作出购买决策时就能够拿到，但也有特殊的情况，比如选购大型家具时，客户在展示厅选中样品并订购以后，往往愿意等待一段时间在家中收货。1970年，美国的西尔斯百货公司与惠尔浦家电公司进行的一项客户调查发现，当时的客户对大型家电并不要求在订货当天就将商品运回家，除非有特别紧急的情况，他们愿意等上5～7天时间。这一调查结果对西尔斯与惠尔浦的物流系统影响很大。西尔斯公司只需在营业厅里摆放样品供客户挑选，其配送中心里的存货也不多。惠尔浦公司的产成品被运至位于俄亥俄州马利恩的大型仓库；西尔斯公司将收到的客户订单发送给惠尔浦公司，相应的产品随即从马利恩仓库分送到西尔斯位于各地的配送中心，然后从配送中心直接用卡车分送到客户家中；从客户下订单到送货上门的时间控制在48～72小时。

一般而言，在确定物流服务水平时，应充分考虑以下5个方面的问题。

(1) 不应当站在供给的一方考虑物流服务水平，而应把握客户们的要求，所处的视角应由卖方转换为买方。

(2) 由于客户不同，物流服务内容也有所不同，有的应该得到优先照顾，因此应首先确定核心服务。

(3) 物流服务应与客户的特点、层次相符。

(4) 确定物流服务水平时，应考虑如何创造自己的特色，以便超过竞争对手，也就是说要采取相对物流服务的观点。

(5) 经过一段时间后，对企业的物流服务水平要进行评估和改进。

2) 成本与收益的权衡

物流总费用，可以视为企业在物流服务上的开支，如库存维持费用、运输费用、信息/订货处理费用等。实施集成的物流管理时的成本权衡，其目标是在市场组合四要素（4P）之间合理分配资源以获得最大的长期收益，也就是以最低的物流总成本实现给定的物流服务水平。

例如，一个百货连锁集团希望将零售供货率提高到98%的水平，需要获取每个商店及每种商品的实时销售数据。为此，需在各分店配置条形码扫描器及其他软、硬件设施。同时，为尽可能地利用这些数据，集团还希望投资建设EDI系统，以便与供应商进行快速双向的信息交流。估计平均每家分店需投入20万元。于是，管理层面临着成本与收益的权衡，对信息技术的投入能提高物流服务水平，但同时也会增加成本。假设该公司的销售毛利是20%，每家分店为收回20万元的新增投资，至少要增加100万元的销售额。如果实际的销售增长超过了100万元，则企业在提高物流服务水平的同时也增加了净收益。对这一决策的评估还需考虑各分店当前的销售额水平。若各分店当前的年销售额是1 000万元，则收回这笔投资比年销售额只有400万元要快得多。

尽管存在成本与收益的权衡和费用的预算分配问题，但这种权衡只是短时期内发生的问题。在长时期中，仍有可能在多个环节同时得到改善，企业在降低总成本的同时亦能提高物流服务水平。

3) ABC分析与帕累托定律

ABC分析是物流管理中常用的工具，我们用ABC缩写来表示基于活动的成本核算。这里，ABC分析表示按照产品或活动的重要性对其进行分类的工具。ABC分类的逻辑基础是，对一个公司来说某些客户或产品比其他客户或产品，在盈利性、销售收益、部门增长或其他公司管理人员认为重要的因素方面，更易获利。以盈利性为例，获利最大的客户—产品组合应受到最多关注，而且，相应地享受更高级别的客户服务。衡量盈利性应该基于产品对固定成本和利润的贡献情况。

与 ABC 分析相类似，帕累托定律指出：样本总体中大多数事件的发生源于为数不多的几个关键因素。例如，物流系统中 80% 的瓶颈现象可能仅仅是由一辆送货汽车的不良运作造成的。这一概念通常也被称作 80/20 定律。

作为 ABC 分析与帕累托定律的一个应用实例，表 11-1 所示的客户产品贡献矩阵，将不同客户的重要性与不同产品的重要性联系起来考虑，以确定能给企业带来最大收益的物流服务水平。为了便于理解，我们将盈利能力（利润率）作为度量客户和产品重要性的指标，但应当注意，这一指标并不是绝对的。

表 11-1 中 A 类产品利润率最高，以下为 B、C、D 类。在整个产品线中，A 类产品通常只占很小的比例，而利润率最低的 D 类产品在产品总数中则可能占 80%。Ⅰ类客户对企业来说最为有利可图，它们能产生较为稳定的需求，对价格不太敏感，交易中发生的费用也较少，但这类客户数量通常很少，可能只有 5~10 个；Ⅴ类客户为企业创造的利润最少，但在数量上占了企业客户的大多数。对企业最有价值的客户-产品组合是Ⅰ-A，即Ⅰ类客户购买 A 类产品，排在第 2 位的是Ⅱ-A，排在第 3 位的是Ⅰ-B，依此类推。管理人员可以使用一些方法对客户-产品组合排序或打分，表 11-1 用 1~20 简单地作了优先等级的排序。

表 11-1 客户-产品贡献矩阵

客户分类	产　品			
	A	B	C	D
Ⅰ	1	3	5	10
Ⅱ	2	4	7	13
Ⅲ	6	9	12	16
Ⅳ	8	14	15	19
Ⅴ	11	17	18	20

表 11-2 提供了在制定物流服务战略时如何使用表 11-1 中数据的例子。例如，排序在 1~5 的客户-产品组合应给予 100% 的存货可供率、低于 48 小时的订货周期，以及 99% 的按订单送货完备率。

表 11-2 客户-产品贡献矩阵实用举例

优先等级	存货可供率标准/%	订货周期时间标准/小时	按订单送货完备率标准/%
1~5	100	48	99
6~10	95	72	97
11~15	90	96	95
16~20	85	120	93

值得注意的是，表 11-2 中较低的服务水平并不意味着所提供的服务缺乏稳定性。企业

无论提供什么水平的服务，都要尽可能保持 100%的稳定性，这是客户所期望的。而且，企业以高稳定性提供较低水平的物流服务，其费用通常低于以低稳定性提供高水平的物流服务。例如，高度稳定的 72 小时订货周期比不稳定的 48 小时订货周期更节省费用，也更令客户满意。编制能良好反映客户与企业真实情况的客户—产品贡献矩阵的关键，在于切实了解客户对服务的要求，并从中识别出最为重要的服务要素及确定要提供多高的服务水平。上述信息可通过物流服务审计获取。

4) 物流服务审计

物流服务审计是评估企业物流服务水平的一种方法，也是企业对其物流服务策略作调整时产生的影响的评价标尺。物流服务审计的目标是识别关键的物流服务要素，识别这些要素的控制机制和评估内部信息系统的质量和能力。物流服务审计包括四个阶段：外部物流服务审计；内部物流服务审计；识别潜在的改进方法和机会；确定物流服务水平。

(1) 外部物流服务审计。外部物流服务审计是整个物流服务审计的起点，其主要目标是识别客户在作购买决策时认为重要的物流服务要素；确定本企业与主要的竞争对手为客户提供服务的市场比例。具体内容如下所述。

① 确定哪些物流服务要素是客户真正重视的。主要工作是对客户进行调查与访谈。例如，某种普通消费品的零售商在衡量其供应商服务时主要考虑以下的物流服务要素：订货周期的稳定性；订货周期的绝对时间；是否使用 EDI；订单满足率；延期订货策略；单据处理程序；回收政策等。在外部物流服务审计阶段有必要邀请市场部门的人员参与工作，这有三方面的益处：首先，物流服务从属于整个市场组合，而市场部门在市场组合的费用预算决策中是最有权威和发言权的部门；其次，市场营销部门的研究人员是调查问卷设计和分析的专家，而问卷工作是外部物流服务审计的重要一环；最后，可以提高调查结果的可信度，从而有利于物流服务战略的成功实施。

② 对有代表性和统计有效的客户群体进行问卷调查。确定了重要的物流服务因素之后，下一步就是对企业有代表性的和统计有效的客户群体进行问卷调查。问卷调查可以确定物流服务要素及其他市场组合要素的相对重要性、评估客户对本企业及主要竞争对手各方面服务绩效的满意程度及客户的购买倾向。在进行正式的问卷调查之前，应在小范围的客户样本中进行测试。问卷在设计时可能会漏掉一些重要的问题，或有些条目使客户难以读懂或难以清楚地回答。针对出现的问题随时修正问卷，以保证问卷调查的质量。依据调查结果，企业加强客户重视的服务要素的改进。此外，问卷还能反映出客户对关键服务要素的服务水平的期望值。问卷调查的结果还能帮助管理层发现潜在的问题和市场机会。

对大多数行业，下面这些服务要素都是最为重要的：按承诺日期送货的能力；按订单完备送货率；对送货延迟的提前通知；稳定的提前期（订货周期的稳定性）；送货信息；提前期的长短；产品的质量价格比；有竞争力的价格；销售队伍的促销活动。企业在把握各种服务要素重要性的同时，也要关注客户对本企业及竞争对手提供的各项服务的横向比较。企业和客户对服务有各自的评价标准，但在市场竞争中，只有客户是永远正确的。有时候客户尚未认识到企业在某方面服务的努力，企业就有必要通过与客户的交流来引导和告知客户。

(2) 内部物流服务审计。内部物流服务审计审查企业当前服务业务的运作状况，为评估物流服务水平发生变化时所产生的影响确立一个衡量标尺。其主要目标是检查企业的服务现状与客户需求之间的差距。另外，客户实际接收到的企业物流服务水平也有必要测定，因为客户的评价有时会偏离企业的实际运作状况。如果企业确实已经做得很出色,则应当注意通过引导和促销来改变客户的看法,而不是进一步调整企业的服务水平。

内部物流服务审计的另一个重要内容是考察客户与企业及企业内部的沟通渠道,包括服务业绩的评估和报告体系。沟通是理解与物流服务有关的问题的重要基础,缺乏良好的沟通,物流服务就会留于事后控制和不断地处理随时发生的问题,而难以实现良好的事前控制。

客户与企业之间的基本沟通在订货—送货—收货循环过程中。这一循环过程中的问题主要发生在以下方面:接收订单、订单检查与修改、送货、对送货时发生的各种问题的报告、开单、因单据错误发生的纠纷、与付款有关的问题等。

对管理层进行访谈调查是内部物流服务审计的主要信息来源。访谈调查需涉及与物流活动有关的所有部门经理,其范围包括订货处理、存货管理、仓库、运输、客户服务、财务/会计、生产、物料管理、市场销售等。访谈有助于了解这些管理人员如何看待客户服务、如何与客户沟通及如何与其他部门合作。访谈要涉及的内容主要有:对职责的描述;组织结构;决策的权限与过程;业绩的考核与结果;对客户服务的理解;如何理解客户对客户服务的定义;修改或改进客户服务计划;部门内的沟通;部门间的沟通;与主要业务对象(如消费者、客户、运输公司、供应商)的沟通。

管理层还必须对客户服务考核和报告体系进行评估,以便明确客户业绩的考核方法、考核部门、业务标准、当前的结果、每一活动的控制部门、数据的来源、报告的格式和汇编方法、报告的频度、报告的传递等,这还有助于明确客户如何从企业获取信息。内部客户服务审计应确定提供给客户的信息类型、实现提供各类信息的部门与人员、客户与这些部门及人员的沟通方法、对客户询问的平均反应时间及如何确保负责处理客户询问的人员能获取充分的信息答复客户。

(3) 识别潜在的改进方法和机会。外部物流服务审计明确了企业在物流服务和市场营销战略方面的问题,结合内部审计,可以帮助管理层针对各个服务要素和细分市场调整服务战略,提高企业的盈利能力。管理层在借助内、外部物流服务审计提供的信息制定新的物流服务和市场营销战略时,需针对竞争对手作详细的对比分析。当客户对本企业和各主要竞争者的服务业绩评价相比较并相互交流时,竞争性的标尺就显得更为重要了。

(4) 确定物流服务水平。物流服务审计的最后一步是制定服务业绩标准和考核方法。管理层必须为各个细分领域(如不同的客户类型、不同的地理区域、不同的分销渠道及产品)详细制定目标服务水平,并将之切实传达到所有的相关部门和员工,同时辅之以必要的激励政策以激励员工努力实现企业的物流服务目标。此外,还要有一套正式的业务报告文本格式。

管理层必须定期地按上述步骤进行物流服务审计,以确保企业的物流服务政策与运作满足当前客户的需求。

11.3　物流服务绩效评价

11.3.1　制定物流服务标准

在明确了哪些物流服务要素最为重要以后,管理层须制定服务业务标准。员工也应经常向上级汇报工作情况。物流服务绩效可以从以下 4 方面来评价和控制：
① 制定每一服务要素的绩效量化标准；
② 评估每一服务要素的实际绩效；
③ 分析实际绩效与目标之间的差异；
④ 采取必要的纠正措施将实际绩效纳入目标水平。

企业所重视的服务要素同时也应当是其顾客所认为的重要要素，诸如存货可供率、送货日期、订货处理状态、订单跟踪，以及延期订货状态等要素，需要企业与顾客之间建立良好的沟通。由于许多企业在订货处理过程方面的技术落后，提高物流服务水平在这一领域大有潜力可挖。通过与顾客的计算机联网可以大大改进信息传递与交换的效率，顾客可以获取动态即时的库存信息，在缺货时可自主安排产品替代组合，还可得知较为准确的送货时间与收货日期。

11.3.2 实施物流客户服务管理

物流服务作为竞争手段，首先必须超出同行业的其他公司。不应是防御型的物流服务，即不能只是与别的公司处在同一水平线上，而应是进攻型的物流服务，即超过其他公司的服务水平。当然是要以低成本连续提供这样的服务，特别是在商品没有太大差别的行业，物流服务作为竞争条件占有很大的分量。实施物流客户服务管理就是要保证具有竞争优势的物流服务水平。物流客户服务管理具体包括以下内容。

（1）弄清都有哪些服务项目。

（2）通过问卷调查、专访和座谈，收集有关物流服务的信息。了解客户提出的服务要素是否重要，他们是否满意，与竞争对手相比是否具有优势等。

（3）根据客户的不同需求，归纳成为不同的类型。由于客户特点不同，需要也不同，进行分类时以什么样的特点为基准十分重要。因此，首先要找出那些影响核心服务的特点，并要考虑能否做得到，而且还必须考虑对本公司效益的贡献程度，以及客户的潜在能力等企业经济原则。

（4）分析物流服务的满意程度。分析客户对各个不同的服务项目是否满意。

（5）分析其他公司相比本公司的情况如何。了解本公司和竞争对手在物流需要上的满意程度，一般称为基准点分析。所谓基准点分析，就是把本公司产品、服务及这些产品和服务在市场上的供给活动与最强的竞争对手或一流公司的活动与成绩进行连续地比较评估。

（6）按客户的类型确定物流服务形式。首先应依据客户的不同类型，制定基本方针。在制定方针时首先要对那些重要的客户，重点地给予照顾，同时要作盈亏分析，还不要忘记分析：在物流服务水平变更时成本会发生什么样的变化。

（7）建立物流机制，即为实现上述整套物流服务项目的机制。

（8）对物流机制进行追踪调查。定期检查已实施的物流服务的效果。

总之，要周而复始地进行"了解物流服务现状""对物流服务进行评估""确定物流服务形式""重新构筑物流系统""定期征求客户意见"等项工作。

11.3.3 物流服务过程监测

1. 没有监测就没有控制

对物流服务过程进行有效的监测是实现物流服务战略目标的唯一手段。监控的过程包括跟踪监测、绩效评价和作出响应，即收集信息、捕捉偏差、分析后果和协调管理。

一般来说，对物流过程的监控分两种情况：一是以企业边界为限的，即只对企业自身的物流活动进行跟踪监测；二是超越企业边界的，即企业与其供应商、客户，或与其供应商和客户一起根据设定的客户服务标准来商定监测的内容和需要测定的指标，然后通过信息共享机制共同制定改善物流过程的解决方案。显然，前者是传统物流的服务模式，后者则属于供应链管理的现代模式。美国田纳西大学在1998年所作的一项调查表明：对物流服务过程进行跨企业边界监测的企业只及进行自身监测的企业的一半左右，这反映了物流企业还是以控制自身的物流服务过程为监测的主要任务。一方面说明对跨边界的物流服务活动进行直接监测的难度；另一方面也说明物流企业对过程进行监测的主要目的还是改善内部管理以提高自身的市场竞争力。

2. 选择适宜的监测指标

常见的情况并不是不进行物流作业绩效测定，而是测定的方法不合适。这又分两种情况。一是数据过剩，信息不足。特别是那些经过系统集成改造的企业最容易发生这种情况。各种数据满天飞，不是来不及处理，就是真正有价值的信息被湮没了，等发现时已经过期。二是测定的对象不合适。即企业所测定的不是客户真正关心的。比如，有个做仓储物流的企业，已经通过 ISO 9002 认证，最近却发现业务有所萎缩，究其原因是其周边环境盗贼猖獗，客户存放货物的损毁率不断上升，但该企业却没有对这个指标进行监测。因此，所谓有效的测定指标也是围绕既定的客户服务标准设计的。

客户服务的绩效测定指标体系可以按照客户服务过程的三个阶段来划分。在售前服务阶段测定指标包括向客户报送货单、销售代表访问客户频率、对客户存货水平的监测、向客户提供咨询的次数等。在售中服务阶段测定指标包括订货的便利性、收到订单后的答复时间、给客户的信用期限多长、对客户询问的处理、配送频率、订货周期、订货周期的可靠性、准时交货率、发货延误率、紧急订货的处理能力、订货满足率、订货情况信息反馈、订货跟踪能力、延期交货比例、可得性或供货率、发货短缺率和产品替代率等。在售后服务阶段的测定指标包括发票准确性、退货或者调剂情况、货物损毁情况、包装物回收情况等。

实际上，物流企业会根据客户服务标准有选择地测定其中几项。比如最常用的测定指标在售中服务部分，其中最常用的又是准时交货率、订货满足率、订货周期及其可靠性等。售后服务部分的发票准确率、客户投诉率和用于改善企业基础管理的发货运输成本、服务能力利用率等也都是经常使用的测定指标。

在电子商务条件下，对订单处理过程的有效监测将变得越来越重要。因为这个过程将决定客户是否放单，所以要求企业具有快速反应能力。完全可以说电子商务与物流企业运营的结合点就是客户订单处理业务。服务系统的信息可得性也将成为过程绩效测定的重要指标，否则服务全程的监控就会失去时效。另外，过程绩效测定工作本身对企业与供应商和客户的互动要求越来越高。许多服务过程的测定需要供应链成员企业来共同商定并完成。所以，供应链成员企业共同建立一个基于网络的服务竞争情报体系不仅是可能的也是必要的。

3. 选择适宜的监测手段

除了选择适宜的绩效测定指标以外，还要选择适宜的物流服务过程监测方法。普遍采用的报告单监测方法，用于服务活动的监测简单实用，但用于服务过程的监测则不容易反映客户对监测的结果是否认同。也就是说，报告单方法缺乏服务过程监测的互动性。有资料表明，先进的信息技术手段已经用于进行服务过程监测。常用的有互联网方法（Internet）、电子数据交换方法（EDI）、基于服务活动的成本核算或成本管理法（ABC/ABM）、物料需求计划或分销需求计划法（MRP/DRP）、仓库管理系统法（WMS）、运输管理系统法（TMS）、企业资源计划法（ERP）等。其中最常用的是电子数据交换方法和物料需求计划或分销需求计划方法。但是由于 EDI 方法的使用成本相对比较高，所以越来越多的企业计划利用互联网来进行物流服务过程的绩效测评工作。这也从一个侧面反映了电子商务环境对物流企业经营运作的深刻影响。

对许多处于转型中的传统物流企业而言，对服务过程的监测可能才刚刚起步，也可能还在使用人工的方法。但有所监测总比没有监测要好。Motorola 就是用报告单从测定计划交货期与客户期望交货期之间的差异开始的。

4. 对服务过程的监测要持之以恒

长期的服务过程监测不仅对外能够改善客户服务，而且对内能够为加强企业基础管理积累资料。但是不要指望一下子就能够对所有的服务过程都进行有效的监测。正确的做法应当是从一个服务过程或一项物流活动开始，然后逐步完善和扩展，关键是要持之以恒。

11.3.4 评价物流服务质量

1. 客户导向的物流服务质量概念

国外的学者关于物流服务质量（logistics service quality，LSQ）对客户满意度的影响已经作了很多的研究。学者 La Londe 和 Zinzez 将物流服务定义为"以满足客户需要、保证客户满意度及赢取企业赞誉为目的的活动"。这个定义从简单的产品运作层次上升到了营销层次。然而，这个关于物流服务的概念依然是从物流供应商而非客户的角度出发的。如果要度量服务的质量及其对客户满意度的影响，这种根据物流的执行者对自身提供的服务作出的评价，必然缺乏科学性。因此，从物流供应者角度出发建立的对 LSQ 进行评价的尺度是不完善的，还需要一个由客户角度评价物流服务的尺度来完善物流服务质量的定义。学者 Mentzes、Gomes 和 Krapfe 克服了这一缺陷，认为物流服务应包含两层含义：客户营销服务和物流配送服务（physical distribute service，PDS）。他们三人研究了过去 40 年关于物流服务的文献，综合了大量有关物流配送和客户服务的资料，最后从 26 个因素中抽取了以下三项作为衡量 PDS 的指标：货物可用性、时间性和质量。但是，这三个指标实际上只是物流整体服务质量中度量物流配送的指标，对整个物流服务质量而言，是片面的。

对于物流服务的整体质量，最新的较完整的定义则是美国 Tenessee 大学 2001 年的研究结果。通过对大型第三方物流企业和客户的深入调查，他们最终总结出从客户角度出发度量物流服务质量的 9 个指标。

（1）人员沟通质量。人员沟通质量指负责沟通的物流企业服务人员是否能通过与客户的良好接触提供个性化的服务。一般来说，服务人员的相关知识丰富与否、是否体谅客户处境以及是否能帮助客户解决问题会影响客户对物流服务质量的评价，这种评价形成于服务过程之中。因此，加强服务人员与客户的沟通是提升物流服务质量的重要方面。

（2）订单释放数量。订单释放数量与前面提到的三要素中的货物可用性概念相关。一般情况下，物流企业会按实际情况释放（减少）部分订单的订量（出于供货、存货或其他原因）。对于这一点，尽管很多客户都有一定的心理准备，但是，不能按时完成客户要求的订货量会对客户的满意度造成影响。

（3）信息质量。指物流企业从客户角度出发提供产品相关信息的多少。这些信息包含了产品目录、产品特征等。如果有足够多的可用信息，客户就容易作出较有效的决策，从而减少决策风险。

（4）订购过程。指物流企业在接受客户的订单、处理订购过程时的效率和成功率。调查表明，客户认为订购过程中的有效性和程序的简易性非常重要。

（5）货品精确率。指实际配送的商品和订单描述的商品相一致的程度。货品精确率应包括货品种类、型号、规格准确及相应的数量正确。

（6）货品完好程度。指货品在配送过程中受损坏的程度。如果有所损坏，那么物流企业应及时寻找原因并进行补救。

（7）货品质量。这里指货品的使用质量，包括产品功能与消费者的需求相吻合的程度。货品精确率与货品数量、种类有关，货品完好程度反映损坏程度及事后处理方式，货品质量则与产品生产过程有关。

（8）误差处理。指订单执行出现错误后的处理。如果客户收到错误的货品，或货品的质量有问题，都会向物流供应商追索更正。物流企业对这类错误的处理方式直接影响客户对物流服务质量的评价。

（9）时间性。指货品是否如期到达指定地点。它包括从客户落单到订单完成的时间长度，受运输时间、误差处理时间及重置订单的时间等因素的影响。

以上这9个因素包括了 PDS 的3个指标，也包括了其他文献中的一些指标。其中的三个指标——货品精确率、货品完好程度、货品质量描述了订单完成的完整性，它们与其他6个指标共同建立了从客户角度衡量物流服务质量的指标。

2. 客户导向的物流服务质量模型

虽然确定了从客户角度出发建立的物流服务质量指标，但是这9个指标忽视了物流服务发生的过程和时间性，以及各个指标间的相关性。而全面质量管理一向注重过程分析，服务质量分析也不能例外。另外，以上的9个指标没有对不同的细分市场进行比较。而过去的研究表明，各个指标在物流服务质量中的地位会因市场细分的差异而有所区别。因此，我们以物流服务发生的时间过程为基础，建立客户导向的物流服务质量模型，如图11-3所示。

首先，订货过程包括物流企业与客户的沟通工作（人员沟通质量）、订单释放数量、货品信息质量提供和具体订购程序这一系列操作。订购过程包括了传统指标的"货物可用性"的内容。

其次，在收货过程中，货品精确率、货品完好程度、货品质量是核心，它们代表了订单完成的完整性。当货品出现问题，客户要求物流企业进行处理，这样误差处理服务就会出现。误差处理处于收货过程的末端，时间性直接受到误差处理的影响。因为订单在正确完成之前（误差处理完毕前），收货过程不算完成，所以，误差处理时间也必须继续计算在内。另外，时间性同时还受到货品精确率、货品完好程度、货品质量等三个因素影响。

最后，时间性和误差处理影响满意度。货品精确率、货品完好程度、货品质量对满意度的影响通过这两个因素起作用。同时，人员沟通质量和订购过程的效率、简易与否对客户满意度也有直接的影响。而订单释放数量、信息质量则通过其他因素间接影响满意度。

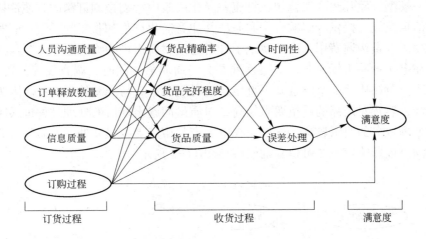

图 11-3 物流服务质量（LSQ）模型

3. 不同产品市场 LSQ 模型的应用

以上建立的物流服务质量模型，是从客户的角度来评价物流服务质量对满意度的影响。在实际操作中，对于不同的市场、不同的客户，模型会相应改变。因此，物流企业应根据不同的产品市场进行分析，区分出对客户满意度影响较大的因素，从而提供有差异化的物流服务。

1）建筑材料及电子产品市场物流服务质量模型

美国戴凡士物流公司对建筑材料市场和电子产品市场进行了研究。研究发现，在建筑材料市场中，企业提供信息的质量完全不受重视（如货品信息清单），原因可能是建筑材料产品技术含量较低，可能涉及的质量问题较少。人员沟通质量对满意度影响不大，而订购过程对满意度有较大影响，原因也是由于产品特性，人们更注重订购过程操作的简易性和效率。另外，在收货过程的末期，时间性和误差处理不受重视，且货品完好程度对误差处理没有影响。这样，对满意度有影响的只有订购过程一环。因此，对于建筑材料这类标准化（不存在太多质量问题）程度较高、技术含量不高、需求的时效性不强的商品，只有订购过程对满意度有重要影响。根据这些调研结论，我们可建立以下模型，如图 11-4 所示。

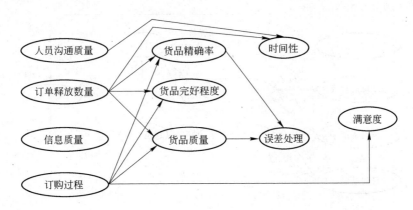

图 11-4 建材市场 LSQ 模型

根据这一模型,戴凡士物流公司在物流差异化决策中特别强调订购的方便快捷,它建立了自动订货信息系统,提供专门的订购服务,并注意简化订货和收货的手续。同时,戴凡士物流公司减少了人员沟通费用,由此实现了针对建筑材料市场的物流服务。

然而,在电子产品市场,客户却很看重人员沟通质量。同时,调查发现,货品精确率、货品完好程度、货品质量3个因素并不直接影响时间性,只与误差处理有关。因为电子产品技术含量较高,客户对产品的质量要求较高,对质量问题出现后的处理过程也很关注,所以客户对误差处理服务的要求较高。这样,在电子产品市场上,误差处理的质量、方便性、时效性对客户满意度影响较大。可建立的模型如图11-5所示。

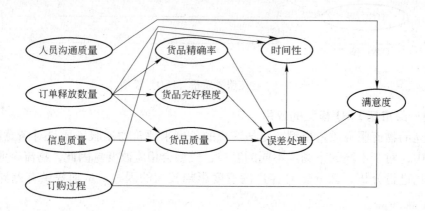

图11-5 电子产品市场LSQ模型

戴凡士物流公司针对这一模型,在电子产品市场上通过把服务的重点放在人员公关、有效率并且完成质量较高的误差处理服务上,来提高客户的满意度。

2) 生鲜品市场的LSQ模型

生鲜品物流一向是物流业的难点,因为鲜花和植物这类易损的生鲜品,储存和运输都很困难。它要求很强的时效性和很好的储存设备,因此,时效性、货品完好程度在这个模型里对满意度的影响较大,因为稍有不确定因素(如天气原因)就会影响全部货品质量,如图11-6所示。

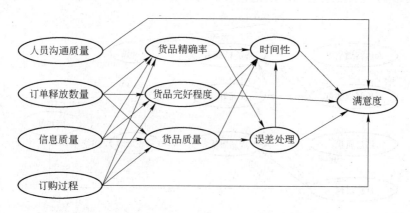

图11-6 阿期米乐鲜花拍卖市场LSQ模型

这一模型的应用可以以荷兰的阿期米尔鲜花拍卖场为例。为保证拍卖的速度与鲜花的质量，即模型中的货品精确率、货品完好程度、货品质量和时间性，在阿期米尔鲜花拍卖场交易的客户必须登记注册，以便使用信息系统提供服务。客户在拍卖过程中只要一按按钮，配好的花束就会被装进纸箱或塑料箱运到拍卖发货中心，装入有冷藏设备的集装箱，发货中心设有海关和检疫站，所有货物在拍卖当天或第二天通过陆运或空运出现在欧洲或北美市场上。为确保质量和信誉，未卖出去的鲜花和植物在拍卖当天晚上会被全部销毁，绝不过夜。

复习思考题

1. 物流服务的组成要素有哪些？
2. 如何确定物流服务战略？
3. 物流服务标准如何制定？
4. 物流服务审计的目标是什么？包括哪几个阶段？

阅读材料

北京超市：离高效物流配送有多远？

据北京市商委日前调查，目前北京市各类超市销售的商品已达十几万个品类，日配送量计5 000多吨。巨大的零售市场离不开物流配送体系的支撑，如此巨大的配送市场运行状况如何？配送企业经营状况怎样？日前，记者走访了北京市商委和华正物流集团、中日合资太平洋物流有限公司、中远物流北京分公司等几家有代表性的经营超市配送业务的大型物流公司。比较普遍的看法是，北京超市配送目前还停留在粗放、分散、低效的初级阶段，产业规模大，市场集中度低，自营物流所占比重较大，第三方物流龙头企业尚未形成，超市配送尚未真正实现物流化。

一、输赢难测自营体系蓬勃生长

近年来，北京众多规模较大的超市纷纷开始不惜成本地建立自己的物流公司和物流中心。建立自营物流配送体系被认为是超市降低成本、提高竞争力的有效途径之一。业界一直认为，高效率的自营物流体系是沃尔玛制胜的法宝，沃尔玛的自营物流体系正被众多的零售商家所效仿。

据报道，华润万家正在努力整合自己的物流资源，为自己设立了同时发展第一方物流（自营物流）和第三方物流的"1+3模式"，并欲将其全部打包装入华创物流公司之中。不单单是华润，去年年底，中国连锁零售业"大佬"华联超市已率先与一家在第三方物流方面颇有经验的外商合资成立了华联物流有限责任公司，并在北京建立了科技含量与规模均属国内领先的现代化物流配送中心。据华联物流的高层透露，此举一方面为华联超市引进了外资，另一方面则可以将隶属于超市部分的物流配送体系独立出来做大做强。虽然华联方面并没有明确表示要做第三方物流，但明眼人可以看出华联向第三方物流进军的雄心和决心。"为某个零售商服务的物流公司要发展成为第三方物流是不现实的。"北京从事物流配送的元老级企业——华正物流集团总裁王伟清及众多从事第三方物流配送的企业老总，对超市自营物流能真正成为第三方物流持否定态度。王伟清说:"第三方物流必须具有很高的独立性。大客户在跟我们合作时,首先就是禁止我们同时代理竞争对手的业务。因为物流中有很多商业秘密,哪一家超市都不可能把业务交给一个附属在其他超市的物流公司去做,除非这些物流业务能完全剥离出去。"

据北京市商委的一位资深人士分析,北京超市通过自营配送体系运送商品的比例很低。这不仅仅因为很多商品制造商规模小、分布广,传统的分销体系根深蒂固,超市自身的配送体系难以渗透;还有一个重要的原因是,一些快速消费品和一些小商品,如果规模不是特别大,通过超市自己的配送体系进行运送,成本会很高。

从事第三方物流的企业普遍认为,超市建立物流配送体系必须有强大的规模效应,如果仅仅是为了自己内部的物流配送,巨大的投资必定承担巨大的风险。据说,此番沃尔玛在北京并没有建立自己的物流配送中心也是作此考虑。

二、渠道不畅配送企业难躲"肠梗阻"

下午6点之后,京城各大超市收货窗口前的配送车队可谓蔚为壮观,堪称北京"一景",少则几十辆,多则上百辆的配送车,没有两三个小时不会散去,节假日尤甚。送货难是令每个物流配送公司老总都深感头疼的问题,城市交通管制、单股配送和小批量配送比重大、进货通道等设施设备落后、停车场等配套设施缺乏是造成超市配送"肠梗阻"的症结所在。

在拥有2 000多万人口的北京,城市交通严重拥堵和超市配送地毯式的运输要求本身就是一个难以调和的问题。北京太平洋物流有限公司运输部经理阮为民说,如果没有交通"瓶颈",公司的业务量完全可以扩大好几倍。据了解,目前北京各物流公司的配送车每天平均只能配送1~1.2次。

因为配送时间过于集中,收货的时效性更没有保证,收货难的矛盾非常突出。

据华正物流集团配送部的王经理介绍,很多超市的收货窗口少,不能实行分类验收,比如图书等货物的验收就非常费时,一次就需要好几十分钟,排在后边的车辆只能慢慢等。王经理说,该集团去年春节前给家乐福配货时,最长的一次等了两天三夜。另外,很多超市的进货通道过于老旧、狭窄,车辆通行困难,没有停车场等配套设施,车辆进出不畅的问题普遍存在。

订单不真实、信息传递慢是北京超市配送过程中经常遇到的问题。目前,北京的超市配送信息要经多次传递:超市每天下班前把配货单传到每个供货商手中,供货商再把配货信息分别传给自己的各个配送代理商,配送代理商根据订单到供货商那里取回货物,拼车后送各超市。一旦配送订单上的信息与超市不一致,配送商就要在制造商和超市之间进行多次斡旋。

三、风向难辨龙头企业尚未形成

有多少家企业从事北京超市配送业务,目前还没有一个明确的数字,北京市商委的这项统计工作也才刚刚开始,但有一点是明确的——至今还没有一家配送企业能占领北京10%的市场份额。配送业务操作手法原始,大多数企业还仅仅停留在取货、送货的初始阶段,配送业务技术含量低,距离高效物流化运作还有很大差距。

华正集团总裁王伟清根据运力投放的数量估计,北京超市的配送业务每天大概需要2至6吨的配送车1 800多台,而华正集团、太平洋物流等这些北京配送市场上的元老级企业,每天所投入的配送车辆也不过几十台到一百多台,所占市场份额不过6%左右。

超市配送的规律是配货股数越多,成本摊得越薄,利润率越高。但目前北京的超市配送业务一般合作都比较单一,即一家配送企业仅为有限的几家制造商服务。

某物流公司一位不愿透露姓名的业务人员说:"有些制造商为了降低物流成本,宁愿接受将食品和宠物食品同车配送,也不愿让我们代理他的竞争对手的业务。"

作为一家大型配送企业,华正集团的配送业务也仅仅停留在半自动化状态。在华正集团配送现场,记者看到配送人员正在按照订单将货物拼车。王伟清有一个很大的设想,在京城的4个角各建一个2万~3万平方米的卫星库,所代理的货物在这里进行中转和短泊,大幅度提高代理业务量并保持适量库存,这样就可以把物流成本降下来,时效性也会更有保证。记者在采访中了解到,好几家实力雄厚的大型物流公司老总都有类似的想法。但是,由于投资巨大外加对北京超市配送市场的走向尚难把握,王伟清他们目前还在观望。

案例分析

麦当劳的第三方物流案例解析

麦当劳(McDonald's)是全球最大的连锁快餐企业之一,由麦当劳兄弟和雷·克洛克在20世纪50年代的美国开创的、以出售汉堡为主的连锁经营的快餐店。麦当劳餐厅遍布在全世界六大洲119个国家。麦当劳已经成为全球餐饮业最有价值的品牌代表。截至2017年底,麦当劳在中国内地共拥有2500余家餐厅,未来5年在中国内地餐厅数量预计增加至4500家。麦当劳公司每年会将营业额的一部分用于慈善事业。创始人雷·克洛克在去世时,用他的全部财产成立了"麦当劳叔叔慈善基金"。2017年10月12日麦当劳(中国)有限公司正式更名为金拱门(中国)有限公司。麦当劳的新名字"金拱门",是一个比它的股本结构更本土化的名字。

在麦当劳的物流中,质量永远是权重最大、被考虑最多的因素。麦当劳重视品质的精神,在每一家餐厅开业之前便可见一斑。餐厅选址完成之后,首要工作是在当地建立生产、供应、运输等一系列的网络系统,以确保餐厅得到高品质的原料供应。无论何种产品,只要进入麦当劳的采购和物流链,必须经过一系列严格的质量检查。麦当劳对土豆、面包和鸡块都有特殊严格的要求。例如,在面包生产过程中,麦当劳要求供应商在每个环节加强管理,如装面粉的桶必须有盖子,而且要有颜色,不能是白色的,以免意外破损时碎屑混入面粉,而不易分辨;各工序间运输一律使用不锈钢筐,以防杂物碎片进入食品中。

谈到麦当劳的物流,不能不说到夏晖公司,这家几乎是麦当劳"御用第三方物流(3PL)"(该公司客户还有必胜客、星巴克等)的物流公司,他们与麦当劳的合作,至今在很多人眼中还是一个谜。麦当劳没有把物流业务分包给不同的供应商,夏晖公司也从未移情别恋,这种独特的合作关系,不仅建立在忠诚的基础上,更在于夏晖公司为麦当劳提供了优质的服务。

而麦当劳对物流服务的要求是极为严格的。在食品供应中,除了基本的食品运输之外,麦当劳也要求物流服务商提供其他服务,如信息处理、存货控制、贴标签、生产和质量控制等诸多方面,这些"额外"的服务虽然成本比较高,但它使麦当劳在竞争中获得了独有优势。"如果你提供的物流服务仅仅是运输,运价是4角/吨,而我的价格是5角/吨,但我提供的物流服务当中包括了信息处理、贴标签等工作，麦当劳也会毫不犹豫选择我做物流供应商的。"为麦当劳提供服务的一位物流经理如是说。

另外，麦当劳要求夏晖公司提供一条龙式物流服务，包括生产和质量控制在内。这样，在夏晖公司设在台湾的面包厂中，就全部采用了统一的自动化生产线，制造区与熟食区加以区隔，厂区装设空调与天花板，以隔离落尘，易于清洁，应用严格的食品与作业安全标准。所有设备由美国 SASIB 专业设计，生产能力每小时 24 000 个面包。在专门设立的加工中心，物流服务商为麦当劳提供所需的切丝、切片生菜及混合蔬菜，拥有生产区域全程温度自动控制、连续式杀菌及水温自动控制功能的生产线，生产能力每小时 1 500 公斤。此外，夏晖还负责为麦当劳上游的蔬果供应商提供咨询服务。

麦当劳利用夏晖设立的物流中心，为其各个餐厅完成订货、储存、运输及分发等一系列工作，使得整个麦当劳系统得以正常运作，通过它的协调与联接，使每一个供应商与每一家餐厅达到畅通与和谐，为麦当劳餐厅的食品供应提供最佳的保证。目前，夏晖在北京、上海、广州都设立了食品分发中心，同时在沈阳、武汉、成都、厦门建立了卫星分发中心和配送站，与设在香港和台湾的分发中心一起，斥巨资建立起全国性的服务网络。

例如，为了满足麦当劳冷链物流的要求，夏晖公司在北京地区投资 5 500 多万元人民币，建立了一个占地面积达 12 000 平方米、拥有世界领先的多温度食品分发物流中心，在该物流中心并配有先进的装卸、储存、冷藏设施，5~20 吨多种温度控制运输车 40 余辆，中心还配有电脑调控设施用以控制所规定的温度，检查每一批进货的温度。

"物流中的浪费很多，不论是人的浪费、时间的浪费还是产品的浪费都很多。而我们是靠信息系统的管理来创造价值。"夏晖食品公司大中华区总裁白雪李很自豪地表示，夏晖的平均库存远远低于竞争对手，麦当劳物流产品的损耗率也仅有万分之一。

"全国真正能够在快餐食品达到冷链物流要求的只有麦当劳。"白雪李称，"国内不少公司很重视盖库买车，其实谁都可以买设备盖库。但谁能像我们这样有效率地计划一星期每家餐厅送几次货，怎么控制餐厅和分发中心的存货量，同时培养出很多具有管理思想的人呢？"与其合作多年的麦当劳中国发展公司北方区董事总经理赖林胜拥有同样的自信："我们麦当劳的物流过去是领先者，今天还是领导者，而且我们还在不断地学习和改进。"

赖林胜说，麦当劳全国终端复制的成功，与其说是各个麦当劳快餐店的成功，不如说是麦当劳对自己运营的商业环境复制的成功，而尤其重要的是其供应链的成功复制。离开供应链的支持，规模扩张只能是盲目的。

超契约的合作关系

很让人感兴趣的是，麦当劳与夏晖长达 30 余年的合作，为何能形成如此紧密无间的"共生"关系？甚至两者间的合作竟然没有一纸合同？

"夏晖与麦当劳的合作没有签订合同，而且麦当劳与很多大供应商之间也没有合同。"的确有些难以置信！在投资建设北京配送中心时，调研投资项目的投资公司负责人向夏晖公司提出想看一下他们与麦当劳的合作合同。白雪李如实相告，令对方几乎不敢相信，不过仔细了解原因后，对方还是决定投资。

这种合作关系看起来不符合现代的商业理念，但却从麦当劳的创始人与夏晖公司及供应商的创始人开始一路传承下来。

"这种合作关系很古老，不像现代管理，但比现代管理还现代，形成超供应链的力量。"白雪李说，在夏晖公司的10余年工作经历让自己充分感受到了麦当劳体系的力量。夏晖公司北方区营运总监林乐杰则认为，这种长期互信的关系使两者的合作支付了最低的信任成本。

多年来，麦当劳没有亏待他的合作伙伴，夏晖公司对麦当劳也始终忠心耿耿，白雪李说，"有时长期不赚钱，夏晖公司也会毫不犹豫地投入。因为市场需要双方来共同培育，而且在其他市场上这点损失也会被弥补回来"。有一年，麦当劳打算开发东南亚某国市场，夏晖公司很快跟进在该国投巨资建配送中心。结果天有不测风云，该国发生骚乱，夏晖公司巨大的投入打了水漂。最后夏晖公司这笔损失竟是由麦当劳支付的。

思考题

试分析麦当劳选择夏晖公司作为长期物流服务供应商原因。

第 12 章 国际物流

【本章结构图】

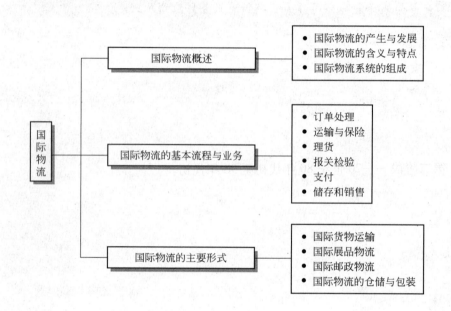

【学习目标】

通过本章的学习,你将能够:

1. 了解国际物流的发展阶段,正确把握国际物流的含义与特点;
2. 掌握国际物流系统的组成;
3. 掌握国际物流的基本业务;
4. 掌握国际物流的主要形式。

12.1 国际物流概述

12.1.1 国际物流的产生与发展

国际物流是现代物流系统中重要的物流领域之一，随着国际经济交流与合作的快速发展，商品、物资的跨国界流动便形成了国际物流，这种物流活动是相对于国内物流而言的，是国内物流的延伸，有时也称其为国际大流通或大物流。国际物流是伴随着国际贸易的发展而产生的，并已成为国际贸易的重要物质基础，国际贸易最终必须通过国际物流来实现。

国际物流活动的发展经历了以下三个阶段。

(1) 第一阶段——20 世纪 50 年代至 80 年代初。

这一阶段形成了国际间的大规模物流，物流设施和物流技术得到了极大的发展，出现了大型物流运输工具，建立了配送中心，广泛运用了电子计算机进行管理，出现了立体无人仓库，一些国家建立了本国的物流标准化体系等。物流系统的改善促进了国际贸易的发展，国际物流的活动范围也逐渐扩大，但物流国际化的趋势还没有得到人们的重视。这个阶段国际集装箱及集装箱船、国际航空物流和国际多式联运也得到了迅速发展。

(2) 第二阶段——20 世纪 80 年代初至 90 年代初。

随着经济技术的发展和国际经济往来的日益扩大，物流国际化趋势开始成为世界性的共同问题，国际物流出现了"精细物流"，物流的机械化、自动化水平迅速提高，出现了不少新技术、新方法。美国密歇根州立大学教授波索克斯强调改善国际性物流管理，降低产品成本，并且要改善服务，扩大销售，在激烈的国际竞争中获得胜利。强调要实现与其对外贸易相适应的物流国际化，应采取建立物流信息网络，加强物流全面质量管理等一系列措施，提高物流国际化的效率。这一阶段物流国际化的趋势局限在美、日和欧洲一些发达国家。

(3) 第三阶段——20 世纪 90 年代初至今。

这一阶段世界各国广泛进行国际物流方面的理论和实践方面的大胆探索。条码及卫星定位系统等高科技的服务手段和高科技的信息技术在物流领域普遍应用。这一阶段国际物流的"物流无国界"概念及其重要性已为各国政府和外贸部门所普遍接受。人们已经形成共识：只有广泛开展国际物流合作，才能促进世界经济繁荣，物流无国界。随着国际一体化进程的加速，国际贸易和对外交流范围的扩展，贸易伙伴遍布全球，必然要求物流国际化，即物流设施国际化、物流技术国际化、物流服务国际化、货物运输国际化、包装国际化和流通加工国际化等。

12.1.2 国际物流的含义与特点

1. 国际物流的含义

所谓国际物流，是指组织原材料、在制品、半成品和制成品等货物在国与国之间的合理流动和转移，也就是一种跨国物流。国际物流的实质是按国际分工协作的原则，依照国际惯例，利用国际化的物流网络、物流设施和物流技术，以最佳的方式和途径，以最小的费用和风险，保质、保量、适时地将货物从一国的供方运输到另一国的需方，为国际贸易和跨国经营服务，以促进区域经济的发展和世界资源的优化配置。

2. 国际物流的特点

国际物流是国际贸易和跨国经营的重要组成部分，其最大的特点是物流跨越国境，物流活动在不同国家之间进行，使各国物流系统相互"接轨"，成为一个完整的物流系统。因而与国内物流系统相比，存在不少差异，具有国际性、复杂性、风险性、先进性等特点。

（1）国际性。

近十几年来跨国企业积极推行国际化战略，在全世界寻找贸易机会，寻找最理想的市场和最好的生产基地，企业分别在不同国家生产零配件，然后进行组配、销售。企业的这种经济活动，促进了实物和信息在世界范围内的大量流动和广泛交换。这些活动依靠国际物流来完成。国际物流活动涉及多个国家，物流渠道长，物流环节多。国际物流跨越海洋和大陆，跨越不同国家和地区，跨越地理范围广。这一特点又称为国际物流系统的地理特征。运输距离长，运输方式多样，这就需要合理选择运输路线和运送方式，尽量缩短运输距离，缩短货物在途时间，加速货物的周转并降低物流成本。随着我国加入WTO后带来的市场开放和信息化时代的不断变革，物流业面临着巨大国际化的发展，它需要更加科学、合理、高效、透明的政策法律环境，全面建设立体物流网络，为我国现代物流业在国际上的腾飞奠定良好的法律基础。

（2）复杂性。

在国际间的经济活动中，生产、流通、消费3个环节之间存在密切的联系。各国社会制度、自然环境、科技水平、法律法规环境、经营管理方法、商业习惯不同，这些因素错综复杂，造成物流环境存在极大的差异，尤其是物流软环境的差异，使国际物流的复杂性远高于一国的国内物流。例如，对于处于不同科技条件支撑下的国际物流，有些地区根本无法应用某些技术而迫使国际物流系统的整体水平下降；不同国家有不同物流标准，这也造成国际间"接轨"的困难，因而使国际物流系统难以建立，使国际物流受到很大的局限，甚至会阻断国际物流。因此，在国际间组织好货物从生产到消费的流动，就迫使一个国际物流系统需要在若干不同的科技、设施、法律、管理、人文、习俗等环境下运行，这无疑会大大增加物流的难度和系统的复杂性。国际物流复杂性主要包括国际物流通信系统设置的复杂性、法律环境的差异性和商业现状的差异性等。

（3）风险性。

国际物流是一个复杂的系统，所涉及的因素来自于方方面面，国际物流复杂性带来的直接后果是实施物流活动难度的增加。这种国际物流的风险性主要分为政治风险、经济风险和自然风险。政治风险主要指由于所经过国家的政局动荡，如罢工、战争等原因造成货物可能受到损害或灭失。经济风险又可分为汇率风险和利率风险，从事国际物流必然要发生的资金流动，由于汇率的变化及企业资信问题，使得国际物流运作中面临着更多的信用及金融风险。自然风险则指物流过程中，可能因自然因素，如海风、暴雨等而引起的风险。由于国际物流运输时间、距离的扩大，货物在中途转运、装卸的频率较高，各口岸处理货物的设备、基础设施条件千差万别，在国际物流中货物灭失和被损害的风险增大。这就需要企业具有较强的风险意识，找出防范风险的办法，以减少可能造成的损失。

(4) 先进性。

国际物流在融入现代物流管理思想和系统技术之后，具有明显的先进性。这主要体现在国际物流的高信息化程度和高标准化程度。物流必须有信息系统的支持。国际化信息系统是国际物流，尤其是国际联运非常重要的支持手段。国际物流企业为提高国际竞争能力，一是在管理上重视国际信息系统的作用；二是在技术上更先进。与国内物流系统相比，国际物流信息系统水平更高。例如，在物流信息传递技术方面，欧洲各国不仅实现企业内部的标准化，而且实现了企业之间的物流及欧洲统一市场的标准化，这就使欧洲各国之间的物流系统比其与亚洲、非洲等的国家交流更简单、更有效。物流的标准化是实现物流管理现代化、科学化的重要基础。要使国际间物流畅通起来，统一标准是非常重要的。目前，美国、欧洲基本实现了物流工具、设施的统一标准，大大降低了物流费用，降低了转运的难度。同时，国际物流的标准化起着协调各国贸易壁垒，促进物流技术合作，促进国际贸易发展的作用。

12.1.3 国际物流系统的组成

国际物流系统是由商品的包装、储存、运输、检验、流通加工和其前后的整理、再包装及国际配送等子系统组成的。运输和储存子系统是物流系统的主要组成部分。国际物流通过商品的储存和运输，实现其自身的时间和空间效益，满足国际贸易活动和跨国公司经营的要求。一个完善的国际物流系统应包括如下子系统。

1. 运输子系统

国际货物运输是国际物流系统中的动脉子系统。运输的作用是将物品进行空间移动而实现其使用价值。物流系统依靠运输作业克服物品生产地和需要地点的空间距离，创造了物品的空间效益。国际货物运输是国际物流系统的核心，物品通过国际货物运输由卖方转移给买方。国际货物运输具有路线长、环节多、涉及面广、手续繁杂、风险性大、时间性强、包含国内运输段和国际运输段的内外运两段性和联合运输等特点。国际货物运输业将伴随着科技革命的浪潮迅速发展，这种大规模的国际货运业的发展又促进了国际物流业的发展。运输费用在国际贸易商品价格中占有很大比重。国际运输主要包括运输方式的选择、运输单据的处理及投保等业务内容。

2. 仓储子系统

国际物流仓储业务在国际物流中有着重要的地位和作用。可以说没有商品的存储，也就没有国际货物的流通。由于储存保管可以克服物品在时间上的差异，所以能够创造时间效益。国际货物的储存、保管使货物在其流通过程中处于一种或长或短的相对停滞状态，这种停滞又称为"零速度运输"，是完全必要的。因为，国际货物流通是一个由分散到集中，再由集中到分散的源源不断的流通过程，而库存作为一种"储备"，是维持正常生产，保持连续供应，应付压港、压站等所必需的。国际贸易和跨国经营中的商品从生产厂或供应部门被集中运送到装运港口，有时需临时存放一段时间，再装运出口，是一个集和散的过程。国际货物的储存与保管主要是在各国的保税区和保税仓库进行的，这就涉及各国保税制度和保税仓库建设等问题。保税制度是对特定的进口货物，在进境后，尚未确定内销或复出的最终去向前，暂缓缴纳进口税，并由海关监管的一种制度。这是各国政府为了促进对外加工贸易和转口贸易而采取的一项关税措施。保税仓库是经海关批准专门用于存放保税货物的仓库。它必须具备专门储存、堆放货物的安全设施；健全的仓库管理制度和详细的仓库账册，配备专门的经海关培训认可的专职管理人员。保税仓库的出现，为国际物流的海关仓储提供了既经济又便利的条件。从物流角度看，货物不应长时间停留在仓库，应尽量减少储存时间、储存数量，加速货物和资金周转，实现国际物流的高效率运转。

3. 装卸与搬运子系统

进出口商品的装卸与搬运作业，相对于商品运输来讲，是短距离的商品搬移，是仓库作业和运输作业的纽带与桥梁，实现的也是物流的空间效益。它是保证商品运输和保管连续性的一种物流活动。搞好商品的装船、卸船、商品进库、出库以及在库内的搬倒清点、查库、转运转装等，对加速国际物流十分重要，而且节省装搬费用也是物流成本降低的重要环节。有效地搞好装卸搬运作业，可以减少运输和保管之间的摩擦，充分发挥商品的储运效率。

4. 流通加工子系统

流通加工是随着科技进步，特别是物流业的发展，而不断发展的。它是物流中具有一定特殊意义的物流形式。流通加工业的兴起，是为了促进销售、提高物流效率和物资利用率以及为维护产品的质量而采取的，能使物资或商品发生一定的物理和化学以及形状变化的加工过程，并保证进出口商品质量达到要求。出口商品的加工业，其重要作用是使商品更好地满足消费者的需要，不断地扩大出口；同时也是充分利用本国劳动力和部分加工能力、扩大就业机会的重要途径。

流通加工的具体内容包括袋装、定量小包装（多用于超级市场）、贴标签、配装、挑选、混装、刷标记（刷唛）等为出口贸易商品服务；另外是生产性外延加工，如剪断、平整、套裁、打孔、折弯、拉拔、组装、改装，服装的检验、烫熨等。这种出口加工或流通加工，不仅能最大限度地满足客户的多元化需求，同时，由于是比较集中的加工，它还能比没有加工的原材料出口赚取更多的外汇。

5. 检验子系统

国际物流中的物品是国际贸易交易的货物或跨国经营的商品，具有投资大、风险高、周期长等特点，通过检验，可以促进销售、维护产品质量和提高国际物流效率，这就使得商品检验成为国际物流系统中重要的子系统。通过商品检验，确定交货品质、数量和包装条件是否符合合同规定，如发现问题，可分清责任，向有关方面索赔。在买卖合同中，一般都订有商品检验条款，其主要内容有检验时间与地点、检验机构与检验证明、检验标准与检验方法等。

1）检验时间与地点

根据国际贸易惯例，商品检验时间与地点的规定可概括为 3 种。

（1）出口国检验。这种方式下，买方对到货的品质与数量原则上一般不得提出异议。这种规定显然对卖方单方面有利。出口国检验可分为两种情况：工厂检验和装船检验。在工厂检验中，卖方只承担货物离厂前的责任，运输中品质、数量变化的风险概不负责；装船检验中，商品检验机构在货物装运前对货物品质、数量及包装进行检验，并出具检验合格证书为交货的最后依据。

（2）进口国检验。这种方式下，卖方应承担运输过程中品质、数量变化的风险，对买方十分有利，包括卸货后在约定时间内检验和在买方营业处所或最后用户所在地查验两种情况。其检验结果可作为货物品质和数量的最后依据。

(3) 出口国检验、进口国复验。货物在装船前进行检验，以装运港双方约定的商检机构出具的证明作为议付货款的凭证，但货物到达目的港后，买方有复验权。如复验结果与合同规定不符，买方有权向卖方提出索赔，但必须出具卖方同意的公证机构出具的检验证明。这种做法兼顾了买卖双方的利益，在国际上采用较多。

2）检验机构与检验证明

在国际贸易中，从事商品检验的机构很多，包括卖方或制造厂商和买方或使用方的检验单位、国家设立的商品检验机构、民间设立的公证机构和行业协会附设的检验机构。在我国，统一管理和监督商品检验工作的是国家进出口商品检验局及其分支机构。究竟选定哪个机构实施和提出检验证明，在买卖合同条款中，必须明确加以规定。商品检验证明即进出口商品经检验、鉴定后，由检验机构出具的具有法律效力的证明文件。如经买卖双方同意，也可采用由出口商品的生产单位和进口商品的使用部门出具证明的办法。检验证书是证明卖方所交货物在品质、重量、包装、卫生条件等方面是否与合同规定相符的依据。如与合同规定不符，买卖双方可据此作为拒收、索赔和理赔的依据。此外，商品检验证书也是议付货款的单据之一。

3）检验标准与检验方法

同一商品，如用不同的检验方法和检验标准进行检验，其结果也会不同。因此，在对外签订合同时，应注意适当的检验标准和检验方法。商品检验可按生产国的标准进行检验，或按买卖双方协商同意的标准进行检验，或按国际标准或国际习惯进行检验。商品检验方法概括起来可分为感官鉴定法和理化鉴定法两种。理化鉴定法对进出口商品检验具有重要作用。理化鉴定法一般是采用各种化学试剂、仪器器械鉴定商品品质的方法，如化学鉴定法、光学仪器鉴定法、热学分析鉴定法、机械性能鉴定法等。

6. 商品包装子系统

美国杜邦化学公司提出的杜邦定律认为，63%的消费者是根据商品的包装装潢进行购买的，国际市场和消费者是通过商品来认识企业的，而商品的商标和包装就是企业的面孔，它反映了一个国家的综合科技文化水平。目前，我国经营出口商品的企业对出口商品包装存在重商品、轻包装的思想，缺乏现代意识，表现在缺乏现代包装观念、市场观念、竞争观念和包装的信息观念；出口商品包装材料主要靠进口；包装产品加工技术水平低，质量上不去。要提高商品包装系统的功能和效率，应提高广大外贸职工对出口商品包装工作重要性的认识，树立现代包装意识和包装观念；尽快建立起一批出口商品包装工业基地，以适应外贸发展的需要，满足国际市场、国际物流系统对出口商品包装的各种特殊要求；认真组织好各种包装物料和包装容器的供应工作。在考虑出口商品包装设计和具体作业过程时，应把包装、储存、装卸搬运和运输有机联系起来统筹考虑，实现现代国际物流系统所要求的"包、储、运一体化"。即从商品包装开始，就要考虑储存的方便、运输的快速，以达到加速物流、方便储运、减少物流费用等目的。

7. 国际物流信息子系统

国际物流信息子系统是各个国际物流子系统之间沟通的关键，在国际物流活动中起着中枢神经的作用。该子系统的主要功能是采集、处理和传递国际物流和商流的信息情报。没有功能完善的信息系统，国际贸易和跨国经营将寸步难行。国际物流信息的主要内容包括进出口单证的作业过程、支付方式信息、客户资料信息、市场行情信息和供求信息等。国际物流信息系统的特点是信息量大，交换频繁；传递量大，时间性强；环节多、点多、线长。所以，要建立技术先进的国际物流信息系统。国际贸易中 EDI 的发展是一个重要趋势。EDI 是一种信息管理或处理的有效手段，目的是充分利用现有计算机及通信网络资源，提高贸易伙伴间通信的效益，降低成本。它按照统一规定的标准格式，将经济信息通过通信网络传输，在贸易各方的计算机系统之间进行数据交换和自动处理，消除了贸易过程中的纸面单证，实现高效率的传输发票和订单，从而使交易信息瞬间送达，因而空前提高了商流和物流的速度。我国应该在国际物流中加强推广 EDI 的应用，建设国际贸易和跨国经营的高速公路。

上述子系统应该和配送系统、装卸搬运系统及流通加工系统等有机联系起来，统筹考虑、全面规划，建立适应国际竞争要求的国际物流系统。

12.2　国际物流的基本流程与业务

国际物流的基本流程与进出口程序类似，其基本业务主要有订单处理、运输与保险、理货、报关检验、支付、储存和销售等。

12.2.1　订单处理

如果进口商和出口商经过交易磋商签订了正式合同，订单处理就是对履行合同的相关事项所作的安排。它主要包括以下两方面的内容。

（1）为了执行合同而进行的一些履约准备工作。如进口商须申请进口许可证、进口配额等相关文件，在信用证支付条件下，还应按照合同有关规定填写开立信用证申请向银行办理开证手续；出口商在按时、按质、按量准备应交货物的同时，应催促买方按合同规定及时开立信用证或办理付款手续，信用证开到后还要对信用证内容逐项认真审核，信用证条款必须与合同内容相一致，品质、规格、数量、价格、交货期、装运等应以合同为依据，不得随意改变，以保证及时装运、安全结汇。

（2）进出口商之间的联络。主要是针对装运、保险、接货等问题所作的信息沟通。由于不同的贸易术语对买卖双方的责任有不同的规定，因此，双方要根据术语的有关规定来完成一定的通知义务。如在 FOB 合同中，买方应按规定期限将船名、装货泊位及装船日期通知卖方，以便卖方及时备货装船；在 CIF 合同中，则由卖方给予买方货物已经装船的充分通知，以便买方及时受领货物。

如果进口商与出口商之间没有签订专门的正式合同，那么订单的处理就尤为重要，按照国际习惯做法，对订单不加修改的接受就在进口商和出口商之间形成了一个受法律保护的合约。订单往往没有标准的形式，一般包括以下信息：购买意向、订购数量、购买价格、信用条件和运输方式等。收到订单的一方如果觉得所有条件是可以接受的，会发出一张收到证实书；如果认为有些条件必须修改，双方会进一步讨论，之后出口商会准备一张形式发票来注明商品的类型、数量、单价、估计重量、尺寸、有关的支付信用条件，如果进口商接受，那么形式发票就成为双方成交的法律凭据。

12.2.2 运输与保险

为了确保国际物流的经济安全，进出口双方应合理选择货物运输的路线、运输方式、运输工具，并对货物在运输中的风险进行投保。不同的贸易术语对运输和保险责任的划分有所不同，如在FOB交货条件下，由买方负责派船到对方口岸接运货物；在CIF交货条件下，由卖方负责租船订舱。所以，双方应严格按照合同要求来履行各自的义务。承担运输责任的一方应根据合同与运输公司（承运人）签订运输协议，委托运输公司完成货物的位移。基本程序如下。

① 托运人根据船期表填写货物托运单。

② 承运人根据托运单的内容，结合运输工具的航线、航期和仓储条件签发装货单，通知托运人装货的日期和航次，船长根据装货单接受该批货物装船。

③ 船方在验收货物并装船后，由船长或大副签发收货单，托运人凭收货单向承运人或其代理人缴纳运费并获取正式提单。

④ 运输过程结束后，收货人凭提单向承运人领取货物。

出口货物的保险由出口企业按合同或信用证要求填制投保单，列明被保险人名称，保险货物项目、数量、包装及标志，保险金额，起讫地点，运输工具名称，起讫日期、投保险别等，并缴纳保险费，保险公司接受投保后即签发保险单或保险凭证。为了简化投保手续和防止出现漏保等情况，进口货物一般采取预约保险的做法，即投保人与保险公司签订不同运输方式下的预约保险合同。进口商对每批进口货物无须填制投保单，仅以国外的装运通知单代替投保单，即为办理了投保手续，签有进口预约保险的公司对该批货物自动承保。

12.2.3 理货

理货业务是国际物流中不可缺少的一项业务，是随着水上运输的出现而产生的。最早的理货工作是计数，目前理货工作范围已经发生了很大的变化。理货是指船方或货主根据运输合同在装运港和卸货港收受和交付货物时，委托港口的理货机构代理完成的在港口对货物进行计数、检查货物残损、指导装舱积载、检查包装、制作有关单证等工作。理货对于买卖双方履行贸易合同、按质按量交易货物、促进贸易双方的相互信任、保障航行安全和货物在运输途中的安全具有重要意义。理货工作主要包括以下内容。

（1）理货单证。

理货单证是指理货机构在理货业务中使用和出具的单证，反映船舶载运货物在港口交接时的数量和状态的实际情况的原始记录，具有凭证和证据的性质。理货单证种类有理货委托书、计数单、现场记录、日报单、待时记录、货物溢短单、货物残损单、货物积载图，还有分港卸货单、货物分舱单、复查单、更正单、分标志单、查询单、货物丈量证明书等单证。

（2）分票、理数和确定溢短货物。

分票是理货员的一项基本工作，就是依据出口装货单或进口舱单分清货物的主标志归属，分清混票和隔票，分清货物的归属。分票是理货工作的起点。理货员在理数之前，首先要按出口装货单或进口舱单分清货物的主标志，以明确货物的归属，然后才能根据理货数字确定货物是否溢短、残损。

理数是理货员的一项最基本的工作，是理货工作的核心内容，就是在船舶装卸货物过程中，记录起吊货物的钩数，点清钩内货物细数，计算装卸货物的数字。理数的方法有发筹理数、划钩理数、挂牌理数、点垛理数、抄号理数、自动理数等。

溢短货物是指船舶承运的货物，在装运港以装货单数字为准，在卸货港以进口舱单数字为准。当理货数字比装货单或进口舱单数字多时，称为溢货，短少时称为短货。

在船舶装卸货物时，装货单和进口舱单是理货的唯一凭证依据，也是船舶承运货物的凭证和依据。理货结果就是通过与装货单和进口舱单进行对照，来确定货物是否溢出或短少。货物装卸船后，由理货长根据计数单核对装货单或进口舱单，确定实际装卸货物是否有溢短。

（3）理残。

理残是理货人员的一项主要工作，为了确保出口货物完整无损，分清进口货物原残和工残，在装卸船舶承运货物时，检查货物包装或外表是否有异常状况。理货人员在船舶装卸过程中，必须要剔除残损货物，记载原残货物的积载部位和数字的工作叫作理残。凡货物包装或外表出现破损、污损、水湿、锈蚀、异常变化等现象，可能危及货物的质量或数量的，称为残损。

（4）绘制实际货物积载图。

实际货物积载图是指实际装船位置的示意图。装货前，理货机构从船方或其代理人处取得配载图，理货人员根据配载图来指导和监督工人装舱积载。但是，由于各种原因，在装船过程中经常会发生调整和变更配载。理货长必须参与配载图的调整和变更事宜，在装船结束时，理货长还要绘制实际货物积载图。

（5）签证和批注。

理货机构为船方办理货物交接手续时一般是要取得船方签证的，同时，承运人也有义务对托运人和收货人履行货物收受和交付的责任。当然，如果理货机构是公证机构，那么它的理货结果就可不经船方签证而生效，但目前我国还没有这样做。船方为办理货物交付和收受手续，在理货单上签字，主要是在货物残损单、货物溢短单、大副收据和理货证明书上签字，称为签证。签证工作一般在船舶装卸货物结束后、开船之前完成。我国港口规定，一般在不超过船舶装卸货物结束后2小时内完成。在理货或货运单证上书写对货物数字或状态的意见，称为批注。船方批注是船方加的批注，一般加在理货单证和大副收据上；理货批注是理货人员加的批注。在装货时，理货人员发现货物外表状况有问题，发货人又不能进行处理，而又要坚持装船，这时理货人员就得如实批注在大副收据上。还有发现货物数字不符，而发货人坚持要按装货单上记载数字装船时，理货人员也应在装货单上按理货数字批注，有时还要如实批注货物的装船日期等内容。批注的目的和作用是为了说明货物的数字和状态情况及责任关系。在卸货时，理货长对船方加在理货单证上的批注内容有不同意见，经摆事实、讲道理后，船方仍坚持不改变批注内容时，理货长可在理货单证上加上不同意船方批注内容的反批注意见。

（6）复查和查询。

复查是指理货机构采取各种方式对所理货物数字进行核查，以证实其准确性的做法。卸港货物数字与舱单记载的货物数字不一致时，国际航运的习惯做法是船方在理货单上批注"复查"方面的内容，即要求理货机构对理货数字进行重新核查。复查的另一个含义还包括理货机构主动进行的复查，即当理货数字与舱单记载的货物数字差异比较大时，为确保理货数字的准确性，在提请船方签证之前，往往要对所理货物进行复核。查询包括以下内容：船舶卸货发生溢出或短少，理货机构为查清货物溢短情况，向装运港理货机构发出查询文件或电报，请求进行调查，且予以答复；或在船舶装货后，发现理货、装舱、制单有误，或有疑问，理货机构向卸货港理货机构发出查询文件或电报，请求卸货时予以注意、澄清，且予以答复；或航运公司向理货机构发出查询文件或电报，请求予以澄清货物有关情况，且予以答复，这些统称为查询。

12.2.4 报关检验

报关是指进出口货物收发货人、进出境运输工具负责人、进出境物品的所有人或者他们的代理人向海关办理货物、物品或运输工具进出境手续及相关海关事务的过程。报关的具体范围包括进出境运输工具、进出境货物和进出境物品。海关是国家进出境的监督管理机关，进出口货物必须经设有海关的地点进境或者出境，进口货物的收货人或其代理人应当自运输工具申报进境之日起 14 天内，出口货物的发货人或其代理人应当在装货的 24 小时前向海关如实申报，接受海关监管，逾期罚款，征收滞纳金。如自运输工具申报进境之日起超过 3 个月未向海关申报，其货物可由海关提取变卖，如确因特殊情况未能按期报关，收货人或其代理人应向海关提供有关证明，海关可视情况酌情处理。

报关工作的基本程序分为申报、查验、征税、放行 4 个阶段。

（1）申报。国际物流服务商是报关的主体，作为报关单位应在海关规定时间内，以书面形式或电子数据交换（EDI）方式向海关报告其进出口货物的情况，并随附发票、提单、保单等有关单据，申请海关审查放行。

（2）查验。除海关总署特准货物以外，都应接受海关查验，未检验的货物不准投产、销售和使用。进出口货物的检验主要是海关对申报人所申报的进出口货物的品质、数量及规格等实施核对和检查，确定进出口商品有无错报、漏报、走私、瞒报和伪报等情况，审查进出口货物是否残损，是否符合安全、卫生的要求及有无违法事情。海关查验货物时，进出口货物收、发货人或其代理人应当到场，要协助海关查验货物，负责搬移货物，开拆和重封货物的包装。国际通行的检验方法是"两次检验、两个证明、两份依据"，即以装运港的检验证书作为交付货款的依据，在货物到达目的地后，允许买方公证机构对货物进行复验，并出具检验证书作为货物交接的最后依据。进口货物运达港口卸货后，港务局要进行卸货核对，如发现货物短缺，应及时填制"短卸报告"交由船方签认并根据短缺情况向船方提出保留索赔权的书面声明。卸货时如发现残损，货物应存放于海关指定仓库，待保险公司同商检局检验后作出处理。如进口货物经商检局检验发现有残损短缺，应凭商检局出示的证书对外索赔。海关审核单证是否齐全、填写是否正确，报关单内容与所附各项单证的内容是否相符，然后查验进出口货物与单证内容是否一致，必要时海关将开箱检验或提取样品。

（3）货物经海关查验通过后，由海关计算税费，填发税款缴纳证。依照有关法律，关税由海关征收，对进出口货物除征收关税外，还要征收进出口环节增值税，对少数商品征收消费税。

（4）待报关单位缴清税款或提供担保后，海关在报关单、提单、装货单或运单上加盖放行章后放行。放行是口岸海关监管现场作业的最后一个环节。

12.2.5 支付

进口商对出口商支付货款的程序因所采用的支付方式的不同而有差异，在我国出口业务中，使用议付信用证方式较为普遍。出口货物装运后，受益人（卖方）应及时制单，在信用证规定的有效期和交单期内向银行交单并开出汇票。议付行收到交易单证等各种票据后，按照信用证的要求审单，并在收到单据后7个银行工作日内将审单结果通知受益人。如果确认"单证一致，单单一致"，议付行将向开证行或其指定的银行寄单索偿，同时按与受益人约定的方法进行结汇。开证行收到国外寄来的汇票及单据后，对照信用证的规定核对单据的份数和内容。如果内容无误，即由银行对国外付款，同时进口商向银行承兑或付款赎单。进口商在取得相关单据后可以凭单提取进口货物。如果银行在审单时发现单证不符，应作出适当处理，如停止对外付款、相符部分付款而不符部分拒付、货到检验合格后再付款、在付款的同时提出保留索赔权等。

12.2.6 储存和销售

出口商在货物备运期间，应妥善保管所交货物，防止发生串味、腐烂、破碎等。进口商收到货物后也需对货物进行储存，有时还需要对货物进行分装、转运等处理。在此期间，进口商应对储存地点、保险、费用等问题加以综合考虑，特别是当进口商向出口商索赔时，在储存期间采取必要手段保全尤为重要，否则一旦货物在储存期间由于保管不当而损坏，进口商会因此丧失索赔权。

进口货物的销售应按照进口商事先制定的商业计划进行，即选择恰当的营销组合将进口商品推向目标市场。

综上所述，国际物流的完成或者说一条完整的进出口供应链涉及相当复杂的环节，要求进口商和出口商必须具备处理相关单据的能力和经验，以及和方方面面的机构协调关系的技能。当进口商和出口商缺乏这些技能时，可以考虑利用进出口经纪人、货运代理人等专业人员来完成国际物流环节。这些中介在国际贸易竞争激烈、社会分工越来越细的情况下发挥着日趋重要的作用。

12.3 国际物流的主要形式

国际物流根据管理组织方式、运输方式、物流对象、流动路径的不同有多种形式，下面介绍几种主要的国际物流形式。此外，由于在国际物流过程中，仓储与包装对物流的顺畅有着重要意义，所以也对国际物流中的仓储与包装进行简要介绍。

12.3.1 国际货物运输

国际货物运输是指国家与国家、国家与地区之间的货物运输，既包括国际贸易货物运输，也包括国际非贸易物资运输。国际货物运输由于运输距离长，涉及面广，中间环节多，情况复杂多变，政策性强，加之时间性又很强，所以风险比国内运输要大得多。

常见的运输方式有公路运输、铁路运输、海洋运输及航空运输等，不同的运输方式有各自的优缺点。国际货物运输中，要求选择最佳的运输路线、以最经济的成本和安全的运输方式，按时按质按量地提供运输服务。国际物流对运输方式的选择主要应考虑以下两个方面的问题。

（1）运输成本。这是选择运输方式首要考虑的因素，原因是国际运输距离长、运费负担重。一般而言，大型专用船舶的运输成本较低，定期班轮则较高，包轮则更高。海运成本通常低于陆运成本；但如果海运有大迂回，此时可利用大陆桥在运载成本方面的优势。

（2）运行速度。在各种运输方式中，航空货运最具速度优势；在洲际运输中，大陆桥运输比海运更有速度优势。

此外，选择运输方式时还应考虑货物本身的特点、货物的数量及物流基础设施条件等各方面因素。

1. 铁路运输

在国际货物运输中，铁路运输是仅次于海洋运输的主要方式。海洋运输的进出口货物也大多是靠铁路运输进行货物集散的。铁路运输的优点是一般不受气候条件的影响，可保障全年的货物运输；运量较大，速度较快，有高度的连续性；运转过程中的风险明显低于海运。而且，办理铁路货运手续简单，发运人和收货人可以在就近的始发站（装运站）和目的站办理托运和提货手续。铁路运输的主要缺点是不容易像公路运输那样实现"门对门"运输，并且建筑铁路基础设施投资大、周期长、难度较高。国际货物运输中铁路运输主要涉及国际铁路货物联运和大陆桥运输两种形式。

国际铁路货物联运是指在两个或两个以上国家铁路运输中，使用一份运送单据，并以连带责任办理货物的全程运送，在由一国铁路向另一国铁路移交货物时，无须发货人、收货人参加的铁路运输方式。发货人按车站指定日期将货物搬入车站或指定货位，经车站根据运单的记载事项核实，确认符合国际联运的有关规定后予以接收。在发货人付清一切应付运送费用后，车站在所提交的运单上加盖车站日期戳。运单在加盖车站日期戳后，即标志承托双方以运单为凭证的运输合同开始生效，参加联运国铁路对货物负有从始运地运送至运单上指定的目的地的一切责任。

国际铁路货物联运具有以下优点。

（1）简化手续，方便发货人、收货人。虽然货物在全程运输中要经过多个国家，涉及多次交换甚至多次换装等作业，但作为发货人只需在始发站办理一次性托运手续，即可使货物运抵另一个国家的铁路到站，发货人或收货人无须在国境站办理托运的烦琐手续。

（2）国际铁路联运可充分利用铁路运输的优势，参加联运的各国铁路连成一体形成国际铁路运输网络，便于发货人根据货物的运输要求，充分利用铁路运输优势和选择运输路径，既可加快其送达速度，又能节省有关费用支出。

（3）国际铁路联运可使发货人及早结汇。发货人利用国际联运办理出口货物的长运手续后，即可凭车站承运后开具的有关联运凭证和其他商务单证办理结汇，而无须等到货物到达目的地后才办理，这样既能保证发货人收取货款，又加速了资金的周转，便于国际贸易的展开，对贸易双方都有利。

大陆桥运输是指利用横贯大陆上的铁路或公路运输系统，把大陆两端的海洋连接起来，一般是以集装箱为运输单位。大陆桥运输手续简便，可以一次托运、一票到底、一次结汇，极大地加快了物流的速度，并保证了货物的运输安全。目前世界上主要的大陆桥有三条，即西伯利亚大陆桥、北美大陆桥和新亚欧大陆桥。

2. 公路运输

国际公路货物运输是指国际货物借助一定的运载工具（一般以汽车为主），沿着公路跨及两个或两个以上国家或地区的移动过程，实际上是国际汽车货物运输。

公路运输的主要优点是机动灵活、直达性能好，可实现"门对门"的运输，适应性较强，受地理、气候条件影响小且运行范围广，可以穿街巷、进山区、到工厂、下田间，直接把货物运到仓库、商店、工矿企业和乡村地头，还可以广泛地参与到其他方式的联运中，是港口、机场、铁路、车站物资集散的必要手段。另外，受地理环境结构的影响，公路运输在边境贸易中占有重要地位，在国际公路干线网络密集的欧洲国家间，公路运输的地位也很突出。但在洲际运输中，公路运输的地位不及海运，也不及铁路运输。公路运输的主要缺点是运量小，运输载货量有限，运输成本较高，易造成货损。一般适合于近距离的货物运输，是一种地区性的运输方式。

在国际货物运输中，"浮动公路"运输形式被广泛应用。"浮动公路"运输又称车辆渡船方式，即利用一段水运衔接两端陆运，衔接方式采用将车辆开上船舶，以整车货载完成这一段水运，到达另一个港口后，车辆开下船舶继续利用陆运的联合运输方式。其特点是在陆运和水运之间，不需要将货物从一种运输工具上卸下再转换到另一种运输工具上，而仍利用原来的车辆作为货物的载体，这样可以使两种运输之间实现有效衔接，运输方式转换速度加快，而且在转换时不触碰货物，从而有利于减少和防止货损。

3. 海洋运输

在国际货物运输中，运用最广泛的是海洋运输。海洋运输与其他国际运输方式相比，有以下明显优点。

（1）海洋运输通过能力强。它可以利用四通八达的天然航道，不像火车、汽车受轨道和道路的限制，故其通过能力很大。

（2）海运运量大。海洋运输船舶的运载能力远远大于铁路和公路运输车辆，一艘万吨船舶的载重量一般相当于250～300辆铁路货车的载重量。

（3）海运的运费较低。按照规模经济的观点，因为运量大、航程远，分摊于每吨货运的运输成本较少，因而运费相对较低。海洋运输的主要缺点是受气候和自然条件的影响大，航行日期不够准确，而且风险大、速度较慢。

海洋运输按船舶经营方式的不同可分为班轮运输和租船运输。

（1）班轮运输。

班轮运输是在定期船舶运输的基础上发展起来的，是当今国际货物海洋运输的一种重要方式，其主要特点有：一是"四固定"，即船舶按照固定的船期表、沿着固定的航线和港口运输，并按相对固定的费率收取运费；二是由船方负责配载装卸，装卸费包括在运费中，发货方不再另付装卸费，船货双方也不再计算滞期费和速遣费；三是船、货双方的权利、义务与责任豁免以船方签发的提单条款为依据；四是班轮承运货物的品种、数量比较灵活，货运质量有保证，而且一般在码头仓库交接货物，为货主提供了较便利的条件。

（2）租船运输。

租船运输又称为不定期船运输，它与班轮运输相比，没有预定的船期表，船舶经由的航线和停靠的港口也不固定，有关事宜需要按租船双方签订的租船合同来安排。有关船舶的航线、停靠的港口、运输货物的种类及航行时间等,都按承租人的要求,由船舶所有人确认而定,运费或租金也由双方根据租船市场行情在租船合同中约定。租船运输方式又分为定程租船和定期租船两种。定程租船又称航次租船,它是由船舶所有人负责提供船舶,在指定港口之间进行一个航次或数个航次承运指定货物的租船运输。定程租船按租赁方式不同可分为单航次租船、来回航次租船、连续航次租船和包运合同四种。定期租船是船舶所有人将船舶出租给承租人,供其使用一定时期的租船运输,承租人也可将此期租船充作班轮或定程租船使用。租船运输方式一般对租赁方比较有利,它符合租船人对船舶、货物运输和运费等方面的需求。

4. 航空运输

航空货物运输起步较晚,但发展迅速,是一种现代的运输方式。航空运输与海洋运输、铁路运输、公路运输等方式相比,其主要优点是运输速度快,不受运输路程长短限制;运输安全准确,适合鲜活易腐和季节性商品的运送;同时,运输条件好,货物很少产生损伤变质,适合贵重物品的运输;可简化包装,节省包装费用;迅速准时,在商品交易中,有利于巩固市场和提高信誉。航空运输的主要缺点是运输量小、运输费用高。随着新技术的发展和深化,产品由重、长、厚、大向轻、短、薄、小的方向发展,因此今后适用航空运输的商品会越来越多,航空运输的作用也会日益显现。

国际航空货物运输的经营方式主要有两种,即班机运输和包机运输。

(1) 班机运输。

班机是指在固定的航线上定期航行的航班,这种飞机有固定的始发站、目的站和途经站。一般航空公司的班机都是客货混合型飞机,只有一些较大的航空公司在某些航线上也开辟有使用全货机的货运航班。由于班机有固定的航线及始发和停靠站,并且定期开航,为收发货人提供了准确的启运和到达时间,保证货物能够安全迅速地运送到世界各地。

(2) 包机运输。

适用于货物批量较大而班机不能满足需要的情况。包机运输可分为整机包机和部分包机。整机包机是指航空公司和包机代理公司,按与租机人双方事先约定的条件和运价,将整架飞机租给租机人,从一个或几个航空站装运货物至指定目的地的运输方式,适合于运输大批量货物。部分包机是几家航空货运代理人联合包租一架飞机,或由包机公司把一架飞机的舱位分别卖给几家航空货运代理公司。部分包机方式适合于 1 吨以上但不足整机的货物。

国际航空货物运输的组织方法主要有以下 3 种。

(1) 集中托运。

集中托运是指航空货运代理公司把若干批单独发运的货物组成一整批,向航空公司办理托运,采用一份总运单集中发运到同一到站,或者运到某一预定的到站,由航空货运代理公司在目的地指定的代理收货,然后再报关并分拨给实际收货人。这种集中托运业务在国际航空运输业中开展得较为普遍,是航空货运代理的主要业务之一。

(2) 联合运输。

联合运输是包括空运在内的两种以上的运输方式,具体做法有陆空运输和陆空陆联运等。伴随着国际航空运输的快速发展,铁路直接连通机场已成为当代发展最为显著的方式,既促进了航空事业的发展,也为铁路运输开辟了一个新的市场。

(3) 送交业务。

送交业务是指在国际贸易中，通常出口商为了推销商品、扩大贸易，往往向顾客赠送样品、目录、宣传资料等。这些商品空运至到达国之后，委托当地的航空代理办理报关、提取、转运的工作，最后送交给收货人，在到达时发生的手续费、税金、运费、劳务费等一切费用，均由航空货运代理先行垫付后向委托人收取。由于这一业务十分方便，许多私人物品也采用这种运输方式。

5. 集装箱运输

国际集装箱运输方式产生于美国。集装箱运输是20世纪货运技术的重要发展，也是一次运输革命，目前已经成为国际上占有支配地位的运输方式。集装箱是一种货物运输设备，便于使用机械装卸，可长期反复使用，也称为"货箱"或"货柜"。这种容器和货物的外包装不同，是进行货物运输、便于机械装卸的一种成组工具。目前，国际标准化组织共规定了5个系列、13种规格的集装箱，普遍使用的是20英尺（TEU）和40英尺（FEU）集装箱。集装箱船舶的装载能力通常以能装多少个TEU为衡量标准。TEU是英文twenty equivalent unit的缩写，是以长度为20英尺的集装箱为国际计量单位，也称国际标准箱单位。通常用来表示船舶装载集装箱的能力，也是集装箱和港口吞吐量的重要统计、换算单位。

集装箱运输是以集装箱作为运输单位进行货物运输的一种现代化的运输方式，它适用于海洋运输、铁路运输及国际多式联运等。同传统海运相比，它具有以下优点：提高了装卸效率，减轻劳动强度；提高了港口的吞吐能力，加速了船舶的周转和港口的疏导，提高运输效率；减少货物装卸次数，减少货损货差，有利于提高运输质量；节省包装费、营运费用等各项费用，降低货运成本；简化货运手续，便利货物联运。把传统的单一运输串联成为连贯的成组运输，从而促进了国际多式联运的发展。

集装箱运输方式根据货物装箱数量和方式分为整箱和拼箱两种。

（1）整箱。

整箱是指由承运人将空箱运到工厂和仓库后，在海关人员的监督下，货主把货物装满整箱后加封，铅封后以箱为单位托运的集装箱。货主从承运人处取得站场收据，最后凭站场收据换取提单。

（2）拼箱。

拼箱是由集装箱货运站负责装箱，负责填写装箱单，承运人或代理人接受货主托运的数量不足以整箱的小票货物后，根据货类性质和目的地进行分类，整理、集中、装箱、交货等工作均在承运人码头、集装箱货运站或内陆集装箱转运站进行。

6. 国际多式联运

国际多式联运是在集装箱运输的基础上产生和发展起来的新型的运输方式，一般以集装箱为媒介，把海、陆、空各种单一运输方式有机地结合起来，组成一种国际间的连贯运输。目前，国际多式联运在发达国家已被广泛采用。《联合国国际货物多式联运公约》对国际多式联运所下的定义是："按照多式联运合同，以至少两种不同的运输方式，由多式联运经营人把货物从一国境内接运货物的地点运至另一国境内指定交付货物的地点。"当前国际贸易竞争日趋激烈，国际多式联运最大的好处是它能集中发挥各种运输方式的优点，简化了复杂的手续，减少了中间环节，统一责任，使国际货物运输既快速又安全、准确，降低了运输成本，并提高了货运质量，提供了"门对门"运输的条件，深受贸易界的欢迎，有着广阔的发展前景。

12.3.2 国际展品物流

国际展览会是开拓国外市场最有效、成本效益最佳的方式。为了扩大国际间商品的交往，经常会有一些国际性或区域性的博览会、展览会等。在这种性质的集会上有大量的商品陈列出来，这类非交易性质的商品称为展品，与国际贸易中正式成交的商品有一定的区别。展品的包装和运输是筹办展览的主要业务工作，也是国际展览物流最重要的环节。

展品包装、装箱的工作内容依次是小包装、大包装、打印标识、衡量重量和尺寸、装箱、制作清册。在展出地，展品破损是无法更换的，再加上展品运输往往品种复杂、尺寸不一，所以展品包装要比普通包装要求高。展品的直接包装是小包装，由于展览会结束后展品或回运或赠送或销售，还需要再包装，因此，展品小包装不能是一次性的包装。小包装外需要大包装，也称运输包装。大包装箱多是纸箱和木箱。大包装应当结实、简便，以适应长途运输的需要并便于非专业打包人员打包或拆包。同时，大包装箱也要注意尺寸，要能够出入展场的门和电梯。包装箱内衬垫物最好使用规范的化学包装材料，并要考虑到环保和重复使用的问题。包装箱都要有明确清晰的标识，内容包括运输标志、箱号、尺寸、体积、重量、展馆号、展台号及其他标志。运输标识一般打印在包装箱的顶部和两侧。

展品运输不仅仅是安排展品的运输，还要安排展架、展具、布置用品、道具维修工具和零配件、宣传资料、行政用品、招待用品等展出所需的其他物品的运输，所以完全的叫法应当是"展览运输"。国际展览运输环节多、时间性强、费用开支大，因此必须重视并认真做好每一项工作，做到"安全、准时、省费"。

展览运输大致可分为3个阶段：运输筹划、去程运输和回程运输。

（1）运输筹划。

运输筹划是要对运输过程中的运输方式、运输路线、运输日程、运输费用等因素进行设计安排。筹划要注意以下问题：尽量将展品安排运至展览现场，即安排"门到门"运输服务；尽量使用集装箱或其他安全的运输方式；尽量不要多次发运，争取一次发运；尽量减少搬运次数，降低破损率；尽量避免转船和转运；注意展品到达的时间，不宜过早或过晚，以免产生大笔仓储费用或延误展览。

（2）去程运输。

去程运输是指展品自展出者所在地至展台之间的运输。参展者将展品装箱托运后还有很多工作要协调。展品发运后，展出者应委托或派人在目的地接运，了解展品的到达情况，如有延误，要立即采取措施与运输公司、运输代理、港务局、展览会组织者等有关单位联系，同时要了解装卸设备、办事效率、手续环节等情况，提前做好卸货及运抵展场的安排。开箱前要注意箱件是否完整，是否有被盗痕迹。展品开箱工作一般由展台人员自己做，特殊展品可以安排专业人员开箱。开箱次序要根据展台布置进度和展场情况事先安排好。拆箱时要考虑箱子的再使用，空箱要保存好，并与运输公司安排空箱在闭幕时回展台，仍用于包装展品，或者回运，或者赠送。

（3）回程运输。

回程运输是指将展品自展台运回至展出者所在地的运输，简称"回运"。回运与去程运输基本相同，只是运输方向相反，另外除了包装、装箱、装车要抓紧时间外，其他时间要求一般不高。

展品物流是一项比较频繁、复杂的工作，可以将物流工作中的大部分具体业务委托给代理公司办理，但是，展品和运输负责人必须掌握全面情况，指挥、协调、监督、配合有关方面保质保量地做好展品运输工作，以保证展览工作的顺利进行。展品物流工作结束时，还需要安排必要的评估和总结。

12.3.3 国际邮政物流

国际邮政物流是指通过国际邮政运输和国际特快专递业务办理的包裹、函件等。每年全世界通过国际邮政完成运输的包裹、函件、特快专递等数量庞大，已成为国际物流的一个重要组成部分。

邮政运输是一种较简便的运输方式。国际邮政运输一般需要经过两个或两个以上国家的邮政局，通过两种或两种以上不同运输方式的联合作业才能完成，但邮政托运人只要向邮政局照章办理一次托运，一次付清足额邮资，并取得一张邮政包裹收据，全部手续即告完备。邮件的运送、交接、保管、传递，一切由邮政局负责办理。邮件运抵目的地，收件人即可凭邮政局到件通知收据向邮政局提取邮件，手续非常简便，费用也不高。但是它不可能运送国际贸易中的大量货物，只适宜运送精密仪器、机器零件、金银首饰、贸易样品、私人包裹之类的小件零星货物，而且对包裹的重量和体积均有严格的限制，每件邮包重量不得超过20公斤，长度不得超过1公尺。世界各国的邮政包裹业务均由国家办理，我国邮政业务由国家邮政局负责办理。国际上各国邮政之间订有协定和公约，通过这些协定和公约，使邮件包裹的传递畅通无阻、四通八达，形成全球性的邮政运输网，从而使国际邮政运输成为国际物流中普遍采用的运输方式之一。在办理邮政运输时，为确保邮件安全、迅速、准确地传达，必须熟悉并严格遵守本国和国际间的各项邮政规定和制度。邮政局在收寄包裹时，均给寄件人以收据，故包裹邮寄费属于给据邮件。给据邮件均可办理附寄邮件回执。回执是邮件投交收件人作为收到邮件的凭证。回执尚可按普通、挂号或航空寄送。

国际特快专递业务是1971年6月20日首先在美国和英国之间开展起来的，此后开办国不断增加，现已出现了许多专业的快递公司。快递公司的主要业务包括：由快递公司派专人从发货人处提取货物后，办妥各种出口手续，以最快的航班将货物出运，飞机到达目的地后，由专人接机提货，办妥各种进口入关手续后直接送达收货人。这是一种最为快捷的运输方式，特别适合于各种急需物品和文件资料的运送。

我国邮政速递业务呈现较快的增长势头。目前，速递业务开办的市、县发展到近2 000个，EMS"185"特殊服务专线已在70%的业务开办城市开通。中国邮政对外交流不断加强，合作领域不断拓宽，我国于1980年7月首次与新加坡开办了国际特快专递邮件业务以来，至今已与200多个国家和地区建立了业务关系。直接通邮的国家和地区达到150多个，国际函件和包裹可以通达全世界各个角落。收件人付费、代收货款、特快送款、礼仪传递、纳税邮寄等新的速递延伸业务均表现出良好的发展势头，正朝着规范化方向发展。

12.3.4　国际物流的仓储与包装

1. 国际物流仓储

仓储是国际物流不可缺少的环节，不仅负担着进出口商品保管存储的任务，而且还担负着出口的加工、挑选、整理、包装、备货、组装和发运等一系列的任务。仓库是对外贸易运输的基地。在此着重介绍保税仓库。

保税仓库是保税制度中应用最广泛的一种形式，具有较强的服务功能和较大的灵活性，对于促进国际贸易和加工贸易的开展起到了重要作用。海关允许存放在保税仓库的货物有三类：一是供加工贸易（进料、来料加工）加工成品复出口的进口料件；二是外经贸主管部门批准开展外国商品寄售业务、外国商品维修业务、外汇免税商品业务及保税生产资料市场的进口货物；三是转口贸易货物、外商寄存货物及国际航行船舶所需的燃料、物件和零配件等，保税仓库分公用型和自用型两类。

为了配合贸易方式的日益多样化，如原材料进口、来件加工装配业务、补偿贸易、转口贸易、期货贸易等灵活贸易方式，降低进口货物的成本和风险，鼓励外商投资，各国政府相继建立了保税仓库。保税仓库的设立需要专门批准，国外货物的保税期一般为两年。这个期间经营者可以寻找最适当的销售时机，一旦实现销售才办理通关手续。如果两年内未能销售完毕，则再运往其他国家，保税仓库所在国不收取关税。

2. 国际物流包装

商品包装是保护商品在物流过程中品质完好和数量完整的重要举措，经过包装的商品有利于储存、保管、运输、装卸、计数、销售和防止盗窃等工作的进行，有利于消费者的挑选和携带。包装的用料和设计必须科学、牢固，一方面要符合商品的特性，适应对外贸易长途运输和沿途气候条件变化的要求；另一方面也要适应国外市场的销售习惯和消费习惯，适应进口国家对包装、装潢的合理规定；同时，还要符合节约的原则，在选用材料与改进包装等方面，都要从节约物料、降低成本及节省运费的角度考虑。

商品包装按其在流通过程中的作用不同，可分为运输包装和销售包装两种。

（1）运输包装。

运输包装又称为大包装或外包装，它的主要作用在于保护商品的品质和数量，便于运输、储存、检验，有利于节省运输成本。一般常用的外包装材料有纸、金属、木材、塑料、玻璃、陶瓷等，国际上通行的集合运输包装还采用集装箱、集装袋、托盘等。外包装上刷制的简单图形和文字称为包装标志，由运输标志、指示性标志、警告性标志、原产地标志等部分组成。

（2）销售包装。

销售包装又称为小包装或内包装，是随商品进入零售环节与消费者直接见面的包装，实际是一种零售包装。在销售包装上除附有装潢画面和文字说明外，还要印有条形码标志。我国于1991年4月正式加入了国际物品编码协会，凡标有"690""691""692""693"条码的商品即表示为中国产品。

有的厂商为了扩大商品销售，会根据对方的要求采取中性包装、定牌和无牌包装。中性包装是卖方在商品上和内外包装上不注明生产国别、地名和生产厂名，也不注明原有商标和牌号，甚至没有任何文字。定牌是指卖方在商品及其包装上采用买方制定的商标或牌号，并注明生产国别的一种特殊的包装。无牌包装是指卖方在商品及其包装上按买方的要求不标明商标和牌名，但标明生产国别的一种特殊的包装。此外，随着环保概念的日益深入，一些发达国家提出了"绿色包装"的要求。国际环保包装组织推行绿色包装的3R1D原则，其内涵一是实行包装减量化（reduce），即包装在满足保护、方便、销售等功能的条件下，材料用量尽量少；二是包装应易于重复利用（reuse），或易于回收再生（recycle），即通过生产再生制品、焚烧利用热能、堆肥化改善土地等措施，达到再利用目的；三是包装废弃物可以降解（degradable），不形成永久垃圾，进而达到改善土地的目的。我国对绿色包装的解释是：尽量节省材料、资源和能源；废弃物能降解，不污染或少污染环境；对环境和人体健康无害等。

复习思考题

1. 国际物流的含义和特点是什么？
2. 现代物流发展趋势包括哪些？
3. 国际物流的基本流程是什么？

案例分析

中外代：经营最早、规模最大的国际运输代理公司[①]

1. 半个世纪的发展，形成一个覆盖全国、连接世界主要贸易区的服务网络

中国外轮代理公司（以下简称"中外代"）成立于1953年1月1日，是中国经营最早、规模最大的国际运输代理企业，总部设在北京。中国外轮代理公司主要经营国际贸易运输代理业务，包括船舶代理、货运代理、客运代理、租船经纪及其他相关业务。

中国外轮代理公司及其属下的货运公司，向顾客提供国际货物运输代理、综合物流、仓储、代理报关、多式联运和拼箱等相关服务，包括承办进出口货物的申报手续，联系安排装卸、理货、公估、衡量、熏蒸、监装及货物与货舱检验，组织货载，洽订舱位；办理货物报关、接运、仓储、装箱、拆箱、中转及投保；承接散货灌包和其他运输包括业务；代办货物查询、理赔等。

物流的功能中，最重要的一点就是整个物流过程对产品的增值作用。物流中的运输服务和其他功能的综合程度，决定着产品的增长幅度。

作为物流发展核心的物流提供者，要实现优质高效的系统化物流服务，必须具备以下条件：
① 要有现代化的信息管理网络，这是物流业的中心环节；
② 必须取得一个可靠的运输网络的支持；
③ 要有高度系统化、集约化的管理体系做保证。

经过近半个世纪的发展和积累，中外代在全国设立了81个口岸公司和近200个货运网点。在境外，除了日本、中国香港和韩国三个办事处外，中外代总公司还与日本、英国、德国、美国、新加坡、埃及等国的40余家货运公司签订了互为代理协议，形成了海外货运网络。目前，中外代总公司正计划在中西部交通枢纽城市设立网点，加强与海外物流公司的合作，逐步形成一个覆盖全国、连接世界主要贸易区的服务网络。

---

① 牛鱼龙. 世界物流经典案例. 深圳：海天出版社，2003.

2. "全天候、全过程、全方位"的服务目标

中外代系统自有堆场和仓库近 100 万平方米、几百辆各种运输车辆，在硬件上为发展物流创造了良好的条件。中外代总公司与海关总署签订的《关于共同加强报关运输管理的合作备忘录》，是促进外代的业务发展、加快货物通关速度、提高中外代物流服务效率的具体手段和措施。把提供"全天候、全过程、全方位"服务作为自己的目标，中外代充分利用发达的海陆空运输条件，为国内外客商提供运输、仓储、集拼、分拨和配送、库存管理、信息管理等物流服务和增值服务。为满足小批量货物运输需要而开辟的"高速集运班车"，作为一项特色服务，以大连、青岛、上海、宁波等枢纽港口为中心辐射到东北、华北和华东地区。

中外代通过多年的努力，建立起了一套比较完善的管理制度，尤其是推行 ISO 9002 质量体系以后，管理水平明显提高，形成了以质量手册、质量程序和工作指导书为依据的三个管理层次，为建立符合调度集约化、系统化的物流管理体系创造了有利条件。以物流总部为主体的三级管理体制，使管理扁平化、反应快速化，服务更加贴近客户，为提高物流的效率和效益打下了坚实的基础。

中外代的物流业务虽然尚在起步阶段，但本着"成熟一个、发展一个、巩固一个"的原则，使全系统的"物流工程"取得了实质性进展，中外代系统操作的厦华三宝配送项目、厦华手机配送项目、PAYIESS 物流项目、东丽化纤项目和珠江三角洲家电产品物流等已经取得了一定成就，积累了一定的管理和操作经验。中外代一流的物流服务，获得了中外客户的一致认可和好评。中外代系统，致力于与顾客建立一种相互依赖、相互依存的新型战略伙伴关系，在业务交往中双方互惠互利、共同发展。

3. "中外代物流信息系统"全面提升企业价值

中外代在加强互联网应用的同时，十分注重电子商务的开发和利用。电子商务不是企业传统业务简单的电子化和网络化，它涉及企业流程的再造和资源的重新分配。在开展物流服务之初中外代就体会到，现代化的信息管理网络是物流业的中心环节，用于计划的信息及通信系统，在各系统内的企业间必须统一，才能实现功能合并及操作的同时进行，才能够在做到使客户更为满意的同时，节省时间和降低成本开支。因此，在进行物流信息系统需求分析时，中外代不是孤立地看待应用系统，而是综合考虑了合同、保险、单证、语言等诸多因素。在进行系统设计时，中外代一方面从技术上实现需求分析，同时还结合管理的要求，开发了集中统一的 ASP 方式。2000 年 7 月，自行开发的"中外代物流信息系统"通过专家验收并正式投入使用，实现了全部信息交换均在互联网上进行的目标。

中外代物流信息系统采用互联网技术，运用客户浏览器方式开发，在客户端只需安装一个互联网浏览器软件，所有数据库和应用程序都在服务器一端，因此安装和使用都相对简单，用户无须考虑系统维护和升级工作，只要具备上网能力就可使用。该系统在互联网上实现顾客指令发布、运输计划拟订和审批、货物在途信息发布、货物库存信息发布、配送指令下达和货物交接记录发布等功能，能够基本满足当前业务发展需要。

思考题

(1) 中国外轮代理公司开展物流业务给其他企业的启示是什么？

(2) 通过此案例你对国际物流业务有什么样的认识？

参考文献

[1] 对外经济贸易大学国际经贸学院运输系. 国际货物运输实务. 北京：对外经济贸易大学出版社，1999.
[2] 李振. 物流学. 北京：中国铁道出版社，1996.
[3] 郑全成. 运输与包装. 北京：北京交通大学出版社，2005.
[4] 李志文. 物流实务操作与法律. 大连：东北财经大学出版社，2003.
[5] 王之泰. 现代物流学. 北京：中国物资出版社，1995.
[6] 周在青，杨志刚. 现代物流管理学. 北京：人民交通出版社，2002.
[7] 杨志刚. 国际集装箱运输实务. 北京：人民交通出版社，1998.
[8] 王庆功. 物流运输实务. 北京：中国物资出版社，2003.
[9] 夏春玉. 物流与供应链管理. 大连：东北财经大学出版社，2004.
[10] 孟建华. 现代物流管理概论. 北京：清华大学出版社，2006.
[11] 易华. 物流成本管理. 北京：北京交通大学出版社，2005.
[12] 傅桂林. 物流成本管理. 北京：中国物资出版社，2005.
[13] 丁立言，张铎. 物流企业管理. 北京：清华大学出版社，2002.
[14] 曾剑，王景锋. 物流基础. 北京：机械工业出版社，2003.
[15] 劳动和社会保障部，中国就业培训技术指导中心. 助理物流师. 北京：中国劳动社会保障出版社，2006.
[16] 兰洪杰，施先亮，赵启兰. 供应链与企业物流管理. 北京：北京交通大学出版社，2006.
[17] 汝宜红. 物流学导论. 北京：北京交通大学出版社，2006.
[18] 王槐林，刘明菲. 物流管理学. 武汉：武汉大学出版社，2004.
[19] 梁金萍. 现代物流学. 大连：东北财经大学出版社，2006.
[20] 王晓东，胡瑞娟. 现代物流管理. 北京：对外经济贸易大学出版社，2001.
[21] 张新颖，郑明. 回收物流. 北京：中国物资出版社，2003.
[22] 上海现代物流人才培训中心. 现代物流管理案例、习题与实践. 上海：上海人民出版社，2002.
[23] 陈子侠，蒋长兵，胡军. 供应链管理. 北京：高等教育出版社，2005.
[24] 仪玉莉，刘洪斌. 高级物流师. 北京：人民交通出版社，2004.
[25] 毛晓辉，王建军. 助理物流师. 北京：人民交通出版社，2004.
[26] 丁宁. 企业战略管理. 北京：北京交通大学出版社，2005.
[27] 丁立言，张铎. 物流基础. 北京：清华大学出版社，2002.
[28] 丁立言，张铎. 物流系统工程. 北京：清华大学出版社，2001.
[29] 何明珂. 物流系统论. 北京：中国审计出版社，2001.

[30] 翁新刚. 物流管理基础. 北京：中国物资出版社，2001.

[31] 郝晓渊. 现代物流配送管理. 广州：中山大学出版社，2001.

[32] 张念. 仓储与配送管理. 大连：东北财经大学出版社，2004.

[33] 赵家俊，于宝琴. 现代物流配送管理. 北京：北京大学出版社，2004.

[34] 马健平. 现代物流配送管理. 广州：中山大学出版社，2002.

[35] 汝宜红. 配送中心规划. 北京：北京交通大学出版社，2002.

[36] 缪六莹. 物流运输管理实务. 成都：四川人民出版社，2001.

[37] 韩岗. 如何进行仓储物料管理. 北京：北京大学出版社，2003.

[38] 王明智. 物流管理案例与实训. 北京：机械工业出版社，2003.

[39] 真虹. 物流企业仓储管理与实训. 北京：中国物资出版社，2003.

[40] 现代物流管理课题组. 物流库存管理. 广州：广东经济出版社，2002.

[41] 刘凯. 现代物流技术基础. 北京：北京交通大学出版社，2004.

[42] 真虹. 物流装卸与搬运. 北京：中国物资出版社，2004.

[43] 刘华. 现代物流管理与实务. 北京：清华大学出版社，2004.

[44] 张晓萍. 现代生产物流及仿真. 北京：清华大学出版社，2001.

[45] 崔炳谋. 物流信息技术与应用. 北京：北京交通大学出版社，2005.

[46] 赵继新，吴永林. 管理学. 北京：北京交通大学出版社，2006.

[47] 王自勤. 现代物流管理. 北京：电子工业出版社，2002.

[48] 何云，田宇. 顾客导向的物流服务质量模型及其应用. 物流技术，2004（2）.

[49] 马世华，林勇. 供应链管理. 北京：机械工业出版社，2005.

[50] 张铎，林自葵. 电子商务与现代物流. 北京：北京大学出版社，2002.

[51] 许淑君，马士华. 从委托到代理理论看我国供应链企业间的合作关系. http：//www.ccw.com.cn/cio/research/hangye/htm2004/20040827_13K9P.asp.

[52] 薛威，孙鸿. 物流企业管理. 北京：机械工业出版社，2003.

[53] 杨锡怀，冷克平，王江. 企业战略管理. 北京：高等教育出版社，2005.

[54] 牛鱼龙. 世界物流经典案例. 深圳：海天出版社，2003.

[55] 何倩茵. 物流案例与实训. 北京：机械工业出版社，2004.

[56] 刘志学. 戴尔的敏捷物流管理模式. 中国物流与采购，2006（6）.

[57] 科伊尔，巴蒂，兰利. 企业物流管理：供应链视角. 北京：电子工业出版社，2003.

[58] BALLOU R H. 企业物流管理. 北京：机械工业出版社，2003.

[59] LAMBERT D. 物流管理. 北京：电子工业出版社，2003.

[60] 兰伯特，斯托克，埃拉姆. 物流管理. 北京：电子工业出版社，2003.

[61] SCM 研究会. 供应链管理. 北京：科学出版社，2003.

[62] http：//www.examw.com/wuliu/anli/indexA6.html.

[63] 王欣兰. 物流成本管理. 北京：北京交通大学出版社，2009.

[64] 中国物流信息中心. 2006年上半年中国物流运作情况分析. 中国物流与采购，2006（17）.

[65] 鲍新中. 物流成本管理与控制. 北京：电子工业出版社，2006.